重塑电视支点

梁晓涛 著

人民出版社

责任编辑：邓创业
责任校对：吕　飞
封面设计：胡欣欣

图书在版编目（CIP）数据

重塑电视支点 / 梁晓涛 著 . — 北京：人民出版社，2018.10
ISBN 978－7－01－019850－7

I.①重…　II.①梁…　III.①电视－传播媒介－研究－中国　IV.① G229.2

中国版本图书馆 CIP 数据核字（2018）第 223661 号

重塑电视支点
CHONGSU DIANSHI ZHIDIAN

梁晓涛　著

人民出版社 出版发行
（100706　北京市东城区隆福寺街 99 号）

环球东方（北京）印务有限公司印刷　新华书店经销

2018 年 10 月第 1 版　2018 年 10 月北京第 1 次印刷
开本：710 毫米 ×1000 毫米 1/16　印张：28.75
字数：380 千字

ISBN 978－7－01－019850－7　定价：58.00 元

邮购地址 100706　北京市东城区隆福寺街 99 号
人民东方图书销售中心　电话（010）65250042　65289539

目　　录

第二篇　电视媒体深层问题之二：资源配置之错

第三篇　电视媒体深层问题之三：新媒体之误

序　言　把脉电视

21世纪的前10年，关于电视是否将要消亡的争论，形成了两派截然对立的观点。

唱衰电视者认为，随着互联网的发展，PC和移动设备转移了电视观众的注意力，电视显现出明显的衰落症状：一是电视的关注度和影响力逐步降低。二是电视观众逐步减少，收视率下降，电视媒体与用户之间的连接开始失效。三是电视媒体的广告收入减少，经营状况恶化。四是电视媒体高端人才出走。五是电视媒体强势平台优势不再，网络逐渐成为视频的主要发布平台。六是相当一部分电视媒体依靠财政补贴勉强维系生存，一旦财政补贴消失，将会面临关门大吉的窘境。这派人员的结论是：电视将会消亡，网络视频将取代电视。

反对者的观点几乎针锋相对。他们认为，一是在影响力方面，电视尚无可替代。电视已经融入家庭生活，依然是家庭客厅的主角。二是电视在内容上的优势无可比拟，是优质文化内容的强力支撑。电视的优质内容既是网上爆款的来源，又是网络刷屏的源头，移动屏离开电视媒体，就难以进行有效传播。虽然貌似年轻人都奔向网络观看视频，其实本质上他们仍然在看电视。在视频制造领域，电视的霸主地位难以撼动。三是电视线性传播和预约收视的特点，让电视在黄金时间有瞬间爆点的优势，可以聚集大量观众。四是网络视频广告价值不高，价格大大低于电视媒体，其传播效果，也远远弱于电视媒体。五是传统媒体和新媒体之间的界限正在模糊，由于直播卫星、IP TV 和 OTT TV 的加入，电视的概念已经扩展。传统媒体和新媒体不是替代和被替代、颠覆和被颠覆的零和游戏。广电媒体也许无法维持原来的市场比例，但所拥有的绝对值却可能超过以往。六是电视以"TV+"拥抱"互联网+"的转型升级战略，已经初见成效。七是电视媒体的广告价值正在被重新认识，广告投放出现回归趋势，而网络媒体广告价值具有水分的认知正在扩大，广告投放效益遭受质疑。反对者据此认为，电视不会消亡，它会在另一个层级上实现新的发展。

争论双方均以数据和实例作为支撑。一方说"数据来说话：电视将死"，另一方说"最新数据：'广电唱衰论'被啪啪打脸"；一方说"广告商追随观众向互联网转移，"另一方说"全球最大的广告主宝洁 2016 年减少在新媒体上的广告投放，转而增加在电视上的投放，百年户外服饰品牌 EddieBauer 自 1999 年以来首次回归电视进行广告投放"；一方说"有线电视的收视率下降，看电视的人（特别是年轻人）变少了"，另一方说"（2016 年前 5 个月观众结构特征显示）25—54 岁观众占总体观众的 51.5%，是整个电视收视市场的中坚力量。此外，年轻观众亦有所回升。"反对者中甚至有人呐喊："唱衰电视是中国传媒界最大的阴谋！"而唱衰派马上回击："唱衰电视成了阴谋？电视人醒醒吧。"……双方争论之激烈，情绪之激愤，由此可见一斑。

如上这些观点的发表时间，最近的是 2017 年 5 月，最早的则可以追溯到 2011 年 11 月。可以说，自新媒体渐成气候之后，关于电视的兴衰生死之争，就或暗或明地出现了。

在中国，电视迈入巅峰期的时间，大约始自 20 世纪 90 年代中期，短短十几年之后，就开始面对生死兴衰的课题，很有些造化弄人的诡异之感。

我们先不管这个争论的结果如何，它至少透露了一个信息：对于电视的现状和未来的前景，已经难以形成共识了！

那么，电视到底出了什么问题？难道大家谈论的不是同一个行业吗？

一、当我们谈论电视的时候，我们在说什么

通常而言，电视有三种含义。

电视的第一种含义：一种电视节目的传输方式——将以频道为载体、以线性方式呈现的电视节目，转化为无线或有线电波信号，以广播射频方式进行传输的一种电视节目传输方式。听起来有些绕，说简单点，电视作为一种传输方式，应该包含如下几个内容：在时间呈现上：是线性的，不能中断和选择；在产品呈现方式上：以频道为单元；在信号传输方式上：是一对多的广播式；在与受众的关系上：是非交互式的单向传播。

电视的第二种含义：电视媒体组织。以往，我们称之为电视台，现在，更多的是以电视媒体来称呼。这个媒体组织的主要业务，是以频道为单位播出电视节目。这些电视节目，或由电视媒体自己制作，或由电视媒体购买获得。电视媒体的收入主要来自广告（我国的电视媒体尤其如此）。

电视的第三种含义：比较简单，指观看视频内容的一种终端设备，俗称电视机。请注意，这里说的是观看"视频"节目，不仅仅是观看电视节目。因为，即便在电视节目如日中天、鲜有竞争对手的时候，也有 VHS 录像带、VCD、DVD 等视频内容，以及 X-box、PlayStation 等游戏项目，是通过电视机来呈现的。只不过，它们不会对电视节目在电视机上的统治地位形成威胁而已。但是，近些年来情况发生了变化。首先是以各种 OTT 盒子为载体的视频内容大举进军电视机这个设备终端，与电视节目形成强烈的竞争关系。其次，有线电视和 IP TV 等转播电视节目的传统运营商，也开始制作和播出专属自己的视频内容，这些视频内容也成为电视节目在电视机上的有力竞争者。

问题来了：当我们谈论电视生死兴衰的时候，我们谈论的是电视的哪一种含义呢？

很显然，不是电视机。作为大屏显示终端，电视机在家庭中的地位，目前尚难以撼动。

应该也不是线性的广播式的电视节目传输方式。作为一种技术手段，广播式的传播方式，能够满足受众的相当一部分视听需求，在可预见的未来，它依然有相当的生命力。

那就应该是电视媒体了。但是，好像也不准确。其一，任何一家电视媒体，都同其他商业组织一样，有生有死，其生死兴衰不至于有如此之大的争论；其二，各个电视媒体的发展并不均衡，有人欢喜有人愁，很难用一种状态来描述。

思来想去，我觉得，大家谈论的，应该是一种业务形态：以家庭中的观众为客户、以制作/购买的视频节目为产品、以频道为呈现方式、以线性的广播方式为传播手段、以电视机为接收终端、以广告为主要盈利模式的业务形态。

我把这种业务形态称为电视业务形态。

需要注意的是，电视业务形态的兴衰，并不表示电视媒体的兴衰。因为，即便电视业务形态衰落了，依然可以有经营非常好的电视媒体存在。

为了便于讨论，在下面，我把电视业务形态简称为电视。

二、电视的生死与电视的生命周期

一种业务形态的衰落和消失，一定会伴随着另一个业务形态的诞生和兴旺。近些年，当我们谈论电视业务形态的时候，几乎永远相伴的，就是新媒体业务形态。电视之所以出现生死兴衰的话题，其根源也是因为新媒体的迅猛发展。随着新媒体即将替代电视媒体的呼声日渐强烈，电视业务形态是否将走向衰落甚至消失的争论，也就愈演愈烈了。

这应该是产生"是否应该唱衰电视"和"电视是否将要消亡"的争论的由来。

那么，电视衰落了吗？电视会死吗？

我们先来看一组相关数据。

		2011 年	2012 年	2013 年	2014 年	2015 年	2016 年	2017 年	备注
日接触时长（分钟）	电视媒体	166	162	161	152	152	141	138	数据来源：CTR CNRS
	互联网	148	176	197	211	200	202	217	
日到达率（%）	电视媒体	86.4	83	80.3	79.48	75.31	70.46	67.36	
	互联网	56	62.1	65.3	69.96	72.81	75.97	79.63	
广告收入（亿元）	电视媒体	898	1132	1101	1279	1147	1239	1234	数据来源：国家工商总局
	互联网	297	438	639	969	1589	2305	2975	

数据显示，互联网对电视媒体实现了三个超越。

其一，日接触时长的超越。2012 年，互联网用户日接触时长为 176 分钟，首次超越电视的 162 分钟，成为受众使用时间最长的载体。到 2017 年，日接触时长已经超过电视媒体 79 分钟。

其二，日到达率的超越。日到达率，就是每天接触的人员规模。2016 年，互联网的日到达率为 75.97%，首次超越电视媒体日到达率的 70.46%。虽然电视媒体的受众规模依然最大，但是，每日接触的人数规模，互联网已经超越电视媒体。

其三，广告收入的超越。2015 年，互联网以 1589 亿元的广告收入，首次超越电视媒体，超出幅度接近 39%，到 2016 年，互联网广告收入已经超出电视媒体 86%，而到 2017 年，互联网广告已经超出电视媒体 140%。反观电视媒体，以 2013 年和 2015 年的负增长为标志，广告经营开始走入困境。

虽然 2014 年和 2016 年重新恢复增长，但是，电视广告经营，历来是双数年高于单数年（因为奥运会和世界杯都在双数年），所以，电视媒体的广告收入，在双数年之间和单数年之间进行比较，更能反映实际情况。从数据看，电视媒体 2016 年广告收入，低于 2014 年，可以据此判断，2016 年的广告收入，实际上也是负增长。需要注意的是，如上数据，还没有考虑物价指数和我国 GDP 增长数值的影响。当然，在互联网广告中，电商和淘宝的份额占据一半以上，不好直接和电视媒体进行对比，但是，即便是具有媒体属性的视频和门户等广告，增长规模也非常迅速，这是导致电视广告增长放缓直至负增长的重要因素。

如上这些数据，说明了什么？

能说电视这种业务形态即将死亡消失吗？

恐怕不能。毕竟还有那么多观众在收看电视节目，毕竟这些电视观众能为电视媒体带来相当可观的收入。只要观众在，需求就在，电视就不会消亡。一如电影不会消亡、广播不会消亡一样。

那么，能说电视这种业务形态依然前景无忧、生机盎然吗？

恐怕也不能！从常识来看，电视在客厅的地位，由原来的绝对统治者变成了现在的分享者，其他几种业务形态已经登堂入室，堂而皇之地进入了电视的领地，占据了客厅的一席之地，并且其增长势头并未有停止的迹象。我们先不说 PC 屏和移动屏对电视注意力的分流所导致的电视注意力和营收能力的下降，单是 OTT、VOD 和 SmartTV 的业务，就隐隐然在电视屏上与电视业务形态分庭抗礼了。

如果把这些数据与这些年电视媒体影响力相对下降的事实结合起来分析，我认为：虽然电视的生命力依然还在，虽然电视业务形态在相当时期内不会消亡，但不消亡，并不代表不衰落——电视已经开始逐渐进入下行通道！

电视的生命周期，顶点已过！

电视人必须认清这一点！即便痛苦，即便不甘！

那么，接下来的问题自然就是：是什么原因导致电视走到了今天的状态？

是新媒体走得太快，还是电视媒体自身没有做好？！

显然，这是更为沉重的话题！远比讨论"是否应该唱衰电视"和"电视是否将要消亡"更为重要。

为了更好地回答这些问题，我们有必要先来讨论一下，什么是电视的核心业务。

三、电视媒体的核心业务是什么

电视媒体的核心业务，难道不是制作和播出电视节目吗？

当电视这种业务形态，在家庭中的地位如日中天的时候，这个说法可以说是正确的。但是，当电视业务形态在家庭中已经面对强大竞争对手的时候，再这样定义，就会让电视媒体无所适从了。

这样说，不是因为可以随意定义电视媒体的核心业务，而是如上的说法，只是电视媒体核心业务的表象，不是电视媒体核心业务的本质。

那么，电视媒体的核心业务究竟是什么呢？

为家庭中的受众提供视听服务，才是电视媒体的核心业务。

换句话说，只要是受众在家庭中需要的所有视听服务，都属于电视媒体的业务范围。比如，曾经的录像带和 DVD 的发行，因为满足的是受众在家庭中的视听需求，就应该是电视媒体的核心业务（Netflix 就是靠发行录像带和 DVD 起家而成了现在电视媒体的竞争对手的）；比如，版权的聚集和销售，满足的是受众在家庭中的视听需求，也应该是电视媒体的核心业务，如此等等。只是因为这些业务曾经体量较小，几乎被电视节目的制作和播出业务所遮蔽，没有显示其本来的面目而已。

所以，制作和播出电视节目，不是电视媒体的目的，它仅仅是电视媒体实现其核心业务的手段。

近些年，受众在客厅中的视听需求发生了很大变化，由观看电视节目增加了观看视频节目，由线性收看方式增加了非线性收看方式，由观看直播节目增加了观看点播节目……这个时候，电视媒体还能仅仅守住电视节目的制作和播出这样的业务吗？

当然不能！

正确的行为应该是，除了制作和播出电视节目之外，电视媒体还应该全面开展那些能够满足受众在家庭中新的需求的业务。比如，对于满足受众在家庭中的需求，如果版权非常重要，电视媒体就要冲破是否播出的限制，而聚集大量版权；如果 DVB+OTT 业务非常重要，电视媒体就应该布局 DVB+OTT 业务；如果传输渠道非常重要，电视媒体就应该构建渠道；如果家庭网关重要，电视媒体就应该考虑投资家庭网关……

总之，一句话，因家庭中受众需求之变而变！

正是因为不明了这一点，电视媒体才会陷入今天这种非常危险的境地。一方面，近些年电视媒体在自己的存量业务——电视节目的制作与播出上精耕细作不够，竞争力减弱。其最大的表现就是电视节目品类失衡，竞争力减弱，泛娱乐化盛行。

另一方面，对于满足家庭受众需求的增量业务，电视媒体既缺少布局，又缺少产品，机遇频失。比如，电视媒体在电视大屏上的新媒体业务，就出现了战略性偏差，生产的非线性视频节目产品非常少，任由 VOD 和 OTT 大行其道，逐步侵蚀电视媒体在家庭领域这块事关自己生死的根据地。与这种对于自己领地和后院布防不足、着力不够形成鲜明对比的是，电视媒体把媒体融合的重心，几乎全部部署在电视屏之外的其他领域，完全跟着别人走！

别人做移动端，我们也做移动端，别人做 App，我们也做 App，别人做大数据云计算，我们也做大数据云计算……这种舍己之长的行为，如何能够实现媒体融合的目标呢！

行文至此，我们再回到刚才的话题：面对生命周期已过顶点的状态，电视媒体做得足够好了吗？

四、把脉电视

与已经度过生命周期的顶点相伴，近些年，电视媒体逐渐走入困境已是不争的事实。尽管近些年来，关于电视媒体如何陷入困境、如何走出困境的探讨几乎没有停歇。但是，电视媒体的行进轨迹依然延续在下行的方向上看不出改变的迹象。

个中原因，表象上是由于电视媒体对于自身存在的问题，挖掘尚不彻底，探讨也不系统，措施亦不得力。而根本上，则是源于电视媒体没有找到这些问题产生的深层次根本原因。

一句话，电视媒体没有做好！

而在新媒体先是微弱、继而加速而全面的碰撞之下，又出现了一个危险的认知趋势，就是把电视媒体的诸多问题都归结为来自新媒体的冲击与颠覆。于是，电视媒体如何搭上新媒体呼啸而行的列车，一变而成了电视媒体的首要课题。电视媒体试图在媒体融合的大潮中积蓄力量，配置资源，希求有所斩获。

当然，这是正确的选择，没有错。

只是，在反思和探索电视媒体自身存在的问题上面，却呈现出了逐渐淡化的趋势。但是，如果电视媒体，不能及时正确诊断自身病症并刮骨疗毒，不仅难以担当媒体融合重任，恐怕连自身能否生存下去，都要画上一个巨大的问号。

电视媒体已是病体之躯，必须从本源上进行诊治！

本书试图在三个层面上描述和分析电视媒体存在的诸多问题，并着力探寻产生这些问题的深层次根本原因。

第一层面，管理与组织架构

这是本书第一篇的内容。

电视媒体在管理上问题颇多，尤其在决策、绩效评估、成本控制、创新、个性化团队建设、人才延揽等六个方面表现突出。可以说，不解决这六个方面存在的问题，电视媒体的管理效益和管理效率必定大打折扣。对于这些问题，近些年探讨者众多，解决方案也是多种多样。只是，这些解决方案就事论事者多，在浅层次上左冲右突者众，未能触及深层次上的根本原因，因此难以奏效。

本书认为，电视媒体所采用的单一层级决策主体的组织架构，是导致诸多管理问题的深层次根本原因。

商业组织采用什么样的组织架构，并没有固定的模式，适合就好。电视媒体采用单一层级决策主体的组织架构，也是历史形成的，曾经支撑电视媒体多年的高速发展。但是，当这种单一层级决策主体的组织架构模式，与电视媒体近些年高速扩张的大背景相重叠时，电视媒体在管理上力有不逮的趋势就越来越强。面对频道越来越多、人员越来越众、事项越来越繁杂、利益诉求越来越多样化……曾经的管理监督主体，包括战略规划、业务模式、人力资源、财务运行、绩效评估、薪酬体系、纪检监察、党风廉政建设等，依然是原来的规模，依然是原来的模式，依然是原来的文化，依然是原来的评估方式……于是，冲突重重，矛盾加剧，效率降低，效益下滑。而这些问题在单一层级决策主体的组织架构之下是难以解决的。

电视媒体必须变单一层级决策主体为多层级决策主体，采用缩小每一层级组织范围、减小每一层级管理半径的方式，对组织架构进行调整。针对每一层级的决策主体，要么采用内部授权方式下放部分决策权利，要么建立独立的法人实体进行分级决策，或者两者并用，从而形成多层级决策主体的组织架构。只有如此，才有可能解决当下困扰电视媒体的诸多问题。只要电视媒体不改变单一层级决策主体的组织架构方式，电视媒体的困境就难以根本消除。

第二层面，生产与资源配置

这是本书第二篇的内容。

一个商业组织的理想状态一方面是建立多支点和可持续的盈利模式，一方面是建立与盈利模式相适配的生产体系和评估方式。以此来观察电视媒体，很遗憾，在与此相关的多个方面都存在不少的问题。其一，在盈利模式上，除了广告之外，几乎没有其他支点。其二，电视媒体的评估方式单一简单。虽然近些年电视媒体一直在探讨建立可持续、多元化的评估系统，但是，似乎成效不大，不仅收视率依然是主要的评估方式，而且在收视率的使用上呈现出了极端崇拜的现象，致使电视媒体出现了泛娱乐化倾向。其三，内容版权的购置，逐步向播出权退缩，那些能够支撑建立多支点盈利模式的版权权利，几乎被电视媒体放弃了。其四，频道作为电视媒体的生产与运行主体，因为评估方式限定等诸多原因，缺少建立支持多支点盈利模式的动力，与电视媒体的总体利益也时有冲突。其五，栏目作为电视频道的基本产品单元，因为频道利益限定，逐步从开放走向封闭，质量和影响力渐渐衰弱。

这些问题，应该是导致电视媒体进入下行渠道的部分原因。

为什么电视媒体会出现这种状况？产生这些问题的根本原因是什么？这背后是什么样的思维逻辑？

我认为，电视媒体产生如上问题的深层次原因，是不恰当的资源配置方式。资源配置是商业组织开展业务与提升市场竞争力的最重要基础。资源配置低效，商业组织将难以获得高盈利能力和持久发展动力。而资源配置不恰当，商业组织则可能步入衰落的轨道。电视媒体在资源配置上的最大问题，就是把所有资源几乎全部配置在播出上，单纯追求播出效益最大化。正是因为单纯追求播出效益最大化导致电视媒体难以建立多支点和可持续的盈利模式，也让电视媒体的融合发展之路步履艰难。这一状况与近些年来电视广告收入遇到天花板、收入增长停滞甚至出现负增长的状况相缠绕，让电视媒体疲态尽显。

从国际国内电视媒体发展趋势看，单纯的电视播出业务，已经没有了发展空间，电视媒体必须从电视播出向电视产业腾挪转移。从 20 世纪末开始，美欧众多商业电视媒体几乎全部被大的媒体集团并购就是最好的注脚。反观我国的电视媒体依然在电视播出的层面上挣扎，对于产业链条构建，只闻楼梯响，不见人下来。

因此，我建议我国电视媒体调整播出效益最大化的资源配置方式，转而迅速向电视产业配置资源，辅以集团化组织架构。如此，才有可能走出当下困境，融入 TMT 潮流，实现凤凰涅槃式的浴火重生。

第三层面，新媒体认知与媒体融合的路径选择

这是本书第三篇的内容。

如果说，本书第一篇和第二篇所论述的管理和生产内容，基本涵盖了电视媒体的存量业务，那么，对于新媒体的认知则关系着电视媒体的增量业务。这种认知正确与否对于电视媒体能否选择适合自身的融合发展之路，至为重要。在某种程度上它决定着电视媒体的未来走向。

传统媒体开展新媒体业务的时间并不晚，较早的可以追溯到央视网，开办于 1996 年。彼时，互联网大幕刚刚拉开。只是，经过 20 多年的发展，包括电视媒体在内的传统媒体，其开办的新媒体产品，在业务品类排名上，鲜有进入前五名者！大部分排名都在十名之外徘徊。而在青少年中大受追捧的 B 站、A 站、直播类等新媒体产品品类中，电视媒体全部缺位。与此同时，电视媒体在自己的核心领域——电视大屏也面临着极大冲击，渐次退守，受众流失，影响力降低，盈利能力衰减。

这是为什么？深层原因，源于电视媒体对新媒体的认知，存在偏误！

我们不妨问几个问题。

第一，电视媒体与新媒体的本质区别是什么？

我们可以通过几个问题来判断：其一，为什么电视媒体的新媒体产品难以跻身同类产品前列？其二，按照目前的模式，电视媒体的新媒体产品能够实现超越吗？其三，为什么电视媒体在新媒体领域没有创新产品，永远是跟随者角色？如果不能够准确清晰地回答这几个问题，就不能说我们已经明晰了电视媒体和新媒体的本质区别，电视媒体就难以准确认识新媒体的业态和方向，其新媒体产品也难以跻身前茅，电视媒体的融合发展之路，也必定艰难坎坷下去！

第二，新媒体是媒体吗？

恐怕没有人会否认新媒体也是媒体。但是，只要是媒体就要遵循媒体常识。如果我们追问一句，新媒体也遵循媒体常识吗？这些常识里面，最主要的常识是什么？回答可能就莫衷一是了！

电视媒体的新媒体产品在遵循什么样的媒体常识上面存在着很大的认知偏误。这是电视媒体在新媒体业务上进程不畅的重要原因之一。

第三，电视屏可以开展新媒体业务吗？

如果电视屏可以开展新媒体业务，为什么国内只有湖南卫视形单影只地通过芒果 TV 在电视屏开展 OTT 和 VOD 业务，而其他的电视媒体除了直播节目之外，很少为电视屏生产非线性视频节目产品呢？难道电视媒体的新媒体业务只能围绕 PC 端和移动端开展吗？

如果电视屏不能开展新媒体业务，又为什么国内外的新媒体运营商如爱奇艺、腾讯视频、小米视频、Netflix、Hulu 等在划分完 PC 端和移动端的势力范围之后，大举进军电视屏呢？为什么以康卡斯特为首的国内外多系统运营商及 IP TV 运营商不遗余力地在电视屏布局 DVB+OTT 业务呢？为什么 HBO 专门为电视屏用户开办 HBO GO 流媒体业务呢？为什么各种智能电视，纷纷内置视频播放系统，力图在电视屏上分得一杯羹呢？

电视媒体应该如何动作？

第四，电视媒体与其开展的新媒体业务在组织架构上是什么关系？

是父子关系，还是兄弟关系？如果是父子关系，电视媒体是否允许自己一手创建的组织分割、侵蚀自己的业务？如果是兄弟关系，电视媒体又如何向独立于自己的新媒体组织注入资源、培养其市场力量？

诸如此类的问题还有很多。

电视媒体对此不仅需要作出回答，还必须有明确的动作。否则，媒体融合就会成为"水中月，镜中花"！

2014 年 8 月 18 日，习近平总书记在中央全面深化改革领导小组第四次会议上对媒体建设提出了明确要求："推动传统媒体和新兴媒体融合发展，要遵循新闻传播规律和新兴媒体发展规律，强化互联网思维，坚持传统媒体和新兴媒体优势互补、一体发展，坚持先进技术为支撑、内容建设为根本，推动传统媒体和新兴媒体在内容、渠道、平台、经营、管理等方面的深度融合，着力打造一批形态多样、手段先进、具有竞争力的新型主流媒体，建成几家拥有强大实力和传播力、公信力、影响力的新型媒体集团，形成立体多样、融合发展的现代传播体系。"①

我理解，这里面有三个主题词：新型主流媒体、新型媒体集团、现代传播体系，这三者是层层递进的关系。对于电视媒体而言，基础是完成打造新型主流媒体的任务，然后向新型媒体集团发展，尽快构建现代传播体系。

本书的三篇内容尝试在三个侧面回应总书记提出的三点要求。第一篇从组织架构角度论述合理、合适的组织架构，是电视媒体内部管理与运行的基

---

① 《习近平关于全面建成小康社会论述摘编》，中央文献出版社 2016 年版，第 117—118 页。

础，是电视媒体提高效率和提高效益的前提。当下电视媒体必须升级组织机构方式，才能为解决电视媒体存在的一系列深层次问题创造条件，为打造新型电视主流媒体扫清障碍；第二篇探讨我国电视媒体以播出效益最大化进行资源配置的成因和由此产生的诸多弊端。播出效益最大化这种资源配置方式不仅严重削弱了电视媒体的本体业务，还极大阻碍了电视媒体构建电视产业链条的努力，导致电视媒体收入来源单一，产业布局失衡，媒体集团的构想难以成型；第三篇从电视媒体与新媒体的本质区别入手，以新媒体也需要遵循媒体尝试等内容为牵引，试图找出电视媒体在新媒体建设中的短板，指出电视媒体融合发展的路径，为形成现代传播体系积累条件。

本书三篇内容所标识的问题交织缠绕，相互作用，互为因果，在决定电视媒体能否顺畅运转、在确定电视媒体方向路径方面具有极大权重。如果电视媒体不能解决如上三个方面的问题，不仅打造新型主流媒体、建成新型媒体集团、形成现代传播体系的任务难以完成，电视媒体在下行通道上的下滑速度恐怕也会越来越快。如此，电视媒体又怎能好整以暇、平心静气地置身于这场从未有过的媒体大变局之中呢！

这样的观点，当然会有人质疑：难道调整了单一层级决策主体组织架构，改变了资源配置方式，正确认知了新媒体业务，电视媒体就能够摆脱当下这种被动状态吗？

当然没有这么简单！

本书所探讨的电视媒体存在的诸多问题，每一个解决起来都是一个系统工程，都需要方方面面的配套措施，都需要动用机制和体制的力量，有些甚至需要断腕式的悲壮行动！但是，这些问题产生的深层根源都和这三大层面紧密相关。如果不解决这三大层面的问题，斩断产生这些问题的根由，这些问题就会迁延不决，难以根治！

简单说来，解决这三个层面的问题，并不是解决电视媒体诸多问题的充要条件。但是，它是必要条件：有它，不一定行；没它，则绝对不行！

2007 年 1 月，胡智锋先生约请我和靳智伟先生为《现代传播》刊物做 2006 年中国电视传媒界的年度对话："2006：中国电视忧思录"，其中的几个话题到现在我还记忆深刻。谈到行业安全时，我说："（2006 年我国）电视广告大概是 300 亿人民币，不到 40 亿美元，1100 多个频道分 40 亿美元，而美国一个综合频道一年的收入就是 50 亿美元。这种状况，先别说'走出去'，如果国外媒体进来，我们能守得住吗？"在谈到电信行业可能进入电视媒体行业时，我说："其实，我们并不在乎中国移动是不是进来（电视行业），我们在意的是因为你没有把这个行业做好而导致别人进来，你就没有地位、没有荣誉、没有尊严、没有实现职业理想的途径了，这将是电视从业者的悲哀……在这个行业变革的时候，扪心自问一下：你做到这个行业应该做到的程度了吗？"

倏忽十一年！

这十一年之中，电信行业没有进来，外国媒体也没有进来，但是，我所担心的电视媒体行业的状况，还是有一部分渐渐成为现实，颇有些一语成谶的感觉。

原因何在？

新媒体来了！

新媒体悄然翻墙而入，以和缓但坚定的行动，冲刷和蚕食着电视媒体的业务领地，让电视媒体无处着力，锐气消弭，极度疲惫，无所适从。也因此，"唱衰电视"与"电视将死"的声浪才渐次高涨起来。

"唱衰电视"与"电视将死"的争论，对于电视人而言，当然是如鲠在喉。但是，直面应对才是保持尊严的最好姿态！商业上有云，有夕阳的产业，没有夕阳的公司！何况电视业务形态仅仅是滑过了生命周期的顶点，距离夕阳，尚有无限的距离。如果电视媒体能够以杜鹃啼血的决心，厘清现状，摆正方向，合理配置资源，以电视媒体的人才储备、资源储备、资金储备、影响力等诸多储备，有极大的希望打通内容、平台、渠道、终端、用户的纵向产业脉络，并进而构建基于受众的电视生态系统。

这可能是电视媒体和电视人未来发展的最好路径！

| 第 一 篇 |

电视媒体深层问题之一：组织架构之痛

导　言
组织架构之痛：单一层级决策主体

　　效率和效益是评估一个组织是否顺畅运转的重要标准。而组织架构方式则与这个组织的效率和效益密切相关。通常，组织架构的规模、边界、决策方式等由两个指标来决定：组织成本和交易成本。当组织成本过大导致组织效率降低、效益下降时，就通过分拆的方式来降低组织成本；当组织之间的交易成本过大导致成本上升时，就通过合并方式来减少责任主体，通过组织内部的一体化管理方式，降低成本，提高效率，提升效益。

电视的生命周期，顶点已过！

当我敲击键盘，在序言中写下这个结论的时候，作为一名从业生涯超过30年的电视人，复杂的心情难以用语言来准确描摹。

电视的影响力从攀上巅峰到驶入下行通道，电视人从备受尊崇到回归常态，仅仅十几年光景。那些一起参与过见证过的辉煌似乎就在昨日，却不经意间成了传说。在我们依然从事着电视这个工作的时候，很多人就开启了对于这些辉煌的追想，提早消费了本应在我们退休之后品茗聊天的话题。

原因何在？是情势发展的必然呢，还是我们错失了机会？是竞争对手过于强大，还是我们走丢了自己？

常识告诉我们，电视这么大的行业步入困境，当然不是一朝一夕的事情，出现问题应该早有端倪。但是，之所以在 21 世纪头十年才爆发出电视生死的争论，一则是因为电视行业曾经的高速发展，对冲了这些问题对于电视行业发展的阻碍，遮蔽了这些问题对于阻碍电视行业发展的深层影响；二则是因为新媒体迅速而强烈的冲击，渐渐遏制了电视的高速发展势头，让电视的问题变得清晰，变得急迫。

所以，电视行业应该感谢新媒体。不仅仅是因为新媒体创建了一种新的媒体形态，更因为新媒体的崛起与冲击震醒了电视行业，让这个曾经创造无数辉煌的行业开始正视自己。从这个意义上说，新媒体对于电视媒体功莫大焉！

也因为如此，电视媒体、电视人乃至学界探讨电视媒体的得失，找寻电视媒体走入困境的原因才变得热切起来。

寻找原因通常都是先从外部入手。于是，电视媒体走入困境的原因首先指向了新媒体。

很多人认为，新媒体是更先进的媒体形态，它以互联网为依托，所具有的技术维度、互动基因、泛在特性等，消弭了传播者和接受者的界限，创造了新的媒体形态，形成了对电视媒体的超越。而基于互联网衍生出的大数据、云计算乃至人工智能，则为新媒体构筑了极高的技术门槛。同时，由互联网庇护的新媒体是与中国资本市场的壮大以及现代企业管理制度的迭代创新同步发展起来的。资本可以让新媒体迅速获取资源，赢得竞争优势，而现代企业管理制度可以最大限度地激发人的主动性与创造力。因此，新媒体必将形成对电视媒体的覆盖甚至替代。也因此，电视媒体陷入困境，乃是自然而然的事情。

但是，新媒体的冲击虽然加剧了电视媒体的困境，却不是电视媒体诸多困境的始作俑者。正如前文所述，新媒体的横空出世只是让电视媒体的问题更加明显而已。电视媒体的重重问题在新媒体未成气候之前已经存在。因此，相关原因必须在电视媒体自身上找寻。

于是，体制机制派应运而生。

是体制与机制的错吗？

分析当下中国的很多问题，从体制机制上寻找病因似乎已经成为惯例，对电视媒体的分析也不例外。一些人认为，电视媒体受体制机制制约，既无法借力资本市场，又对现代化的企业管理方式患得患失，因此，它无力聚集有效资源，难以构建新的媒体形态，这是电视媒体陷入困境的最主要病因。因此，解决电视媒体的问题，首先必须在体制机制上进行变革。

电视媒体的体制是什么？

电视媒体的体制，概要而言是两句话，一是国家所有，二是党的管理。其实，不只是电视媒体，所有的事业单位和国有企业都遵循着国家所有和党的管理这两条基本原则。但是，这并没有妨碍很多事业单位和国有企业高速高质地发展，有些甚至在多个方面处于领先地位。而且，在同样的体制之下，电视媒体也曾创造了无数的辉煌。因此，体制说显然不是电视媒体的根本病因所在。

那么，是电视媒体机制的错吗？

电视媒体的机制，可以简要概括为："事业单位，企业化管理"。完整表述就是，电视媒体是以"事业单位，企业化管理"的方式来管理和运行的。

1978 年 12 月党的十一届三中全会以后，和其他领域的探索一样，中国大众传播媒体也发生了迅速而剧烈的变革。"事业单位，企业化管理"的提出、广告经营的探索、自办发行的出现就是这一时期具有里程碑意义的事件。

自 1957 年电视台成立之后的 20 多年时间里，中国电视媒体一直采用事业单位的运行方式，财政全额拨款。1978 年之后，传媒业的改革诉求日益强烈，"事业单位，企业化管理"便成了管理部门与传媒业共同的变革选择。

1978 年，国家财政部批准了人民日报社等 8 家首都新闻单位提出的要求试行"事业单位，企业化管理"的报告，根据当时的政策，允许这些单位从经营收入中提取一部分比例的资金用于改善自身工作条件，增加员工收入。当时的具体提法是："企业运营、独立核算、盈余留用"，"包干上交，结余留用"，"企业化经营所需要流动资金（通常称为周转金）从事业费中拨付"。1979 年财政部颁发《关于报社试行企业基金的管理办法》，再次明确报社是党的宣传事业单位，在财务管理上实行企业管理的方法。这个政策在短短的几年中迅速在全国大多数媒体中实行。"事业单位，企业化管理"这一改革思路也基本上确定了此后 30 年媒体改革的大方向。时至今日，中国的媒体管理体制依然遵循这一基本原则。

近些年，对于"事业单位，企业化管理"的制度设计，在学界、业界产生了"改与不改"的争论。在需要改的原因阐述上，有人认为这样的制度设计，既不能保证媒体的公益性，也不能让电视媒体按照现代企业制度运行。他们认为，是延续还是变革"事业单位，企业化管理"这一制度设计，是决定中国媒体未来发展的"牛鼻子"。

我认为，这一说法言过其实了。

让我们站到"事业单位，企业化管理"这一制度设计的起始本意上来重新回看一下。

关于"事业单位，企业化管理"的制度设计阻碍了媒体的公益性的看法，缺少对我国电视媒体总体状况的全面认识。我国没有商业电视台，电视媒体采用"事业单位，企业化管理"，在某种程度上，是补足没有商业电视台而缺失的功能。以广告为例，如果我国的电视媒体全部是公益性的，电视广告播出就无从实现。但是，电视广告是经济运转的重要组成部分，是企业进行品牌建设和产品推介的重要手段。它对于经济发展，对于企业建设，对于市场竞争，对于大众需求，都有极为重要的作用。事实上，电视广告对于中国经济的发展，对于企业品牌的推介，确实起到了巨大的推动作用。同时，广告播出也让中国的电视媒体获取了自身发展的经济基础。因此，在没有商业电视媒体诞生之前，中国电视媒体必须同时具备公益性和商业性的双重属性。当然，中国电视媒体是否充分发挥了公益属性的作用，中国电视媒体是否需要全部采用"事业单位，企业化管理"这种制度设计，确实值得探讨，但是，这已经是另一个问题，不是本书的探讨范围了。

"事业单位，企业化管理"在媒体运行方面的含义是用管理企业的模式来管理事业单位，采用企业中广泛运用的科学的管理方法，协调好事业单位的各项活动和资源，从而达到组织的目标。"事业单位，企业化管理"的实质就是提高事业单位的运作效率，降低管理成本，取得更大的社会效益与经济效益。

由此看来，"事业单位，企业化管理"的本意在于，在人事制度上，健全考核制度，打破身份界限，建立岗位管理制度和灵活的用人机制，在事业单位中建立一套与企业管理相适应的人事管理制度；在分配方式上，根据"效率优先，兼顾公平"的分配原则，建立形式多样、自主灵活的分配激励制度；在运营管理上，引入科学的企业管理方法，如绩效管理、目标管理等，来提升组织的运行与管理效率。这些变革的总目标，就是要提高事业单位对员工管理的有效性，充分调动员工的工作积极性和创造性，提升运行效率，从而提高事业单位的社会效益与经济效益。

所以，是不是采用"事业单位，企业化管理"的制度设计，与电视媒体人员的工作积极性和创造性之间并没有必然的决定性因果关系。起决定作用的是包括人事制度、分配激励制度、绩效考核制度等这些企业化的科学管理方式。而采用这些现代企业化的管理方式，本就是"事业单位，企业化管理"制度设计中的题中之意。不理解这一点，我们就无法解释在过去 30 年间，包括电视媒体在内的中国传媒业所取得的巨大成就与超常规发展。

因此，当我们去寻找当下电视媒体竞争力、影响力日益衰减的根本原因的时候，我们应该问一问：是什么让电视媒体的运行效率不再领先，是什么让电视媒体的从业人员不再积极主动，是什么让电视媒体的评估与激励机制作用逐渐降低，是什么让电视媒体的管理方式在互联网时代变得落后……这些才是本源性的问题。只有找到产生这些问题的准确原因，才能廓清我们的认识，才能制定解决方案。

产生这些问题的原因很多，我在序言里提及了两个最重要的原因：一是组织架构失衡，二是资源配置失效。

组织架构遵循的逻辑

关于电视媒体资源配置失效的探讨，是本书第二篇的内容。本篇我们探讨的内容是电视媒体组织架构的失衡问题。

对于组织架构的作用，我个人有着近乎偏执的重视。我认为，在市场环境和管理手段等条件恒定的前提下，组织架构就是生产力。这个观点，在央视工作期间，我在多个部门都表述过。也曾在工作过的新闻中心、总编室和中国国际电视总公司，对组织架构进行过大规模的调整，目标就是希望让组织架构和生产流程来适配组织目标。

组织架构（亦称组织结构）有狭义和广义两个方面的含义。狭义的组织架构，是指组织为了实现目标，由组织设计形成的组织内部各个部门、各个层次之间固定的排列方式，即组织内部的结构方式。它具体包含三个方面的内容：其一，单位、部门和岗位的设置；其二，各个单位、部门和岗位的职责、权力的界定；其三，单位、部门和岗位角色相互之间关系的界定。组织架构是一个组织能否实现内部高效运转、能否取得良好绩效的先决条件。而广义的组织架构，除了包含狭义的组织结构内容外，还包括组织之间的相互关系类型，如专业化协作、经济联合体、企业集团等。

任何一个组织在进行组织架构设计时，必须考虑两个因素，一是组织的战略，二是组织之间的关系。关于组织的战略，彼得·德鲁克有一个非常精辟的观点：战略决定架构。他认为，为了确保效率和合理性，必须使组织结构与战略相适应。战略就是对"我们的业务是什么、应该是什么和将来会是什么"这些问题的解答，它决定着组织结构的宗旨，并因此决定着在某一企业或服务机构中哪些是最关键的活动。德鲁克强调，有效的组织结构，就是使这些关键活动能够正常工作并取得杰出绩效的组织设计。因此，有关结构的任何工作，都必须从目标和战略出发。

而组织之间的关系，则是组织架构的广义含义。对此，我更倾向于把它理解为对组织规模的阐述。在经济学中，有两个重要的基本概念：组织成本和交易成本。当一个组织的组织成本过大时，意味着组织内部的管理难度增加，效率降低，通常通过拆分的方式，把一个组织变为两个甚至多个组织（它在组织内部体现为事业部制式的组织架构，在外部则体现为集团化组织架构）。当组织之间的交易成本过大时，意味着组织的效益降低，通常通过合并的方式来减少组织的数量，加强一体化运营，提升组织的效益。

行文至此，我们自然会问两个问题：其一，电视媒体的组织架构，适配电视媒体的战略吗？电视媒体有清晰的战略目标吗？其二，电视媒体的组织架构规模合适吗？是组织成本高企呢，还是交易成本过大？需要拆分呢，还是合并？应该变革吗？如何变革？

我认为，对于当下的电视媒体而言，比探讨是否变革"事业单位，企业化管理"更具现实意义、更具紧迫性的，是对当下电视媒体的组织架构是否合理的探寻，是对是否需要变革当下组织架构方式的探索。

因为如果没有适合组织战略的组织架构，如果构成组织的各个单元之间不能建立顺畅协调的关系，采用什么样的体制机制，也无济于事！

单一层级决策主体——当下电视媒体的主流组织架构方式

要想探讨电视媒体组织架构是否合理的问题，我们必须要对当下电视媒体采用的组织架构方式有一个全面而准确的认识。

我于 1985 年进入中央电视台工作，33 年间，经历与见证了中国电视媒体从小到大的全过程——四级覆盖、上星入地，影响力迅速攀升、频道数量迅速增加，从业人员由少到多再到众多，组织规模由小到大再到庞大。得益于此，中国电视业创造了令人瞩目的发展速度，成就了一个又一个"中国电视现象"，开创了"中国电视黄金时代"。

回望中国电视近 60 年的发展历程，特别是改革开放以后的极速发展阶段，伴随着规模的扩展，中国电视媒体内部的组织架构方式，也经历了多轮的变革与创新——从部门制到中心制再到频道制。这种组织架构方式上的变革，顺应了电视行业从节目时代到栏目时代再到频道时代的发展历程，成就了中国电视业在不同发展阶段的王牌节目、品牌栏目和标志性频道。

但是，请注意，中国电视媒体所进行的这些组织架构上的调整，有两个共同点，其一，电视媒体很少向组织之外扩展，几乎没有进行过我们上文谈到的广义维度上的组织机构变革。其二，组织架构改变的均是电视媒体内部组成单元的设置方式，也就是说，都是在增加层级与增加部门等方面进行变化，没有改变电视媒体的决策方式和决策流程，所有的决策一直都是在台一级层面进行。这种决策既包含了决定电视媒体的组成单元（从曾经的部门、中心到现在的频道）在业务上的定位、方向、发展战略与策略的重大决策，也包含了电视媒体组成单元的人力资源、财务管理、广告经营、绩效考评等运行方面的决策，还包括了栏目设立、节目选题、制作方式、经费使用、人员的引进与退出等日常事务性的决策。

电视媒体在业务、人事、财务、技术等方面集中统一行使决策权，表现在管理机构的组织架构设置上，就是决策和综合管理部门都是单一层级设置：一个业务决策部门（通常是编辑委员会），一个技术决策部门（通常是技术委员会），一个人力资源管理部门，一个财务管理部门，一个广告经营部门，一个编播业务统筹部门（总编室），甚至是一个机关党委部门、一个纪检监察部门……这样的组织架构方式，在保证决策权由台一级集中行使的同时，在管理标准的制定上，会出现统一化趋势——各个综合管理部门，为了达成管理标准的公平化和管理效益的最大化，必然形成一系列统一的标准：人事管理制度是统一的，财务管理制度是统一的，薪酬是统一的，绩效评估是统一的，纪律要求是统一的……

　　总结一下，电视媒体的这种组织架构，概要而言，对外，表现为一个法人主体；对内，表现为决策权、管理权（主要表现为人力和财物等管理上）、绩效与评估权、产品决策与生产权、经营权等，全部由台里一个层级掌握、行使。电视媒体的这种组织架构，我把它称之为"单一层级决策主体组织架构"模式。

　　可以说，中国电视媒体从诞生至今 60 年的时间跨度里，以决策权由台一级集中行使、管理标准由台一级整齐划一确认为主要标志的"单一层级决策主体组织架构"，一直是电视媒体遵循与实行的组织架构模式。这种组织架构模式没有随着电视产业规模的急速扩张、人员规模的急速增长、管理半径的急速扩大而有明显改变。

单一层级决策主体组织架构的功效

　　电视媒体采用单一层级决策主体的组织架构模式，是历史形成的。从最初的成因上看，电视媒体的组织架构方式基本上是参照政府管理部门的架构方式来设计的。从过去到现在，电视机构的各个层级几乎都有与政府部门相对应的行政级别。参照政府管理部门制定的电视媒体组织架构方式，其最为核心的体现就是单一层级决策主体——由一级机构行使决策权，在这个组织中，只有一个指挥中枢、一个大脑。

不可否认的是，这样的单一层级决策主体组织架构方式，在中国电视媒体规模不大、管理半径较小的时候，既可行又有效，曾经助推中国电视行业高速发展：

首先，有利于资源配置。在电视高速发展阶段，单一层级决策主体对决策权和管理权的集中行使保证了电视媒体有限资源的有效配置——在全台范围内集中资源进行产品的研发和生产。这与电视媒体行业高速发展过程中呈现的某一电视媒体往往是在单一节目、栏目或者内容类别（如新闻、娱乐等）上获得突破而引领媒体行业的特征是相吻合的。

其次，决策效率高。在 20 世纪 90 年代，电视媒体发展处于高速发展的阶段，组织规模较小，频道和栏目少，决策事项尚未庞杂，利益诉求相对单一。在这样的背景下，单一层级决策主体的集中决策可以保证迅速决策、充分决策、高效决策。

再次，决策失误小。得益于电视媒体行业的迅猛发展和超越广播报纸杂志的传播特性，电视媒体在受众中形成了在当时无可比拟的视听享受体验，极大地填补了观众的需求，迅速吸引了观众的注意力。一时间，电视媒体的传播力、公信力、引导力、影响力在政府和民间攀升到鼎盛状态，社会资源自觉、主动地向电视媒体倾斜！在这样主动靠拢的情势下，电视媒体在集聚资源、使用资源等问题的决策上，几乎都是在做选择题，而非问答题。加之答案的丰富性、可对比性，决策的难度系数自然远比当下要小得多了。

最后，能够维系组织顺利运行。电视媒体行业高速发展的状态与中国当时的物质与精神服务相对缺乏的情形相重叠。彼时，电视媒体处于上升期间，潜在进入者和替代者尚处萌芽状态，构不成威胁，竞争不激烈。在这样的市场环境下，做好自身就能获得成功——电视媒体的决策事项相对简洁，往往集中在专业业务领域。这样的决策往往凭借台一级决策主体的自身专业能力即可完成。

斗转星移！

在中国电视媒体奔向第一个甲子之时，情势几乎发生了翻天覆地的变化！中国电视机构的组织规模、人员规模变得异常庞大，中国电视产品的形态、渠道日趋多元，中国电视所承担的职责与目标也变得多样。在这样的大背景下，依然以单一层级决策主体的组织架构方式来维系组织的运转，不论事项的大与小，不分业务的重要与日常，不区别组织的战略与执行层面的不同，全部由一个层级进行决策和管理，其结果必然是降低组织的运行效率，削弱组织的应变能力！毫不夸张地讲，中国电视媒体在近些年所产生的种种发展问题，虽然也有互联网带来的受众消费习惯改变的缘由，但显然，单一层级决策主体组织架构方式所导致的电视媒体的活力、张力、应变力、创新力与竞争力的衰减，才是更为根本性的原因。

无他，市场和竞争环境变了。

变量一：当电视媒体组织规模快速膨胀

中国电视媒体的快速发展出乎所有人的预料。1983 年 3 月，当时的广播电视部为加速电视事业的发展推出"四级办电视"政策：除了中央和省、自治区、直辖市成立电视台外，在具备条件的地方，允许省辖市、县两级成立电视台，开办电视业务。于是全国各地大大小小的各级电视台如雨后春笋般建立起来。1993 年，经广播电视部正式批准登记的电视台已经达到 586 家，全国电视综合人口覆盖率为 81.2%，电视观众达到 8.06 亿。到了 2016 年年底，由原国家新闻出版广电总局发展研究中心编著的《中国广播电影电视发展报告（2017）》显示，电视播出机构已经增长为 2400 座（电视台 148 座，广播电视台 2252 座），全国电视综合人口覆盖率 98.88%，电视频道 1351

套，电视节目年播出总时长是 1792.44 万小时。而据《中国城市电视台台长调查报告》统计数据显示，大多数城市电视台平均拥有 3—4 个频道。各城市电视台拥有的频道数量有着明显差距，最少的为一个频道，最多的有九个频道。可以说，电视媒体所拥有的频道数量，已经达到惊人的规模。

电视媒体播出规模上的急速扩张，应该说是社会需求、媒体自身动因与电视广告收入上升三大力量共同作用的结果。

从社会需求上看，在互联网诞生前，获得经济高速发展的中国百姓，在信息消费、休闲娱乐等方面的需求，基本上是由报纸、广播、电视等大众媒体来提供的。而电视媒体因其声画复合的独有特色，具有让观众更能感同身受的体验优势，具有绝对的优势地位；

从媒体自身动因上看，电视媒体属于国家事业单位体制，牌照管理严格，各级党委和政府按照属地化方式建立和管理电视媒体。这样的管控方式，一方面，外部资本，不管是国资还是民资，都不能进入电视媒体领域，另一方面，因为属地化管理和事业单位属性，不同的层级与地域之间彼此缺少进入与退出机制。这样一来，电视媒体内无忧患，外少竞争，环境大体恒定，自然无生死之忧。应对这样的环境，最简单的方式就是通过扩大生产规模的方式来提升效益。而增加频道则是扩大规模的最有效方式。

从广告经营上看，电视广告收入的迅猛增长为电视媒体的规模扩张奠定了财力基础。从 1979 年第一条电视广告播出开始，电视媒体的广告收入就随着中国市场经济的发展而迅速增长，进入了高速甚至超速增长阶段。这使得中国电视媒体有充足的财力来支撑规模的快速扩张。在电视媒体播出规模急速增长的 1993 年到 2006 年，除了 2000 年和 2001 年之外，广告收入每年都保持了超出 GDP 增幅的增速。但是从 2007 年开始，电视媒体广告的增幅开始呈现震荡之势，与 GDP 增长也开始互有高低（见下图）。

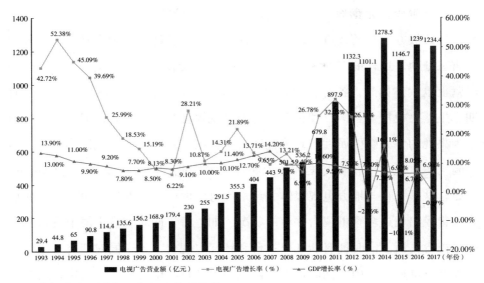

数据来源：国家工商行政管理总局

　　电视媒体拥有的频道数量和电视观众数量的急速增长，对应的是生产规模的扩张，由此带来的支撑生产所需的人员规模的扩张也在情理之中。由原国家新闻出版广电总局发展研究中心编著的《中国广播电影电视发展报告》显示，全国广播电视行业从业人员 2006 年为 56.47 万人，而 2016 年已经骤增至 91.93 万人。当然，广电从业人员不仅仅是电视媒体人员，所以，增加的人员也不会全部集中在电视媒体。但是，结合如上变化可以推定，电视媒体的组织规模确实已经发生了根本性的变化。

变量二：当竞争不再止于电视

　　回望电视媒体面临的竞争环境与竞争压力，大致可以分为如下几个阶段：

第一阶段，无竞争、弱竞争阶段

在四级办电视的政策下，电视媒体采用的是属地化管理方式，各有各的一亩三分地。这样的"井水不犯河水"状态不仅表现在受众覆盖上，在广告经营上也大体如此，各有各的客户群，鲜少直接竞争。比如说央视：此一时期，虽然央视覆盖全国，理论上与各地电视媒体是竞争关系，但是，一方面因为央视的中央媒体属性，政策性和公益性明显，另一方面也因为央视实力一骑绝尘，地方电视台与之相比差距巨大，因此，两者构不成真正的竞争，反而，这是央视与地方电视媒体关系最为融洽的时期。在这个阶段，有些地方还曾经出现过多家电视台并存的状况。如上海，同时拥有上海电视台和东方电视台，浙江同时拥有浙江电视台和钱江电视台，辽宁同时拥有辽宁电视台和北方电视台，山西同时拥有山西电视台和黄河电视台……通常，一个地方同时存在两个电视台，是会产生一定程度的竞争的。但这种分台设置的原因，多出于主管部门对于本地媒体扩大自身规模需要的决策，并非出于内生性的竞争需求，因此，虽然分台设置，但彼此之间依然处于相互补充、相安无事的"配合"状态，即便偶有竞争，也依然属于弱竞争态势。

第二阶段，电视同业竞争阶段

当同一个区域有多家电视媒体的频道重叠覆盖的时候，同业竞争出现了。

竞争表现之一，是全国市场竞争。卫视频道上星，开启了中国电视媒体同业竞争的序幕。20世纪末，全国省级电视台至少有一个频道上星播出，在技术传输层面上实现了全国覆盖，形成了包括央视和多家卫视在同一市场空间进行竞争的局面。出于走出本省地域、寻找更大发展空间的战略考虑，湖南、浙江、上海、江苏等省级电视媒体的卫视频道开始了在全国市场范围内寻找自身特色定位的发展路径。湖南卫视的"快乐中国"在这个时期初现端倪，"快乐大本营""天天向上"等综艺栏目在晚间黄金档创造了相当规模的收视效果，而"超级女声"在全国的风靡则为其聚集了超高的人气，开启了一个省级卫视向全国电视媒体转变的征程；江苏卫视选择"幸福"作为自身差异化定位，从"黄金档幸福栏目带"到"非诚勿扰"的火爆，让江苏卫视跻身一线卫视阵营；上海卫视更是以"东方卫视"作为呼号，一句"风从东方来"，尽显自身追求全国卫视地位的目标诉求；而浙江卫视的"中国蓝"也是发端于这个时期。谋求在全国市场的占位，使得"各自相安无事"的地方电视台，开始了短兵相接的正面竞争，而曾经身居霸主地位的央视，也开始经受一波又一波的冲击。2004 年，湖南卫视内部大调整，六大自办栏目同时下马，或撤或改。其背后的动因就是为了"进入全国前五"——为了确保这一市场目标，湖南卫视运用"卡位原则"来调整频道的瓶颈时段。这背后的认知是，要想频道整体收视名列全国第五，那么每个时段的节目都要尽可能排在全国市场的第五或之前。这样一来，那些较长时间离第五名较远的栏目——尽管它们的绝对收视率可能并不低——自然就成了调整对象。这种瞄准对手进行卡位的竞争策略，成为那些谋求进入全国一线卫视阵营的电视媒体进行内部考核的共同原则。也正是这个共同原则，让中国电视媒体在行业内部拉开了第一次竞争的帷幕。从此，中国电视媒体由外而内、由内促外的内外一体化思考和决策的格局就此形成。

竞争表现之二，是省域内竞争。省级电视媒体与市县等下一层级的电视媒体在地域上的覆盖重叠，让省域内的电视竞争呈现出日趋激烈的态势。这样的竞争在省会城市表现得特别激烈，省级电视台设置的城市特色频道与所在省会城市电视台所办频道开始直面竞争。江苏台与南京台、辽宁台与沈阳台、湖北台与武汉台、广东台与广州台等电视媒体之间竞争得难解难分，几乎可以用瑜亮情结来形容。也正是因为这种对一城一池电视市场的争夺，让电视民生新闻这样极具地域特色的电视节目类别成为中国电视的热门现象。

第三阶段，域外竞争阶段

电视业开始面对来自非电视业尤其是新媒体业的跨界竞争。一方面，随着社会化制作观念在电视业被逐步认可，社会化制作风起云涌，电视剧、综艺节目等制作公司大量涌现，原本只属于电视媒体的内容制作业务开始进行"社会化生产"运作，电视内容制作主体迅速多元化，使内容生产成为强竞争领域；另一方面，互联网在中国的迅速普及，让受众接受视频服务的渠道更加多元——PC、IPAD、手机等新兴终端让电视媒体原来独占的"客厅电视大屏"，开始遭受"时间被分解"的巨大挑战；而 VOD、OTT TV、Smart TV 等业态模式的兴起，更是让"客厅电视大屏"面临着成为单纯"显示屏"的巨大变化。不仅如此，新媒体从诞生的第一天开始，就是跨地域的，是面向全国乃至全球进行传播的。这样的"全国统一市场"，让原先的地域壁垒消于无形，市场重叠度大幅提高，原来偏安一隅的地方电视台和地面频道也在新媒体的冲刷下被裹挟进全国性竞争之中——当观众能够以低成本获得全国乃至全球范围里的视频服务的时候，选择的多样性必然带来竞争的残酷性，竞争已经没有死角。更具颠覆性危险的是，新媒体视频服务机构，在资本的巨大力量推动下，不仅通过大投入和灵活的激励机制，能够获取压倒性竞争优势的人财物等资源，而且为了谋求未来市场的领先地位，他们不以一城一池的回报为诉求，着力进行长期布局，做长线投入。这样的"烧钱模式"让受制于现实回报的传统电视媒体倍感压力。在迅速赢得观众的接受与认可后，新媒体视频服务机构为获得更大的竞争优势，开始向电视媒体的腹地和传统优势领域进军。一时间，"跨界打劫"成为电视人描述自身受到威胁的高频词汇。与此同时，新媒体视频服务机构凭借自身的技术基因与技术优势，开始变革传统电视长久形成的"沙发上"体验习惯，因人而异、随时随地便捷互动等等全新的视频观看体验，逐步让按时定点、单向传播、线性传输、只能看不能说的传统电视体验模式成为"低维度物种"，"降维打击"成为电视媒体不得不面临的残酷挑战。

如果说，在第三阶段之前，电视的竞争还是电视行业内部自己的事情，还是电视媒体与电视媒体之间进行的同维度 PK 的话，那么，制作主体的多元和新媒体兴起之后，电视媒体的竞争注定将不再止于行业内部——电视媒体不仅要面对自己的同业和同行，还要面对非电视业，面对新媒体，甚至你无法想象或者你曾经忽视的某个行业，都可能在斜刺里冲将出来给你迎头一击。

单一层级决策主体组织架构：未能因变而变

两个变量相继而来，让中国电视媒体开始同时面对双重压力。其一，伴随着中国电视媒体组织规模的高速扩张，中国电视媒体内容形态迅速多元，业务范围迅速扩充，人员数量激增，由此，电视媒体的管理半径迅速增大，管理难度也呈几何级数迅速增加。其二，外部竞争环境日趋激烈，尤其是拥有资本规模和管理手段双重优势的新媒体，把"跨屏进入""跨域竞争""跨界打劫"等手段演绎得淋漓尽致，对电视媒体进行不对称侵袭。

内外两重压力的交替冲击，要求电视媒体的整体运行必须大幅提速。而电视媒体也确实在内容生产、用人机制、评估激励和广告经营等很多方面都做了在当时看来极具突破意义的创新和变革。然而，成效并不明显。

原因何在？因为对决策、管理、运行等行为起决定作用的组织架构方式，也就是我们上面论述的电视媒体一直采用的单一层级决策主体的组织架构方式，并未因变而变！

为什么单一层级决策主体的组织架构方式无法应对内外双重压力，我们将在本章下一节进行详尽分析。其实，面对这些压力，有些电视媒体已经意识到了组织架构的弊端所在，并在一定程度和一定范围内进行了实验性变革。

一些电视媒体先从赋予栏目更多权利入手，进行试水式变革。广东广播电视台于 2016 年 3 月成立首个主持人工作室——黎婉仪财富管理工作室，其背后的逻辑就是对当下的组织架构进行的微小改革。而以湖南、江苏等电视媒体机构为代表，以频道为载体进行变革，他们赋予其卫视频道更具独立性的运作权利与地位。包括独立的内容制作与采购权，独立的节目编排权，独立的广告业务经营权，等等。在对应的组织架构设置上，卫视频道有自己相对独立的总编室、广告部、节目采购部门等（名称各有不同）。只是，这样的赋权仅仅是电视媒体内部的一种改良行为，赋权大小、时间长短依然处于不确定的状态，依然取决于台一级决策主体的决策。而在实际运行过程中，卫视频道也只是获得了与业务相关的部分权限，在更为关键、更具决定性意义的人事、财务、技术等关键资源上，权限依然归属台一级所有。虽然一般而言，卫视频道的负责人在台一级的职位和资历能带来较为弹性的权利范围，但这样的赋权行为依然是临时的、不确定的、因人而异的，因此也就难以产生长期而稳定的效益。

上海文广比湖南、江苏又向前走了一步。2014年3月31日，经中共上海市委、市政府批准，原上海文化广播影视集团（原"大文广"）与上海广播电视台、上海东方传媒集团有限公司（"小文广"）全面整合，正式组建上海文化广播影视集团有限公司（下称"文广集团"、"SMG"），与上海广播电视台一体化运作。在集团内部的组织架构上，将原有东方卫视、新娱乐、星尚、艺术人文、七彩戏剧、生活时尚数字频道等六大频道等部门整合，组建成立东方卫视中心，进行娱乐内容的研发、生产、播出和经营。东方卫视中心试点推行独立制作人制度，实施全成本考核，在制作生产和内容创新方面充分放权、充分授权。独立制作人拥有创意自主权、项目竞标权、团队组建权、经费支配权、收益分享权、资源使用权等六大权力。其中最令人关注的是独立制作人是"流动的"，既能为东方卫视中心下属各个频道生产节目，同时还可以面向台里的其他频道，有余力的话还可以"为市场制作"。如果独立制作人市场化能力特别强的，集团还会为其成立工作室。第一个独立制作人工作室——"陈蓉工作室"第一年就完成了一个创新项目：主持人版话剧《霓虹灯下的哨兵》。与此同时，东方卫视中心设置节目生产团队和服务协调团队，节目团队和独立制作人位于中心，外围设立三个中心和三个部门，即节目生产中心、节目研发中心、频道运营中心和广告经营部、综合管理部和业务拓展部，它们形成一个平台，为节目团队和独立制作人提供各种支持。可以看出，上海文广这种组织架构方式的调整以及配套措施的出台，核心是通过内部授权的方式，尤其是下放财权与人权的方式，激发人员的创新创造活力，提高决策效率与应变速度。从变革后四年的效果来看，这种对单一层级决策主体组织架构方式的创新变革取得了一定的效果——东方卫视重回一线卫视阵营。

如上这些变革，范围基本上限定在频道层面，权利让度则以栏目为主。这种通过内部授权方式的变革能走多远，如何应对与解决这种软变革所带来的新问题，决定着变革的走向，也决定着这些电视媒体能否将软变革转化为组织架构的彻底变革。

为什么单一层级决策主体组织架构是深层病因

一个组织、一个机构采用什么样的组织架构方式，并没有固定的模式，适合就好。电视媒体采用单一层级决策主体的组织架构是历史形成的，也曾经支撑电视媒体多年的高速发展。在电视媒体起始于 90 年代的高速发展中，由于组织规模不大，竞争环境相对单一，单一层级决策主体的组织架构方式是合理、合适的，作用积极而明显。但是，当这种单一层级决策主体的组织架构模式，与电视媒体的组织规模急遽扩大和外部竞争环境发生巨变的大背景相重叠时，电视媒体原有组织架构在管理上力有不逮的趋势就变得越来越强，并开始阻碍电视媒体的发展。

组织规模的影响

正如前文所述，电视媒体扩张频道的数量是为了通过扩大生产规模来提升效益。这样的发展模式注定了是向人员规模和组织规模要产出，而非向管理质量和运行效率要效益。因此，在单一电视媒体组织架构的模式下，组织膨胀是必然的结果。

第一，管理层级增多。因为电视媒体的组织架构是单一层级决策主体模式，因此，既不能采用拆分组织、组成多个法人实体的方式来减少管理层级，也不能通过大范围内部授权的方式减少管理层级，电视媒体只能强行通过管理来达成目标。而实现这样的目标，增加管理层级（或隐性层级）和增加管理人员就是自然的选择。

第二，业务单元增多。不同的频道由不同的业务单元构成。比如，新闻节目、科教节目、法制节目、娱乐节目、体育节目、少儿节目等都必须由相应的频道生产。频道不同，其生产方式、评估标准、利益诉求也存在差异。因此，频道越多，业务单元自然也就越多，适配的管理支撑部门也就越多，人员自然增加，组织规模也就会日益庞大。

我们在前面做过论述，单一层级决策主体组织架构的特点是把资源配置权限和人事、财务、薪酬激励等决策事项都归于台一级掌握，业务的开展和运行都要通过一个编播业务统筹部门、一个人力资源管理部门、一个财务管理部门等机构来管理和驱动。当这样的组织架构与电视媒体过多的管理层级和过多的业务单元遭遇的时候，管理部门无法胜任的状况一定会成为必然，而信息传递不畅、决策流程迟滞、管理效率降低，也一定会成为常态。如此，作为基本作战单元的频道和栏目，又如何灵活机动地因应市场的变化呢？

竞争环境的影响

回顾电视媒体竞争的三个阶段，必须要接受的一个残酷现实是，新媒体对于电视媒体已经形成竞争和替代之势。当电视媒体的传播力、引导力、影响力、公信力等媒体的标志性力量，与新媒体分享的时候，甚至是弱于后者的时候，电视媒体自然就滑过了行业的巅峰期了。电视媒体将不复有 20 世纪 90 年代与 21 世纪初处于上升周期的"万事如意"，而是进入到了"事事操心"的另外一个世界。这意味着什么呢？

这意味着，其一，庞杂的决策事项：战略规划、业务发展、人力资源、财务运行、绩效评估、薪酬体系、广告经营、纪检监察、党风廉政等事项均需决策；其二，多元因素影响决策：协调、平衡成为常态，矛盾冲突成为必然；其三，决策需要更高的专业能力：决策已不再限于曾经的内容业务决策，而是多元的、立体的，甚至是未曾接触的专业领域。

迈克尔·波特将企业的竞争战略分为三种：总成本领先战略、差异化战略和集中战略。显然，电视媒体更适合采用差异化战略和集中战略。只是无论是依据差异化战略来提供独特的电视产品，还是遵循集中战略将受众锁定为特定群体，一定要有与如上竞争战略适配的组织架构系统。对于电视媒体而言，这样的组织架构，首先必须要适应电视产品数量愈来愈多、产品品类日益丰富多元、组织规模迅速庞大的新状况。

而现实是怎样的呢？电视媒体在单一层级决策主体组织架构的约束下，虽然台里在总部层面和综合管理部门层面的设置是完整的，但是，庞大的组织规模，已经远远超出原有管理部门的管理能力和管理极限，组织成本高难以避免：总编室、人力资源管理部门、财务管理部门、广告经营部门、机关党委部门、纪检监察部门等诸多管理部门，全部陷入人员不足、管理无助的境地，而频道等业务生产部门，因为组织架构的限制，既无管理机构和专业管理人员，又无管理手段和管理授权，也难以承担起管理职责。

这种组织架构不能适配组织竞争战略，组织成本无限增加拉低组织运转效能的状况，必然使电视媒体困难重重、弊端丛生！

它主要体现在如下六个方面：

决策陷入困境

组织规模急速扩张，组织半径迅速扩大，决策事项必然增多，造成电视媒体决策效率低和决策不充分同时出现。

如前所述，电视媒体的总部层级和综合管理部门面对规模迅速膨胀的组织，已经无力管理。而频道层级，因为人员规模和生产活动等持续增长，在管理上也是无能为力。我于 2005 年任职央视新闻中心主任时，当时在职员工人数近 2000 人，此前我在主持央视广告经济信息中心（现财经频道与广告经营管理中心的合体）工作时，在职人员超过 1000 人。当时，央视的总体在职人员，应该是万人左右的规模。这样庞大的组织，只有一级决策和管理部门，而千人左右规模的频道却没有相应的管理部门配置：没有人力资源管理部门，没有财务管理部门，没有资产管理部门，没有广告营销部门……当时频道负责综合管理的部门叫综合部，人员一般在 10 人左右，很少专业管理人员配置。电视媒体总部和频道层级如此的架构设计，决策效率低下和决策不充分是必然的结果，而组织的效率和效益必然双双受到影响。

绩效考核评估系统失效

因为单一层级决策主体的组织架构方式，电视媒体自然将绩效目标设定与评估考核系统全部统一到台本部层级。而负责制定标准与执行的管理部门，无论是出于管理成本的考量，还是出于一碗水端平的公平理念，都会以最大公约数的方式来确定统一的评估标准，而忽略不同业务形态、不同目标诉求所带来的差异状态。因为在多频道、多业务单元并存的状况下，难以制定出适合所有频道和系统特性的绩效考核评估系统。同时，为了保证组织的特殊目标诉求和完成诸多临时性任务，管理部门又不得不以"一事一议"的方式作为补充考核评估的手段。而这样的补充考核手段，又必然会消解考核评估的公平性。最终的结果是多半会导致激励机制名存实亡。

谜一样的成本

受制于管理半径过大，作为绩效考核最基本支撑的成本测算成为难题。一方面，由于电视媒体业务繁杂，产品极多，台一级管理部门无法对一线业务进行精确的、量身定制式的成本核算；另一方面，频道层面又缺少相应的部门设置与人员配备，因此，成本核算就成了电视媒体的最大谜团。此外，由于作为生产部门的频道和栏目并不能决定自身的业务走向与未来实施的步骤策略，加之今年的成本消耗决定着明年的经费预算标准，因此，频道及栏目层面在无须远虑又有现实利益考虑的情况下，通常都采用"两本账"的操作模式来核算成本。于是，电视媒体的成本成了一本理不清的账。

创新乏力

电视媒体总部将人、财、物等资源、资金调配权集中管理，将绩效考核评估的标准尽力趋同，导致作为电视媒体内部最大的创新主体——频道，严重缺乏创新动力。过长的管理半径，让台总部层级和相关的管理部门很难感受和理解一线生产部门对业务的感知，而漫长的沟通链条和烦琐的审批流程导致很多创新方案被束之高阁。内容创新乏力的另一个原因是现有组织架构的制约，很多具有创新精神和创新能力的优秀人才，被现实的节目生产任务限定在特定的栏目和岗位上。单一层级决策主体组织架构固化了频道与栏目的优秀人员，难以为他们提供更加自由、更为广阔的创新平台。

个性渐渐消弭

单一层级决策主体以最大公约数方式制定的绩效评估方式，是原则性的趋同的方案，很难根据各个频道的特点制定互不相同的评估标准。规则求同必然带来行为趋同，而行为趋同必然导致电视文化的个性逐渐消弭。近些年，电视行业节目数量激增，但真正有影响力的节目日渐减少，趋同的绩效评估方式驱动着"千军万马"挤向娱乐化之路，导致电视媒体的产品同质化严重、创新度低，受众的收视需求也得不到更高水平的满足，产能相对过剩、"供需错配"问题明显。这是以相同的方式管控业务属性和业务运转方式各自不同的频道与系统的必然结果，个性化自然会逐渐消弭。

组织自然老化不可避免

单一决策主体组织架构，一方面，提升了综合管理部门和节目生产部门的管理岗位的重要性，这势必会减弱频道和栏目的业务人员在专业岗位上晋升的热情；另一方面，这样的组织架构又让电视媒体难以在管理岗位上建立良性的进入和退出机制。这在造成业务人员向管理岗位集中的同时，又形成了管理岗位的低天花板现象，由此不可避免地导致组织的自然老化现象。在20世纪90年代电视媒体发展的黄金期，电视媒体制片人基本上都是三十岁上下的年轻人的天下，部门主任乃至频道总监也常见三四十岁人的身影。而现在这一年龄数字已经演变为五十岁了。每一个管理岗位的人员，只能是在有人晋升或退休的时候，才有晋升的机会。用一句歌词来形容，就是和组织"一起慢慢变老"。

可以说，沉湎于单一层级决策主体组织架构的固有观念束缚住了电视媒体对组织架构作用与功能的认知。电视媒体亟须建立适合当下市场环境与竞争态势的认知体系，在决策、评估、成本、创新、个性化文化建设和人力资源等诸多方面同时发力，重新构建起保证电视媒体顺畅运行的治理结构与制度安排，建立能够适配竞争战略、可以平衡组织成本与交易成本的组织架构体系。

以下各章，我们依次探讨如上六个方面的问题。

病症一 决策之困

决策是管理的核心。决策的好坏直接决定着组织的兴衰成败。如果决策失误，组织的资源再丰富、技术再先进，也无济于事。

好的决策标准，一般而言，一是决策事项正确，二是决策效率高。在决策事项的设置上，电视媒体偏于当下而疏于未来。而在决策效率上，因为组织规模日渐庞大，电视媒体的决策速度和决策质量双双呈现下降的趋势。电视媒体当下左突右支的窘境与决策出现问题关联极大。

所谓管理，很大程度上就是不断作出决策的过程——大到涉及组织的目标方向、团队文化与价值认同，中到薪酬激励机制、生产流程设计、管理制度设定，小到频道与栏目的受众定位与形态风格、日常选题、人力调配等等。这些大大小小的决策，组成了每个媒体管理者的主要日常工作。

那么，决策是什么？

明确做还是不做，叫"决"；明确用什么方法和工具做，叫"策"。因此，决策，实际上就是做决定，作出达成什么目标以及用什么方式达成这一目标的决定：为了实现特定的目标，根据手中资源，在占有一定信息和经验的基础上，借助一定的工具、技巧和方法，对实现目标的诸多影响因素进行分析、计算和判断后，所作出的行动决定。

与决策相伴随的是执行，而执行就意味着组建团队、制定策略、配置资源等。这些都意味着成本的发生。正因为如此，决策对于每一个管理者来说，都是一件需要谨慎对待、仔细权衡的事情。彼得·德鲁克曾经定义了两种不同的能力，一种能力是"做正确的事情"（To get the right things done），另一种能力是"把事情做正确（To do things right）"。显然，决策是 To get the right things done——"做正确的事情"。只有决策正确，"把事情做正确"才有意义。如果决策错了，事情做得越完美，损失反而越大。我们经常说，决策失误是最大的失误，就是这个意思。

需要特别说明的是，决策并不仅仅是高层管理者的职责，它涉及组织中每一个层级的管理者。一个方向正确、运行流畅、执行高效的组织，必须建立在一个职责分明的多层级决策体系之上。就电视媒体而言，台、频道、栏目分属不同层级，其决策内容也就不同。这些层级之间在决策上各安其位和顺畅衔接，是保障制定正确决策和顺利执行决策的基础，也是保证整个电视媒体提升竞争力的根本前提。

事实上，当下的电视媒体恰恰缺少一个职责分明、运行流畅的多层级决策体系，单一层级决策主体成了电视媒体的标配。这是电视媒体在决策上频频陷入困境的原因之一！

当庞大的电视媒体遭遇单一层级决策主体

这几年，电视媒体圈兴起了一股回望、回味电视媒体在 20 世纪 90 年代创造辉煌时代的热潮，这背后既有身处困境的电视媒体期待再现当初高速发展情景的愿望，更有电视人对电视媒体曾经高速发展背后成因的再次探究。在后者中，屡屡提及的，就包括高质、高效的决策！

所有对历史的再次探查必须放到历史的具体情境之中才有参照意义。在我看来，电视媒体在 20 世纪 90 年代之所以能够进行高质高效的决策，应该有如下两个原因：

原因一，小而美的规模

在 20 世纪电视媒体高速发展的阶段，也正是中国电视媒体起步之时，电视媒体的规模还处于精简灵活的"小"规模阶段。因此，当时的电视媒体决策事项相对单一，决策流程相对简短，决策变量因素较少，决策的复杂程度也明显较低，当然，其决策的难度和当下的电视媒体也不可同日而语。同时，因为组织规模不大，沟通路径较短，管理层能够充分获取决策所需的信息，保证了决策的及时与快速，也较为充分地保障了决策的专业性。

原因二，制片人制让决策"分段进行"

由中国电视媒体人借鉴西方好莱坞制片人名称而创设的电视栏目的管理模式——制片人制，让栏目的管理者实实在在地获得了决策方面的授权。这些授权涵盖了相当一部分的人权、财权、事权等。制片人制所具有的这些授权，让曾经的单一层级决策，变成了"分段进行"，形成了事实上的分层决策机制，这极大地促进了决策的及时与高效。我认为，电视媒体采用的制片人制，是 20 世纪我国实行的农村联产承包责任制和工业领域的厂长负责制在电视业的再现，极具创新意义。制片人制让栏目和部门对业务有很大的决策权力，这样的决策方式形成了事实上的台和栏目（部门）两级决策主体，这两级决策主体在决策内容上有明显的区位划分，从而在客观上形成了一个虽有层级但衔接顺畅的决策体系。电视媒体在 20 世纪 90 年代的高速发展，制片人制作用明显。当然，因为制片人制不是精心设计的机制，是摸索与实验的产物，必然会有诸多疏漏。后来出现的用人随意、薪酬标准混乱、节目出台随意等问题，都与这种疏漏有关，最后直接导致制片人制名存实亡。相关分析我们在第二篇论述栏目的内容时会详细讨论。但是电视媒体 20 世纪 90 年代创新频出，确实与决策权下放，形成分层决策体系有极大的关系。

随着中国电视的高速发展，电视媒体的组织规模急速扩张，当组织层级由原来的两层（台、栏目／部门）逐步演变为多层（台、中心／频道、部门、栏目）的时候，我们发现，决策主体并没有随着频道主体地位的增强而向多层级决策方式过渡，反而是决策层级渐次减少，决策权被一步一步收回到台总部一级：中心或频道仅仅是电视台的一级业务执行机构，并没有决策所必需的人权、事权、财权等；与此相伴，栏目制片人的决策权限自然也就风消云散了。当然，决策权集中统一行使，很大的原因是出于规范管理的需要，电视媒体粗犷的管理方式确实需要改变。但不幸的是，单一层级决策主体这剂药方，无法解决电视媒体高速发展所带来的诸多问题。从"一放就乱"到"一收就死"，这样的循环不幸在电视媒体重现。这就是我们把这一章的题目，称为"决策之困"的原因。

因为这样的变化，确确实实让电视媒体的决策陷入了困境！

决策速度变慢

速度是评估决策效率的重要标准。决策必须讲究速度，因为任何一个决策的正确与否都与当时的环境条件相关联，所谓快速行动胜过尽善尽美。做决策干事情，虽然天时、地利、人和全部具备，才能最大限度地保障成功，但在很多时候，天时是第一位的。一旦机遇错失，就会时过境迁，任何当初看似英明的决策都可能会导致错误的结果。当下互联网圈盛行的"快鱼吃慢鱼"说的也是这个道理。

能否快速决策，取决于以下几个要素：

决策事项的庞杂程度

越庞杂，速度越慢。原因很简单，决策过程需要时间，决策的人也需要时间，而时间是有限的。电视媒体需要决策的事情很多，不仅需要对组织内部的人力配置、财务运转、广告经营、技术保障等专业的支撑性系统进行决策，还要对频道定位与运营、栏目开办与改版、节目预算制定与使用、业务人员编制与配置、大型节目立项、绩效评估等业务事项进行决策，同时还要以极大精力制定电视媒体的战略、方向、布局、对外合作政策等。如此大小兼顾、庞杂多元的决策事项，遭遇的是单一层级的决策体制——在电视媒体现行的组织架构下，决策权全部归属在台总部一级。设想一下，当运营多个频道甚至十几个频道而产生的复杂而海量的决策事项，必须与一个决策主体碰撞的时候，如何能够保证决策效率呢？速度的迟缓是必然的结果！决策层的决策负担也必然变得不可承受：要么在决策，要么在决策的路上。

决策层级的多寡程度

层级越多，决策流程就越长，决策速度就越慢。电视媒体现行的组织架构方式是典型的"金字塔"式结构。大体而言，从下到上包括了栏目（分管制片人和制片人）、部门（分管主任和主任）、频道（分管总监和总监）、台总部（分管台长和台长），至少四个层级。对于需要决策的项目，每个层级都需要在个别酝酿之后，再进入决策程序。因此，最终的决策，要经过此前几个层级的分别决策。如此多的决策层级设计，意味着每个需要决策的事项，都必须从下到上完整走完所有层级，然后到达台里总部，等待最终的决策。同理，当决策作出后，抵达最终的执行人员，也必须完整走完从上到下的所有层级。这种多层级组织架构与单一层级决策主体是天然的矛盾体，自然难以追求决策的速度，而等待决策也就习以为常了。

决策的方式

电视媒体比较通用的决策方式是由台一级决策主体组建不同类别的决策机构，比如编辑委员会（简称编委会）、技术管理委员会（简称技委会）、经营委员会（简称经委会）、行政管理委员会（简称行委会）等，尽管各个电视媒体机构在名称的叫法上各有不同，但是基本职能与授权大体是一致的。这些决策机构负责确定决策事项、决定决策排序、召集决策人员进行决策。其决策机构的负责人基本上都由台一级的领导兼任，成员由相关台领导和各个中心、频道、部门等相关人员组成，其具体事务的运转与管理工作由专门的部门比如总编室、台办室、技术管理办公室等负责。这样的决策方式首先碰到的问题就是决策的速度：因为是集体决策，决策事项繁多，所以，一事一议是极为特殊的情况，多采用集中众多事项一并议决的方式进行决策。那些重大的业务，那些急迫的业务，多半都是与其他事项一起进行决策。这样一来决策的速度会受到影响，而决策的质量也受到不同程度的削弱。

我们以开办一个新栏目为例进行推演。

一个栏目在电视屏幕上最终诞生，大致上要经过栏目创意和样片制作两个方面的工作，这两个方面的工作并不是同时进行，而是分段衔接进行的——先审批创意，待栏目创意被批准之后，才能进入样片制作。按照电视媒体单一层级的决策方式，这两个方面工作中的每一项工作至少都要经历栏目、频道分管总监、频道总监、分管台领导、台编委会的五级决策。而在样片制作过程中，不仅要进行人力、物力、财力上的配置，还要协调预算、财务、设备、演播室等多方面的资源管理部门。经历这样的决策流程，一个新栏目的诞生需要的时间周期可想而知。这种漫长而复杂的决策流程，对电视媒体编导人员开发新栏目的热情具有极大的杀伤力。近些年，创新乏力成为电视媒体的重大问题，与这种决策方式有一定的关系。

决策质量降低

决定决策质量高低的，一是公允，二是专业。电视媒体越大，组织结构越复杂，业务的复杂程度就越高，对公允决策的要求就越高，对决策的专业性要求也就越高。

我们知道，决策在很大程度上是不同利益之间的博弈。组织中不同的团队、不同的人都有趋利避害的本性，他们会有意无意地引导决策结果倾向自己的利益诉求。因此，保证公允决策，保证专业决策，对于任何一个组织而言都至关重要。

正因为如此，要保证决策的正确，首先，决策人员的构成要合理和均衡。其次，决策人员中，要有足够多的专业人员——毕竟，电视是专业性非常强的业务门类。但是，组织规模日益庞大的电视媒体所采用的单一层级的决策方式，恰恰在如上两个方面，遇到了问题。

决策人员构成与决策公允性产生矛盾

如上文所述，电视媒体的最终决策机构是各个委员会。委员会的人员由来自台里的相关领导和各个频道、中心、部门的负责人构成。当决策事项来自某一个频道、中心、部门时，由于决策事项大多需要进行资源配置和分配，那些来自其他频道、中心、部门的决策成员因为担心自身利益受到影响，对决策事项就难以保持完全公允的立场。即便是台领导，因为分管工作的不同，其态度也会变得比较微妙。因此，这种状况必然影响决策的公允程度。

决策人员构成与决策专业性产生矛盾

电视媒体组织规模膨胀的标志就是频道迅速增多。当下，省级以上电视媒体均拥有多个频道，几乎覆盖了所有电视专业频道类型。众多专业频道的诸多决策事项却由一个决策主体进行决策，这自然导致参与决策的人员经常面对不属于本领域、本专业的决策事项。毕竟，对电视媒体诸多业务均有建树的决策人员少之又少，因此，决策的不专业就一定是大概率事件了。

决策人员构成与跨界人才稀少产生矛盾

电视媒体采用单一层级的决策方式，必然会被庞大的组织事项所牵引，让决策人员忙于当下和日常工作，偏向就事论事。而对电视媒体的业务走向、未来布局、行业发展趋势和技术变革等，则少了关注，少了敏感。造成这一状况的重要原因之一，就是电视媒体缺少跨界人才，导致电视媒体的思考被局限在固有的业务格局之中。

懂管理、懂运营的媒体业务人员缺失。电视媒体的竞争，已经从以往单纯的节目竞争发展到以频道为主体的全方位竞争。一个频道，外部环境涉及市场战略和营销策略等，内部则涉及产品研发与生产、科学管理、成本控制、文化构建、流程制定等所有涉及运转与运营的领域。但是电视媒体多年养成的习惯，把电视媒体看成是单纯的节目制作业务的意识依然非常浓厚，市场观念和运营观念等均处于初级阶段，这与缺少懂管理、懂运营的跨界电视专业人才关联极大。

懂投资、懂经营的财务人员缺失。电视媒体有总会计师，却没有CFO，这种设置反应的是电视媒体在财务上，整体偏于财务会计业务，而缺少管理会计思考。因此，电视媒体就难以建立起面向未来的均衡财务架构。

电视媒体的技术系统缺少媒体业务思维。这种状况发展到极端，就是技术成为目的，而不是保障媒体发展的手段。这也导致工程师思维成了电视媒体技术系统的主要思维模式。电视媒体有总工程师，而无CTO，就是工程师思维的具体体现。这样的思维模式，无力抗衡以技术创新、技术驱动为牵引的新媒体的竞争，也就不足为奇了。

战略决策缺失

"不谋万世者，不足谋一时；不谋全局者，不足谋一域！"吉姆·柯林斯在《基业长青》中指出，决策者要做企业的"造钟人"，建立永续存在的管理标准，而不是"报时人"，只负责日常的经营管理。

决策不是静态和固化的，而是时刻充满着不确定性。在瞬息万变的市场中，战略应该随着市场、竞争对手和技术的变化而调整适配。尤其在互联网等新技术层出不穷的背景下，电视媒体身处的环境不断地快速变化，战略的准确度和适配性也会急剧下降。在破坏性创新的打压下，看似牢固的技术壁垒很可能会瞬间崩溃，当年的技术霸主柯达和诺基亚等公司莫不如是。构建核心竞争力当然是决策的重点，可是在超强竞争环境中，任何组织都难以建立永恒的竞争优势，它与竞争对手存在着此消彼长的关系，更何况还可能有一批替代者虎视眈眈环伺左右。在这样的现实背景下，任何组织都需要以面向未来的战略思维来引领自己。所以，战略决策是决定一个组织成败的关键，它关系到组织生存和发展。决策正确可以使组织沿着正确的方向前进，提高组织的竞争力和适应环境的能力，取得良好的效益。反之，就会给组织带来巨大损失，甚至让组织面对生死抉择。

三星有个基于"生鱼片理论"的"四先战略"——先见：先于竞争对手研究市场；先手：抢在对手之前研发产品并推向市场；先制：在新产品等方面给予竞争对手强大的威慑力量，从而赢得明显的竞争优势；先占：抢在竞争对手之前占领市场。相较于三星的"四先"战略，当下的电视媒体在战略层面的研究、谋划、决策等方面存在着明显的弱化。

日常决策是做好当下的事情，战略规划决策是谋划未来的事情。电视媒体决策者必须意识到，同日常应急性决策同等重要的是决定电视媒体未来发展目标与发展路径的战略性决策。解决现实问题固然是决策者们应该承担的责任，但明确未来的方向，特别是明确涉及未来生存的诸多问题，才是更大的、更为关键的责任担当。战略决策不同于日常性管理工作，它是电视媒体管理层和决策者们对于未来重大事项的判断，是对未来发展路径的选择，是对眼前利益与未来收益平衡取舍的理性认知。

电视媒体当下面临的种种困境，固然有互联网冲击的因素，但更为重要的原因是在涉及电视媒体未来发展的战略规划上，一是无暇顾及，二是无人顾及。电视媒体组织的不断膨胀与单一层级的决策机制，将电视媒体的决策权不断集中收拢，让决策层与辅助决策机构忙于日常管理、日常决策，纠结于常态组织的稳定，着力于看得见的当下，导致电视媒体对行业发展趋势认识不清，对潜在进入者和替代者缺少警惕和应对策略。

分层决策：摆脱决策困境的首要前提

综上，我们总结一下当下电视媒体在决策上出现问题的原因：一是决策事项太多。无论是决策事项的总数，还是每一项具体决策事项所包含的内容均是如此。二是决策流程过长。特别是涉及具体业务（比如节目、栏目、频道）的决策，因为是从最基层发起，流程尤为漫长。三是决策效率和决策效益不高，这是前两个原因的直接后果。四是决策事项有疏漏。特别面向未来的战略决策，被有意无意忽视。

要解决如上问题，关键在于要减小决策事项的规模，缩短决策流程的半径。也只有如此，电视媒体才能把更多的人力和精力投入到对未来的谋划上，让战略决策成为电视媒体的决策重点。

改变现行的决策机制是解决的有效途径。所谓现行的决策机制就是我们一再提及的单一层级的决策方式。这种决策方式形成的原因，我们在本篇导言中已经反复阐述，就是电视媒体采用的单一层级决策主体的组织架构方式。

改变现行决策方式的具体方法就是变单一层级决策为分层决策。在电视媒体内部建立多个层级的决策主体，通过内部授权把涉及每个层级事务的部分决策权力分配给相应层级负责，电视媒体总部只保留关键事项和重大事项的决策权，包括价值观构建、频道设定及定位、战略目标设定、资源配置方式、重要人事任命、总预算制定与管控、绩效评估体系、薪酬激励体系、市场目标、组织架构设定、跨频道与跨系统事项的管控与协调、全组织的监察和审计等。这些工作是必须由总部决策者亲力亲为才能完成的，它是一个组织运行顺畅的根基所在。

每个层级的运营与运行事项，其大部分决策权要下放给各个层级。频道内的栏目与节目设定、人力资源管理、市场竞争策略、预算使用方式、高层管理者以下的薪酬体系设定与绩效评估等，都应该下放到相应层级来负责。借用一句通行的话就是："让听得到炮声的人做决策"。这里需要说明两点。

第一，分层决策不意味着需要决策的事项变少了。实际上，决策的事项不仅不会少，相反因为决策权下沉激发了基层管理者的积极性，决策的主动性增强，决策事项反而会增加。但是，由于决策流程变短，决策半径变小，因此决策的效率会显著增加。

第二，决策专业性和准确性会大大增加。事实上，当下中国的电视媒体，均由多个频道构成，而频道之间，严格来说，已经不是同一类电视业务了。比如，新闻频道（新闻中心）与综艺频道就是完全不同的两类电视业务类型，其他如电视剧频道、财经频道、少儿频道、体育频道之间，也很少共同之处。因此，将决策权下沉，让相应的频道或者频道集群来决策自己的事项，其决策的专业化程度当然会大幅提升。由于参与决策的人员对于决策事项有较为专业的知识储备和专业判断，因此，即便决策事项的数量增加，决策的效率反而会大幅提升。

分层决策的前提是改变当下电视媒体实行的单一层级决策主体的组织架构方式。如何改变电视媒体实行的单一决策主体的组织架构，我们后面的章节会详细探讨。简要而言，电视媒体在重构组织架构时，可以参考公司治理结构的设计。比如，如果公司采用的是单一法人主体架构，可以通过事业部或者分公司方式进行分层决策，如果公司是多法人主体架构，则可以通过子公司进行分层决策，还可以通过建立多层级的集团公司和控股公司来分散决策事项。这样的架构设计目的之一是分清责任主体，目的之二就是以组织架构的刚性结构方式，固化分层决策的权限。这是非常成熟的运作方式，电视媒体应该探讨借鉴。

战略规划：电视媒体决策的当务之急

对于当下的电视媒体而言，与建立分层决策机制同等重要的事情是制定战略规划！没有战略规划，发展方向就会不清晰，资源配置的方式就会模糊甚至错误，组织要么走错路，要么走弯路。在决策效率和决策质量双双受制的前提下，电视媒体的战略规划能力正在逐步弱化。

电视媒体总部，不能像以往一样，在具体业务上耗时过多，而应该多在战略规划上着力。这样的安排，既能够让每个层级发挥应有的作用，又能够明晰组织的方向，明确组织的战略，既要加快决策的速度，又要提高决策的质量。从而能够快速、正确地应对市场竞争和行业变化。

一个好的战略规划，既能够在瞬息万变的市场变化中找到自身的核心竞争优势，使发展机会点变成可执行的阶段目标，又能够让组织的资源达成最佳组合来实现目标。对于任何竞争主体而言，要想获得竞争优势，必须要根据市场需求向受众提供比竞争对手更好、更便利的服务。

就当下电视媒体的战略谋划与战略决策而言，首先要能够回答如下问题：

行业竞争状态如何？

谁是主要竞争对手，竞争对手的优势什么？自己有什么资源，如何聚合资源来战胜竞争对手？这是任何一个处于市场上的组织都必须回答的问题。但是，我们不得不说，当下很多电视媒体的战略思维，依然停留在"自我发展"的封闭循环状态——沉湎于做好自己，而忽略和忽视竞争对手。这在电视媒体行业内部与外部均有明显体现。

行业内部：恶性竞争依旧。地方电视媒体的上星入地，使原本割裂、界限分明的"自扫门前雪"式的封闭市场，早已变成了激烈的同场竞技。对于每一个谋求全国市场的电视媒体而言，面对同场竞技的竞争对手，无论你重视与否，它都在那里"攻城略地"。选择应对是无法回避的问题。是几个频道携手与之竞争，还是选定一个频道正面阻击？是走差异化竞争路线，还是试图全面压制？这些都是不得不考虑的战略问题。

遗憾的是，当下的电视媒体依然深陷同质化恶性竞争的泥沼而不能自拔。上星频道的很多问题都来自这种同质化频道的恶性竞争，电视剧＋娱乐几乎成了所有上星频道的标准配置方式。这当然不是一种正常的竞争状态。能否改变这种状态是电视媒体面对的最大战略问题。

行业外部：应对挑战不力。互联网视频机构的正面竞争，互联网平台机构的跨界打击，早已让电视媒体的竞争环境变得更为广阔、更为多元。电视媒体如果应战不力，最终的结局不但是未来的发展无从谈起，就是既有的阵地也会拱手相让。不仅在渠道、终端、用户这些弱项上，广电行业难以抗衡，就是在电视媒体传统优势的内容上面，压力也是日甚一日，上下游产业更是面临全面失守的困境。

行业发展趋势如何？

要正确判断行业的发展阶段，是处于上升期，还是下行期。如果电视行业已经处于下行期，是否需要大力投资新的产业来对冲因此带来的问题？

每个行业都有其发展、成熟、衰落的自然周期，电视媒体也不能例外。这样的周期转换，或是技术使然，或是时代发展所带来的必然变化。对于电视媒体的发展阶段，我在本书的序言里已经给出了我个人的判断："电视的生命周期，顶点已过！""电视已经开始逐渐进入下行通道！"在这样的拐点变化阶段，如何寻找下一个新的机会点，如何建立电视媒体安身立命的下一个生态圈，是每个电视媒体高层决策者必须首要考量的问题。美国有线电视运营商康卡斯特（Comcast）收购 NBC 环球，从一个有线电视运营商发展成为一个集内容、播出、平台、渠道、终端、用户一体化的超级媒体集团，就是对行业趋势正确认识的产物。而我们的电视媒体渠道终端用户一直缺失，最顶端的内容与版权也是日渐削弱。这就是对行业发展趋势缺少清晰认识的真实写照。

保持行业竞争优势的主要元素是什么？

是人才吗？如果是，人才的年龄结构应该是什么样子，人才的专业结构应该是什么样子，人才的梯队结构又应该是什么样子？

是技术与设备吗？电视媒体一直以来以使用技术见长，拿来主义是我们曾经的技术路线。但是，在新媒体席卷而来的今天，技术已经成为发展的核心驱动力和最核心的竞争力。面对这样的变化，我们如何弥补我们的技术短板，又如何构建自身的技术实力，是否有可能在互联网全面占优的现实中后来居上？

是资金吗？不可否认，电视媒体目前依然具有很好的现金流，只是这样的资金规模，与通过资本运作迅速形成市场优势的互联网行业相比，显然不是一个量级。那么，电视媒体如何让自己也能具备同样的资金实力？可以学习借鉴互联网的资本运作方式和手段到资本市场获取资金吗？

不厘清这些问题，电视媒体就难以集聚一支高质量的人才队伍，难以弥补自身的技术短板，也难以聚集更多的资金来发展自己。

是否有替代者出现？

对于未来而言，电视人不容回避的问题之一就是，新媒体能否实现对电视媒体的替代！

2015年，腾讯开始购买NBA的互联网播出版权。一般而言，电视媒体购买NBA的播出权，不会购买所有比赛场次，都是选择性购买，因为电视的播出受频道限制，一个频道在同一时间只能播出一场比赛。但是腾讯的购买方式不同，它购买了所有场次的比赛，腾讯利用互联网的传播特性，能够同时直播四场NBA赛事。可以说，无论是传播效能，还是对观众的吸引力，腾讯完胜电视媒体。那么，以腾讯为代表的互联网体育直播方式，是不是电视媒体以频道方式直播体育赛事的替代者？如果说因为带宽因素和电视大屏播出牌照管控等制约，互联网直播体育赛事现在还不能完全替代电视媒体，那么，将来呢？如果带宽的瓶颈被冲破，如果电视大屏的牌照对互联网公司放开，那时候，互联网能够完全替代电视媒体的体育赛事转播吗？

与此相同的是，近几年，网络视频公司开始在电视剧等娱乐节目领域向电视媒体发起挑战。一方面，他们以资本为支撑，天价购买电视剧，采用网播＋台播的方式，短时间内聚集海量用户，成为电视媒体的有力竞争者。以每集 900 万的"天价"采购《如懿传》这样类似的动作就是典型代表。另一方面，网络视频公司还购买或制作专属自己网络上播出的电视剧，《白夜追凶》就是代表。这部大火的网剧不仅国内粉丝众多，Netflix 还购买了海外发行版权，这是 Netflix 购买的第一部中国内地电视剧版权。网络电视剧现在已经渐成气候，"网剧""网大""网综"等已成专有名词，足见这种运作方式已经成为一种普遍现象。那么，它们是否是电视媒体的替代者？

其实，无论替代与否，电视媒体最好的对冲方式，就是同样发展新媒体。你有，我也有！这不仅是最好的防御，也是最理想的进攻。我认为，这也正是电视媒体融合发展出台背后的动因考虑。但是，如何发展新媒体，则是莫衷一是了！虽然电视媒体关于媒体融合的各种动作频频出手，虽然媒体融合的做法、经验、效果不时见诸报道，但是，当我们用受众、用户、收入等刚性指标来进行衡量的时候，当我们与新媒体进行同口径比照的时候，电视媒体的底气多半都硬气不起来。原因多种多样，但是，最重要的一条恐怕还是对新媒体的认识存在相当大的误区吧。这个问题，我们在本书第三篇进行详细探讨。

电视媒体的生存形态是什么？

我坚定地认为，电视媒体已经没有单独生存的空间了。

近些年，美国的主要电视台已全部被媒体集团并购：ABC 和 ESPN 归属于迪士尼集团，CBS 归属于维亚康姆集团，NBC 归属于康卡斯特集团，FOX 归属于新闻集团，CNN 和 HBO 归属于时代华纳集团……在欧洲，最大的电视台之一 RTL 电视台，也是贝塔斯曼集团的下属公司。

为什么会如此？主要原因是，以电视媒体的资源、资金、收入和行业规模等，已经难以在市场上获取竞争地位。这不仅仅是因为电视媒体单凭一己之力，已经难以构建贯穿电视媒体上下游业务的产业链条，还因为电视媒体缺少渠道、终端、用户等直接接触用户的运营商资源，更包括电视媒体面对新媒体冲击所缺少的构建自我良性发展的生态圈的资源和能力。

综上，解决决策的问题，首先还是要从改变电视媒体单一层级决策主体的组织架构入手。

病症二　失效的绩效考核

　　绩效考核是实现组织目标的重要管理手段。任何组织，绩效考核不仅必要，而且必须。它既是评估，又是激励，也是构建健康团队文化的需要，更是人才培养和吸纳的前提。对于电视媒体而言，不能因为电视媒体具有内容的创意和创新等特性而抛弃绩效考核，而是如何让绩效考核更加有效地适配既定目标、有力地支撑实现既定目标的资源配置方式。

　　遗憾的是，目前，电视媒体行业依然没有建立起一套适合自身发展的绩效评估体系！

　　近些年，电视媒体圈对于 KPI 的反思和批评有涨潮之势。"收视率是万恶之源"的观点及其支撑性论述是其中最具代表性的表达（关于收视率的功过是非，本书第二篇有专门论述）。与此相伴，电视媒体每每关停并转相关电视栏目，或出台罚劣淘汰制度之时，都会引发新一轮关于 KPI 的反思与批判热潮。

　　对于 KPI 的批判者而言，电视媒体内容的创意、创作有其独特性，仁者见仁智者见智，难以用一个明确数据指标来衡量评价；创作者更需要"自由、豁达和愉快"的氛围，过于量化的 KPI 考核，自然不适用于电视媒体。

　　批判者最经常引用的案例是：索尼的亏损源自绩效主义的施行。索尼前常务理事井利忠 2004 年在《绩效主义毁了索尼》中认为，绩效主义的施行，一方面在公司播下了自私自利的种子，使每个人的工作只关心自己的考核业绩，曾经引以为傲的团队精神和挑战精神因此消失殆尽；而在另一方面，绩效主义的实施增加了公司的管理成本，让公司的主要精力被用来监督、考核，迷失了企业经营的初心，是一种本末倒置。与此同时，绩效主义使企业失去了"自由、豁达和愉快"的氛围，让员工抑郁、企业茫然。

那么，一个企业、一个组织究竟要不要 KPI 呢？

答案当然是肯定的。

不是不要 KPI，而是要适合的 KPI

简要而言，KPI 是一种工具，可以把组织的战略目标分解为可操作的工作目标。它会明确组成部门的主要责任，确定部门人员的业绩衡量指标。对于组织而言，KPI 考核是实现组织目标的重要管理手段，它通过评估与奖惩，把组织所倡导和反对的行为、结果清晰起来，让组织的战略得以落地，以实现组织的自我更新和内部进化，其积极意义与作用不可替代。建立明确、切实可行的 KPI 体系，是做好组织管理的关键。

其实，电视媒体对待 KPI 的态度，与全球趋势大体一致。近年来，对 KPI 的反思已经从 Adobe、戴尔、微软、亚马逊等科技企业，席卷到德勤、埃森哲、普华永道等咨询服务类企业。甚至通用电气（GE）——曾经的绩效管理标杆，也宣布抛弃正式的年度绩效考核。如今，这股风潮来到了中国。2016 年 10 月 29 日，腾讯科技以"张小龙最新内部演讲：警惕 KPI 和复杂流程"为题报道了腾讯集团高级执行副总裁、微信事业群总裁张小龙在腾讯 WXG（微信事业群）一年一度管理团队领导力大会上的演讲，称张小龙强调"不应该从 KPI 而是从用户角度出发来考虑产品和业务"；百度董事长兼首席执行官李彦宏在内部信中将百度的掉队归咎于"从管理层到员工对短期KPI的追逐";小米科技董事长雷军干脆宣布：小米"继续坚持'去KPI'的战略，放下包袱，解掉绳索，开开心心地做事"。

那么，这些企业真的放弃KPI了吗？

事实上，没有一家企业完全放弃KPI。那些被标榜为"绩效抛弃者"的企业，只是告别了传统的绩效评估方式，换了一种新思路重新出发。我们称其为"绩效革新者"更为合适。

号称"在背叛韦尔奇的道路上又迈进了一步"的GE，取消的并不是整体绩效体系，而是运行了30多年的"强制分布曲线"和"末位淘汰制"。它开发了一款名叫PD@GE的移动App，可以让管理者与员工保持持续沟通，定义近期的工作目标，并回顾目标的完成情况是否与预期目标保持一致。

德勤的革新被称为"绩效快照"，它将传统绩效原本烦琐的评分环节进一步简化，从原先的360度测评和调查问卷的方式，转变为问询员工的直接组长，并且避开技能类的感受，让组长对组员所采取的行动进行打分。在节省企业时间成本的同时，快速捕捉员工的真实表现。在德勤的改革中，有两点值得关注：一是化繁为简，把考评的权力还给直接管理者；二是要求管理者每周跟员工面谈一次，随时告诉员工他的表现如何，他应该怎么做。把定期的集中考核，分散到平时时间之中。

高盛从2016年6月开始，正式取消传统的"1—9"绩效打分制度，选择给予员工更加灵活的绩效反馈。它把绩效面谈时间从每年秋季移到夏季进行，让员工在年底之前有足够的时间改进自己的绩效表现，并开发移动端工具帮助员工与管理者实现即时沟通。

在国内企业中，小米是为数不多的号称"去KPI"的企业。虽然雷军在各个公开场合表示小米没有KPI，但是其总裁林斌在接受媒体采访时说："我们不把财务指标例如销售额等，当成目标和考核指标，客户对产品体验的满意度就是标准。我们还有很多指标，例如做到手机维修一小时内完成，配送速度从三天提升到两天，客户电话接通率 80% 等。"很显然，小米并不是无绩效管理，而是采用弱 KPI 的方式，重点关注客户指标而非财务指标。

其实，仔细读张小龙的演讲也可以发现，张小龙的本意也不是警惕KPI，而是警惕 KPI 的构成指标。张小龙说："一个大公司需要有 KPI，公司高层需要有这样一个商业目标。"张小龙认为，KPI 是产品的副产品，所谓副产品就是说，我们真的把这个东西做好以后我们的 KPI 自然就达到了。张小龙指出了一个危险的行为，就是以获取较高的数据作为工作驱动力，"现在很多同事往往是聚焦在数据的目标上，这时大家要反思一下……不要太关注用户的增长，因为这是一个很自然的增长，我们更应该关注我们给用户做了什么事情"。由此可见，张小龙警惕的是以数据作为驱动动力的 KPI，而不是 KPI 本身。围绕"做对用户有价值的事情"来设计 KPI，才是正确的选择。

由此可见，这些企业并没有放弃 KPI，而是在试图建立更加及时有效的反馈机制和绩效评价体系——他们放弃的是年终一次性集中考核，变成平时与过程考核；放弃的是冷冰冰的数字考核，代之以人性化的日常谈话式考核；放弃的是过多关注产品数据的考核，代之以更好地满足客户需求的考核等等。这背后的真相与逻辑就是重构绩效管理——放弃曾经的考核方式并不是目的，而仅仅是一种手段，其目的是改善绩效管理效果：在更好满足用户需求的过程中，让每个员工做得更好，让企业更加成功。

在我们探讨是否需要绩效考核的时候，要清醒地意识到，不要过多在考评工具上纠结，而是要始终牢记改善绩效的初心。任何一个组织都要提升自己的绩效，都要实现自己的目标。因此，当我们谈论 KPI 的时候，一定要区分清楚，是不要 KPI，还是不要 KPI 主义。KPI 是手段，不是目的。KPI的目的是通过满足用户需求，使企业更好地发展。但是很多企业，错把 KPI当作目的，一切围绕着 KPI 来进行，这才是这些企业在绩效评估考核上存在的最大问题。

我们必须清晰，企业不同，KPI 不同；企业规模不同，KPI 不同；企业的发展阶段不同，KPI 也不同。

让我们回到电视行业上来。

电视媒体属于内容生产与传播产业，与上述公司当然有很大不同，其创意、创作和制作有其独特的文化属性。但是，两者所面对的问题本质上则是大同小异。当下电视媒体的内容，形态、样式多样，目的、诉求多元，以一种"求同存异"的大一统方式对不同类别、不同诉求的内容产品进行考核管理，肯定是不合理的，也很难起到 KPI 的最终目的——实现组织目标。这是当下电视媒体在绩效考核上的通病。但是，请注意，这不是 KPI 本身的问题，而是 KPI 设定的问题。不能因为 KPI 设定的错误，而全盘否定 KPI 的作用。

厘清了对于 KPI 的认识，我们就来看看我国电视媒体在绩效考核上走过的历程和存在的问题。

以何为度：绩效考核的指标选择

2002 年，中央电视台推出电视栏目评价及绩效考核体系，由两部分构成：《节目综合评价体系方案》和《栏目警示及淘汰条例》。方案中，评价栏目的指标由三项构成：一是客观评价指标，以收视率为基础，兼顾频道、时段、节目类别等因素之后获得的栏目收视表现的量化值；二是主观评价指标，是综合专家、领导对栏目评议及观众对栏目的满意度的量化值；三是成本评价指标，是栏目投入产出状况的量化值。客观评价、主观评价、成本评价三项指标之和而形成的节目传播效果的综合量化值就是综合评价指标。因此，栏目的综合评价指标被简称为"三项指标，一把尺子"。

尽管这个体系一度因为强制淘汰栏目而引起一些争议，但是不可否认的是，作为中国电视业第一个成体系的评估体系，它为电视产品的量化比较提供了一把相对客观公正的标尺，也标志着中央电视台的电视节目管理由粗放型管理向集约型管理转变，由模糊管理向精细管理转变，由感性管理向理性管理转变。在此之前，我国的媒介传播业尚没有客观定量的节目评估与绩效考核体系。评价基本上是以定性的分析为主，以专家的经验、领导的感受作为节目评估的主要标准。

2003 年 2 月，中国广播电视学会在北京举办了"中国广播电视评估体系调研会"，就广电节目评估体系包含的内容、开展评估的方法、途径和评估的指标要素、评估结果的最终表达形式等形成了比较一致的看法，也就是在这个比较一致的看法的基础上，出台了《广播电视质量评价体系框架》，标志着中国电视节目评估与绩效考核开始进入成型阶段。

随着中国电视业的快速发展，电视媒体的评估与绩效考核体系是否科学、有效和客观，变得越来越重要。科学的评估与绩效考核体系，可以使电视媒体实现由模糊管理向精确管理的过渡，实现媒介资源的优化配置，也可以促进节目在微观层面上的科学运作。评估的目的是为了相对准确地估计出节目的价值，供节目交易、广告销售乃至商业运营者参考，也供节目制作者借鉴提高；在媒体的实际管理运营中，节目评估还是工作人员绩效考核的重要参考指标。从某种意义上来讲，一个科学、客观、公正的评估与绩效考核体系在电视生产管理过程中起到"度量衡"的核心作用。

电视媒体的评估与绩效考核体系解决了干多干少、干好干差没有统一衡量尺度的问题；解决了不同类型栏目、不同岗位人员工作量没有客观可比指标的问题；解决了实行优胜劣汰、按劳分配机制没有公正参照依据的问题。

在《辞海》中，评估的意义为"评价和估值"。"评价"一词在汉语中的原意是"评论货物的价格"，而在实际中，所谓"评价"则是将事物所体现出来的价值与评价者主观的价值标准进行对比，由此对事物的价值做出判断。也正因为如此，"确定目标和预期效果——测量实际效果——成本效益分析"就顺理成章地成为评价的基本流程。而除评价之外，评估还需要对事物的价值进行具体的估值，也就是要对事物的价值进行系统的量化。

通过对中国电视媒体的评估与绩效考核体系具体实际操作的简要分析，我们大致可以总结出三类指标选择：客观指标、主观指标外加效益衡量的成本指标。

客观指标：收视率（收视份额）

对于走向产业化、走向市场的电视媒体来说，收视率是一个重要的市场信号。它为电视从业者和相关人员提供了量化的数据，是电视播出机构、节目制作机构和广告商互相交流的"语言"，是一个贯穿节目制作、节目编排、广告销售等各个环节的数据指标。它明确了各电视台、各栏目在市场上的占有份额，在某种程度上决定着各电视媒体之间的利益分配。因此，收视率被通俗地比喻为电视媒体的"交易货币"。收视率作为电视传播的评价指标，标志着电视媒体开始由原来的"媒体主观"到"市场客观"的转变，由"以传播为中心"到"以受众为中心"的转变。收视率促使媒体从业人员增强了市场意识，真正从观众的角度去策划和制作节目，从而推动了电视事业的繁荣。目前，在有关电视观众的研究中，收视率占据了重要的地位，日渐成为电视媒体评估的核心指标。当然，对于收视率的作用，学界业界一直存在争论，我们在本书第二篇有专门一章进行详细讨论。

主观指标：领导、专家、观众

节目评估的主观评价层面一般涉及社会评议（观众评议）、专家考评与领导评价三个方面。

获得观众评价的方法：一是问卷调查；二是网络调查，在电视媒体的网站上设立专栏供观众投票和留言的专栏；三是随机访问；四是其他信息反馈体系。

专家考评是相关专家从专业角度对节目质量的诸多因素进行评估。电视媒体通常的做法是，邀请相关的学者专家做电视节目的质量顾问，请他们给电视节目打分。

领导评价是指节目制作、播出机构的领导对于节目质量的意见。一方面，他们往往是节目的审查者，对节目的舆论导向负责；另一方面，他们对节目有很高的敏感度，对电视播出市场非常了解。领导评价实际上包含了政治导向和专业水准两项内容。

成本指标：投入与产出

成本核算和控制的主要目的是取得高效的投入产出比。投入产出比是衡量企业效益的重要指标。这也是节目成本指标被纳入节目评价体系的原因。但是，目前许多电视媒体的成本核算方式尚处于成本核算的初始阶段，有的甚至远未达到准成本核算的要求，因而呈现出明显的过渡期问题：一是计入成本的项目不完整，比如设备费用的核算比较粗略，比如人力资本基本上没有进入成本核算系统。二是成本核算的最终目的在于对节目制作的全过程进行成本管理，如成本预测、成本计划、成本分析、成本控制、成本考核等。而目前的成本核算仅仅是对节目制作中的部分费用开支进行限制或控制，还不能从整体上实施成本管理。三是对于产出的指标设定还非常粗放。对于电视媒体而言，不同的频道、不同的时段、不同目标受众的栏目，其广告价值有很大不同。很多电视媒体仅仅根据广告收入的高低来评价节目的产出，就有些不科学。当然，尽管有一些缺失，节目成本核算指标将节目的质量与节目投入产出严格挂钩，对于督促节目生产者和管理者从"开源节流"的角度来关心节目质量要素，还是起到了非常积极的作用。

在中央电视台的绩效考核体系中，还有一个指标，叫满意度——一种融合了主观评价与客观评价的指标。观众满意度其实是个舶来品，它以英国"欣赏指数"调查为基础，汲取了我国香港地区电视节目欣赏指数调查中的一些经验，并结合了具体的情况形成的。它测量的是观众对节目质量的评价、对收看过的频道或节目的满意程度。它是在收视率这个量化指标之外的一个"品质导向"指标：收视率高的节目满意度不一定高，收视率低的节目满意度也不一定低。引入这个指标，有助于扭转纯粹的收视率导向，把电视业界人士和广告商从对收视率的盲目追随中解脱出来，让他们看到节目内容对观众收视行为的影响，从而使节目制作者和广告商注意对节目品质的考察。

以何为重：从罚劣到奖优

回顾中国电视媒体在 20 世纪高速发展阶段开始至今的绩效考核设计思路，大致可以归纳出从罚劣到奖优的路线变化。

罚劣

最为典型的罚劣评估是中央电视台的末位淘汰机制与湖南卫视的卡位考核规定。

2002 年，中央电视台出台《中央电视台栏目警示及淘汰条例》（以下简称《条例》），确定了"先评价、再警示、后淘汰"的操作规程——总编室每季度会同相关节目部门，对节目进行一次综合评价，视评价结果对相关栏目分别给予警示；根据栏目全年综合评价结果，最终确定本年度淘汰的栏目。而评价的手段即前文所说的"三项指标，一把尺子"——通过对中央电视台栏目合理分类，建立科学的节目分类体系；对影响节目质量的各项因素进行排查，用客观指标、主观指标和成本指标对栏目进行评价；对上述三项评价指标分别加权，最终获得栏目的综合评价指数。

《条例》按照两种情况操作。第一种情况，是以频道为考核单位，在考核期内，排名处于最后的几个栏目，或综合评价指数下滑趋势比较明显的栏目，或者排名下降比较明显的栏目将被首先给予警示。警示每季度进行一次，警示结果在下一季度初公布，一年内一个栏目连续两次或累计三次被警告就将被淘汰。《条例》实行阶段，被警示栏目的比例为所在频道栏目总数的百分之五。第二种情况，在考核期内，综合评价指数排名处于最后的几个栏目将被淘汰。对于被淘汰的栏目，《条例》规定，不再允许播出；被淘汰栏目所在的频道，一年内不能增加新的栏目；被淘汰栏目的制片人两年内不得以制片人的身份开办新栏目；被淘汰栏目的经费由总编室收回。这些规定适用于在中央电视台开播一年以上的所有栏目。2002 年 12 月 31 日是央视首批电视栏目实行末位淘汰制的起始时间。

2004 年，湖南卫视大调整，六大自办栏目被同时下马，或撤或改。被拿下的六个栏目，分别是《乡村发现》《音乐不断》（白天档）、《封面》《新闻 12 点》《卫视中间站》和《商案惊奇》。除《商案惊奇》为一周一期的小型栏目外，其余基本是每天播出的日播节目。这一调整的背后动机是为了让湖南卫视的收视排名进入全国前五。2003 年湖南卫视取得了全国收视市场第六名的成绩，前五名均为央视的频道。2004 年湖南卫视的目标是进入全国第五名。为了确保这一市场目标，湖南卫视决意调整频道的瓶颈时段，他们运用了"卡位原则"策略。也就是说，要想频道整体收视名列全国第五，那么每个时段的节目都要尽可能排在第五之前，或接近第五。这样一来，那些较长时间排名在第五名之外的栏目——尽管它们的绝对收视率可能不低——自然就成了调整的对象。湖南卫视内部的规定是，每过三个月就进行一次全台栏目评估，不能通过"卡位"或者"定位"的栏目都有面临出局的可能。

中央电视台的末位淘汰，有着包含收视率、满意度等比较复杂的指标设计，而湖南卫视则使用了更为简单的收视排名单一指标。尽管指标的设计上有所不同，但是其基本设计思想都是典型的"罚劣"，当然，湖南卫视有可能并不是"罚劣"，可能栏目只是没有达到前五的目标设计而已。这种罚劣思路的逻辑，是鼓励大家不要落后。其背后的支撑是通用电气以绩效管理闻名于世的"强制分布曲线"理论。

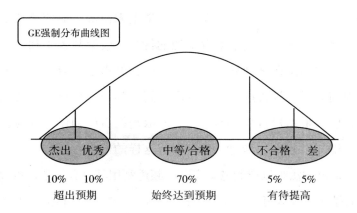

这条曲线是杰克·韦尔奇先生亲自绘制出来的，他当时把它称之为"活力曲线"。杰克·韦尔奇认为，组织内的员工，其业绩呈正态分布：排在前面的员工有20%（A类），排在中间的员工有70%（B类），排在后面的员工有10%的（C类）。因此，要强化竞争，必须保持10%的淘汰率，从而最大限度地发挥人的极限能力。每年，GE公司会针对各事业部的主管打分，区分出ABC三个不同等级的绩效表现。A级员工将得到B级员工2—3倍的薪资奖酬，而C级员工则有遭到淘汰的危机。活力曲线是年复一年、不断进行的动态机制，以确保企业保持向前迈进的动能。这个强制分布曲线在过去的30多年里面，为绩效管理、人才管理做出了巨大的贡献，全世界的很多企业纷纷仿效。

电视媒体采用末位淘汰方式进行栏目管理，积极作用巨大。很多栏目，特别是排位靠后的栏目面临巨大的压力。是否淘汰不仅关乎栏目生存，更关乎栏目人员的职业尊严！于是，如何扭转栏目落后的状态，就成了相当一批栏目的当务之急。一时间，以创新和挖潜的方式来提升节目质量，提高栏目收视，就形成了一股风气。这对于增强电视媒体的传播力和竞争实力，培育创优争先向上的文化，起到了极大的推动作用。

当然，任何一种管理手段都有两面性。末位淘汰也存在如下的问题：

第一，末位淘汰应该是梳理频道栏目配置的短期策略，通过自上而下的方式达到淘汰落后栏目的目的。但是，如果把末位淘汰演变为长期策略，就会改变频道和栏目围绕其定位配置资源的行为，就会弊大于利。

第二，末位淘汰在某种程度上制约了频道的市场反应速度。末位淘汰是按照一定规则对栏目进行排序，在排序期间，频道难以对栏目的定位进行调整。同时，应该根据栏目状况和市场状况取消栏目的动作，因为有逃避淘汰之嫌，也变得复杂起来（当然也确实会有这样的行为）。

第三，末位淘汰难以持续有效实施。频道利用其打分权重，可以尽可能地控制栏目的排名，这就可以避免某个栏目的排名在一年之内连续两次或累计三次处于后两位。于是，从某种程度上说频道实际上废弃了末位淘汰的政策。

第四，冲淡争先意识。末位淘汰政策的常年实施，导致一些栏目更多地关注栏目的末端排位，不被淘汰变成了重点，"只要不落后即可"的观念有滋生势头。而对于排位是否靠前，有弱化趋势。

第五，频道的栏目设立与分布，应该是根据频道定位与市场竞争状况，综合考虑的结果。除非是栏目不适合频道的定位要求，否则，无须淘汰，只要提升质量即可。

如上种种原因，促使电视媒体开始考虑以奖优为原则来设计激励评估体系。

奖优

还是以中央电视台和湖南卫视为例进行说明。

2011 年 7 月 1 日，《中央电视台栏目综合评价体系优化方案暨年度品牌栏目评选办法》开始实施，宣告在央视实施 9 年之久的"末位淘汰制"退出历史舞台。新的评价体系动议于 2010 年，其时笔者在央视总编室任主任，遵照台领导指示，组织人员进行设计。之所以要设计新的评估体系，原因之一是以往的评估体系中收视指标的权重较大，学界和业界一直有不同意见；原因之二是末位淘汰政策实施以来，其激励功能逐渐弱化。由此，就需要出台一套更具现实指导性的全新评价体系。这套评价体系要达到三个要求：一是要突出电视媒体的公信力与影响力；二是要采用多维视角来评估节目，不单以收视率高低论英雄；三是要尊重频道的栏目构成——所有的栏目都有存在的道理，不能简单淘汰了之。从这个意义上说，末位淘汰政策也就不适合了。同时，如前所述，各个频道也找到了不被末位淘汰的应对办法。此外，末位淘汰让大家更关注栏目的末位排序，对于争先的动力有弱化的趋势，这就淡化了激励的因素。

方案中，考评栏目社会效果的"引导力"和"影响力"指标分别占比20%和25%，考评栏目传播市场效果和栏目发展状况的"传播力"指标占比50%，考评栏目专业品质的"专业性"指标占比5%。对"引导力"、"影响力"和"传播力"的考量分别指向传播的方向、深度和广度。

"引导力"用以表征栏目导向是否正确，价值观是否被认同，是否有利于弘扬先进文化，体现主流价值，提升审美品位，引领道德风尚。这项指标由专家评审组评分和观众专项调查共同获得。

"影响力"由观众专项调查获得，包括两个二级指标，其中"公信力"用来表征栏目的可信性、权威性以及责任感；"满意度"则是指在调查日前30天内看过该栏目的观众对栏目满意程度的评分。

"传播力"下设四个二级指标——收视目标完成率、观众规模、忠诚度和成长趋势，分别表征受众传播规模的拓展与维护、栏目传播广度与观众群的拓展能力、栏目粘着观众的能力、栏目成长性和阶段性状态。

"专业性"主要测评栏目的制作水准和品质，是对电视制作精良程度的考察，该指标由专家评审组评分获得，主要包括编辑编排、制作剪辑、播音主持、音响音乐、画面镜头（舞美）、文字写作等六个考量维度。

整个评价体系来自收视调查数据的得分占到50%，观众调查和专家评审得分加起来占到50%，客观数据和主观评价各占一半。

此外，考虑到全台频道和栏目的多样性，方案实行统一指标下的分类考评，即全台所有频道、栏目采用统一的一级、二级指标体系，统合得分，分值为百分制，确保不同类型栏目之间的可比性和大样本量数据采集的可得性，并在二级指标考量维度设计上，结合各频道特点及节目类型进行微调，将全台栏目划分为新闻、娱乐、财经、体育、法制、科教文化、少儿、生活服务 8 个类别，以保证公平与科学的统一。

新考评体系在央视实行后，其评价结果确实发生了很大改变。在评价体系推出前，央视总编室曾运用新考评体系进行沙盘推演，对全台第二季度播出的各栏目进行过试考评，其排名结果显示，原本收视率一般的早间栏目《第一时间》，跃入了全台前 30 名之列，而《探索·发现》《走近科学》等一向被视为"窄而专"的栏目，也在排行榜上名列前茅。当然，这套评价体系最重要的内容，是电视台将末位淘汰改为重奖新评价体系下排名前 30 的电视栏目。对于那些得分较低的栏目，将由频道从发展的需要出发，决定是否对其进行保留。

提起地方电视台的奖优，通常会想到湖南卫视的奖励机制。有公开报道说，湖南卫视为了激励员工工作状态，建立了非常严格、细致的 KPI 体系，"细致到日收视排名、同档期排名、周收视率排名、季度收视排名以及平均收视排名。如某节目跟广告公司签了 3000 万合同，要求收视率 1.5，那么工作人员的 KPI 就是 1.5，完成 1.5 可以获得 100% 工资，超额完成有 20% 增幅的奖金，低于 1.5 按比例扣除奖金"。不过，要说奖金之最，就不能不提湖南卫视的"台长嘉奖令"，单项奖金额度是 100 万元。获得"台长嘉奖令"的栏目有很多，《我是歌手》第一季、《花儿与少年》第一季、《爸爸去哪儿》第一季、《一年级》等都享受过这项殊荣。而从全国电视媒体的范围来看，各家电视台的奖励机制虽有不同，但是类型都大体相似，如月奖、总裁奖、项目奖、总监嘉奖令、超产奖、广告超产奖、收视率排名奖、品牌项目奖、绩效考核奖、项目特殊贡献、总裁广告完成奖等。

无论是中央电视台建章立制的奖优，还是各家电视台尤其是头部卫视的大奖、重奖，其背后的逻辑，都是希望通过奖励优先，来构建争先的团队文化，建立示范效应，树立榜样力量，借此实现电视媒体的目标。

当然，在过去的几十年中，各家电视媒体都逐步建立起了具有自己特点的绩效考核办法与体系，但基本上都能够涵盖在罚劣、奖优这两个思路范畴之内。必须要说明的是，无论是罚劣还是奖优，都是电视媒体在不同时期为了达成自身战略目标、解决自身存在的现实问题而进行的绩效考核尝试，试图通过这样的绩效考核体系的设计来激发内部的创造能力。而且事实上，这些评价方法在当时也确实都起到了相应的激励作用。

但是，我们还是不得不说，总体上，中国的电视媒体尚未完全建立起适合当下自身发展状况的科学全面的绩效评估体系。电视媒体近些年步履维艰，原因当然非常复杂，但是，与当下所采用的绩效评估系统存在的若干缺失有一定关联。

问题一：一把尺子量全部

当前，电视媒体绩效考核系统中的 KPI，基本上包括定性评估和定量评估两个部分。定性指标大体上包括公信力、影响力、满意度等，定量指标包括收视率、收视份额、广告收入和预算指标等。近几年，随着新媒体的发展，定量指标还加入了网上点击率和转载率指标维度。这样的 KPI 指标设计在过去的二十年中，总体上并没有发生大的变化。

但是，中国电视媒体的竞争环境发生了巨大的变化：

首先，看频道内部。电视媒体的每一个频道都是一个生态系统，有着与其他频道不同的特质。每一个频道中的栏目构成，一要考虑频道定位，二要考虑目标受众，三要考虑市场竞争状态。同一频道内的栏目，因为播出时段、内容定位、目标受众和竞争状况的不同而不同，其团队文化也会因此不同。而电视媒体发展到今天，栏目、节目的品类已经极其丰富，新闻、体育、综艺、电视剧、电影等等内容类别，消息、专题、真人秀、脱口秀等等形态类别，少儿、老年、城乡等受众类别日趋多元。这些不同类别的节目、栏目都有着不同的定位和运作方式。这种差异化的状况必须要在绩效考核体系设计上，尤其是在 KPI 关键指标上体现出来。用一把尺子来衡量，显然难以适应每一个品类的个性化特性。

其次，看不同频道之间。20 年来，中国电视媒体的频道数量大幅增加。不同的频道之间具有鲜明的差别：定位差别、目标受众差别、媒体功能差别、市场目标诉求差别等。比如，戏曲频道以弘扬传统戏曲和曲艺艺术为宗旨，公益性强，受众的对象性也强。而体育频道则不同，它市场化程度高，受众范围广，娱乐性强，关注度高，特别是在转播大型赛事时更是如此。其他如新闻频道、电视剧频道、纪录片频道、儿童频道等，也是各具特色。这种种不同，如何能够用统一的评估方式，作出全面、准确、科学的评价呢？

因此，科学的电视媒体考核体系本应该根据不同频道和不同栏目来确认 KPI 指标。当我们讨论电视媒体的绩效考核时必须明确两个问题。一是定位，无论是频道还是栏目均是如此。因为，这是频道和栏目开办的前提和基础。只要电视媒体需要这样定位的频道和栏目就必须坚持，不能淘汰。二是目标受众群体确认。通俗地说，就是频道和栏目是给谁办的。如果频道和栏目能够在目标受众里获得认可，就是合格的。所以，绩效考核系统的评估指标设计，必须围绕频道和栏目能否坚持定位、能否满足目标用户需求来设计，无论是公信力、引导力、影响力等定型指标，还是收视率、收视份额、广告收入、市场排名等定量指标，都应在此基础上设定。我们可以变更频道负责人，可以撤换栏目制片人和团队，但是不能取消电视媒体需要的频道和栏目。

按照这样的认知逻辑来分析电视媒体的绩效考核，我们就会发现，不同定位的频道、不同受众群体的栏目要接受同一把尺子的衡量。虽然很多电视媒体的 KPI 设计都对栏目做了二次分类，但是，不同频道的栏目之间、同一频道但定位不同的栏目之间，如何可以分出优劣高下呢？比如，新闻栏目和娱乐栏目并没有可比性，财经类栏目与儿童类栏目也大相径庭，体育节目和综艺节目，虽然都具有极高的娱乐性，但他们之间，差异性远远大于同质性。再比如，体育类节目，因其赛事转播在时间上具有非固定性，因此，就不能按照每周平均的方式来进行评价。新闻也是一样，当重大事件来临时，即便收视率高，也可能没有做好报道。我们知道，市场上的产品从来都是与市场上的同类产品相比，力争获取优势，并砌高进入门槛，防止潜在进入者进入。但是到了电视媒体这里，怎么就变成了不同类别的栏目之间进行相爱相杀了呢？

如此种种，问题自然随之而来：首先，本是为了追求统一、公正而诞生的大一统绩效考核体系，评估的准确性和可操作性受到削弱，在实际操作中很难被执行到位；其次，统一绩效考核，必须要找到各个差异化主体都能接受的指标维度，因此，最大公约数成为必然的选择，导致的结果就是评估指标越来越少，本意是想评估绩效，实际上却起不到应有的作用。

这种状况会产生相应的副作用：一是妨碍频道自身评估工作的开展。作为运营主体，频道对于栏目具有天然的管理与评估职能。频道对于栏目的管理和评估必须渗透到每周每月的过程之中。但是，电视媒体本部通常以季度为单位的评估方式，与频道的评估节奏难以对接。同时，电视媒体本部采用的最大公约数的评估方式，很有可能与频道自身的评估结果发生冲突。这会导致频道和栏目的行为发生扭曲。二是成本上升。详细原因我们在下一节单独阐述。三是难以建立适合频道的团队文化。近些年，电视媒体的频道在团队文化上特性愈来愈弱，个性化渐渐消解，创造力和创新力弱化，与大一统的激励评估方式有很大关系。此外，还有更为长远的问题：大一统的评估方式最直接的行为导向就是收视崇拜，因为这是最可量化也是最容易量化的指标。而最适合提高收视效果的节目类型就是娱乐节目。近些年电视媒体娱乐化、泛娱乐化倾向严重，与电视媒体采用大一统的绩效评估方式应该有或多或少的内在联系。

问题二：层层建立绩效考核体系

这是一把尺子量全部带来的次生问题。

首先，频道作为电视媒体运行的基本管理单元，必须要对产品（栏目和节目）和人员进行评估，这是频道的基本职责，也是频道运行的基础之一。但是，如前所述，电视媒体本部推行的大一统评估系统，难以满足频道需求，因此，频道必须要建立适合自己管理与运行的评估与激励体系来保障频道的正常运行。然而，在频道的组织架构中，既没有设置人力资源部门，也没有从事绩效评估的专业人员，于是，诡异的状况出现了：一方面，频道必须建立完整的评估系统对栏目进行评估；另一方面，频道所建立起来的评估系统又难以做到严谨和科学。因此，其评估结果也就难以满足各个栏目对于评估激励的需求了。

其次，由于频道设定的评估方案不完善，致使作为频道基本运行单位的栏目，也陷入了无法对节目进行准确、系统评估的窘境。于是，栏目也必须建立适合评价节目的评估系统。问题是，栏目遇到的问题与频道相同，同样没有专业机构和相关专业人员。

于是，频道、栏目都要根据自身的实际情况对电视媒体总部设定的大一统绩效评估体系打补丁、做解读、订细则。由此，电视媒体出现了极为奇葩的现象：从电视媒体到频道到栏目，层层设计绩效评估系统。

层层建立绩效考核体系，当然危害电视媒体的正常运行。它至少产生了如下四个问题：

第一，标准多元，有时甚至相互矛盾，让员工的认知难以统一。

第二，成本巨大，人力和财务均需要很大投入。

第三，难以建立个性化的可持续的团队文化。

第四，难以形成上下合力。

如上四个问题，单独任何一个对于电视媒体的杀伤力都是巨大的，遑论四个问题交替出现甚至同时出现了！

病因：单一层级决策主体的组织架构

既然我们认为一把尺子量全部的大一统绩效评估体系，并不适合当下电视媒体的发展状况，问题就变成了：为什么电视媒体不能根据频道定位来制定各不相同的绩效考评体系呢？

原因在于，电视媒体在单一层级决策主体的组织架构方式之下，不是不想做，而是做不到。

第一，电视媒体的组织规模过于庞大，难以制定适合所有频道的绩效评估系统。求同是最为可行的办法，存异只能被人为地放弃，因此，绩效评估系统只能以最大公约数方式呈现出来，评估指标必须简单粗放。因为指标越简单，获得的公约数就会越大，就越能适应所有频道的所有栏目。只是，以这样的评价体系进行考核，与原本激励先进、固化成果、坚守频道定位、合理配置资源、增强市场竞争能力等初衷大相径庭。以致初心被忘，问题重生。

第二，单一层级决策主体，只能建立一个统一的薪酬体系，只能构建一个统一的预算系统。而统一的薪酬体系和预算系统必须以统一的绩效评估标准作为支撑。因为，绩效考核系统不同必然会给薪酬体系和预算系统带来冲击。而这两者受到冲击，必然撼动单一层级决策主体的组织架构方式，这会影响电视媒体的正常运转与有效管理。

第三，单一层级决策主体的组织架构只有一个部门来负责电视媒体的绩效评估工作，因此，无论是从总部层面，还是从频道层面，绩效评估的专业人员都极为缺乏。电视媒体总部的困难是：一个部门对全部，人手不足是小问题，大问题是对被考核主体的差异化缺乏专业性认知与评估能力；频道层面的困难是：少则几百人、多则上千人的频道，没有专业的人力资源管理队伍，没有专门的绩效评估部门，没有专业的绩效评估人员。几乎所有从事绩效评估工作的人员，基本上都是兼职状态。这样的状况当然难以制定严谨科学的绩效考核评估体系，难以开展和执行相关的绩效考核评估工作，自然也就难以梳理和分析绩效考核的统计数据与考核结果。由此，绩效考核的准确程度、激励作用、反馈机制、促进团队文化建设、让组织与员工健康成长等功能，也就大打折扣了。

这些年电视媒体经过初期爆发式增长之后，发展缓慢，增长乏力，绩效评估系统的错位，自然难辞其咎。而电视媒体在组织规模快速扩大之后，没有及时升级组织架构，一直以单一层级决策主体来管理、运行电视媒体，则是这种错位产生的主要原因。

更大的问题：为什么没有频道的考核评估呢？

频道是电视媒体的基本管理与运行主体，也是电视受众识别电视媒体的基本品牌符号。实际上，电视媒体是以频道为单元来参与电视市场竞争的，那些显示市场竞争状况的数据指标，如收视份额、满意度等，都是以频道为基本载体的。

但是，请注意，为什么我们如上所谈论的电视媒体的绩效考核系统，其考核主体都是栏目呢？为什么没有频道的考核评估呢！？

不是我们不谈，而是中国的电视媒体到目前为止，基本上就没有严谨的、系统的频道评估体系。

这是不是非常奇怪！

对于电视媒体本部而言，只要把绩效考核评估的重点放在栏目上，无论是采用罚劣的方式，还是采用奖优的方式，都是走错了方向。电视媒体本部开展绩效评估的正确姿态，首先是评估频道。因为如前所述，频道才是电视媒体管理与运行的主体，频道才是电视媒体参与市场竞争的载体，频道才是电视媒体品牌的体现！

频道评估的原则应该至少体现在四个方面。一是频道定位是否准确：频道的栏目和节目主要做什么内容；二是频道的目标受众是否清晰：频道是给谁看的；三是频道的版面编排是否合理：是完全以市场竞争为导向，还是以电视媒体诸多频道的效益最大化为导向；四是频道是否有市场竞争力：与同类频道相比，市场地位如何。

可以这样说，如果频道在如上四个方面出现问题，我们再怎么考核栏目的绩效，对电视媒体而言，都没有决定性意义。因为，即便栏目非常优秀，如果不符合频道定位，就是对频道的伤害。这样的栏目对于电视媒体也难以发挥持久的作用。

但是，非常遗憾，我们还没有看到在如上四个方面同时对电视频道进行绩效考核评估的先例。电视媒体通常只是在评估频道的第四个原则——市场竞争力上关注较多，市场份额和广告收入几乎成了评估频道的主要标准。但是，偏移了频道定位的收视份额、模糊了目标受众的广告收入，只是短期效益的体现，它对于电视媒体长期的、可持续的健康发展不利！当下电视媒体存在恶性竞争、娱乐化泛娱乐化的现象，在很大程度上，是频道定位偏移与目标受众模糊的结果。

电视媒体总部放弃评估频道而直接评估栏目是职责的错位。电视媒体总部不仅放弃了自己的职责，又代行频道的职责，这种鸠占鹊巢的行为对电视媒体和频道都造成了伤害。相对于电视媒体在栏目绩效评估体系上的缺失，没有建立科学严谨的频道评估体系，是电视媒体更深层、更严重的问题。

一种尝试：CCTV-2 栏目目标管理系统

2004 年 8 月，我担任央视广告经济信息中心主任兼经济频道总监，负责央视第二套节目经济频道（CCTV-2，财经频道的前身）的管理和全台广告经营工作。在此时间前后，我开始思考如何解决频道内部的绩效考核评估问题。我选择了制定栏目目标管理体系作为这项工作的抓手。栏目目标管理，通俗地说，就是为频道内的各个栏目设定目标，按管理层级分解目标，并对目标的执行情况进行全程监控、检查、分析。

栏目目标管理体系总体流程包括四个阶段：栏目目标设立阶段、栏目目标展开阶段、栏目目标执行监控阶段、栏目目标达成分析阶段。

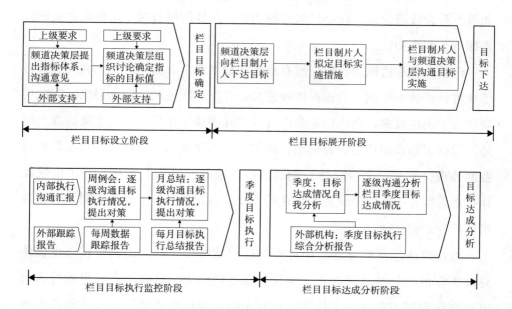

CCTV-经济频道栏目目标管理体系总体流程

在 CCTV-2 栏目目标管理系统设计之初，我们第一步要做的不是去寻找指标、工具、手段，而是先搞清楚频道以及构成频道各个栏目的定位、目标。我们的逻辑顺序是，必须先明确频道的定位，清晰目标受众，依此制定栏目和节目方案。然后才能制定绩效考核系统，提挈出 KPI。如果忽略频道定位、目标受众和栏目设置，只追求 KPI，必然会使频道定位偏离和游移。这是电视媒体绩效评估系统的最大问题。

任何一个电视频道必须通过其各司其职的栏目来共同组成一个和谐的生态系统。而这一整体的竞争力不仅来源于各个组成部分的个体的竞争力，更来源于各个个体之间的关系——是互为补充，还是此消彼长？是合力出击，还是内耗拼杀？在频道已经成为中国电视市场竞争的基本单元的时代，答案不言而喻。正因为如此，我们明确提出，栏目的竞争对手不在频道内部，而在于栏目所在播出时段的外部市场，我们需要以内部互为借鉴、互为补充的和谐关系来提升外部的竞争实力。决定这种内部的合理、和谐的节目布局关系的，不仅是各栏目目标观众的差异，也是各栏目节目形态上的差异，更是各栏目价值取向的差异。以《对话》为例，我们需要的不是一个绝对的高收视，而是在其目标观众——"三高"群体受众上的相对高收视，换句话说，它必须在保持核心观众不流失的基础上，实现收视与影响力的增长。对于频道的所有栏目来说，必须明确自己"来自何处、现在何处、对手是谁、将向何处"，以栏目准确的个体定位来达到频道栏目定位立体化的目的——不同类型的栏目在频道内承担起不同的作用：资讯节目架构频道主线、精英节目打造频道品牌、服务节目贴近百姓生活、益智娱乐节目创造高收视率，此外还有年度人物评选、"3·15"晚会大型节目、品牌中国这样的系列活动，来扩大频道的影响力等。栏目目标的最终设定必须是符合栏目自身实际，符合其竞争环境，符合其同类节目发展阶段要求。而且这种目标必须符合频道整体的战略发展方向，必须是通过栏目自身努力可以达到的。

在明确了各档栏目的定位、目标之后，《经济频道栏目目标管理系统》为全频道每一个栏目确定收视率、收视份额等收视目标，以季度为单位确立下达。与此同时，将按周、月、季度来提供数据报告与监测分析报告，在为频道决策提供量化依据的同时，为栏目的发展建立预警系统。需要说明的是，我们在确立栏目收视目标的时候，不仅要考虑到其自身历史发展的内因——以各栏目及所在播出时段四年来每一分钟的收视数据为基础，还要考虑一切可以导致变化产生的外因——结合栏目的播出时段、重播次数、首播周天、栏目时长、播出季节、前后节目等竞争环境因素与客观变化因素。

现在再次思考这个在十四年前建立的栏目目标考核体系，发现当年试图要解决的问题，在当下似乎依然存在问题。

第一，差异化考核的问题

在频道化的管理实践中，频道管理者的第一个课题就是：我拿什么来管理？或者说，我以什么来让各个个体自觉地汇聚到频道整体的目标价值取向上来？这就是频道指挥棒的问题。一个科学合理、公平公正的指挥棒，它必然是因人而异、因需而异的。以 CCTV–2 为例来说明。CCTV–2 的栏目和节目类型极为广泛，就收视率而言，通常电视剧高于专题，娱乐节目高于谈话节目，但我们绝对不能就此得出电视剧好于专题、娱乐节目优于谈话节目的结论。因为我们知道影响收视率高低的因素是众多而复杂的，节目本身的形态是否具有大众性就是重要的因素之一。假如我们仅以频道内部的收视高低来作为指挥的评价标准，《开心辞典》与《对话》对比、《幸运 52》与《经济半小时》和《中国财经报道》对比、《幸运 52》与《劳动就业》对比，其结果可想而知，而日播栏目与周播栏目、早间栏目与晚间黄金时间栏目，用绝对收视的高低来进行对比，也让人难以信服。这样的指挥棒显然是很难取得共识的，也很难长期有效地执行。

那么我们要建立什么样的指挥棒呢？我们要建立的是栏目的现在与过去的对比；是与同时段竞争对手的对比；是与同类型节目的对比。我们的目标不是在频道内部不同类型节目之间分出优劣高下，而是着眼于整个电视市场同质节目的竞争拼杀。我们要的是《开心辞典》《幸运 52》在全国益智娱乐节目中争当排头兵，我们要的是《经济半小时》《对话》在全国主流经济节目中的强势影响力。

第二，压力及时传导的问题

压力必须在组织各层级间实现有效的传递与分布，这既是责、权、利对应的基本需要，也是组织机构得以协同前进的根本基础。因为只有当压力在组织内部进行快捷传递的时候，才能让组织的基层单元迅速感知市场的风云变幻，感受到发展乃至生存的动力；也只有实现压力传递，组织的决策层才能知悉基层的应变策略，从而能够在总体上协调把握组织的各个单元。

规划和管理栏目目标的目的，就是要约束与激励栏目与频道的发展方向、进度保持一致；就是要让每个责任人都有具体而明确的目标，真正凝聚各层员工，共同推动整个频道保持竞争优势；就是要改变以往到年终时梳理、总结全年累积问题的陈旧运作流程，把压力分解到每一个人员节点和各个时间节点上，达到以栏目管理体系为推动力量、逐步完善整个频道综合管理体系的目的。

第三，全员激励的问题

以往的评估体系，往往关注落后者，而忽视领先者。这样的管理方式有意无意地形成了一种思维：领先者是不需要管理的。这会出现领先者毫无后顾之忧的状况。事实上，无论是电视媒体，还是其他组织，其发展的动力之源，不仅仅是落后者的赶超，更应该是领先者的奋发有为。

对于电视频道而言，我们需要的不仅仅是落后栏目的整改，更需要领先者的再度创新。我们在为落后者戴上"紧箍咒"的同时，也需要为领先者制定目标。落后者要跑，领先者更要跑。在实际操作中，我们提出，达不到目标的落后栏目不是好栏目，达不到目标的领先栏目同样不是好栏目。

通过《栏目目标管理系统》的实施，可以真切地感受到频道整体观念的转变。

首先，对收视有了更为统一、科学的认识：栏目目标收视率是评价节目优劣的底线。有收视率未必是好节目，但没有收视率肯定不是好节目；保证收视效果，是提升频道影响力和保障广告收入的基础。

其次，栏目主动应对市场的变化成为一种自觉：栏目形成了一种迅捷的动态调整机制；《绝对挑战》《经济信息联播》《对话》等栏目就是在不断微调的状态下取得成效的。

最后，频道调整成为一种常态化、经常性的动作：这种调整的基础是频道有了决策的量化依据。仅 2004 年 10 月至 2005 年 3 月，频道先后就长假、特别节目做了特殊编排，临时调整各栏目播出共计 313 期；以 2004 年国庆长假为例，十二个常态栏目在长假中取消了播出，十四个栏目或特别节目集群出击，统一打包命名的《共度好时光》涉及 67 个节目单元。这样大规模的频道整体动作，必然是栏目的个体目标对频道的整体目标认同的基础上才能实现的，必然是"频道先行"的结果。事实上，在具体操作上，我们在充分调研长假电视节目市场变化、反思历年频道长假节目投放策略得失的基础上，先行提出了长假整体方案，并以此方案分设"订单"，将频道各时段播出节目的目标取向、内容定位等节目主体要素加以明确，再让各节目组"按单制作"。由此，"自下而上"变成了"自上而下"，频道的合力价值得以充分体现。

以《栏目目标管理系统》为指引，2005 年 3 月 28 日，中央电视台经济频道再度改版，改版效果极为显著。改版后的三个月（3 月 28 日—6 月 30 日），频道的平均收视份额为 1.86%，比改版前（1 月 1 日—3 月 27 日）的 1.40%，提升了 33%，比 2004 年同期频道收视份额的 1.23% 提升了 51%。频道就此形成稳定的高收视平台。

频道改版不是简单的版面调整，而是全频道各栏目共同努力的结果。频道在当年改版后的 40 周里，有 39 周频道收视率都超过去年同期水平，周平均涨幅达到 49%。在全频道 27 个栏目中，有 85% 栏目比改版前收视率上升，有近一半的栏目在全国 65 个上星频道同时段排名进入前十。《生活》《经济与法》《经济半小时》等品牌栏目内部的动态调整取得明显成效，影响力进一步扩大，竞争力进一步增强，收视率也提升显著；《超市大赢家》《今晚》《交换空间》《电视烹饪大赛》等新推栏目社会反响较好，收视率表现强劲，市场地位位居全国卫星电视前列。

频道改版成效能够保持稳定还在于核心平台的竞争力表现突出。与前一年同期相比，频道七大时段的收视均有提升，尤其是黄金时间增长幅度达到45%，工作日晚间黄金时间的提升幅度更是超过了50%。

2005年全年，频道改版效应持续发酵，频道各人群收视均有提升，收视规模明显扩张；频道收视忠实度提升明显，核心观众进一步稳定。2005年改版后的9个月中不仅改变了频道连续两年收视低迷的现状，而且有6个月频道的收视份额创5年来新高，最终使得频道2005年平均收视份额达到1.72%，这是从2001年以来频道竞争力最高的一年。

现在看来，当时的理念，依然适合管理和运行当下的电视频道。电视媒体正确的做法，是应该借鉴 CCTV-2 制定并施行《栏目目标管理系统》的方式，为各个频道制定符合其自身定位与运行特点的绩效评估体系。我们必须明晰，管理永远是手段，不是目的。目的是发展，是提升，是为用户服务，是获取市场竞争优势。对于电视媒体而言，更为重要的是实现提升传播力、引导力、影响力、公信力等社会效益。

如前所述，单一层级决策主体的组织架构方式，注定难以完成这样的任务。

病症三 说不清的成本

　　成本是管理的重要基础。成本不清晰，就无法计算投入产出比，组织的效益和效率就无法衡量；成本不清晰，产品就无法正确评估，资源配置就会扭曲；成本不清晰，员工的绩效就无法准确衡量，薪酬和激励也就无法达到公平；成本不清晰，组织的利润就会失真；成本不清晰，组织的创新效果就无法判定……但是，多年来的实践表明，电视媒体的成本一直是一件说不清的事！

　　电视媒体的管理者，魂牵梦绕的一个管理问题是：一档栏目，一个频道，它的投入产出比究竟是什么状态。因为不能获知投入产出状况，就无法评估组织的效益，也就无法准确合理地配置各种资源。而核算投入产出的重要基础，就是成本。

　　同时，我国的电视媒体具有鲜明的党性。这就要求电视媒体首先必须遵循社会效益优先的原则，时时刻刻把社会效益放在首位，勇于承担社会责任，努力传播先进文化，为全社会营造良好的舆论氛围。

　　那么，社会效益优先与成本核算，两者之间是一种什么关系？

社会效益优先也需要成本核算

电视媒体具有双重属性——文化事业的公益性和文化产业的经营性。电视媒体的党性，不仅体现在公益性上，也体现在经营性上。公益性的社会效益与经营性的经济效益的有机结合，才是党性的完整呈现。当然，这种有机结合的前提，是社会效益优先。只有在社会效益优先的基础上，电视媒体才能去实现经营性的经济效益，并由此实现社会效益和经济效益的合理有机结合。

因此，我们不能得出结论说，因为遵循社会效益优先的原则，电视媒体就可以忽视投入产出的核算，不需要计算成本了。实现经济效益需要成本，同样，实现社会效益也需要成本。没有成本资源的投入，不仅经济效益无从实现，社会效益也无从实现。因此，社会效益并不排斥成本核算。

其实，任何组织，无论是商业组织，还是公益组织，只要有投入，就要核算成本，这与是否盈利没有直接关联。核算成本，并不意味着要少投入甚至不投入，也不代表每一笔投入的成本，都要产生利润。即便是纯粹的商业组织，也有成本中心和利润中心两种架构。而成本中心，是不设定利润指标的。比如，研发部门、研究机构、综合管理部门等。但是，无论是成本中心，还是利润中心，成本核算都是其管理与运行的基础。因为，成本不清晰，组织的效益就无从知晓，其生存就会成为问题。

在本章导言中，我们介绍了迈克尔·波特将企业的竞争战略分为三种，其中第一种，就是总成本领先战略。可见，成本在企业的经营与运行中的作用至关重要。对管理者而言，事先的预测和事后的评估是必须完成的两项重要工作。只有成本清晰，管理者才能对市场竞争的过程走向、结果进行预测，也才能对投入的人力、技术等资源进行配置；只有成本清晰，管理者才能对市场竞争状况和投入效益进行准确评估，也才能对责任人和责任团队进行正确评价，并据此进行相应的激励。经营性项目如此，公益性项目也是如此。

自20世纪八十年代开始实行事业单位企业化管理的财政政策以来，电视媒体的收入只有在至少覆盖成本的基础上，才能维持正常运转，组织才能存续。因此，管理好投入和产出，是电视媒体生存的底线，否则就有生存之虞。而控制和管理好作为投入产出基础部分的成本，就显得非常重要。对于电视媒体的管理者而言，首要的是要清楚每个栏目、每个频道的成本，因为只有弄清楚局部，整体成本才会清晰起来。

当然，这并不意味着所有的项目都必须覆盖成本，所有的栏目、频道都要实现经济收益层面上的"稳赚不赔"。无论是出于社会效益的考虑，还是出于市场竞争的考虑，或是出于布局未来的考虑，电视媒体的某些频道和栏目在一个阶段甚至是很长的一个时期，都是可以亏损运行的。只是我们必须清楚，虽然公益性亏损、政策性亏损和战略性亏损对于电视媒体是正常的，但是这种亏损并不等于成本模糊。这里必须遵循两个原则，一是任何亏损都要明晰亏损的原因，要清晰投入状况，要进行严格的成本核算。即便是承担社会效益和公益性职能的项目，也要进行水准高低、质量优劣的评估，而成本投入就是一个重要的评价因子；二是电视媒体总体不能亏损。如果整体亏损，电视媒体的生存将成为问题，社会效益和公益性功能自然也就无从实现了。

我国电视媒体自20世纪八九十年代进入市场化经营以来，一直探索引入企业式的"成本核算"理论与方法，以弥补长期计划体制下管理手段的不足。例如，原国家新闻出版广电总局财务司曾于2005年下发了《电视节目成本核算征求意见稿》。近些年来，不仅电视媒体行业内部的竞争日趋激烈，而且互联网视频行业的勃发和移动互联网的迅猛发展，对电视媒体的观众规模和广告收入进行了双重分流。电视媒体在走过粗放式管理的初级阶段之后，必然要进入到有效管理的全新阶段——将有限的资源用到刀刃上，这是所有电视媒体必然也是必需的选择。而投入与产出、成本与效益则是电视媒体管理者在进行这样选择时的基础前提。

电视媒体节目制作成本的构成及其特殊性

一般而言，成本包括直接成本和间接成本。影响电视节目制作成本的主要因素，当然是直接成本。所以我们重点来探讨电视媒体的直接成本。

以栏目为例，电视媒体的直接成本大体包括以下几个项目：

节目制作成本。包括策划费、咨询费、专家采访费、临时人员雇佣费、差旅费、住宿费、车费、会议费、场地费、餐费等保障栏目和节目制作正常运行的成本。此外，还有一个影响电视节目制作成本的重要因素，就是时间成本。当节目生产需要的时间增加时，成本就会提升。这是必须要考虑的成本因素。

设备成本。由栏目制作所需的演播室、前期拍摄和后期剪接设备、场地搭建和舞美灯光设备等节目制作运行所需要的硬件成本构成。设备成本和节目制作成本一同构成了电视媒体节目生产直接成本的最主要部分。

电视媒体设备成本的特殊性在于，因采用事业单位的财务制度，设备是不进行折旧的。由于设备不进行折旧计算，设备的价格就无法与市场上的同类设备价格对接。这种内部价格与市场价格无法比对的状况在很大程度上阻碍了电视媒体采用社会化方式使用设备，推高了电视媒体节目制作的设备使用成本。当然，这种不完全的成本核算方式，也让电视媒体的成本计量出现了不真实的状况。

人工成本。这是电视媒体节目生产直接成本的重要组成部分。对于电视媒体这种生产无形产品、无须太多原材料的组织而言，人工成本尤为重要。

电视媒体节目生产系统的人工构成有两个相对特殊的状况，一是不同频道不同栏目，其工作人员的数量有很大的不同。比如有些电视频道要一千人以上，而有些电视频道只有几百人，人工数量差别很大。二是频道之间、栏目之间，工作人员在层级的构成与分布上也有很大不同，而这种不同会显著影响人工费用数额的支出。

但是，电视媒体节目生产的直接成本，恰恰没有计入频道和栏目的人工成本，几乎所有的人工成本都摊销在人力资源成本和费用成本之中了。这种状况，必然导致生产成本的准确性大打折扣，而投入产出比，也就难以准确计量了。

播出时段成本。这是电视媒体产品与其他品类产品在成本构成上的重要区别所在。

播出时段成本体现在两个方面：一是不同的频道具有不同的价值；二是同一频道内的不同时段具有不同的价值。时段成本的形成，与其对应的观众规模有关，也与品牌价值有关。一般而言，综合类频道、娱乐类频道的观众规模要大于专业类频道，黄金时间的观众规模要大于非黄金时间。因此，前者的经济价值（当下的电视媒体主要体现在广告价值上）要大于后者。同理，品牌价值高的频道，其时段的经济价值要大于品牌价值低的频道。当然，确定播出时段成本的数额，是一个复杂而系统的事情，需要电视媒体综合多方面因素来确认。方法之一是，以当下电视媒体通常采用的广告招标数额作为参考，来确认播出时段成本。不同的频道，不同的时段，其广告招标数额会有不同。这些数额之中除了体现栏目和节目的质量因素之外，还包含了频道价值和时段价值。方法之二是，通过模拟播出的方式来推测同一个栏目在不同时段播出的收入，根据两者收入的差额，来大体确认播出时段成本的数额。

播出时段成本，是组成电视媒体节目生产中的重要隐形成本。愈是品牌价值高的频道，愈是黄金时段，这种隐形成本愈高。但是，几乎所有的电视媒体在确认节目生产成本时，都忽略了播出时段成本。这样的成本计量方式，最大的问题就是不能准确反应电视节目生产的真实成本，在确认产出指标时（表现在收益和收视两个维度上）失之准确，导致电视媒体在衡量不同频道、不同时段的投入产出时，难以准确反应业绩与贡献。

自有频道推广成本。所有的电视媒体，都在自己拥有的频道上播出推介节目，这种成本就构成了自有频道推广成本。

有人认为这是电视媒体在互联网时代新的成本项，其实不然。在没有受到互联网冲击之前，每个电视栏目都会在本频道和本台其他频道做预告性的宣传推广，这会占用本频道和其他频道的播出时段，而播出时段是有成本的。电视媒体没有将它核算列入成本，导致成本项计入不完整。当然，在当下的全媒体时代，一个电视栏目或节目在市场的其他传播渠道上进行宣传推广，比如互联网渠道上，这则是全新的成本支出，不在此列。

在我们如上列出的五项直接成本之中，除了节目制作成本之外，电视媒体在其他四项成本的计入上都存在问题：设备成本计入的问题是不完整，而人工、播出时段、自有频道推广三项成本，几乎所有的电视媒体都没有计入成本之中。

这种不完整的成本计入方式，必然导致电视媒体在成本计量上出现严重的失真情况。而成本失真，自然就无法准确计量投入与产出的状况了。

这可真不是小问题！

成本失真的四个危害

任何一个商业组织，清晰的成本核算都是管理的基础，电视媒体亦然。而科学管理成本的前提，是完整准确地计量成本。计量不完整不准确，成本就无从清晰。而成本不清晰，产出则失去意义，电视媒体组织的效益和效率也就无法衡量。

成本不清晰，资源配置就会扭曲

一个电视频道每年生产的节目，一般都要超过一千小时，而拥有多个频道的电视媒体，每年生产的节目数量，有些会在一万小时以上。生产这些节目的经费开支，一些省级电视媒体要数十亿，央视则要超过百亿。支撑这样大规模资金使用的决策机制是否科学，形成的投入产出比是否合理，直接影响电视媒体的内部管理和战略布局，决定着电视媒体能否良性发展，也关乎着能否建立公平、公正、健康的组织文化。

以投入产出比作为绩效评估的指标之一，目的是在进行产品生产或者投资时，要考虑投入和产出之间的关系，据此对资源进行合理、高效地配置。有了投入产出比的限定，媒体管理者必须根据媒体发展战略、自身发展需要、市场竞争状况、节目研发储备、受众需要等，来配置有限的资源，避免决策和生产的盲目与冲动。

但是，如果成本不清晰，就会在投入和产出两个端口产生问题：一是在投入端，因为无法准确计量人工、资金、设备和生产时间等状况，这些资源的投入就一定是粗线条的，甚至是扭曲的。二是在产出端，因为投入状态的模糊，对于产品质量、生产周期和市场竞争力等因素的判断，也只能是粗线条的，产出状况自然也就难以准确预测。在成本投入与产出目标双盲的情况下，电视媒体的资源配置只能依赖管理者个人的经验判断，随意、盲目将难以避免。对于电视媒体而言，这当然是巨大的风险。

成本不清晰，激励机制就会失效

激励机制对于组织而言，是驱动其正常运转的动力之一，对于员工而言，是实现自我价值和获取收益的重要途径。因此，合理、有效的激励机制对组织的影响是显而易见的。

激励机制最主要的组成部分是薪酬，而薪酬体系的核心是公平。如果薪酬分配缺乏公平，不仅无法激励员工，而且还会产生"劣币驱逐良币"的逆选择现象，造成人才流失，威胁组织正常运转。薪酬体系的公平主要体现在对贡献的准确评定上。通常，贡献的大小取决于三个方面：个人的努力状态、在组织中的稀缺程度和资源的配置状况。因为电视媒体采用的是一个重投入、集群配合式的生产方式，因此，在节目生产中人力、设备、经费和品牌等资源的合理有效配置就非常关键。如上所言，电视媒体的成本计量因为不完整而出现了失真问题，导致电视媒体在资源配置上出现扭曲现象，因此在产出评定上，自然也无法准确。我们设问一下，产出高的频道和节目，贡献就一定大吗？答案肯定是不一定！因为这与资源配置有很大关系。比如，黄金时间播出的栏目和节目，其收益会高，但这并不表示其节目是高质量的、是成功的。因为我们上面论述过，播出时段是有成本的，黄金时间的时段价值要高于非黄金时间。因此，黄金时间播出的节目，其产出必须在覆盖其时段成本差额之后，才能与其他时段播出的节目进行比对。否则，即便产出的绝对值是高的，其投入产出状况也可能是失败的。频道也是如此，一般而言，综合类频道的收益值要大于专业化频道。再比如，人力资源在电视节目制作中的作用至关重要，有些频道的人力资源投入要远远超过其他频道。如果人工费用没有计入成本，投入产出计量自然是失真的。这对于那些人力资源投入少的节目生产者而言，有失公平。

因此，成本不清晰，产出衡量就不准确。投入产出状态模糊，贡献的评定自然也就难以达到公平。而据此制定的薪酬体系，也就无从保证公平了。

薪酬缺失公平，激励机制当然就会失效，组织的驱动力减弱也就是自然而然的了。

成本不清晰，创新效果就难以准确衡量

判断电视媒体的创新效果，最根本的衡量标准是投入与产出之间的对比。这就是我们通常所说的值还是不值的由来。值不值的结论来自对投入的清晰核算，需要知道投入了什么，投入了多少。这既包括经费、预算等资金投入，也包括人力、设备等资源投入，还包括电视节目时段、媒体品牌等无形资产投入。投入模糊不清，产出效益也会模糊不清，对创新效果的评定就会出现偏差，甚至得出完全错误的结论，这必然会影响电视媒体在创新上的投入。这种结果对于以创新为驱动力的电视媒体而言，无疑是灾难性的。

成本不清晰，利润就不真实

利润既是衡量企业优劣的一个重要标志，也是评价企业管理层业绩的一项重要指标。企业最终成果的体现就是利润。通常而言，事业单位不应该用利润来衡量其效益。但是，因为自负盈亏的政策设定，作为事业单位的电视媒体，则具有了极强的企业特征。因此，评估电视媒体，除了传播力、引导力、影响力、公信力等公益性指标之外，利润，就成为衡量电视媒体经营性业绩的重要指标之一。因为没有利润，电视媒体将会面对生死问题。

简单来说，利润 = 收入 - 成本（在这里，成本包括直接成本和间接成本两部分）。由此看出，成本是影响企业利润的重要一极，也是决定企业生死的重要组成部分。

成本不清晰，利润就会模糊，企业的效益就无法评估。

成本不清晰，投入产出比无从计算，企业的效率就无法评估。

然而，如上所述，设备不折旧和人工成本等没有计入直接成本，导致电视媒体不是全成本核算。而不计入频道和时段固有价值这些隐形成本，又导致电视媒体难以对团队绩效进行准确评估。前者影响组织的效益，后者影响组织的公平。

此外，成本不清晰，还会严重影响节目制作经费预算的准确性，这对电视媒体的节目生产，危害甚大。

需要说明的是，我们强调利润，并不是要求电视媒体把利润放在首位，去追求利润最大化。中国的电视媒体，永远要把社会效益放在首位，这是首要和刚性任务，不容有失。但是，实现社会效益，要投入资金、要配置资源、要追求效率……这就要求电视媒体必须要清晰成本项和收入项的真实情况。否则就会影响电视媒体有效承担社会责任，还会造成国有资产的流失。

节目制作经费预算难以公平合理

节目制作，是电视媒体最主要的生产活动。而节目制作经费，自然就是电视媒体最主要的经费预算项目了。电视媒体的节目生产，通常以频道为主体，有些电视媒体除频道外，还保留了部分中心建制（为论述方便，下面我们以频道来指代电视节目的生产主体）。因此，节目制作经费预算（以下简称经费预算），一般以频道为单元下达。

制定经费预算的最主要依据，当然是成本核算。但是，如上所述，电视媒体恰恰在成本核算上出现了诸多疏漏，这必然削弱经费预算的科学性和合理性，从而对电视媒体最重要的行为——节目制作产生负面影响。

影响经费预算准确性的重要因素有两个：一是经费预算包含的项目，一是制定预算的标准。

经费预算项目疏漏——投入产出衡量失真

我们在前面已经说明，构成电视媒体节目生产的五项直接成本之中，有四项成本在计入上存在问题：设备成本计入不完整，人工成本、播出时段成本和自有频道推广成本计入缺失。成本计入不完整，据此制定的节目预算自然也就难言准确了。

通常，当下多数电视媒体的经费预算，只包括与节目制作成本和设备成本对应的节目制作经费和设备使用经费，并不包含与人工成本、播出时段成本和自有频道推广成本对应的经费内容，这样的经费预算制定方式必定存在很多问题。

我们以人工成本为例进行说明。电视节目制作成本不计入人工成本，会导致两个问题：一是节目生产部门（频道和栏目）会尽可能增加工作人员，这是人工成本不计入成本项下的必然结果。近些年，电视媒体节目生产部门的用人需求日甚一日，除了高素质人员缺少的原因之外，人工费用不计入成本，应该是主要的推手；二是那些用工数量多的频道与栏目，因为人工费用不计入成本，其人均投入产出比就会相对提升，从而影响业绩的准确评估。

人工费用不计入成本，还与电视媒体多年以来的另一个顽症——无序用人有直接关系。人工费用不需要生产部门承担的政策，会刺激频道和栏目这些生产部门追求更多的用工数量，这一方面会在某种程度上抑制生产部门提升员工队伍素质的努力，因为经费预算不包括人工成本，自然也就不包含人工培训费用。另一方面还会刺激频道和栏目无序用人的冲动。近些年，无序用人已成电视媒体的顽症，这与生产成本不包含用人成本有极大关系。当电视媒体总部不能满足频道和栏目的用人需求时，采用各种方式自行招人就成了这些部门解决人员紧张的标准动作了。而成本项目计量缺失，成本核算不清晰，也给自行用人制造了政策缝隙。在一些电视媒体中，程度不同地存在着不按劳动合同法使用临时人员（包括专业人员和辅助人员）的乱象，电视媒体似乎很难搞清楚到底有多少人员在工作。当然，这种状态的产生，也与电视媒体采用的单一层级决策主体导致的管理半径过大、人力资源部门难以预测频道的人力资源需求有很大关系。

播出时段成本不计入成本项下也会产生相应的问题。那些播出时段成本高的综合性频道和黄金时间播出的栏目，因为产出中不做播出时段成本的抵扣，导致其收入虚高，其投入产出比的计算就会失真。

投入产出比是衡量团队和个人业绩的重要参考指标，一旦投入产出的衡量出现问题，组织的业绩与贡献评估自然就会失去准确和公平。这必然对电视节目的制作产生负面影响，则电视媒体节目质量难以保障，市场竞争力下降就会是大概率事件了。

经费预算标准模糊——节目制作经费难以准确

电视媒体在成本项不完整的情况下，节目成本已经难以真实反映节目生产的真实状况。然而，问题尚不止于此。在影响电视节目制作的另一个重要因素——经费预算的标准制定上，电视媒体也呈现出了力有不逮的症状。

当下的电视媒体，频道众多，栏目形态多样，对所有这些生产机构众多项目的成本进行分门别类的准确描摹和统计，本就是一件异常困难的事情。这种困境与电视媒体既缺少精通电视媒体业务的财务与人力管理专业人员，又缺少成本核算的专业人员相叠加，导致电视媒体在准确和有效制定节目经费预算的标准方面，也产生了严重的问题。于是，如下这几种粗线条、"一刀切"式的经费预算制定方式，也就见怪不怪了。

第一，"趋势法"：常态节目的经费预算按上年规模，或增或减；

第二，"定额法"：按照上一年度的"分钟成本"确定同类节目的下一年预算；

第三，"杀价法"：特别节目和非常态节目的负责人"坐地起价"，经费预算制定者"就地还钱"，最后确定经费预算。

事实上，由于电视节目之间的"非同质化""非标准化""非流水作业"的固有特性，决定了电视媒体按照往年预算"趋势"或参考"分钟成本"来制定节目生产的预算标准，难以准确全面地衡量经费预算标准对于节目生产的适应程度，何况这种"趋势"和"分钟成本"标准本身，就不是通过系统科学的统计和分析获得的。更为重要的是，这种预算标准较少考虑市场竞争状况对于节目成本的直接影响——竞争加剧，节目的精细化要求就更高，则一系列成本投入就要加大：时间成本投入加大（制作周期加长）、设备成本投入加大、软性成本投入加大（例如嘉宾投入）、节目策划成本投入加大、人工成本投入加大、运营成本投入加大……一成不变的预算标准，如何才能适应变幻莫测的市场竞争状况呢？

这种状况的另一个危害，就是经费预算在执行过程中出现"李代桃僵"的现象。节目生产部门自行调整经费预算的分配方案，混合使用经费预算，这会挤压部分栏目的经费预算向其他栏目转移。虽然在一定范围内调整预算是正常行为，但是因为这样的调整缺少严谨的依据，具有很大随意性，导致节目的真实成本愈发扑朔迷离，难窥真实状况了。

这种状况还会产生一种危害，因为经费预算的准确性大大降低，连带使成本核算工作失去了基础和前提，甚至可能演变为成本失控的风险。这会导致电视媒体在重大经营决策上无准确的成本数据可依，投入产出核算也难以准确。由此，电视媒体的激励机制会失去基础，整体效益必然会受到侵蚀。

有效管理落空

电视媒体在成本核算方面说不清、理还乱的状态，已经严重制约了有效管理的实施与推进。

成本模糊导致责任不清

电视媒体现行的成本核算，在项目的计量上有失完整，在实际操作中，变更节目预算经费使用方案、转移支付的现象较为普遍。一方面，会导致节目制作成本难以厘清，另一方面，如果变更节目预算方案之后的使用数据被采纳，则进一步加剧了成本核算的复杂程度与难度。更为重要的是，在这样的成本核算与预算使用原则下，每个频道、每个栏目的实际成本只能是一个粗线条的大概数据，经费预算也只是一个通行规则。这样的规则对频道和栏目的差异化、对生产制作方式的复杂性和难易程度采取了要么回避、要么消尖平谷的简单化处理方式。如此，责任认定的结果必然难以获得各方认同——在电视媒体的实际运行中，往往出现这样的怪圈：一方面，无论是哪一个频道与栏目，都能找到体现自身存在必要性与发展优越性的理由，以此证明自身在投入产出上的高效率与高效益；另一方面，无论是哪一个频道与栏目，对现行的绩效考核方式都心存疑义，都感觉自己没有被公平对待。

这背后的根本原因还是在于缺乏真实全面的成本核算与真实全面的产出核算。花费不清楚，投入的人力、财力、精力都是一个简单的粗放数值；产出虽然相对清楚，但是在投入产出比与人均贡献的计算上又是一笔糊涂账，贡献也就难以准确评定。这种两头模糊的状况，自然就给了生产主体——频道和栏目自说自话的巨大空间，最终，"谁投入、谁负责"则必然成为一句空话。

成本模糊导致激励不畅

首先，从组织激励的角度看。由于经费预算的制定缺少系统、严密、准确的成本核算支撑，对于那些社会效益或经济效益低下的频道和栏目，预算制定机构也只能按预定的预算额度和比例执行，无法调控。其结果就是，经费预算管理既无法对"高收益"和"高收视"的节目进行预算倾斜，也无法对"低收益"和"低收视"节目造成的损失进行抑制。

其次，从人员激励的角度看。因为成本项目缺失和不完整，导致节目管理部门不得不把经费预算向人工成本、市场成本等没有明确预算列支项目的业务进行转移支付，这不仅大幅增加电视媒体在经费使用上的各种变通行为，让违反财务制度司空见惯，而且会逐步强化频道管理层和栏目制片人突破制度约束的行为向常态发展。业绩评定不公开不透明和薪酬、奖金发放不公平的现象时有发生，与这种缺少刚性约束的经费预算使用方式有很大关系。这种分配不公平和责权利不匹配的现象，必然削弱频道和栏目对每个岗位、每个环节有效管理的努力。

成本模糊导致应对不利

既然成本的核算失真，则据此制定的经费预算也就难以避免随意的成分，经费预算在使用过程中也就难免出现问题：一是经费预算制定的依据不全面，调整的理由同样就不充分。因此，根据竞争状态和市场变化来动态调整经费预算的行为，就变得异常困难，这会极大削弱组织对市场变化的反应能力；二是难以满足那些对电视媒体具有特殊作用的节目的高预算需求；三是经费预算被转移支付，有些甚至呈现出奖励和待遇性质，这会破坏薪酬激励标准化的规则；四是电视媒体一方面强调经费预算的刚性性质，另一方面又因为组织架构过大、业务构成繁多复杂，又不得不赋予频道对于经费预算具有较强的调整权力，由此导致经费预算呈现出某种程度的随意性。

还是单一层级决策主体的组织架构惹的祸

通常而言有四个因素影响电视媒体的成本投入：一是目标受众的规模，二是节目形态，三是频道和时段所固有的价值，四是市场竞争的激烈程度。

受众是电视媒体服务的主体，也是电视媒体生存的根本，因此，受众规模大，投入就要高；经费预算要满足电视媒体产品生产的需要，那些形态复杂、人力和设备需求相对高的栏目和节目，投入就要高；不同的时段和频道，其价值是不同的，一般而言，重要的频道和黄金时间，既是主要栏目和节目的播出集聚地，也是收入的主要来源，自然应该加大投入；而市场竞争状况，则是影响成本投入的又一重大变量，无疑加大投入是提升市场竞争力的重要手段。何况激烈的竞争，通常都发生在重要的频道和重要的时段，这本来就是电视媒体不容有失的领地。

这里面的逻辑基础是受众。受众价值是决定电视媒体投入大小的首要因素，这其中有两个决定因素，一是受众规模，一是受众构成。当然，对于电视媒体这种大众媒体而言，通常是受众规模决定着频道和时段的价值、节目形态的复杂程度和市场竞争程度。受众规模大，其蕴含的社会效益就大，经济效益通常也是高的，这样的地方当然是投入的重要方向。

以这样的认知做基础，电视媒体在成本投入上，就必须认真考虑如下情况：

首先，电视媒体的运营主体是频道。而频道，有受众规模广泛的综合频道，也有受众规模较小的专业频道，它们的成本投入应该有所区别。前者因其受众规模大，投入当然应该大，反之亦然。

其次，每个频道都由众多栏目构成。在受众覆盖上，黄金时间播出的节目超过非黄金时间播出的节目，其成本投入一般要大于后者。

最后，栏目形态不同，资源需求就不同。外采、制作周期长、形态复杂的节目，需要更多的人力、设备和时间，其成本投入应该大于常规节目。而市场竞争则呈现在如上每一种情况之中。成本投入不考虑市场竞争状况，其性质就超出了决策与管理的范围，转变为漠视生存的问题了。

然而，通过本章的描述，我们知道电视媒体在成本核算和经费预算制定中，对如上四种因素的考虑非常不足。深层原因，还是因为电视媒体采用了单一层级决策主体的组织架构方式。

在电视媒体事业单位企业化管理的大原则下，成本与预算管理是电视媒体总部最为重要的决策权利——通过成本核算与预算的事前分配、事中调配、事后核算来实施媒体总部的战略意图，激励先进，鞭策后进，构建电视媒体内部的良性循环发展体系。在电视媒体20世纪90年代的大发展阶段，因为组织规模相对较小，市场竞争变量相对简单，决策需要考虑的因素相对简约，采用集中、统一行使成本核算与预算制定权利、集中调配各种资源的方式，能够推动自身高速发展。但是，当电视媒体从一两个频道变成七八个频道甚至十几个频道时，当电视媒体节目形态的多元化让电视节目生产方式的差异化成为主流、成为核心、成为趋势时，这种由媒体总部集中行使这种权利的方式就开始显得不合时宜了。

第一，电视媒体难以制定出符合不同频道生产状况的精细化预算。因为电视媒体的组织半径过大，频道和栏目众多，对成本和预算只能进行粗线条管理。这种粗线条的管理方式，首要的原因在于，单一层级决策主体的媒体总部，缺乏成本核算与制定精细化预算的能力，它体现在两个方面：其一，成本核算与预算制定部门对一线节目生产部门的了解程度严重不足。在电视媒体负责成本核算和预算制定与分配的部门中，有过一线节目生产部门经历的人员非常稀少。即便有部分人员对一线节目生产部门的部分业务熟悉和了解，也很少有人能够全面熟识频道和栏目的多样化生产制作方式。在这样的背景下，成本核算、预算制定与管理人员自然对一线节目生产制作部门实际工作中产生的痛点、难点、相关变量与影响因素缺乏感同身受的理解与支持。于是，对电视媒体非流水性生产的特性理解不足、尊重不够，在成本核算、预算制定与管理过程中简单套用以往惯例和历史数据，甚至是将工业制造业的成本核算方式拷贝复制过来，也就不足为奇了。其二，采用单一层级决策主体的电视媒体，只有总部一个决策主体，资金、资产、资源这些重要项目的决策权必须由总部行使，所以，成本核算与预算制定分配这样的权力无法下放到频道这一层级。因此，频道自然也就不用承担预算分配带来的后果责任。虽然频道不承担责任，但因为电视媒体组织半径巨大、管理力所不及的原因，而被授予一定程度上的预算再分配权力。对于频道而言，既没有成本核算、预算制定和分配的专业部门，又缺少专业人员，因此也无法科学有效地管理成本和预算。总部和频道在预算制定与使用上双双陷入困境，电视媒体要准确核算成本和精细化管理预算，自然就是可望而不可即了。

第二，频道缺少精细化管理预算的动力。频道是预算的执行者，它与电视媒体总部在预算制定与使用上是一种博弈关系。预算模糊一些，会保护频道在执行预算过程中的利益。电视媒体在预算制定上具有年度上的连续性，一般而言，每一年的预算要参考上一年的预算标准与执行情况，这就是我们前面所说的预算制定的"趋势法"。节省经费预算，很可能发生来年经费预算被减少的情况，呈现"鞭打快牛"效应。这种粗线条的简单管理经费预算的方式，抑制了频道控制预算使用的动力。因此，电视媒体的成本控制压力，就无法传导到作为预算使用主体的频道层面，当然也就无法传导到栏目和节目层面。

成本核算和预算制定都是手段，目的是增强电视媒体的竞争力，提升媒体品牌价值，增强传播效果，当然也包括获取溢价收入。但是，受制于当下的组织架构方式，电视媒体在诸多方面都陷入力不能及的困境。错把成本控制这种手段逐步演变为目的，就是这种困境的一种表现。这种本末倒置的行为，严重地阻碍了电视媒体的发展。

只要电视媒体不改变单一层级决策主体的组织架构方式，成本管控科学化和精细化，就难免成为水中月镜中花。

病症四　事与愿违的创新

　　一直崇尚内容为王的电视媒体似乎正在陷入"越想创新越不能创新"的"西西弗斯陷阱"。重要原因之一，就是电视媒体对电视产品创新的独特规律认识不清。电视产品创新的前提，是将人、产品和通过播出来验证修正这三个因素有机融为一体。但现实中，这一原则却被有意无意地抛弃，转而寄希望于建立研发中心一类的组织，期待"现象级创新产品"一鸣惊人。与此同时，电视媒体将众多资源聚集到娱乐节目的研发创新上，对于其他品类节目的研发创新则重视不够，投入不足。如此，当下电视媒体陷入创新困境也就不足为奇了。

　　1990 年，美国维亚康姆（Viacom）公司总裁雷石东（Sumner M.Redstone）在决定公司发展战略——成为全球最重要的内容供应商时提出："谁做传送我不管，我就是要放上最好的内容。传媒企业的基石必须而且绝对必须是内容，内容就是一切。"

　　内容作为媒体机构的核心竞争力，在互联网时代，并没有弱化，而是更加强化——新媒体时代极大丰富了媒介渠道资源，使受众对于渠道的依赖程度越来越低，由此，更凸显了内容作为媒介竞争的核心地位。从当下视频类服务机构来看，电视媒体、网络视频、Cable TV、IP TV、OTT TV 等各种视频媒介形态间的竞争，都绕不开内容资源的建设与开发。版权购买、版权节目复制、自主创新等诸多动作，背后的逻辑都是强化内容对受众注意力的吸引和黏着。

而创新，是决定内容优劣的重要因素。于是，创新的呼声在中国电视媒体日渐响亮。

但是，中国电视媒体在创新建设上，却隐然呈现了两个极端化的趋势：

第一，跟风扎堆盛行，节目同质化倾向严重。2012 年《中国好声音》一炮而鸣，引起歌唱类综艺节目井喷式爆发；2013 年《爸爸去哪儿》火爆，于是，《爸爸回来了》《爸爸请听我说》《爸爸请回答》等一大批亲子体验类节目相随而来；喜剧类节目也是批量呈现，《喜乐街》《欢乐喜剧人》《我们都爱笑》……在 2014 年，电视荧屏播出的喜剧类节目和亲子类节目均超过 20 档；而在 2015 年，我们看到了"两个姐姐、三个爸爸、四个挑战"。

第二，节目版式引进被视为制胜法宝。仿佛一夜之间，多家电视媒体的王牌综艺节目都贴上了"进口"标签，"进口货"成为电视媒体吸引受众的重要筹码。2012 年，《中国好声音》《女人如歌》等以荷兰为代表的欧美模式节目在中国走红，使得引进节目成为中国电视行业的突出"现象"。曾有专业数据机构统计，仅荷兰一家版权公司，2012 年就在中国销售了七八个节目模式；2013 年末，从韩国引进的《爸爸去哪儿》带动了真人秀热潮，于是《两天一夜》《花样爷爷》《Running Man》相继引进，一时间，满屏劲吹"泡菜风"；此后，以色列又成为中国电视媒体节目模式版权的购买地：《Rising star》化身《中国正在听》登陆央视。在戛纳电视节上，中国电视人抢购国外节目版权的疯狂一幕曾经让国际同行瞠目结舌。

然而，以创新始，却未能以内容为王终。中国电视媒体的内容创新为什么会遭遇如此境遇？

内容创新的"西西弗斯陷阱"

在古希腊神话中，西西弗斯触犯众神。诸神的惩罚办法，就是要求他把一块巨石推上山顶。由于巨石异常沉重，西西弗斯每次接近山顶之时，巨石重又滚下山去，如此反复，永无完成之日。于是他也只能不断重复、永无止境地做着这件事。西西弗斯的生命就在这样无效又无望的劳作中慢慢消耗殆尽。

如此的神话寓言，和当下电视媒体在内容创新上的不断努力何其相似：这些年，"现象级节目"成为电视媒体圈曝光频率颇高的词汇，"现象级节目"几乎成为所有进行内容创新的媒体与内容制作机构的终极追求。《非诚勿扰》将观众带入"全民相亲年"，"宝马车上哭"还是"自行车上笑"成为年度最大议题；《中国好声音》为歌唱类选秀节目注入新的生命力，草根励志的故事让众多观众为之转身；《奔跑吧，兄弟》火遍大江南北，将中国明星带进了"综艺咖"时代，而"撕名牌"游戏更是风靡一时……与此同时，这些名噪一时的节目也为电视媒体获取了相当可观的收入。湖南卫视曾经透露，《我是歌手》四季节目的累积收入达到了 40 亿元；《中国好声音》从第二季开始，冠名费就一直站在 2 亿元以上的高位，加上其他插播广告，每一季的总收入能超过 10 亿元；而《奔跑吧，兄弟》让业内一再体会到了"现象级节目"的市场热度，第一季冠名费仅为 1.3 亿元，第四季已经上升到 5 亿元，并为浙江卫视带来超过 20 亿元的综合收益。

一档爆款节目，不仅可以获得市场上的领先地位，带动播出平台整体收视上升，还能吸引不同代际、不同阶层的受众，高关注度＋高话题性，让电视媒体不仅收获金杯银杯，还在短期内收获口碑，更能吸引越来越集中的广告投放。如此种种诱惑，怎么能拒绝得了呢？

可"现象级节目"毕竟是少数，它阻止不了大部分电视媒体在产品创新上不断陷入"西西弗斯陷阱"之中。

同质化、娱乐化趋势增强，收视效果不显，影响力降低

仅从综艺类节目来看，据不完全统计，2015 年，我国电视媒体新推出的节目超过 200 档。而在 2016 年，这一数字已经突破 400 档。这其中，仅有《中国好声音》《奔跑吧，兄弟》《最强大脑》《中国好歌曲》和《我是歌手》等少数节目是延续播出。综艺节目数量之多、投入之大、类型之盛、竞争之激烈，令人咂舌。高投入、大成本、拼明星及类型化追随，成为这些娱乐节目最主要的特征。

从题材上看，囊括了留守儿童、保姆、警察、经纪人、艺术体操、众筹创业、急诊室等各种题材，堪称五花八门。根据 CSM 媒介研究数据：综艺占比近两年增长明显，2016 年前三季度，综艺占比为 14.1%，已经超过新闻 / 时事节目（13.6%）（见下表）。

2006—2016年综艺类节目收视比重

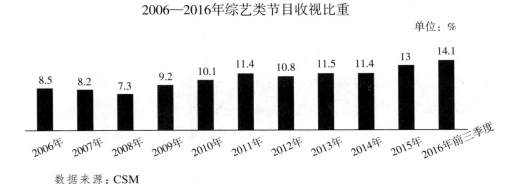

单位：%

数据来源：CSM

2016 年，综艺节目收视率整体维持在较低水平。2015 年 TOP10 的收视率平均在 2.6% 以上，而 2016 年达到这个数值的节目仅有 7 档。说明电视媒体在制造集中收看场景的能力正在减弱，产生"现象级节目"的可能性也在减小。由于《奔跑吧，兄弟》第三季播出档期跨越 2015 年、2016 年两个年份，因此，去除这个收视率达到 4% 的节目，2016 年全年收视率峰值在 3% 以上的节目只有 3 档，比 2015 年减少 1 档。虽然全年有 11 档节目最高收视率都突破了 2%，但没有一档综艺节目的最高收视率能达到 4% 以上。除了大型季播节目，在常年播出的栏目中，只有《快乐大本营》仍在年初表现强劲，位列其次的《缘来非诚勿扰》《金星秀》则只维持在 1% 的量级。

娱乐节目的比例过大，还导致娱乐节目占用资源过多，电视媒体的总体效益下降。任何一个电视节目，都是人力资源、资金资源、设备资源和播出时段资源四者的聚合。而娱乐节目，因其制作环节复杂和节目时间较长的特点，四项资源的占比都名列前茅，明显高于其他类别的电视节目。因此，对于娱乐节目的效益，电视媒体也有较高的期待。但是，如上所述，娱乐节目的竞争已经呈现非理智的激烈状态，红海特色极为明显。当娱乐节目同质化倾向日趋明显的时候，无论是社会效益，还是经济效益，都呈现出下降趋势。

在娱乐节目上着墨过多，已经成为电视媒体的通病。当很多人痛惜"娱乐至死"风潮消解国人精神的时候，电视媒体在某种程度上成了推波助澜的帮手甚至是主角。娱乐节目虽然可能带来较高收益，但是，我国的电视媒体大部分是综合类媒体，上星频道尤其如此，丰富均衡的节目品类才是理性而正确的选择。这也是电视媒体的职责所在——家国情怀和媒体责任，需要以众多品类的节目为载体，虽然这也包括娱乐节目。

"有数量少质量，有高原缺高峰"，已经成为近些年我国电视媒体综艺节目的贴切描摹。

"除旧迎新"式创新成主流，品牌的传承与维护被忽视

同创新一样，固有品牌的传承与维护，是一个组织保持竞争力的另一个关键元素。但是，近些年来的电视媒体，主要精力更多地集中在新品牌的创建上，对固有品牌的传承与维护，却被有意无意地忽视。不珍惜、不保护固有品牌，已经成为很多电视媒体的通病。轻易取消或者更名固有品牌栏目，似乎已经成为顺理成章的行为。一说创新，好像就是摒弃传统，就是彻底改变。

　　诚然，在当前媒体竞争异常激烈的环境中，追求突破、渴望超越、摆脱已有俗套，呈现令人耳目一新甚至是从未有过的变化，是一种可以理解的选择。但是，如果没有固有品牌作为基础，如果失去了固有品牌所建立的市场基本面，任何创新都无助于电视媒体获取竞争优势。其实，固有栏目的微创新，对于电视媒体而言，是更为重要的创新，可以实现更大的效益。但是，看看电视媒体这些年的变化，有多少曾经的品牌栏目渐渐消失！这些消失的栏目，不仅让电视媒体曾经的投入化为乌有，让时间成本清零，更把难得聚集起来的忠诚观众及其预约收视行为彻底毁灭。而忠诚观众和预约收视行为，是电视媒体最大的也是最重要的无形资产。

　　这是当下电视媒体对待创新的重大误区：将节目创新视为一种全新创造，希望以大规模创新行为，毕其功于一役。其实，这既不可能，也无必要。说它不可能，在于从创新规律来讲，任何创新活动和行为都离不开过往的基础和传承，都是厚积薄发的过程。而从创新实践来看，中外电视节目创新的成功案例，多数都是基于充分传承基础上的创新。只有充分汲取过往成功的精华，创新才能成功。说它无必要，是因为构成电视媒体的频道是一个有机的生态系统，不但需要黄金时间播出的、覆盖广阔的头部栏目，也需要非黄金时间播出的、覆盖相对小众的腰部和尾部栏目。众多各具特色、目标受众不同的栏目，才能构成一个频道的整体风格，形成频道独特的竞争力。单独任何一档栏目，即便影响力巨大，也难以支撑起一个完整的频道。

　　正是这一误区，让中国电视媒体走向了"除旧迎新"式的创新道路，似乎栏目越新，就越有价值。结果当然是事与愿违——多数创新栏目都是昙花一现，不仅难以成为品牌，很多连生存都成了问题。

被遏制与消解的自主创新

　　在本章开始的时候，我们谈及版权引进被很多电视媒体视为制胜法宝。下表梳理的是通过引进节目版式方式制作播出的部分节目，从中我们可以一窥近20年来节目版式加速引进的"盛况"。

时间	播出频道	节目名称	原版节目	版权国家
1998 年	央视	城市之间	Intervilles	法国
1999 年	央视	幸运 52	GO BINGO	英国
2001 年	央视	地球故事	幸存者	美国
2007 年	湖南卫视	名声大震	Just the Two of Us	英国
2007 年	湖南卫视	舞动奇迹	Strlctly Come Dancing	英国
2010 年	湖南卫视	我们约会吧	Take Me Out	英国
2010 年	湖南卫视	以一敌百	1 VS 100	荷兰
2010 年	江苏卫视	老公看你的	My Man Can	德国
2010 年	江苏卫视	欢喜冤家	The Marriage Ref	美国
2010 年	东方卫视	中国达人秀	Got Talent	英国
2011 年	央视	谢天谢地你来啦	Tanks Dod Your's re Here	澳大利亚
2011 年	东方卫视	我心唱响	Sing It	荷兰
2011 年	深圳卫视	年代秀	Generation Show	比利时
2012 年	湖南卫视	百变大咖秀	Your Face Sounds Familiar	西班牙
2012 年	浙江卫视	中国好声音	The Voice	荷兰
2012 年	江苏卫视	一站到底	Who's Still Standing	美国
2012 年	东方卫视	顶级厨师	Master Chef	英国
2012 年	东方卫视	梦立方	The Cube	英国
2012 年	东方卫视	妈妈咪呀	Super Diva	韩国
2013 年	央视	梦想新搭档	Clash of the Choirs	美国
2013 年	央视	开门大吉	Superstar Ding Dong	爱尔兰
2013 年	湖南卫视	爸爸去哪儿	爸爸，咱们去哪儿	韩国
2013 年	湖南卫视	我是歌手	我是歌手	韩国

续表

时间	播出频道	节目名称	原版节目	版权国家
2013 年	湖南卫视	中国最强音	X Factor	英国
2013 年	湖南卫视	女人如歌	The Winner Is	荷兰
2013 年	浙江卫视	中国星跳跃	Celebrity Splash	荷兰
2013 年	浙江卫视	转身遇到 TA	The Choice	美国
2013 年	江苏卫视	星跳水立方	Stars in Danger:High Diving	德国
2013 年	江苏卫视	芝麻开门	Raid the Cage	以色列
2013 年	东方卫视	中国梦之声	American Idol	美国
2013 年	东方卫视	舞林争霸	So You Think You Can Dance	美国
2013 年	北京卫视	最美和声	Duets	美国
2013 年	安徽卫视	我为歌狂	Mad of Music	荷兰
2013 年	安徽卫视	黄金年代	The Best Year of Our Lives	英国
2013 年	深圳卫视	男左女右	The Battle of the Sexs	荷兰
2013 年	山东卫视	中国星力量	Kpop Star	韩国
2013 年	山东卫视	两天一夜	Happy Sunday	韩国
2014 年	浙江卫视	奔跑吧，兄弟	Running Man	韩国
2014 年	浙江卫视	爸爸回来了	超人回来了	韩国
2014 年	江苏卫视	最强大脑	Super Brain	德国
2014 年	东方卫视	花样爷爷	꽃할아버지	韩国
2014 年	深圳卫视	极速前进	The Amazing Race	美国
2015 年	央视	了不起的挑战	无限挑战	韩国
2015 年	湖南卫视	真正男子汉	真正的男人	韩国
2015 年	湖南卫视	全员加速中	全员逃跑中	日本

续表

时间	播出频道	节目名称	原版节目	版权国家
2015 年	东方卫视	我去上学了	학교갔다왔어요	韩国
2015 年	东方卫视	与星共舞	Strictly Come Dancing	美国
2015 年	东方卫视	我们结婚了	우리결혼했어요	韩国
2015 年	东方卫视	花样姐姐	Sisters over Flowers	韩国
2015 年	安徽卫视	丛林的法则	金炳万的丛林法则	韩国

上表显示，进入 21 世纪初，版式引进开始加速，到 2013 年达到顶峰，总量达 18 个之多。

如此巨量的节目版式引进，如此巨量的娱乐节目蜂拥而出，却并没有减缓各界对中国电视媒体创新不力的质疑。相反，关于中国电视节目创新能力不足的忧患却愈加深重。中国电视媒体似乎陷入了越想创新越不能创新的"西西弗斯陷阱"。

个中原因，除了上面所说的电视媒体对于"辞旧迎新"式创新路径的依赖之外，过多引进节目版式，也是遏制自我创新的重要原因之一。因为一是单靠节目版式引进，难以建立创新文化。没有自主品牌做基本盘，单纯的引进，难以构建全方位的竞争优势，只能是饮鸩止渴。这种状况持续发展，在某种程度上，会形成引进的路径依赖，遏制自主创新，消解电视媒体的创新文化，形成"抄近路"的投机心理。二是那些引进的季播类版式节目，难以建立对于频道的忠诚收视习惯。因为观众是追着这些节目跑，而不是追着频道跑。节目结束，观众和关注度也随之消散。因此，对于频道而言，这些节目不具备核心竞争力，难以保持持久的影响力，也无法构建品牌效益。《中国好声音》在中国大陆版权换手，浙江卫视只能克隆同类产品来保持竞争力和影响力的延续，从而导致著作权和版权官司缠身，即是最好写照。三是如上所述，引进节目版式，既需要大量的资金资源，也要占用较大的播出时间资源，这会挤占自主创新的资源空间。更由于引进的版式相对成熟，无须过多的智力投入，观众反应和市场预期比较稳定，风险可控，同时也会对自主创新带来相当程度的挤压效应。

于是，电视媒体在不经意间，就滑向了"西西弗斯陷阱"：虽然充分认识到了创新对于电视媒体性命攸关的作用，但是，却选择了一条貌似顺畅实则艰难的路径。于是，每每有所前进之后，又不得不回到原点。电视媒体这些年的创新，就这样在西西弗斯式的路线上，往来奔波！

研发中心：电视媒体创新的误读

说到创新，自然会联想到研发中心。大的企业组织，研发中心已经成为标准配置，很多大型公司，已经开始在世界范围内组建研发中心。研发已经成为众多公司企业的内在驱动力之一。

电视媒体当然也不会落后。

据统计，目前全国已有80％的省（市）级电视媒体成立了研发部门，其中75％的研发部门直属电视媒体本部管理。不少电视媒体已经把节目创新研发提升到战略的高度，他们为研发部门划拨专项的创新研发资金，配备相关专业人员。这些电视媒体的本意是：通过为创新研发中心配备人员、资金等资源，可以不断研发创新产品。产品成熟之后，就推向各个频道。然后继续研发，继续推送……由此实现创新研发的规模化、专业化，达到持续发展的目标。

欧美的一些电视公司，通过节目研发打造的节目模式已经成为这些国家电视价值链中的一个重要环节，成功销往全球各地，收益巨大。这种成功的节目模式能够创造出影响力、收视效果、广告收入和全球范围内的经营奇迹。在英国，每年通过出口电视节目模式的版权收入就超过5亿英镑。

这就是我国电视媒体成立研发部门的初衷——期待这些研发中心研发出优秀的新节目，达成吸引观众、打造品牌、提升收视率、实现可持续发展的目的。在竞争空前激烈的今天，加强节目研发，烹制出自己的"招牌菜"，已被电视媒体视为制胜的法宝之一。

无疑，这是一个非常美好的愿景。

但是，现实却颇为尴尬！

电视媒体研发部门实际操作的效果却往往不尽如人意，表现有二。

第一，与市场脱节。研发部门游离于一线节目创作与制作之外，多数停留在搜集国内外同行资料、信息和研究既有节目模式、收视率分析等方面，重引进、重模仿、重克隆，很少能够研发出真正有价值的原创性节目，创造力、创新性不足。

第二，和一线脱节，成果转化率低。许多创意不能得以实施，部分创意即便做出了样片，频道也不愿意上马。至今为止，还没有发现哪家电视媒体的研发中心，开发出了有影响力的新栏目。

原因何在？

首先，电视产品品类极为丰富，每一类都面向特定的受众，具有独特的形态，创作人员不可能精通所有这些电视节目门类。强行推动创新研发中心的业务人员成为全才、通才，最后的结果必然是由实转虚，在拷贝、模仿的道路上越走越远。

其次，这是由电视内容创新研发的独特性决定的。电视媒体的创新研发，必须牢牢与频道这样的创作、制作和播出主体深度融合，甚至融为一体。抛开电视频道，创新研发中心不可能成为电视媒体的创新研发主体。

笔者于2009年担任央视总编室主任，首次在央视创建研发部。当时笔者给研发部的定位非常明确：做研发管理，不做研发！根本原因，就是避免踏入上面描述的误区。

个中缘由，我们慢慢道来。

电视创新：人、产品、电视播出缺一不可

一般而言，制造型企业的创新产品研发完毕获得通过之后，可以马上进入生产线大规模生产，不再需要研发人员参与其中。但是电视媒体的创新产品有很大不同，它有必须遵守的显著特性。

创新研发的人与创新产品高度捆绑

制造业是建立在"工艺流程"基础之上的，同品牌、同型号的产品基本同质，它有固定的工艺、工序、标准和流程。在流水线上完成的产品，无论谁来生产，产品都会保持一致。

电视产品的生产制作则完全不同。一是它没有标准化模具，即便是同一个栏目，每一期的内容都会不同，即便选题相同，如果编导不同，节目的呈现也会不同；二是电视节目的质量标准，除去画质、音质、传输质量等可以量化的技术标准外，内容的好与坏、质量的高与低更多的是人为的判断，并没有完全一致的标准；三是电视产品的生产不是工业流水化作业，节目的生产者，必须要深刻理解产品定位，必须与产品团队做深度融合，方能保证节目的统一性。在电视媒体中，即便是一个成熟的电视栏目，一旦核心创作与制作团队发生变化，有时甚至是少数核心队员发生变化，其产品风格都会随之改变，甚至面目全非，就是这个道理。

因此，电视产品创新，必须是创新研发的人与创新产品高度捆绑在一起，如果换了人、换了团队，产品多半就不复从前了。虽然现在购买节目版式非常流行，但是每一个成功复制的版式，都具有两个特点：一是版式的操作指南非常详细，对细节都有明确描述；二是每一个按照节目版式进行再创作的团队，都要经过长时间对版式的认知和磨合，都需要具体的操作演练。本质上，这是研发过程的延续。

原因就在于：不同的团队，即便版式相同，其产品的呈现也会不同。《中

国好声音》不同于《美国好声音》，也不同于《荷兰好声音》，就是这个道理。2016 年，《中国好声音》版权换手唐德公司，可以预计，唐德公司制作的《中国好声音》，一定不同于灿星制作的浙江卫视版《中国好声音》，虽然，其版权版式都来自同一家荷兰 Talpa 公司。所以，我们可以说，如果没有创新研发者与创新产品的高度捆绑，电视媒体的创新就不可能完成。这与制造业等领域，在创新产品完成之后，即可以进行大规模生产，有很大的不同。在制造业，研发者和生产者是分离的，但在电视媒体，产品的研发者、创作者、生产者是融为一体的，没有办法分离。

创新产品必须在电视媒体实际持续播出，才能完成创新过程

衡量电视创新产品是否成功的标准有两个：一是要有一个电视节目的模式，这个模式，与以往电视节目模式的表现方式不同；二是要有适用这个模式的可持续的内容和制作方式。这就要求电视创新产品，不仅要有研发设计者，还要建立一只可以持续制作节目的团队。

验证电视创新产品是否成功，不是只看一期节目的效果，而是要看这个产品，是否能够长期持续存续。只有呈现出长期效果和综合效果的创新产品，才是合格的创新产品。而这样的验证，只有在电视媒体的实际播出中，才能实现。播出，既是对创新模式的检验，也是对创作与制作团队的检验，还是进行创新产品动态调整、达到更好效果的不二方式。不经过电视媒体的实际持续播出，创新产品流程，就没有完成。

因为如上两个特点，电视媒体创新的风险和难度，要远远高于其他领域。

开放的时段与自由的人：电视创新的基本前提

因为电视产品的创新特点是人与产品的高度捆绑，同时需要电视媒体持续播出进行验证并进行调整与改进，因此，电视创新就需要具备两个要件：

一是具有可供研发产品投放的播出时段。这个播出时段必须具体，因为电视产品具有很强的受众针对性，频道不同，时段不同，创新产品的内容与形态就可能不同；二是要有自由的人。因为如果业务人员不能相对掌控自己，就无法从事创新研发工作。

要满足如上两个要件，电视媒体需要做两件事：一是开放部分播出时段资源来招标创新产品。当然，这并不是说电视媒体要为创新产品专门空出播出时段，而是说要让一部分播出时段保持开放性，不能固化；二是建立让一部分创作人员自由流动的机制。理想的状态是，既能在频道内部流动，也能在频道之间流动。

曾经如是

我们先来看看 20 世纪 90 年代和 21 世纪初，这一时期是电视媒体创新产品频出的黄金时期：

央视的《东方时空》《焦点访谈》《新闻 30 分》《经济半小时》《对话》《第一时间》《朝闻天下》《正大综艺》《综艺大观》《幸运 52》《开心辞典》《非常 6+1》《生活》《经济与法》《今日说法》《百家讲坛》《艺术人生》等栏目，地方电视媒体的《快乐大本营》《天天向上》《玫瑰之约》《超级明星》《超级大赢家》《非常周末》《超级女声》《法治进行时》《第 7 日》《南京零距离》《直播南京》《拍案说法》《东方夜谭》《阳光快车道》《拉呱》《超级访问》《我爱记歌词》《梨园春》《男生女生向前冲》《中国达人秀》《舞林大会》《非诚勿扰》等栏目，均在这一时期次第面世。也是在这一时期，选秀节目开始发力，央视的《梦想中国》和湖南卫视的《超级女声》，在 2004 年几乎同时起步播出。而真人秀节目，如央视经济频道的《魔术训练营》《汽车训练营》等也进入试水阶段。在大型纪录片方面，《大国崛起》和《故宫》，成为两个文化符号，引领了此类节目的方向。毫无疑问，这是电视媒体在新产品创新研发上，经费投入最多、人力资源投入最大的时期，当然，也是电视创新产品面世最多、创新效果最显著的时期。称这一时期为中国电视媒体的黄金时期，一点也不为过。

研究其背后的原因，除了中国社会高速发展带来的政治、经济、文化等宏观环境的动因之外，还有来自电视媒体内部的动因。这些动因至少包含以下三条：

第一，开放的播出时段。电视媒体各个频道的版面编排，固化尚不明显，播出时段要么可以替代，要么尚有空余，可以为创新产品提供播出时间。事实上，20世纪末至21世纪初，很多创新节目就是为了填补播出时间空缺而诞生的，与当下电视节目的创新多为同时段竞争对手所逼迫，有很大的不同。

第二，自由流动的人才。彼时，电视媒体正处于人才的高速流动期，一方面是外部人员大量进入电视媒体，另一方面是在电视媒体内部，频道之间的人才流动也异常频繁。在电视高速发展时期，电视行业的高薪酬、高社会地位、高职业归属感让电视媒体成为人才的集聚地，而电视媒体当时的人事制度改革，营造了英雄不问出处的用人环境，让人员在频道之间流转成为可能。在这样的内外部环境下，一档有吸引力的新创栏目，可以迅速集聚起志同道合的各个工种的人才——内部的、外部的、本行业的，甚至是跨行跨界的，思维的碰撞与专业的能力达成完美的融合。

第三，充足的创新经费保障。这个时期，一方面电视媒体预算经费的管理比较粗放，另一方面频道有较为充足的经费来保障新栏目新节目的研发创新。从很多电视栏目的历史记述中，我们都可以发现，这个时期，对于从事电视创新的人来说，研发经费不是问题，问题是你的研发项目是否具有足够的创新意识，是否能够引领电视潮流。

所以，这一时期电视媒体相对粗放式的管理方式，无意识地开放了播出时段，无意识地促动了人力资源相对自由的流动，无意识地放宽了研发经费使用方式。这三个无意识相互作用，成就了这一时期成为电视媒体内容创新的黄金期。

今日依然如是

我们再来看看 21 世纪初之后电视媒体成功的创新案例。尽管时过境迁，尽管这一时期的创新项目多集中在娱乐类栏目、项目和节目上，且相当数量为引进的版权版式，但是，原因依然如故，还是开放的时段与自由的人相结合的产物。只是，呈现出了与以往不太相同的新特点：

第一，依然是开放的播出时段。与 20 世纪被动的空余时段不同，这个时期供给于创新节目的时段是人为划定的播出时段，且大都为晚间黄金时段，周末时段占据了很大比重。这些时段，是电视媒体最具价值的播出时段。电视媒体把最具价值的播出时段用于播出创新节目，这当然是为了应对日益白热化的竞争而做出的策略安排。因为，只有保证时段的自由与开放，才能迅速调整版面编排，让时段更具竞争力。近些年，之所以季播节目越来越流行，一方面是季播节目能够带来巨大的效益，另一方面，持续时间不长的季播节目恰恰是保证这一流动性的最佳节目形态。

第二，依然是自由的人。只是换了一种集聚人才的方式——社会化运作。电视媒体借力外部资本和资源，以广告分成和版权分享方式，播出创新节目产品。这种方式让电视媒体同样可以在短时间内，集聚、引入优秀的外部专业人才团队。《中国好声音》《我是歌手》《中国好歌曲》《想挑战吗》《爸爸去哪儿》《奔跑吧，兄弟》等，这些近几年最具影响力的节目背后，几乎采用的都是这样内外合作、制播融合、社会化制作的机制。

第三，依然是充足的经费投入。不只是充足，当下创新节目的投入，还呈现出大型化、大制作、大明星进入、大推介的特点，当然，其投入也是天量的。下面是一组关于《中国好声音》制作情况的公开报道：制作成本 8000 万元，其中，音响设备 2000 万元，一把导师转椅 80 万元；提前 4 个月，6 个导演组到全国各地寻找 2000 名好声音选手；用三四个月游说那英和刘欢加入，往返京沪十余次；北京奥运会开幕式音响总工程师担任音乐总监，零点乐队成员领衔的巡演乐队，2000 平方米的录影棚，可供 3 万人享受的音乐效果；现场 26 个摄像机位，每期 96 分钟节目的素材达 1000 多分钟……《中国好声音》的经费投入还不是最高的，据悉，季播节目最高的综艺节目投入，已经超过 2.5 亿元。如此种种，这个阶段的内容创新越来越需要"大资本"的介入。

综上可以看出，能够为创新节目提供开放的播出时段、自由的专业人才与充足的资金，依然是这个时期电视节目创新的三大推力。

今日如是的不良后果

但是，我们不得不说，这个时期的内容创新，因为品类单一、资金投入巨大和黄金播出时段放量投放，不仅给电视媒体带来了巨大的风险，还带来了意想不到的伤害。

电视媒体创新品类收窄。因为研发或购买娱乐节目投入巨大，自然减少了对其他品类电视节目的创新投入，因此，电视娱乐节目之外的创新研发明显衰落。这是近些年来，电视创新产品总体不多的重要原因之一。而电视媒体近些年的衰落，也与此关联极大。正是因为电视媒体的综合创新乏力，才导致电视媒体的基本观众严重流失，撼动了电视媒体生存的根本。

娱乐节目效益递减。即便是娱乐节目本身，因为总体上投放过量，导致电视市场的娱乐节目竞争呈现出明显的红海特征，恶性竞争进入循环状态，边际收益逐渐递减。

电视媒体影响力衰减。更为重要的是，这种状况导致电视媒体的节目品类失去均衡，呈现出娱乐节目重而其他类节目轻的跛脚状态。这种状况极大地削弱了电视媒体的持续发展能力，电视媒体的影响力和公信力等，亦不复当年。

电视媒体创新乏力的背后

当我们了解了电视媒体创新研发的独特性和先决条件之后，对于电视媒体创新乏力的原因自然也就清晰了。

播出时段用于创新产品播出，具有成本大和风险高的特性

播出时段，是完成产品创新流程的最后环节和检验创新产品效益的唯一窗口。但同时，播出时段也是电视媒体实现播出效益的最基本手段，是电视媒体最核心的资源。当下，我国的电视媒体经过多年发展，重要播出时段的版面编排已经非常成熟，趋于固定。这些重要时段，播出的是电视媒体和频道自认为最重要的栏目、节目、项目，同时，也体现着电视频道既有团队的利益分配格局。创新性节目一旦播出，势必要重新配置播出时段，这一方面必然会对现有编排格局和利益分配格局造成冲击，另一方面也会牺牲一部分具有稳定收益和收视效果的栏目与节目，机会成本很大。而创新节目的收益和收视效果，则具有极大不确定性。

优秀人才难以进入创新研发队伍

在电视媒体内部，播出效益最大化的导向，支配着电视频道把优秀人才全部投放在现有栏目和节目上，对于创新产品的研发，因其不能产生当下的效益，则投入有限。而占有优秀人才的既有栏目，从聚集更多人才和担心创新栏目替代自己的角度考虑，自然也不愿意让自己的优秀人才去从事节目创新研发工作。在频道利益与栏目利益的双重挤压下，集聚人才进行节目创新研发自然也就困难重重了。

创新研发资金匮乏

现有电视媒体的经费预算，已经被频道和频道内的既有团队分割完毕。要想保证创新研发具有充足的资金，就必须调整原来的预算分配方案。这是协调沟通成本大、决策风险高的重大事项。没有巨大风险迫近，电视媒体和频道难以从根本上重构预算分配体系，绝大多数都是象征性地投入有限的资金用于创新研发。因此，创新研发难以取得理想成效，也是顺理成章的事情。

频道抵制来自外部的创新力量

播出资源是电视媒体最重要的资源，而频道是电视播出资源的占有主体。因此，频道就成了电视媒体事实上的最大利益主体。由于播出资源是频道利益的最重要体现方式，因此，对于任何动摇播出资源的行为，频道都会本能抵制。研发创新的完成最后需要播出时段来保障，需要调整频道版面编排，频道对此会非常谨慎。如前所述，对于内部创新研发，频道尚且态度暧昧，而对于来自其他频道和社会上的创新产品，频道基本上不会主动开放播出时段，全力抵制也是合乎逻辑的行为，而电视频道版面编排也会因此趋向固化板块。这是电视媒体难以开放创新研发资源的重要原因之一，也是频道利益凌驾于电视媒体整体利益的典型表现（有关频道利益与电视媒体总体利益的冲突，本书在第二篇有专门章节陈述）。

综上，要解决电视媒体创新乏力的问题，首先需要解决的是两个根本性问题：对创新研发产品开放播出时段与电视人才能够向创新研发自由集中。回看中国电视媒体的创新历程，就会发现，几乎所有在内容创新上有所突破的电视媒体机构，都较好地解决了这两个问题。只是解决的方式，还基本上依赖于电视媒体主要领导的个体决策和强力拍板。背后的原因之一，就是电视媒体所采用的单一层级决策主体的组织架构所形成的制约。

单一层级决策主体对创新研发的遏制

至此，问题转化为，为什么说，导致电视媒体内容创新乏力的两个因素：电视播出时段的封闭与电视人才的固化，根源还是在单一层级决策主体的组织架构之上呢？

播出时段管理权限与人财物管理权限的分离与错位

在单一层级决策主体的组织架构下，电视媒体总部将人、财、物等资源和资金调配权集中管理，却又不得不把电视播出时段的管理权限下放给频道（其实，电视播出时段本质上也是电视媒体的最大权力之一）。这种播出时段管理权限的让渡，本意是想通过频道的专业化发展让频道成为责任主体。但是，仅仅让渡了播出时段管理权限，却把支持播出的人力资源与资金权限依然集中在电视媒体总部这一级，这样的责任主体只能承担有限责任。而且，这种有限责任也往往是模糊和不确定的。正是在这样的组织架构方式下，频道成为了事实上播出时段的最大占有者，频道利益开始逐步凌驾于电视媒体整体利益之上。在这样的背景下，让频道让渡出已经占有的播出时段，甚至是最具价值的黄金播出时段给自身之外的节目研发创新者，是很难行得通的。这就是为什么众多电视媒体单独设立的节目研发中心很难将研发进行到底的原因。

频道固化自身优秀人才

单一层级决策主体的组织架构下，根据频道专业化设置的台、频道、栏目这样的组织架构方式，频道一级手中只有播出时段的权限，自然而然它只对自己占有的播出时段负责。因为失去播出时段的频道，就意味着失去一切。因此，频道一方面会将本频道优秀人才向本频道的播出时段配置，另一方面也会限制甚至抵制优秀人才为其他频道进行创新研发工作。所以，单一主体组织架构所固化的频道利益，势必阻碍频道之间的人才流动，优秀业务人员很难跨频道进行创新产品研发，使电视媒体难以人尽其才。

频道缺少社会化运作的权限、资源和动力

在单一层级决策主体的组织架构下，频道缺乏足够的权限来采用社会化制作、资本化运营等方式，来集聚社会专业人才、借用社会资本等资源进行研发创新。同时，因为社会专业人才和社会资本等资源的进入，也会重新分配频道现有利益格局，也导致频道缺少进行这种变革的动力。而作为电视媒体内部最大的创新主体——电视媒体总部，限于庞大的组织规模和超长的管理半径，很难拥有一线人员的感同身受。这种上下脱节的羁绊，加上沟通效率不高、审批流程复杂的种种限制，创新研发的最后结局，大部分只能是——或束之高阁，或继续等待！

机制保障：电视媒体创新之本

创新的最重要保障，就是机制的硬约束。国际上以创新闻名的公司，无一不是在机制上对创新给以保障。

3M 公司

Minnesota Mining and Manufacturing（明尼苏达矿务及制造公司，简称3M 公司）是世界知名的多元化科技企业，平均每两天就开发出 3 个新产品投入运用。如此之多的新产品源源不断面世，得益于 3M 在创新研发上采用的两个措施：一是"新产品活力指数"（NPVI）。NPVI 是指来自过去五年开发的新产品在当年销售额中所占的比例。比例数值通常在 25%—40% 之间，近些年，3M 公司确定的 NPVI 数值为 30%。NPVI 是衡量公司业绩的重要指标，如果低于这个指标，即便总销售额高于年初计划，也被视为没有完成经营任务。为了达成这个硬指标，唯一的办法当然就是不断研发出新产品了。二是 15% 和"私酿酒"法则。这是 NPVI 顺利实施的重要保障，是 3M 强大创新能力的文化支撑。所谓 15% 法则是指研究人员可以将 15% 的工作时间用于个人感兴趣的研究，研究内容无须上报。"私酿酒"法则的含义则是瞒住上司，秘密研究。曾经的 3M 全球总裁狄西蒙说："我几乎全然不知道公司内目前正发生些什么事，也完全无法预测今天将生产何种商品。"此话当然是夸张了。但是 3M 为使这两个法则长期延续，不致因为领导更换而改变，刻意不把它们列入规章制度，使这两条不成文的规定保持至今，成为企业文化的核心部分。

对于 3M 公司的创新研发而言，如果说 NPVI 是机制的硬规定的话，那么，15%和"私酿酒"法则则是文化上的软约束。正因为这一硬一软，3M公司的新产品才会层出不穷地涌现，在为客户提供优质新奇产品的同时，自身也保持了强劲的竞争能力。

谷歌公司

谷歌也以创新著称。它有一个类似于 3M 公司 15%和"私酿酒"的法则，叫"20%时间"法则：谷歌要求技术人员将 80%的时间用于搜索和广告等核心业务，而将其余 20%的时间用于他们自己选择的技术项目上。谷歌最受欢迎的一些产品，诸如谷歌邮箱（Gmail）、谷歌新闻（Google News）和 AdSense 等都是"20%时间"产生的项目。

华为公司

华为公司的崛起，创新研发同样功不可没。而机制保障，则成为华为公司创新研发工作的重要支撑。从 1992 年开始，华为就坚持每年将公司收入的至少 10%投入研发。在华为公司，什么事情都可以打折扣，但"研发的 10%投不下去是要被砍头的"——这是华为主管研发的负责人说的。从 2006 年开始，华为公司的研发投入增长至占公司收入的 15%，从 2007 年至 2016 年 10 年间，研发投入累积超过 3000 亿元人民币，仅 2016 年，研发投入就达到 764 亿元。华为的研发人员已经超过 79000 人，创新研发数量 50377 件，研发项目涵盖了 5G、云化安全、芯片级光互联、AI/机器人、异构多核 IC、VR/AR、石墨烯、3D 打印等领域。2011 年，华为还成立了面向基础科学研究为主的"2012 实验室"，这可以说是华为的秘密武器。

没有人能随随便便成功！那些成效卓著的公司，无不以创新来驱动公司发展，而合理的机制和鼓励创新的文化则是创新研发的重要保障。

我们回头来看电视媒体。

没有人否认，创新是电视媒体生存与发展的最重要支撑。一部电视媒体的发展史，就是一部电视节目、栏目的研发创新史！但是，电视媒体如果希望自己的创新研发工作持续、稳定、高效，就必须建立科学、刚性的保障机制。

建立电视媒体创新研发的保障机制，有两个重要前提，就是本章前面所阐述的，开放的播出时段与自由流动的人才。没有这两个前提，电视媒体的研发创新就是无的放矢，难有成效。以这两个前提为基础，电视媒体在创新研发方面，应该尝试建立如下保障机制：

创新的绩效考核机制

如本书前一章所述，绩效评估是建立规则的最主要方式，是梳理和规范团队行为、进而改变员工观念的重要抓手。电视媒体的研发创新工作，同样需要绩效评估机制的支撑。频道是研发创新的主体，电视媒体只有明确将研发创新成果纳入频道的绩效考核范围，才能对频道的研发创新工作形成刚性约束，也才能推动研发创新工作持续开展。

电视媒体可以尝试将创新产品占总产品的比例及其收视、收益目标，作为频道绩效考核的重要指标。比如，根据频道定位及栏目构成，以年度、两年、三年为周期，约定各个频道新产品的比例数目，约定频道的收视和收入必须有多大的份额和比例是来自创新产品。这样的硬约束，必定推动频道从战略层面看待创新研发，必定会投入相应的资源开展创新研发工作。久而久之，将会建立起健康的创新研发文化。这样的硬约束，再结合影响力、引导力等软性指标，共同组成频道的绩效考核内容。

创新的容错机制

允许创新产品不理想甚至失败，是建立创新文化的重要保障。电视节目产品门类众多，在每一个门类中，又包含众多子项，产品形态各异，受众也多有不同。有些产品靠形态取胜，有些产品靠内容取胜，有些产品则要形态内容兼具。当下，新媒体冲击猛烈，视频产品极大丰富，UGC、PUGC 等产品也是风生水起，电视产品的研发创新，就显得更为困难。因此，没有容错机制，电视媒体就不会建立稳定的创新基础，也形不成创新文化，有价值的创新产品也不会脱颖而出。

近些年，被很多公司企业推崇的内部创业，应该特别适合电视媒体的创新研发。电视媒体和频道，为业务人员搭建内部创业的平台，提供创新研发的必要条件，必将促进业务人员的研发创新热情。其实，电视媒体历史上许多品牌栏目，都是一些业务人员自由组合研发创新的成果。但是，电视媒体的内部创业，必须以容错机制为保障。没有人能够保障新产品研发一定成功，特别是电视节目的研发，需要相当规模的人员参与，需要前期拍摄设备、后期编辑制作设备和演播室等重装备投入。不容忍失败，新产品的研发就会乏人问津，创新文化也就无从建立。近些年，节目模式版权引进成风，固然有这些模式版权适合电视市场的因素，但是与电视媒体没有形成创新研发的容错机制，导致创新文化日渐衰微，也有莫大关系。

容错机制必须与绩效考核机制密切结合，才能起到正向推动作用。容错机制是对创新个体而言的，不能要求每一个研发创新产品都能成功。但是，对于频道创新的绩效考核，则必须是刚性的。否则，容错机制就会成为频道创新乏力的借口。只有对频道创新的考核采用刚性约束，频道才会努力建设柔性的团队创新文化，以保证频道研发创新持续开展。

没有这样的机制保障，电视媒体的创新，就会深陷"西西弗斯陷阱"而难以自拔。

创新的资金保障机制

研发创新需要资金保障。对于需要动用专业电视设备和众多人员参与的电视创新，尤其如此。

当下，大规模、持续性的产品研发创新，已经成为很多电视媒体获取竞争优势的必备选项。这就要求电视媒体在创新研发的经费投入上，也要具有持续性和规模性。在美国，每个电视网平均每年用于购买创意文案和样片的资金投入，大约占广告收入的5%。而英国BBC公司鼓励创新和冒险的做法之一，是给独立制片人额外的15%制作经费，以此来减少他们对研发失败风险的担心，激励他们进行更多新产品的研发尝试。

这些做法，其共同的内含就是，建立研发创新资金的保障机制。中国电视媒体的状况较大多数国家复杂，一方面每个电视媒体都由多个频道构成，另一方面频道的同质化极为严重，这就必然导致严酷激烈的市场竞争。也因此，研发创新对于获取市场地位尤为重要。由是，电视媒体必须对频道这个研发主体，在研发创新资金的投入上，作出刚性规定：要么按照总预算的比例，要么按照固定的资金数额，来投入研发创新资金。把研发创新资金的投入和研发创新的效果，同时纳入频道绩效考核指标。只有如此，研发创新才有可能（也仅仅是可能）取得成效。

创新产品的评价机制

电视媒体曾经的倾向，是以收视率作为创新产品的主要评估指标。这里，需要明晰两个问题：一是我们并不反对把收视率作为评价电视创新节目的指标，但是我们反对无限放大收视率的功用，使其承担自身无法承载之重。二是收视率指标不是越高越好，而是应该根据播出频道、播出时段、节目形态和目标受众等综合因素设定合理的收视目标。三是评价研发创新节目是否成功，标准一定是多元的。其实，无论是评价电视创新产品，还是评价电视媒体的成熟产品，标准都应该是相同的。这一点，我们已经在"失效的绩效考核"一章中做了详尽论述。

综合而言，截至目前，我国电视媒体尚没有就电视产品的研发创新制定出清晰、规范的保障机制。电视媒体在经历了 20 世纪 90 年代和 21 世纪初无意识的创新高潮之后，创新文化和创新氛围日渐衰弱。原因虽然很多，但是缺少创新机制，无疑应该是最主要的原因之一。

病症五　个性文化的消弭

近些年的电视媒体实践表明，电视行业在供给侧的问题日益增多。一方面，节目数量激增，产能过剩明显。另一方面，真正有影响力的节目屈指可数，同质化严重、创新度低、广告主买单难等问题日趋严重，受众的收视需求得不到更高水平的满足。这是明显的"供需错配"！究其原因，就是采用单一层级决策主体组织架构，让电视媒体形成了越来越严重的规则求同和行为趋同趋势。这一趋势导致电视频道和电视栏目的个性文化逐渐消弭，迫使一些电视媒体走上了一条漠视分众传播规律、被迫追求娱乐化和泛娱乐化的危险道路。

从20世纪90年代开始，我国电视媒体凭借卫星和有线电视相结合的传输与覆盖技术，跨入了多频道时代。与此相伴，我国电视观众的需求开始分化，收视取向呈现出鲜明的差异化趋势。

受众市场的这种变化，理应促使电视媒体的频道定位向专业化方向转变，来适应分众传播时代的来临——电视媒体只有将单一、批量的大众消费转变为多样化的、个性化的分众消费，才能获取竞争优势，站稳脚跟。

然而，电视媒体过度追求高收视率，追求短期广告收益，导致了另外的景象。

景象一：电视剧成为频道的标准配置。众多的上星频道，几乎全部定位为综合频道。既然是综合频道，电视剧自然就是主要角色了。所以，上星频道在晚上黄金时间进行电视剧的厮杀，也是自然而然的了。这种"千台一面"的状况，势必让观众产生似曾相识的感觉。不仅上星频道如此，地面频道也渐渐成了电视剧的主要播出平台，即便是一些定位清晰的专业频道，比如教育、科技、经济、生活等频道，播出电视剧也成了常态。"黄金时间属于电视剧"似乎已成了一条不成文的规则。于是，诡异的情况出现了：同一部电视剧，可以在多个频道同时播出。极端的情况是，观众可以在这个频道观看演员的上句台词，转台之后，可以在下一个频道继续观看下句台词，有时居然会十分顺畅。

景象二：泛娱乐化大行其道。很多非娱乐化定位的频道、栏目，都向娱乐化内容靠拢。原因很简单，娱乐节目和娱乐化节目，恰好具备覆盖人群广、受众规模大、关注度高等种种要素，容易获得高收视率，也能获取高广告收入（虽然难以持久）。近些年，季播性的项目制节目渐渐成为各主要电视媒体的着力点，在资金投入、播出时间安排、推介力度上，都达到了以往难以企及的高度。最早的影响力强的季播性节目，始于2004年央视经济频道的《梦想中国》和湖南卫视的《超级女声》，但是形成风潮的，则是2012年浙江卫视的《中国好声音》，此后一发不可收。现在，大多数有影响力的电视媒体，每年都有几档季播性节目，投资数额一般都上亿，最高已经接近3亿。几乎所有季播性节目，都具有极强的娱乐化色彩，或请娱乐明星参与，或在情节设置上偏重戏剧冲突。这样的节目形态，能在短时间内集聚大量受众，收视效果极为显著。这类节目，更是打通了电视媒体和新媒体之间的传播界限，粉丝效益突出，一时间成为社会热点，因此，广告收益也很是可观。

一边是理性上认可的频道专业化、特色化，一边又是实践上的同质化、泛娱乐化。这种理性和实践的对立，到底是哪里出了问题呢？

规则、行为、观念

我认为，厘清规则、行为、观念三者的关系，是寻找问题产生原因的重要途径。

观念先行，是大多数电视媒体的决策者与从业者们遵循的先导法则。万事开始之前，要先换思维，换脑筋，换认知逻辑。把观念想清楚了，把逻辑搞明白了，才能由此调整出相适应的行为与规则。

但是，现实世界遵循的却似乎是另外一套逻辑。再好的观念，落不了地，就只能停留在观念层面；再明白的道理，没有人遵循，就只能是没有效果的说教；再正确的观念，如果在现实中无人呼应、无法执行，最终的结局也只能证明曾经的正确。

"中国式过马路"就是很好的说明。虽然屡屡于公共空间发酵，屡屡引发诟病，却依旧屡屡顽固地重复发作。其他那些"中国式××"乱象，如"中国式排队""中国式旅游"等，也莫不如是。那么，出现这种现象的原因是什么？是因为我们缺少"文明"的观念导致了这样的行为呢？还是缺少规则的刚性约束，让观念仅仅成了观念呢？

我们通常的误区，是先从观念入手，以为转变了观念，就可以改变人们的行为。很多企业都试图先设定团队文化的内容，以此来约束人们遵守。但是，没有任何一家成功的企业，其团队文化是根据事先设定的内容建立起来的。正确的方式，应该是先从规则入手，规则建立了，就会约束人们的行为，久而久之，就可以改变人们的观念。有什么样的规则，就会疏导出什么样的行为，就会形成什么样的价值取向，就会塑造什么样的文化追求，就会逐步固化人们的观念。企业文化如果没有相应的规则做支撑和约束，就不会真正建立起来。

因此，规则、行为、观念三者的关系是：

规则改变行为，行为改变观念！

由此，我们来看看，电视媒体近些年步履蹒跚，是不是规则出了问题？

频道与栏目：差异化受阻

电视媒体传播的实质，是以分众传播方式实现大众传播的目标——面向所有受众。每个频道、每个栏目，都应该有明确的目标受众。任何一个频道、任何一个栏目，都不应该也不可能面向全体受众。所谓大众媒体，仅是名称和目标而已，没有任何一家媒体是能够覆盖所有受众的。因此，确认目标受众，是所有媒体运营的前提。因此，分众化传播策略，是电视媒体传播必须遵循的规律。

根据分众传播策略，对于分众的认知应该包含两方面的内容：一是不同的受众有不同的需求，比如说性别不同、年龄不同、收入不同、职业不同、教育水平不同……则他们对节目的要求也就不同；二是即便是同一类型的受众，他们对节目类型的需求也并不是单一的，也是各有各的特点。大量的市场调查表明，电视媒体要想获得成功，必须根据受众分类，来开办对应的频道，通过众多的专业频道，力求达到服务整体受众的目标。这就是频道专业化的准确含义。

从西方电视的实践来看，美国和英国拥有发达的电视产业，频道专业化程度也代表了电视行业的"最高水平"。一般来说，根据受众分类，美国的频道大体分为三种类型：第一类是综合性频道，由几家大的广播电视公司开办，以 NBC、ABC、CBS、FOX 等为代表，节目内容设置涵盖了新闻、娱乐、专题、财经等大众性内容。第二类是专业频道，在某一种内容或某一领域上具有权威性影响，比如，CNN 是侧重于新闻的新闻频道，ESPN、FOXSPORTS 是侧重于体育内容的体育频道，HBO 是侧重于电影内容的电影频道，MTV 是侧重于音乐内容的音乐频道，A&E 是侧重于娱乐节目的娱乐频道，DISCOVERY 是侧重于纪录片的纪录片频道，Disney Channel 和 Cartoon Network 是侧重于儿童节目和卡通节目的频道等。第三类是专门性频道，播出的是更加细分的某一类专门内容，比如，专门播放乡村音乐的 Country Music 频道，专门播放天气预报或交通状况的 The Weather Channel 频道，甚至有专门播放家居园艺内容的 HOME & GARDEN TV 频道等。针对受众的个性化需求，美国电视形成了多层次的频道体系，各个频道力争在竞争激烈的传媒市场中寻找和创造各自的生存空间。

而且，频道的细分，并没有因此止步。英国的 SKY TV 电视台在将其拥有的专业数字频道"粗分"为新闻、娱乐、经济、体育及其他专业频道等几个大类的基础之上，又进行了第二步"细分"：

新闻类：世界新闻频道、国内新闻频道、财经新闻频道、各级地市新闻频道……

娱乐频道：音乐频道、电影频道、纪实频道、表演频道、赌博频道（在线赌博）、流行频道、时装频道、成人讯息频道……

经济频道：财经频道、股票频道、房地产频道、购物频道……

体育类：足球频道、橄榄球频道、摔角频道（美国表演摔角）、拳击频道、高尔夫频道……

显然，这样的频道设定，对目标受众和节目分类做了更加细密的划分。但是，分类依然没有停止，SKY TV 继续对频道类别和受众类型进行第三步的划分：

音乐频道：摇滚频道、古典频道、流行频道、乡村频道、爵士频道……

电影频道：老片频道、新片频道、三级片频道……

纪实频道：真实频道、探索发现频道、国家地理频道、历史频道……

表演频道：戏剧频道、歌剧频道、舞剧频道……

购物频道：时装频道、珠宝频道、家庭用品频道、汽车频道、科技产品频道……

……

SKY TV 对频道的细分，可以说，已经细到无以复加的程度了。这种细分的支撑基础，当然是分众传播理念和受众的个性化需求了。至于这么细密地划分是否过度，是否能适应受众和市场的需求，这是另一个问题，我们在此就不做评论了。

中国的电视媒体，大多拥有多个频道，这些频道从最初的设计来看，也是遵循专业化与个性化的原则的。各个频道之间，业务是相对独立的，彼此之间区别很大。这种设计的基础，当然也是分众传播理念：频道不同，定位就不同，面向的受众也就不同。因此，这些频道在选题规划、内容设定、制作流程、播出方式等方面都不尽相同，比如新闻频道、体育频道、综艺频道、纪录频道、少儿频道等，彼此的曲隔就很大。这些不同的频道在人才需求、制作模式、经费使用、薪酬设定和绩效评估等方面，也有很大的不同。也正是因为这些不同，才会在频道之间，形成各自不同的个性文化。而这种个性文化的差别，恰恰是电视媒体的活力体现。

但是，中国电视媒体在运行过程中，大部分专业频道都没有坚守住自身定位，而是如前面所述，从不同的出发地点，向着相同的目标迈进——以殊途同归的方式，趋向了娱乐化和泛娱乐化的目标。

频道之间出现专业频道不专业的趋同化趋势

分众化传播策略告诉我们，不同的观众，对电视频道的需求与喜好是不同的，收看电视的习惯也是不同的，这是频道专业化的一个前提。但是很多电视媒体，疏于对目标受众需求和收视习惯进行详细的调查了解，以高收视份额作为目标，在频道的内容设定与节目编排上照抄照搬综合频道，使专业频道呈现出大体相同的综合特性，导致了"千台一面"的结果。虽然频道数量大幅增加，机构快速膨胀，但内容建设却远远滞后，专业化细分变成了以电视频道进行"圈地运动"的借口，导致对象化与差异化传播名存实亡。专业频道这种专业不专、特色不特、恶性循环地走向"综合"的状况，让专业

频道最终失去了自我，当然难以为广大受众认可，影响力和竞争力不断下降
自然就无可避免。

分众化、小众化栏目难以生存

追求高收视份额的频道，当然要把收视目标传导给栏目，于是，栏目自
然就会向高收视率的目标偏移，因为只有如此，频道的高收视份额目标才能
实现。于是，娱乐化和泛娱乐化内容就或明或暗地成为栏目的主要追求，而
分众化、小众化的内容则日渐稀少，甚至难以生存。这种红海竞争惨烈、蓝
海无人涉足的状况，必然导致头部拥塞、长尾需求无从满足的无序竞争状
态。而由此引发电视市场整体的恶性竞争，也就不足为奇了。

如上状况的成因比较复杂。但主要原因，还是源于电视媒体对于本应差
异化发展的频道，却有意识、无意识地提出了大体相同的绩效指标——完成
高收视份额目标。在这种相同的目标驱动下，电视媒体的受众理念逐渐淡薄，
作为频道基本单元的栏目定位发生偏移，追求高收视率的内容先是羞羞答答
继而堂而皇之地成为主体，而频道也自然呈现出娱乐化、泛娱乐化的色彩了。

行文至此，我们当然会发问，为什么电视媒体会有意识、无意识地为不
同的频道设置趋同的绩效指标呢？

按照我们上面的陈述逻辑，一定是"规则"出了问题！

单一层级决策主体：让规则趋同

电视媒体采用的是单一层级决策主体组织架构。由于组织规模日趋庞
大，管理半径越来越长，使组织在运行和管理过程中，只能求同存异，以最
大公约数的方式形成各种管理方案。各个频道在评估体系、薪酬激励体系、
管控体系、专业知识培训体系、人才进入与退出机制、目标和愿景制定等方
面，只能遵循大体相同的规则。

单一层级决策主体组织架构，使绩效评估标准趋同

绩效评估标准，是组织最重要的管理手段之一，电视媒体频道众多，业务多元，应该根据每一个频道的业务定位和运行特点，为其制定独特的绩效评估标准。但是，由于单一层级决策主体这样的组织架构，电视媒体只有一个部门来负责绩效评估体系的标准设计与评估管理，限于绩效评估部门人力配备不足、电视业务的专业知识储备有限、执行与操作要能够顺畅进行等多种原因，它也只能设计出一个适合所有频道共同遵循的绩效评估标准。这样的标准，就一定是原则性的，只能以最大公约数方式制定出粗线条的绩效评估方案，它只能反应与评估所有频道共性的一面。因为，谁都没有办法制定出一个既能深度贴合每一个专业频道的业务特点和运行规律，又能让所有的频道共同遵循的绩效评估体系。显然，这种原则性的评估标准，难以对专业频道的业务开展和人员激励产生正向而持续的推力。因此，绩效评估标准也就难以起到应有的作用。

单一层级决策主体组织架构，使薪酬和激励趋同

任何一个组织的正常运转，薪酬和激励都是必需的，单一层级决策主体组织架构也是如此。但是，由于单一层级决策主体组织架构规模巨大，半径过长，与绩效评估标准一样，在薪酬和激励设计中，也难以根据不同的频道和系统而设计出各自不同的方案。对于频道中的栏目和节目，就更加无法制定符合其特点的激励方案了。由于不同频道和栏目的运转方式不同，文化不同，其人员的需求也是千差万别。当我们以同一种薪酬方案来激励的时候，频道和栏目之间的差异化势必难以体现。这种趋同的薪酬和激励方案，是组织运行的大忌，一定会影响业务的开展和人才的聚集。

单一层级决策主体组织架构，使管控方式趋同

如前所述，单一层级决策主体组织架构，其管理部门，都设置在媒体总部层面，各个频道和系统，并没有设立具有相应权限的管理部门，即便有，也基本是媒体总部管理部门的分支机构，不能独立行使管理职能。这样的设

置，其管控方式自然是趋同的。以这样的管控方式进行管理，统一管理的方面比较容易实现，但是差异化管控，则难以实行。以相同的方式管控业务属性和业务运转各自不同的频道和系统，很难让各个频道呈现出自身的特点，发挥出超强的创造力。

单一层级决策主体组织架构，使个性化的专业培训与文化培训较难实现

因为单一层级决策主体架构导致的组织规模超级庞大，一方面，让媒体总部在面对众多频道和众多栏目时，难以有效进行专业培训和文化培训。另一方面，由于各个频道在专业技能培训上，既缺少专业部门，又缺少专业人才和组织能力，也难以开展专业培训和文化培训。这样状况持续存在，使组织的培训工作难以有效开展，导致两个问题，一是在职人员的专业技能提高缓慢，二是团队文化基因难以建立和传承。我们知道，专业技能和文化基因，是建立团队个性文化的重要前提。缺失了这两项，建立适应团队的个性化文化，必定异常艰难。

单一层级决策主体组织架构，使愿景目标趋同

愿景目标，应该因频道不同而有所不同，比如新闻、体育、娱乐、少儿等频道，其远景目标一定是各具特点、各不相同。但是在绩效评估、薪酬体系相同的约束下，在专业技能和文化基因培训难以有效开展的前提下，频道很难形成自己的愿景和目标。一是频道的基因是与频道定位密切关联的。不同的频道，面向不同的受众，生产不同的产品，其生产流程不同，产品不同，由此，频道的定位也不同。不同的定位，就要面对不同的竞争环境，承担不同的社会责任。因此，其目标与方向也会有所差异。所有这些，会要求频道制定符合自身的愿景，对外，形成独特品牌，对内，建立行为规范共识。但是，趋同的绩效评估系统、薪酬激励系统，却会逼迫不同的频道向大体相同的目标努力。这势必会影响频道愿景的制定与实现。试想，以相同的标准来评估和激励新闻频道、体育频道、娱乐频道、少儿频道，怎么能希冀他们各具特色呢！二是不同的频道，需要不同的技能，需要不同的行为方式。如果组织不能针对员工特点进行再培训，则员工的技能提升就会非常缓慢，就难以在行业中确立领导地位。同时，不同频道产品形态和内容不同，其行为方式和文化也会不同，这样的不同会使产品各具特色，让团队氛围各具特点。但是，趋同的管控方式和评估等方式，会削减这种不同，让团队难以形成适合频道自身特点的行为准则和行为文化。而这种软性的价值观，对于频道至关重要。

单一层级决策主体组织架构，使人才队伍趋同

单一层级决策主体组织架构，在人才工程上，导致两个结果，一是各个频道没有人才招聘权，让频道在人才管理上受到一定程度限制，导致差异化的人才结构难以实现，个性化人才日渐减少，创造力递减，创新机制难以形成，创新乏力；二是如前所述，各个频道没有人才培养与培训的专业部门和专门人才，让在岗员工有系统有目标的培训变得困难重重。这两个方面导致专业频道难以进行专业人才的聚集和培养，造成人力资源匮乏，个性化专业化人才会越来越少，存量人才会逐步稀释，难以进行长期品牌建设，建立高效顺畅的人才进入退出机制也障碍重重。

通过如上陈述，我们为电视媒体勾勒出了一幅粗线条的发展脉络图。不难看出，正是由于采用了单一层级决策主体的组织架构，迫使电视媒体不得不在规则的制定方面，出现了趋同趋势。而这些趋同的规则，又从多个方面潜移默化地约束、影响着电视人的行为。电视媒体的创造力逐渐销蚀，个性化队伍日趋缩小，最后，体现电视媒体活力的个性文化也就逐渐烟消云散了。

电视媒体衰落，从个性消弭开始

规则大体一致，各个频道的行为势必会逐渐趋向一致。久而久之，观念的趋同也在所难免。在这样的大背景下，不同的频道将难以建立各具特色的团队文化，个性消弭，就只是时间早晚的事情了。

而个性文化，是电视频道保持活力和竞争力的动力。个性消弭，给电视媒体带来的损失，是灾难性的。

第一，人才离散。个性文化和个性化人才，是一个组织区别于其他组织的重要标志，也是团队活力的动力来源。频道文化缺少了个性，一方面，会导致个性化人才流失，另一方面，会减弱频道聚集个性化人才的号召力。其结果，自然是那些具有鲜明特色的记者、编辑、编导和品牌主持人越来越少，具有独特内涵的品牌栏目也一定相应减少，频道品牌价值衰减也会随之而来。

第二，创新动力衰减。创新的硬支撑是机制和人才，创新的软支撑是个性和文化。个性消弭，人才离散，创新在软硬两个方面都失去了重要的支撑，创新也就无从谈起了。20 世纪 90 年代开创的电视媒体的辉煌，很大程度上得益于逐渐形成的创新文化和创新产品的集群式爆发。当下，电视媒体整体沉寂，有高原无高峰，电视媒体的产品生产陷入恶性循环，重要原因之一就是个性文化消弭所导致的创新衰落。

第三，模仿之风盛行。创新动力衰减，自然的结果，就是盛吹模仿之风。这种风险小、见效快的方式，能够确保收视与经济双重效益，不仅是竞争的需要，也是生存的需要。只是，模仿抄袭这只潘多拉的盒子一旦打开，毁坏的就不仅仅是一个频道了，它对于整个电视行业的损毁，也是致命性的。当下电视媒体缺少具有独特创意的多元化节目，追风模仿成风，其深层原因也在于此。

第四，没有财力、缺少定力来培育长尾频道和栏目。培养专业频道和对象化栏目，需要财力的持续投入和长时间等待的定力。专业化频道的产品通常而言都定位为腰部甚至尾部，是长尾效益的最重要体现者。但是，趋同的规则设计，让电视媒体过于重视短期效益，没有机制来等待长尾项目在较长时间之后才能产生收益。换句话说，是无法承担这种等待的时间成本，因此也就难以进行持续投入。同时，个性消弭，导致专业人才日渐凋零，也难以在长尾项目上谋篇布局。所以，长尾频道和个性化栏目，终究难有作为。近些年，专业化频道和个性化栏目日渐式微，原因即在于此。可以说，无差异化的频道和栏目大行其道，是电视媒体的重要症结之一。

第五，长期收益与短期效益的配置失衡。没有一家电视媒体不重视短期收益，毕竟，现金流是包括电视媒体在内的所有商业组织的生存根本。但是，只重视短期收益，不能让短期收益与长期收益形成合理的配置，则未来堪忧。电视媒体这些趋同的规则设计，使电视媒体的产品配置也逐渐趋向一致，内部的无序竞争不可避免，外部的恶性竞争也会如影随形。这样严苛的环境，让电视媒体失去了战略方向，无暇顾及长远效益，只能把资源配置在短期收益的业务上，即便是饮鸩止渴的项目，也只能铤而走险。娱乐化与泛娱乐化的风行，模仿甚至抄袭成风，就是这一状况极好的背书！而电视行业陷入当下的困境，虽然有互联网行业的冲击所带来的行业变革因素的影响，但电视媒体缺少战略布局和长期规划，为短期效益所遮蔽，也是不能忽略的重要原因。

个性，成就曾经的辉煌

20 世纪末和 21 世纪初，电视媒体创新迭出，活力迸发，恰恰是因为频道和栏目的个性化使然。只是，当时频道与栏目的个性化，并非是有意为之的结果，而是在制片人等机制的带动下，频道和栏目自然成长的结果。

第一，频道和栏目可以在电视媒体本部的评估激励之外，有权力和财力自行建立第二套评估与激励系统。因为当时电视媒体本部建立和执行的评估激励系统不完善、不严格，使频道和栏目自行建立的评估激励系统，成为事实上的主要评估与激励系统。这种状况让一些具有战略思维和未来视野的频道和栏目，率先在电视媒体市场竞争中，建立了优势地位，担当了媒体责任。

第二，频道和栏目，在引进和聚集人才方面自主权很大，空间比较广阔，成为吸收人才的洼地，汇聚了适合频道和栏目发展的尖端人才。这些聚集起来的尖端人才，一方面，生产了大批适应观众和市场需求的优秀产品；另一方面，在产品生产过程中，逐步形成了行为规则，建立了价值共识。而这些行为规则和价值共识，也成为后来者的遵循，团队文化逐步形成。

第三，频道和栏目有条件自行开展培训。因为预算充足，经费使用管理宽松，频道和栏目可以聘请社会上专业的机构和人员开展培训工作，员工技能培训效果明显。同时，频道和栏目本身就聚集了全行业的顶尖人才，他们的言传身教，对团队业务建设难以替代，功不可没。两相作用，团队员工的技能获得快速提升。

随着电视媒体总部收回管理权限和规范经费使用方法，频道和栏目渐渐失去了主体管理地位，频道和栏目的上述做法，也受到极大制约。与此同时，电视媒体本部并没有承接频道和栏目在个性文化建设上的主体地位，导致频道和栏目的个性文化建设出现真空，逐渐削弱，有些甚至发生变异。这是电视媒体个性化团队文化逐渐消弭的重要原因。由此，电视媒体的创新力逐步衰弱，电视媒体的产品越来越缺乏个性，电视媒体的影响力逐渐下降，也就顺理成章了。

我们认同电视媒体起始于20世纪90年代中期的个性化文化，并不表示我们赞成电视媒体要回到20世纪90年代和21世纪初期的管理机制上去。事实上，恰恰是当时自发形成的、有时甚至是野蛮式生长的管理机制与管理方式，让电视媒体在此后的发展中，不断纠偏，频频补课，阵痛频繁。当时的管理机制与管理方式，与当下电视媒体采用单一层级决策主体组织架构方式所形成的管理机制和管理方式，是不同方向上的两个极端，对电视媒体的发展，都有不同程度的阻碍。只有认清这一点，才能在成因上破除对电视媒体曾经辉煌的迷思，才能正确认识单一层级决策主体组织架构对于电视媒体发展的障碍，也才能找到化解电视媒体诸多问题的解决之道。

病症六　组织的自然老化与人才离散

　　近些年来，电视媒体离职人员的数量呈增加趋势。在一些中高层管理者和名人加入了离职队伍之后，这一现象更为社会所关注。人们通常认为，这一现象的形成，既有互联网等新兴媒体快速崛起和其他相关行业、产业高速发展对电视人才产生了吸附现象的原因，也有电视媒体无论在上升空间和薪酬标准等硬指标上，还是在引领社会发展和职业成就等软标准上，都呈现出相对下滑趋势的原因。但是，还有一个更为重要却被长期忽视的原因：电视媒体组织的自然老化。正是组织的自然老化，让电视媒体聚合人才的能力渐渐削弱。不解决组织的自然老化问题，电视媒体人才离散的趋势就难以逆转。

2017 年 2 月 7 日，一则中央全面深化改革领导小组会议的新闻被传统媒体的从业者们刷屏了。因为这次会议审议通过了《关于深化中央主要新闻单位采编播管岗位人事管理制度改革的试行意见》。意见中说："要深化中央主要新闻单位采编播管岗位人事管理制度改革，统筹配置编制资源，开展人员编制总量管理试点，深化人事薪酬制度改革，完善考核评价和退出机制，增强新闻舆论工作队伍事业心、归属感、忠诚度，为新闻事业长远健康发展提供坚实有力的人才支撑。"央媒采编播管岗位人事管理制度的改革被中央全面深化改革领导小组的会议加以审议通过，自然引起媒体从业人员的格外关注。

此后，中央宣传部、中央编办、财政部、人力资源社会保障部联合印发《关于深化中央主要新闻单位采编播管岗位人事管理制度改革的试行意见》，要求既充分发挥事业体制凝聚人才的重要作用，又善于运用灵活用人机制激发新闻舆论工作队伍活力，探索新形势下吸引使用人才、评价激励人才、培养管理人才的有效措施。

中央主要新闻单位人事管理制度改革启动后，可以推测，地方新闻单位人事管理制度改革也会参照中央主要新闻单位进行。可以预想，全国新闻单位人事管理制度的改革大幕已经开启！在媒体深度转型与融合发展的时代大背景下，这对一线媒体人来说，当然是一件好事。有报道将之解读为：关键是编制和薪酬改革。其实，更为关键的应该是改革的方向与目的，一如《意见》中所言："增强新闻舆论工作队伍事业心、归属感、忠诚度，为新闻事业长远健康发展提供坚实有力的人才支撑。"

2016 年 2 月 19 日，习近平总书记在党的新闻舆论工作座谈会上就强调："媒体竞争关键是人才竞争，媒体优势核心是人才优势……要深化新闻单位干部人事制度改革，对新闻舆论工作者在政治上充分信任、工作上大胆使用、生活上真诚关心、待遇上及时保障。"

由此可以看出，包括电视媒体在内的传统媒体的人才问题，已经成了中央和社会各界共同关注的重点。

探讨电视媒体的发展，人才是绕不过去的重要课题。这不仅仅是要回应社会关注，更重要的是，还要分析电视媒体的人才现状，为电视媒体的人才聚集，给出相应的建议。

人才：流出、流入、存量

通常认为，媒体的核心竞争力是内容，内容为王已经成为媒体的核心理念。其实，从更深层的原因上说，媒体的核心竞争力之所以是内容，是因为内容后面站立的人才——内容创作与制作人才。

人才流出：为什么成为现象？

电视媒体从 20 世纪 90 年代中后期驶入发展快车道，一方面，源于机制改革，释放了超强能量，另一方面，就是得益于人才聚集——电视媒体成为很多人择业和就业的理想单位。但是，进入二十一世纪之后，电视媒体离职人员的数量开始呈增加趋势。特别是近几年，一些电视媒体的中高层管理者和名人加入了离职队伍，要么独立创业，要么进入互联网公司，要么进入影视公司，要么进入与媒体从业经历高度相关的公关、市场等领域，使电视媒体人员的离职成为一个现象，为各界所关注。

其实，电视媒体离职人员，无论在层级上，还是在数量上，与其他行业相比，都处于较低的状态。前程无忧发布的《2017 离职与调薪调研报告》显示，2016 年相关行业员工的主动离职率整体为 16.0%，而高科技、金融行业的主动离职率分别为 21.6%、17.3%。这样的离职数据，显然远高于电视行业。

那么，为什么对电视行业离职现象的关注，却明显高于其他行业呢？

主要原因有两个，一是名人效应。主持人和播音员一向被广大观众和社会各界所熟知，他们的离职，成为社会关注的热点自在情理当中。而电视媒体的中高层管理者和编导记者，他们的作品，观众都耳熟能详。他们的去向，自然也会成为大家议论的焦点。二是电视媒体作为大众媒体，具有天然的高关注度。近些年电视媒体的离职情况，具有突然性和高爆发性，与名人离职效应叠加起来，自然比别的行业的离职现象，更为社会各界关注。

其实，人员流动，无论是国有体制，还是民营体制，都是正常的现象，不足为奇。任何组织机构，人才的流入流出都是保持组织活力的重要支撑，只要比例正常即可。我们在谈及离职现象的时候，需要分清两个指标：主动离职与被动离职。前者是个人主动离开，后者是因为个人无法满足聘用机构要求而被动离开。很多企业、组织、机构，对 HR 在离职率的考核指标中，既包括对主动离职率的应对措施，也包括对被动离职率的硬性要求。那些面临转型升级、亟须改变进化的传统企业，尤其如此。而在竞争激烈的互联网公司中，这一点更为直接：所有员工的考核，一定要分出等级，好的奖励，差的离开。为什么呢？就是为了保证人力队伍的流动性，以流动性来保持组织的活力和竞争的压力。对离职率尤其是被动离职率作出刚性约定，成为许多企业的主动行为。

电视媒体的离职现象呈现两个特征：一是离职人员几乎都是主动离职；二是离职人员确实是组织中比较优秀的人员，其中的很多人，是实实在在的人才。

人才流出，对于电视媒体而言当然是个大问题。只是，如前所述，人才流出，对于包括电视媒体在内的任何一个组织而言，都是正常的事情。人才不能流动，才是更大的问题。所以，单纯的人才流出，无须太过焦虑。真正应该引起焦虑的是——

人才流入途径阻断与在职人员效能衰减

对一个组织而言，人才流出是否成为问题，需要与另外两个指标因素结合起来分析，才能得出完整而准确的判断：一是是否有正常的人才流入；二是现有的人才是否能够顺畅地发挥效能。电视媒体的人才状况之所以令人感到事态严重，是因为在这两个指标因素上，同样面临着不小的问题。

第一，人才流入不畅。与电视媒体优秀人才离职流向新行业、新产业、新领域形成巨大反差的是，新行业、新产业、新领域人才几乎没有向电视媒体流动，即便是其他行业的人才，进入电视媒体的案例也极为罕见。这与20世纪90年代和21世纪初期，电视媒体成为众多行业人才转型、转行的集聚高地相比，可谓是冰火两重天。

这种人才流入途径阻断的现象，对于电视媒体而言，无论是保持和优化其传统的电视业务，还是正在大张旗鼓致力发展的新媒体业务，显然都不是好消息。面对双重任务，电视媒体需要成熟的、多元结构的人才队伍；新型内容创意、生产制作等专业人才；新型广告营销、多元盈利渠道拓展等经营人才；现代人力资源、组织运营等管理人才；大数据、云计算等互联网技术人才；用户运营、数据抓取、精准推送等新媒体人才……这些人才，基本上都不是电视媒体现有体系能够自行培养的，必须从外部引进。然而，现实却是，这样的人才，尤其是具备一定经验、能力、素养的中高端成熟人才，几乎没有向电视媒体流动过。多年来，电视媒体人员的补充方式，主要来自应届毕业的本科生、硕士生，很少一部分从社会上招聘，人员构成基本上以年轻人为主，几乎没有在某一个领域具有建树的成熟人才。我们知道，一个组织，如果不能引进成熟的中高级人才，这个组织将面临"近亲繁殖"的风险，缺少活力就是其自然的结果。电视媒体近些年传统业务创新不足、升级缓慢、媒体融合业务步履蹒跚、效果不彰，人才流入不畅应该是重要的原因之一。

第二，在职人员认同感降低。在职人员的评价，是组织能否吸附人才的重要指标。近些年，在职人员对电视媒体的认同感呈现下降趋势。在互联网上，有不少网站提供员工对自己所在单位或者已离职单位匿名评价的业务，尽管这些评价不能完全反映一个组织、机构全面真实的情况，却可以从某个侧面呈现出组织、机构存在的部分问题。在这些网站上，对电视媒体评价的比较普遍的关键词，包含了适合养老、效率偏低、论资排辈等词汇。这也能够解释，为什么近些年来，唱衰电视媒体、持有电视媒体或等死或找死等悲观观点的，不仅仅是一些新兴行业的从业人员和部分学者，也包含电视媒体的一些在职人员，甚至是一些中高层管理者。

一些从电视媒体离职进入互联网企业或者其他高成长性组织机构的人员，对比前后供职的组织，共同的认知是：一是现在供职的组织与电视媒体在团队文化上有很大不同，多了市场与商业的约束，少了家国情怀与社会责任担当。而家国情怀与社会责任担当，是电视媒体等传统媒体区别于新媒体人员的主要标识之一；二是新的组织没有想象得那么美好，工作强度和辛劳程度要远超电视媒体。但是，这些组织的工作流程相对简单，绩效评估、激励方式简明、明晰，工作效率要超过电视媒体很多。这种状况说明，电视媒体的工作流程、业绩评估和激励方式等相关制度有颇多值得改进之处，现有的人才队伍也具有极大的潜力挖掘和能力发挥的空间。有人说，中国视频内容行业的优秀人才依然集中在电视媒体机构之中，这种说法可能有些绝对，但是，中国电视媒体依然拥有视频内容人才上的优势，确是毋庸置疑的事实。

人才流入的渠道几乎被阻断，在职人才又没有充分发挥效能，这两个因素与电视媒体人才的流出现象叠加起来，陡然变成了电视媒体人才队伍建设的天字号问题——电视媒体变成了人才净流出组织！

人才净流出！

这是一个组织的巨大病痛。不扭转这种趋势，电视媒体就难以建立稳定人才队伍的机制，电视媒体的业务开展和团队文化建设就会受到侵蚀，电视媒体就无法健康持续地发展。

那么，这种状态，是如何在电视媒体形成的呢？

薪酬有多重要？

聚集人才，薪酬当然很重要。

只是，薪酬并不是电视媒体聚集人才队伍的决定性因素。仅仅有薪酬是不够的，只有当薪酬与其他相关因素交叠在一起的时候，才会变得特别重要。通俗一点说，没有一定的薪酬水准，很难聚集人才，但是，只有薪酬，并不能对人才的进入与去留产生决定性影响。

对于兼具社会责任和家国情怀的媒体，尤其如此。

为了说清楚并不仅仅是因为薪酬水准，导致当下电视媒体产生人才流失的问题，我们把 20 世纪 90 年代中国电视发展黄金时期人才为什么来，与当下人才为什么走，做一个对比，可能更能说明问题。

当年人才为什么来？

换句话说，当年的电视媒体是如何成为人才集聚高地的？

第一，自然还得有一定水准的薪酬。现在经常在社交媒体上引起共鸣的话题之一，就是当年电视媒体相比较而言有较高水准的薪酬。非常具有戏剧性的一个对比是：当年一个月的收入与房价对比，要远远高于当下。用这样的对比来说明薪酬水准，当然是过于简单了。但是，当年电视媒体的薪酬激励水平处于社会领先地位，确实是不争的事实，不仅显著高于广播、报纸、杂志等其他媒体，也高于其他很多行业。

第二，是职业荣誉感。与电视媒体黄金年代相对应的，是媒体和媒体人对社会变革具有的巨大推动力量。而电视，是所有媒体里面，最为耀眼的力量。媒体和媒体人所具有的家国情怀和新闻理想的示范效应，在当时的特定时期，成为社会各方面人才加盟电视媒体的重要因素。

第三，是社会地位。电视媒体所具有的党性与政府属性，让电视媒体在很多方面承载了政府的一些职能，影响力、公信力、号召力均处于巅峰时期。也正因为如此，电视媒体被高层与广大民众广泛认可，甚至在某种程度上，成为党和政府的代言人。

第四，是改革红利。20 世纪 90 年代至 21 世纪初，电视媒体抢占改革先机，改革如火如荼地全方位展开，形成了以机制创新与节目创新为主的创新文化。包括用人方式在内的各种改革措施，纷至沓来。创新文化与人才交汇所生成的包容心态，让这些改革措施易于被接受和采用。相对于很多行业，这是非常典型的制度优势，对其他行业的人才产生了极大的吸附作用。

因此，20 世纪 90 年代中后期，参与电视节目的创作和制作，甚至成为电视媒体人，一时成为时尚之举。电视媒体也由此成为聚集社会各界人才的洼地，相当多的各行各业顶尖人才，都向电视系统聚集。当时参与央视电视栏目策划的名人学者，几乎涵盖了社会各界人士，即可窥见一斑。

《东方时空》：1992年下半年开始筹办这个栏目时，央视本部的参与人员只有十来个人（坊间传闻为"七君子"：孙玉胜、梁晓涛、童宁、时间、张海潮、王坚平、孙克文，实际上还有其他人员，只是后来离开了）。这十来个人是拥有中央电视台正式编制的人员。但是当1993年5月1日这个栏目开播时，队伍人员已经近百人。这近百人规模的队伍，基本上都是通过业内人员相互举荐方式进入《东方时空》工作的。人员身份各式各样，在职人员、无职人员等无所不包；人员职业丰富多元，媒体人员、各类学者、技术人员等均在其中。可以说，当年的《东方时空》，在人事制度上，开创了社会化用人的先河。

《大国崛起》：这部从2003年开始策划并进入脚本创作，2005年投入制作，2006年在央视经济频道播出的12集电视纪录片，记录了葡萄牙、西班牙、荷兰、英国、法国、德国、日本、俄罗斯（苏联）、美国等九个世界级大国相继崛起的过程，并总结大国崛起的历史规律。历史学家钱乘旦、学者麦天枢等顶尖专家学者即伴随着这部纪录片从策划、创作和制作的全过程。在拍摄制作环节，节目负责人任学安提议成立三个拍摄制作小组，其中一个小组采用聘用社会专业人员的方式组成，我没有任何犹豫即同意这一方案。可以说，《大国崛起》是央视专业人员与社会专业人员共同完成的作品。这是这部纪录片高学术性和高水准的重要保证。

《百家讲坛》：这个栏目在2001年7月9日开播不久，就成为街谈巷议的话题。可以说，这个栏目是最多社会各界专家参与创作的栏目了。阎崇年、易中天、王立群、康震、郦波、蒙曼、方志远、杨雨、毛佩琦、赵冬梅、傅小凡、于庚哲等所有的讲演者，都是社会各界的名家，是他们，为这个栏目赢得了尊重与口碑。

社会人员参与央视电视节目策划、创作和制作的案例，不胜枚举。

正是来自社会各界的顶尖人才，帮助电视媒体迅速提升了专业水准。中国电视媒体能够以超过任何一种媒体的成长速度快速崛起，并于 20 世纪 90 年代中期开始步入辉煌时期，是社会各界人才与电视媒体从业人员携手发力的结果。这背后，电视媒体的社会化用人制度所释放的巨大能量，功不可没。

现在人才为什么走

如今，时过境迁！

电视媒体人员离职现象，成为社会上下关注的焦点！距离当年各界人士蜂拥进入电视媒体，尚不足二十年的光景！

虽然无奈，但我们还是要梳理一下个中缘由。

第一，还是先说薪酬待遇。一方面，20 世纪 90 年代中后期，改革在全国范围内全面铺开，改革红利开始在各个行业逐渐释放。这些红利之一，就是逐步提高的薪酬水平。很多国企，特别是金融企业和大型国企上市公司，薪酬水平增幅巨大，渐渐超过电视媒体的水准。而逐渐增多的民营公司，特别是互联网公司，不仅薪酬水准高得惊人，更有股权和期权等激励方式，实际收入更是远非电视行业可比。另一方面，电视媒体人员的待遇，在短期内达到相当高度之后，增幅开始放缓。而随着财务管理的规范化，预算使用开始步入正轨，一些软性待遇和灰色收入也逐渐收紧直至消失，让电视媒体人员的薪酬收入，与其他行业相比，已经没有优势可言，有些行业和企业的薪酬待遇已经远远超过电视媒体。这使电视媒体在薪酬待遇上对人才的吸附能力逐渐降低。

第二，定位回归。如前所述，电视媒体曾经承担了相当一部分党和政府的职能，比如监督、政策研究与发布、舆情传导、政策参谋等。随着改革的深入，一部分职能回归党、政府部门，一部分职能被相应的研究机构和智库等组织承接。电视媒体逐渐回归到媒体的原有定位，曾经的光环慢慢消失，社会地位与以往相比，自然出现了相当程度的落差。

第三，成就感降低。定位回归，电视媒体的职能范围自然削减，一些曾经由电视媒体可以承担的职责，也就不再存续。与之相对应的成就，也自然随之而去。这种变化，对于部分电视媒体从业人员而言，还是有一定程度影响的，虽然这种影响，是缓慢释放的。

第四，新媒体崛起。人员离职，最大的前提是有去处。新媒体渐成气候，逐渐成为电视媒体人员离职之后最主要的去处。如果说，金融等行业在吸纳应届毕业生和年轻人方面已经逐步挤压电视媒体行业，那么，新媒体则不仅成为应届毕业生和年轻人的主要择业平台，更是电视媒体离职人员的主要选择行业。随着新媒体影响力及社会地位的逐步攀升，对于电视媒体在职人员的吸附能力也日益增强。

如上四个方面，虽然分析的主体是电视媒体，但实际上，电视媒体的这些变化是被动的，是在外界的变化传导过来之后才产生的。这些变化确实削弱了电视媒体聚集人才的能力。但是，这些外在因素，还不是电视媒体人才流失的最主要原因。最主要原因还是出在内部——电视媒体在人力资源管理与配置上出现的愈益严重的方向性问题，才是电视媒体人才离散的最主要原因。

其主要表现，一是在岗位设置上，重管理岗轻专业岗，二是晋升通道上，"天花板"越来越低。

异化的管理岗与名存实亡的专业岗

管理岗和专业岗，是电视媒体业务运转的两大支柱。

专业岗，负责电视产品（电视节目）的生产，是业务开展的基础，是产品质量的保证。而管理岗，主要任务是协调与管理业务人员，配置产品生产的各种资源，以提升组织的运行效率与效益。

管理岗和专业岗同等重要，没有高下之分。两个岗位必须协调平衡，既相互支撑又相互制约。不能失衡，不能一方独大。这是电视媒体持续健康发展的最重要前提之一。

但是，电视媒体恰恰在两个岗位上出现了失衡状况。

管理岗权重愈来愈大

一方面，我们在前面一再提及，单一层级决策主体的组织架构方式，导致电视媒体的组织半径过于巨大。巨大的组织规模，使媒体总部和频道层面在很多管理事项上，处于事实上的缺位状态。于是，部门和栏目（科组）逐步填补这个真空，成为实际上的管理主体，开始掌握巨大的管理权力和管理资源。这种变化，逐渐吸引业务人员开始竞逐管理岗位。另一方面，作为事业单位的电视媒体，管理岗位的职级参照政府部门设定，每一层级均与相应的行政职级对应，部级、司局级、处级、科级，一个都不少。而这种层级，是与相应的待遇相适配的。如上两个原因交互作用，不仅使管理岗位在电视媒体业务人员实现职业追求上拥有更大空间，在个人待遇上（包括隐性待遇）也高于业务岗位，因此，管理岗逐渐成为电视媒体专业人员职业发展的主要追求目标，形成了千军万马竞争管理岗的无奈局面。

专业岗发展空间狭窄

虽然在专业岗的设计中，初级、中级、副高级和高级职称层级分明，但是这些层级，除略有增加的工资之外，并无实质性差别。同时，由于电视媒体的管理是参照行政管理方式建立起来的，资源几乎全部为管理岗所掌握，因此，业务人员即便是上升到高层级的专业岗，业务资源也并无增加，对于实现其业务追求，也无太大帮助。这与管理岗每上升一个层级，其掌控资源几乎成几何数量级增加的状况，实在是判若云泥。

业务人员呈现挤出效应

由于管理岗掌控巨大管理资源，因此，即便是层级较低的专业岗人员，一旦竞聘成功管理岗，就会形成对专业岗人员（包括高级专业岗人员）的绝对话语权。这必然会激励大家过度追逐管理岗，让很多不适合管理岗位的业务人员竞逐管理岗位。这不仅导致管理者水准下滑，降低管理效率，更严重的是，还会消减专业岗对业务人员的吸引力。久而久之，会出现管理岗一岗独大，管理岗凌驾专业岗的趋势。也因此，业务岗位人员的结构会逐步失衡，呈现出优秀业务人员的挤出效应，对电视媒体的专业发展危害极大。

电视媒体中年业务人员的尴尬状态，非常明显地显现出这种状况的危害程度。

尴尬的中年业务人员

中年业务人员是电视媒体的重要财富。他们从业经验丰富，业务判断准确，节奏把握恰当，在重大新闻报道与重大节目创作与制作过程中，具有无可替代的作用，是一个电视媒体影响力与权威性的重要标志。在国外的电视媒体中，中年业务人员就是砥砺中坚。美国高校曾做过调查，美国记者有不断高龄化的趋势。

但是在我国，这一趋势与美国截然相反。美通社发布的《2016中国记者职业生存状态与工作习惯》调查报告显示，近年来，中国记者年轻化的趋势日益明显，"85后"已经成为中国一线记者的主力军。报告调查了1477名中国记者，其中60%的一线记者年龄介于21岁到30岁之间，拥有11年以上从业经验的仅占19%。这一状况在电视媒体应该更为明显。我们在屏幕上已经难得一见中年记者的身影，就是这种状态的一个剪影。

如上种种，让中国电视媒体的中年业务人员处境极为尴尬。在业务通路日益狭窄的状态下，相当一部分中年业务人员，要么去竞争较为低级的管理岗，比如制片人岗位或者科组长岗位，在最低管理层级上实现跨入管理岗的梦想；要么逐渐边缘化，颓态渐显，生理和心态双双衰减，变得难堪大任。

但是，一家电视媒体，如果没有中年业务人员做中流砥柱，如何才能构建起被社会认同的影响力和权威性呢?!

反观互联网公司，出于对技术、产品等专业人才的尊重，他们无论是薪酬设计，还是资源配置，无论是职业尊严，还是团队文化，都很好地解决了专业岗的职业归属与发展问题，让专业岗位的人员能够安于、乐于在自己所擅长的专业领域深耕细作。在互联网企业看来，高级技术人才日益成为企业生存与发展必备的战略性资源。这些抢手的人才既不易获得，也不易留住。国外有研究指出，损失一名高级技术人才的成本可以高达 6 倍于损失一名管理人员。无论是国外的谷歌、微软、苹果等企业，还是国内 BAT 等互联网公司，对于专业技术人员都有自己一整套的激励体系：包括薪酬、专业技能提升、公司归属感，等等。据报道，2016 年阿里巴巴集团宣布新增四位合伙人，其中两位是专业技术人员。

对于电视媒体而言，不扭转管理岗对专业岗的凌驾趋势，不把专业岗的荣誉感、成就感、责任感等落到实处，电视媒体的人才之路，还将越走越窄！以人才来支撑电视媒体未来发展的理念，也只能是一句空话。

晋升的"低天花板"效应

业务人员一般都接受过高等教育，具有很强的学习能力和接受新事物的热情。而优秀的业务人才除此之外，还更加重视他们个人的成就和发展。如果在某个组织中长期无法实现其职业生涯的规划目标，他们就可能流动到更适合自己发展的组织去，以实现其自身价值的增值。我们常说的看中"平台"的价值和发展潜力，道理就在这里。

而职位、职级的晋升是提升个人价值的重要激励手段之一，也是一个组织内在的发展逻辑。如果说，专业岗对于业务人员的发展至关重要，那么，岗位晋升就是管理人员的重要诉求。建立顺畅、合理、更新比例恰当的晋升机制，不仅关乎管理人员的个人成就与发展，对于业务人员的发展也非常重要，还关系着电视媒体的运营与运转水准。

但是，单一层级决策主体组织架构下的电视媒体，出现了非常严重的岗位晋升拥堵现象，"再优秀的人才，再努力的工作，也往往没有时间穿过长长的晋升渠道抵达高层"的"低天花板"效应，近些年在电视媒体呈现出越来越明显的趋势。

原因何在？

晋升通道变窄

电视媒体的管理岗位职级，大都参照行政机构职级设立。一是与大多数组织一样，电视媒体的职位设置呈现出金字塔形状，自然是越向上，职位越少，竞争越激烈；二是职位晋升条件有固定的年限规定，虽说也有破格提拔的案例，但是总体上，论资排辈才是常态；三是这种参照官员设置的管理岗位体系与晋升规则，极大地强化了管理人员的官员心态，逐渐形成了能上不能下的心理认知和习惯，很少发生管理人员中途卸任的情况。这样的状况，让管理岗的晋升通道越来越窄，更新极为缓慢。久而久之，职位晋升自然就成了少数人竞争的舞台，大部分人要么在"天花板"下继续工作，要么萌生去意，条件成熟则会选择离开。

跨频道的流动与提升遇阻

在单一层级决策主体的组织架构中，频道已经成为事实上的管理主体。由于组织规模不断扩大，电视媒体总部在诸多管理上力不从心，使频道的管理权限呈现不规则的扩张趋势——对一些事项，虽无管理之名，却行管理之责（有关频道的分析，我们在本书第二篇里有详细论述）。这样的组织架构设置，频道一定会想方设法争取并固化自身的利益。而人员编制，就是利益之一。由于人员编制由总部确认，加上进入退出机制在电视媒体基本上失效，因此，频道对于减少人员编制的行为，抵制心理非常强烈。而人员在电视媒体内部流动，恰恰相当于减少了频道的人员编制。因此，频道的抵制就是自然而然的了。在近些年来的电视媒体的实际运行中，人员进行跨部门跨频道调动非常困难，而跨部门跨频道的晋升，就更是凤毛麟角了，这就导致员工的晋升通道单一化，只能在现在任职的系统中谋求晋升机会。电视媒体形成的这种人员不能跨频道跨系统流动和晋升的状况，使组织内的各个频道和各个系统演变成为相互关联度很弱的"孤岛"，协同效益降低，人力资源难以共享。由此，也就出现了奇怪的现象：电视媒体的组织规模越来越庞大，但员工的晋升通道不但没有随之持续扩大，反而随着时间的流逝，出现了日益固化的现象。这种趋势大大减少了优秀人员的晋升机会。

缺少人才输出渠道，欠缺管理实践机会

因为采用单一层级决策主体的组织架构，无论是与国有大型企业相比，还是同西方电视媒体采用的集团化运作方式相比，中国电视媒体，一方面缺少向其他管理主体输送人才的渠道，所有人员都只能在单一决策主体的组织之中谋求直线晋升；另一方面，其管理人员严重缺乏在独立决策岗位上的管理实践经历与经验。不得不说，这样的晋升机制无论是机会成本还是时间成本都是极其高昂的。

其实，电视媒体频道众多，完全可以采用单个频道或者频道集群的方式，建立多管理主体的组织架构。这些管理主体，或者采用内部赋权的方式，由总部下放一部分事项的决策权，或者采用法人主体方式，独立行使法人职权和管理职责，一如公司架构中的分公司和子公司一样。这样，不仅可以提升组织的决策与运行效率，还可以大幅增加管理岗位，为更多的电视媒体管理者提供管理实践的机会，提升管理能力，提高自身价值。

上述三种情况交互作用，在电视媒体的职位晋升产生"低天花板"效应的同时，也使得电视媒体的管理岗位人员变化极少，过于稳定，失去了活力。因此随着时间推移，当管理岗上的人员全部饱和之后，人员的晋升机会，就只能通过在职岗位人员的退休和离职来实现了。

超稳定的人才结构与组织的自然老化

专业岗位的职能因其发展空间狭窄而名存实亡，管理岗位又出现了晋升的"低天花板"效应，本来要解决晋升难、难晋升问题的双线晋升制度设计，最终还是回到了逐步收窄的单线条金字塔式的晋升路线上。不但没有解决打开晋升通道的问题，还同时给电视媒体带来了更为严重的新问题。

电视媒体的这个新问题，笔者把它称之为"超稳定的人才结构与组织的自然老化"。

超稳定的人才结构

单一的晋升渠道，逐级的晋升方式，缺少人才引入机制，让电视媒体的管理岗位更新缓慢。同时，由于电视媒体的大部分人员，都是在20世纪八九十年代进入电视媒体的，人员的学历和年龄结构具有很强的团队式的一致性。因此，他们进入中高层管理岗位的时间，也大体都是在20世纪末和21世纪初。由此导致电视媒体的管理人员呈现了两个特征：一是同一层级岗位上的管理者，年龄大体相同；二是每一层级管理岗位人员的任职年限，也大体相同。这两个特征，让电视媒体的管理团队，在多个方面具有极强的相似性。电视媒体的管理团队，也因此呈现出独特的超稳定结构。

组织的自然老化

在20世纪90年代电视媒体发展的黄金期，制片人大都是二三十岁左右的年轻人，很多部门主任的年龄都是三十几岁。在21世纪初电视媒体实行频道制时，相当多的频道总监，年龄大约是四十出头。而现在，电视媒体各个管理层的年龄结构，保守地预测，至少比当时年长了十岁。原因很简单，电视媒体超稳定的人才结构，使得管理岗位无法形成进入退出机制，管理者都是沿着单线条的路径向上逐层晋升。每一个管理者晋升的过程，就是这个组织自然老化的过程。每一个管理者，都与这个组织一起慢慢变老。

这是一个没有丝毫浪漫情调的变老过程！

"超稳定的人才结构与组织的自然老化"，对组织的活力和创造力，有天然的销蚀作用！因为，这样的组织，极容易生成如下的团队文化：

第一，论资排辈。既然晋升是单线条的，又有明确的年限规定，那么，资历就是晋升的重要参考条件。久而久之，论资排辈就成了一种文化，成为人员晋升的无形条件。

第二，创新能力弱化，组织活力降低。当论资排辈盛行之后，年龄的高低，大体就会与管理岗位层级的高低相对应，管理权限和资源掌控，大体也会与年龄大小相匹配。由此，在每一个岗位上，相对年轻的人员，就难得有资源和机会从事关键而重要的工作。这必然导致创新能力的弱化。

近些年，一些电视媒体组织的自然老化所带来的这些弊端，已经清晰显现。电视媒体行业创新力不足、战略方向不清晰、战略定力欠缺、面对新媒体的冲击难有还手之力等现象，即是明证。而对于相当一部分电视媒体，情况可能更为严峻，因为他们已经进入组织自然老化进程的末端，只能靠人员的离退休来更新组织的管理人员。这一状况，对于组织的创新能力、活跃能力、吸纳接受能力消解严重。这对电视媒体的发展，几乎具有不可破解的危害！

对管理岗的过分追求与推崇，导致专业岗的式微，使电视媒体业务人员的职业尊严与工作状态双双失衡。而管理岗位呈现的晋升"低天花板"效应，又导致诸多管理人员的晋升通道狭窄、晋升速度缓慢，其工作的主动性和创造力都受到削弱。这两个现象，碰撞上超稳定的人才结构和自然老化的组织，让电视媒体的人才离散问题日益严重。我认为，要解决组织架构中解决人才离散的问题，还是要从改变单一层级决策主体的组织架构上着手。单一层级决策主体的问题不解决，人才离散问题就会一直困扰着电视媒体。

解决之道 从单一层级决策主体到多层级决策主体

　　电视媒体内部存在诸多问题，在决策、绩效评估、成本控制、创新、团队文化建设、组织老化与人才流失等诸多方面均有表现。这些问题，近些年探讨者众多，解决方案众多。只是，这些解决方案，就事论事者多，触及深层次原因者少，因此，难以奏效。笔者认为，形成如上问题的深层次原因之一，就是电视媒体采用的单一层级决策主体的组织架构，已经不能适应电视媒体高速扩张所带来的变化。电视媒体应该变单一层级决策主体为多层级决策主体，采用内部授权方式，下放权力，分级决策，形成多层级决策主体的组织架构方式。电视媒体总部可以借此缩小决策范围，缩短管理半径，达到提高决策和运行效率的目的。唯有如此，才有可能解决当下困扰电视媒体的诸多问题。只要电视媒体不改变单一层级决策主体的组织架构方式，电视媒体的困境就难以消除。

　　一个组织，一个机构，采用什么样的组织架构，并没有固定的模式，适合就好。电视媒体采用单一层级决策主体的组织架构方式，也是历史形成的，曾经支撑电视媒体多年的高速发展。只是，当这种单一层级决策主体的组织架构模式，与电视媒体近些年高速扩张的大背景相重叠时，电视媒体在管理与运行上力有不逮的趋势就越来越强了。

　　随着电视媒体组织规模的极速膨胀，诸多变化伴随而来：频道大幅增加、业务日趋多元、人员越来越多、决策事项越来越繁杂、利益诉求越来越多样化……但是，曾经的战略规划、业务模式、人力资源、财务运行、绩效评估、薪酬体系、纪检监察、党风廉政等一众管理监督主体，依然是原来的模式，依然是原来的规模，依然是原来的文化，依然是原来的管理方式……于是，冲突重重，矛盾加剧：决策效率低和决策不充分同时出现，激励机制日益弱化，成本难以有效控制，创新效益递减，个性化团队文化逐渐消弭，人才进入退出机制难以建立，组织走向自然老化……这些弊端带来的直接后果，就是组织的效率降低，效益下滑。

其实，很多电视媒体都已经充分认识到了这种变化，也捕捉到了这种变化带给电视媒体的种种弊端。为了解决这些问题，这些电视媒体在改革上进行了诸多尝试。

"两剂药方"

电视媒体开出的"两剂药方"，分别是频道制和扁平化。

"药方"一：频道制

多数电视媒体解决上述问题的切入点，都是从调整组织架构入手。

此前，电视媒体的组织架构，通常采用的是台—中心—部门—栏目（科组）四级管理层级再配以相关职能部门的结构，这是典型的直线—职能制组织架构，即我们通常所说的金字塔式组织架构。在这样的组织架构中，高层、中层、基层管理者组成一个金字塔，最高管理层位于金字塔顶，他们的指令通过一级一级的管理层，最终传达到执行者；而基层的信息通过一层一层的筛选，最后反馈回最高决策层。在电视媒体这样的组织架构中，"中心"层级承担着至关重要的作用，它通常管理一个到多个频道，是事实上的管理主体。"中心"的组成主体是部门（请注意，并不是频道），部门的管理对象是栏目和科组。"中心"通过对部门的管理，来行使自己的管理与运行职责。

我们可以发现，在中心制的组织架构中，管理的主体不是以产品——频道来划分的，而是以部门来划分的。作为电视媒体基本产品形态的频道，被弱化甚至虚化了。这种模式，形成了电视媒体在管理上的最大弊端：作为基本产品单元的频道，其管理主体缺位，当然，责任主体也就自然缺位了。

因此，电视媒体首先要解决的是频道的管理主体和责任主体的问题。只有管理主体明确了，管理才能有的放矢，责任才会清晰，电视媒体的运转才会顺畅起来。

于是，频道制应运而生，成为电视媒体在组织架构上采用最多的方式。

电视媒体改中心制为频道制，首先，建立了以频道总监为核心的管理机制，频道总监对本频道全面负责。其次，打破部门界限，取消大部分部门建制，频道直接操控栏目，在整个频道范围内整合各种资源。

频道制在 21 世纪初期试点后，迅速成为电视媒体的主流组织架构模式。

"药方"二：扁平化

电视媒体的运行效率不高，如同电视媒体缺少基本产品—频道—管理主体的弊端一样，已经成为公论。多数电视媒体将提升组织运行效率的措施锁定在组织架构的扁平化上。并且，大部分电视媒体将频道制与扁平化同时推进。

如前所述，在中心制组织架构方式下，电视媒体的管理层级分为四级：台—中心—部门—栏目（科组）。采用频道制后，频道代替"中心"成为真正的管理主体，电视媒体第一次以产品（频道）为"中心"，实施管理并且进行资源配置。这是频道制相对于中心制的最根本变化。

与此同时，与频道制相适配，多数电视媒体还同时对机构设置进行扁平化设置。手段有二，一是减少组织架构层级，二是减少每一管理层级的管理岗位设置。所谓减少组织架构层级，就是基本打掉部门这一层级，由原来的中心—部门—栏目三个层级，变为了频道—栏目两个层级，频道开始直接管理栏目。而减少管理岗位，则是大幅减少各个层级上的管理人员，同时裁撤现有体制中各级办公室和众多的行政人员、服务人员。

通过这种调整，电视媒体的管理层级有了实实在在的减少，而管理岗位和行政辅助人员的规模，也大幅降低。单就扁平化而言，电视媒体的目标基本实现了。应该说，组织架构扁平化是中国电视媒体在管理实践中一次非常有价值的尝试。

疗效的限制

那么，效果如何呢？

频道制和扁平化，为饱受诸多困扰的电视媒体，吹来了一股清新的风。可以说，这"两剂药方"，是电视媒体多年来对自己实施的最大"手术"。不仅需要极大的勇气，也需要高超的智慧——毕竟，这是触及电视媒体多年利益格局的最大变革。而改革效果也比较明显，在实施频道制和扁平化的电视媒体中，相当一部分的运行效率有了明显提升，收入也同步增加。改革初见成效。

但是，很遗憾，这种改革效果，很快就遇到了"天花板"。组织的运行效率在经历迅速提升之后逐渐恢复常态，收益指标在经过爆发式增长之后也回归正常。改革红利很快就消失了。

所以，当我们把时间跨度放大之后，电视媒体实施的频道制和扁平化对于改善电视媒体的效率与效益，总体而言效果有限。电视媒体近些年步履日益沉重，市场竞争力降低，影响力减弱，即是事实上的证明。准确地说，频道制和扁平化只是在某些方面减轻了病症的严重程度，减少了病症出现的频率，但终极结果，并不达到预期。但是，这并不是频道制和扁平化本身出了问题，而是在当下单一层级决策主体的组织架构方式下，这样的措施，对于电视媒体来说难以起到应有的作用。

先说频道制

频道制的作用，一是解决了频道管理主体弱化或者虚化的问题，简单表述，就是确认了频道的管理主体地位；二是减少了频道内部的层级，管理与运营开始扁平化。

但是，频道制并没有解决电视媒体存在的根本问题。因为，电视媒体的整体管理方式并没有改变，改变的只是由原来的管理各个中心，改为频道制之后的管理各个频道。而电视媒体在决策方式、决策流程、决策项目、决策执行上，并没有大的改变。因此，电视媒体存在的决策速度慢、决策质量低、战略决策缺失与战略规划滞后等根本性问题，并没有因为实施频道制而得到根本性改观。而且，由于频道的数量多于中心数量，频道制之后，电视媒体管理的主体反而增多了，这还导致某些方面的问题变得更加严重。同样，我们在本篇前面几章所描述的其他几个问题，如绩效评估方式、成本核算方式、研发创新方式、个性文化建设方式、组织更新方式、人才进入退出方式等，在实施频道制之后也没有解决。所以，电视媒体的频道制变革，只是解决了一些局部问题，对于电视媒体的整体层面，作用有限。

再说扁平化

与电视媒体规模不断扩大相伴的，是组织半径过长、管理层次增多。这一状况，必然降低组织对环境和市场变化的快速感应与适应性能力。因此，组织架构的扁平化设置，就成了必然的选项。

电视媒体在组织架构上扁平化的本意，是革除组织内部层次重叠、冗员过多、组织机构运转效率低下等弊端，让信息流动速率变快，运营效益提升，实现高效率、低成本、专业化的目的。

但是，与频道制一样，电视媒体的扁平化设计，对于电视媒体的效率与效益，也没有在根本上起到相应的促进作用：决策链条是缩短了，但是电视媒体总部的最终决策事项并未减少，决策效率就没有得到根本改善；沟通层次减少了，可与之伴随的沟通人员也变少了，但沟通任务并没有减轻，沟通效果未见提升；管理岗位减少了，运行成本降低了，但是对一线生产部门的支持和支撑也相应减少了，针对性减弱了……这些状况，在某种程度上促使电视媒体总部在人事、财务、技术等资源和资金权限上再次扩充，在组织成本加大的同时，组织效率与效益在某些方面比以往并无明显好转。凡此种种，次生问题不断出现。

背后的羁绊：单一层级决策主体

频道制与扁平化持续效果不彰的最主要原因，是电视媒体的频道制改革，只走了第一步，而没有走第二步。换句话说，频道制改革不彻底。

我国电视媒体频道制改革的主要内容是，明确了频道的管理主体地位——频道之下的所有组织（栏目、科组等），全部由频道来管理。这种变化的最大内涵，是把频道认定为产品的责任主体。由此，电视媒体完成了以频道为单元的产品管理主体和责任主体的聚合，这是频道制与中心制的最大不同，也是在中心制基础上的巨大进步。但是，请注意，频道仅仅是管理主体和责任主体，它并不是决策主体！此时的频道并没有独立的决策权，人力资源、预算制定与分配、业务布局等事项的决策权，依然归电视媒体总部和相关管理部门所有。这在事实上形成了一个矛盾的状态，频道管理层要承担频道运营过程中的所有责任，但是频道并不能根据频道运行状况和市场竞争变化来调动和配置频道所需要的资源。这必然造成频道的责任与权限的分离。而权责不对位，是组织管理与运行的最大障碍。电视媒体实行频道制后，虽然在个别方面有所变化，但是其整体运转效率和效益难有彻底改观。近些年，电视媒体的步履日益沉重，也说明频道制改革并没有起到相应的作用。

　　扁平化所遇到的问题，与频道制基本相同。电视媒体运行效率与决策效率低下的原因，并不仅仅在于管理层级的多少和管理岗位的多少。更主要的原因是：在过度膨胀的组织中，单一层级决策主体，已经无法驾驭和管理庞大的组织。对于现行架构下电视媒体的最高决策层而言，决策事项不会因为组织架构层级的减少而变少。在这样的组织架构之下，运作效率高低、沟通成本大小取决于最高决策层能否分解决策事项——如果最高决策层将所有决策集中于自身，则决策链条就会变长，沟通成本就会变大，运行效率也就会自然降低；如果最高决策层将决策事项进行分解，将一部分最终决策项目授权给频道等中层组织，则决策链条就会缩短，沟通成本就会变小，决策效率也会相应提升。因此，减少管理层级和减少管理岗位，并不能天然解决组织运行效率问题。我们必须明白，扁平化不是组织变革的目的，它只是提升组织运行效率的一种手段。扁平化只有与适合的组织架构和决策方式相适配的时候，才会发挥提升组织运行效率的作用。显然，影响当下电视媒体运行效率的关键因素，不是组织架构不够扁平，而是单一层级的决策方式。因此，只有打破当下既有的平衡，电视媒体才会重新破茧重生。

　　因此，电视媒体在频道制改革组织架构扁平化之后，迫切需要迈出第二步——分解电视媒体总部决策层的决策事项，授予频道相应程度的决策权。大体而言，电视媒体总部除保留频道的定位确认、战略制定、业绩下达、重要人事任命、总体预算确认、绩效评估、重大业务协调等重要权利之外，把与频道运行和运营相关的决策权下放给频道，让频道成为人力资源、财务运营、业务管理和市场应对的实际决策者，让频道的决策权和管理权合二为一，成为真正的管理主体。只有如此，才会一方面精简电视媒体总部的决策事项，提升电视媒体的决策效率，另一方面释放频道的能量，提升频道的市场竞争力。

　　而电视媒体之所以迈不开频道制改革的第二步，根本原因，就在于电视媒体当下所采用的单一层级决策方式所带来的羁绊。引申而言就是，电视媒体当下巨大的组织规模与单一层级决策主体之间，产生了无法调和的矛盾。

　　一个组织的管理边界通常由两个指标来决定：组织成本和交易成本。当组织内部的管理成本过大，导致组织效率降低时，就通过分拆组织的方式来降低组织成本；当组织之间的交易成本过大，就通过并购方式来减少责任主体，通过组织的一体化管理，降低成本，提升组织效率，增加组织效益。

　　这里面重要的逻辑，是组织的效率与效益。组织架构是否合适，标准就是它对组织的效率与效益是否产生正向的影响。只要组织架构降低了组织的效率，减少了组织的效益，就必须调整。

　　因此，组织的架构并不是一成不变的，它必须随着组织的战略、规模、技术、环境等因素的变化做出相应的调整。我国电视媒体从无到有、从小到大，组织规模不断扩大，管理半径不断延伸，竞争环境不断升级，但组织架构方式没有改变过，一直采用的都是直线—职能制（金字塔式）组织架构方式。这种组织架构模式在决策上的最大表现，就是决策主体层级的单一性。只是，这种对于电视媒体发展曾经起到过积极作用的决策方式，伴随着电视媒体近些年组织规模的迅速庞大，已经成为阻碍电视媒体发展、产生种种问题的病源。我们在本篇中描述的电视媒体存在的六大问题，都可以在单一层级决策主体上找到病根：

　　决策问题。当下电视媒体决策效率与决策质量的双低，根本原因不在于决策层级的复杂和决策链条的漫长。决策层级复杂和决策链条漫长，只是表象，其实质是电视媒体总部的决策事项过于繁杂。而决策事项繁杂的原因，源于组织规模扩张所导致的决策半径过长和业务品类大幅增加。当下电视媒体的决策问题，根本上还是单一层级决策主体对于组织半径过大、业务日趋多元所导致的决策事项过多、决策内容复杂的力所不及。换句话说，如果决策事项减少或者单一，即便是决策层级、决策链条长，决策效率和效益也可以控制。因此，只有减少电视媒体最高决策层的决策项目，化繁为简，才能解决电视媒体决策效率、决策质量双低的问题。这个目标，只能通过改变单一层级的决策方式才能实现。

KPI 问题。电视媒体 KPI 达不到考核目标，根本原因在于考核对象的多元、利益主体的多元、立场判断的多元。要解决这一问题，必须采用分类考核、分项考核的方式。但是，这在单一层级的决策方式之下难以实施。因为，前面几章我们已经阐述，单一层级决策主体的组织架构，让综合管理部门既无专业能力也无工作动力去透彻理解所有频道的业务目标，也就无法制定与实施分类考核方案，因此，也就无法确定支持这种考核方式的薪酬和激励体系。电视媒体只有缩小管理范围，分层决策，各司其职，才有可能解决这个问题。

成本问题。成本控制的目的是提高投入产出比，以此来评估成本主体的效益。成本核算只是手段，考核效益才是目的。但是，在单一层级决策主体管理方式下，总部的管理部门，没有相应的能力和专业知识来确认多个成本主体（主要是频道）的精确成本，也就无法计算精准的投入产出比，当然也就无法评估作为成本主体的频道的效益了。不仅如此，电视媒体总部强行确认频道的投入产出指标，实际上还造成了严重的资源错配，障碍了频道的正常运营。只有分层决策，电视媒体的投入产出问题，才有可能得到解决。

创新问题。创新乏力的背后是创新责任主体的缺失和由此导致的创新动力的缺失。动力来自责任，来自权责适配的机制设计。在当前电视媒体的创新实践中，频道出于担心自己的地位被替代、资源被占有的自身利益考虑，而不愿向创新倾斜；而独立的研发中心因为不掌握核心播出时段资源和创新所需的人才，也无力进行真正的研发创新工作。两相作用，导致电视媒体创新乏力，收效甚微。只有向频道下放相应的决策权，明确频道的创新责任主体地位，建立清晰的创新约束机制，才能解决创新乏力的问题。

个性文化消弭问题。多元的个性文化，一定是以多元的主体为基础的。有百家才能争鸣，有百花才能齐放。电视媒体只有通过多元的考核目标才能构建多元的个性文化。但在单一层级的决策模式下，绩效评估、薪酬激励等只能采用大一统的模式，这种考核方式的单一，也必然带来团队文化的趋同，个性文化也就无从建立，组织的创造力、创新力也就难以培育了。

人才问题。决定人才聚合的，不仅仅是薪酬待遇，还有发展空间、社会地位、职业荣誉等多种原因。授人以鱼，不如授人以渔，创造让人才生长发展的优良环境，才是集聚人才、防止人才流失的最好办法。但是，单一层级决策主体所导致的组织"天花板"降低和组织的自然老化现象，对人才的吸附能力大幅降低，致使人才离散成为电视媒体的重大问题。

如上六大问题背后，都闪烁着单一层级决策主体的身影。而解决这些问题，也必须从改变电视媒体单一层级决策主体的组织架构方式开始——缩小电视媒体总部的决策范围和决策事项，下放相应决策权给频道，建立起电视媒体总部与频道分层决策、各司其职的多层级决策机制。

从金字塔式到事业部制：向多层级决策主体组织架构升级

如上所述，采用直线—职能制组织架构方式（金字塔式组织架构方式），限定了电视媒体只能采用单一层级决策主体的决策方式，由此形成了电视媒体的种种弊端。而要解决这一问题，也必须从组织架构入手。方案之一，就是把电视媒体从直线—职能制组织架构方式向事业部制的组织架构形态升级。

事业部制

所谓事业部制，是为满足组织规模扩大和多样化经营对组织机构的要求而产生的一种组织结构形式，它主要适用于产品品类较多、产品各有独立市场且市场环境变化较快的大型组织。其设计思路是：在组织总部领导下设立多个事业部，把分权管理与独立核算结合在一起，按产品或按地域属性划分经营单位，即事业部。每个事业部有自己的产品和特定的市场，能够完成某种产品从生产到销售的全部职能。事业部不是独立的法人主体，它受组织总部的宏观领导，但具有较大的经营权限，对产品设计、生产制造及销售活动负有统一领导的职能。事业部要独立核算、自负盈亏，是一个利润中心。从经营的角度上来说，事业部与一般的公司没有太大的不同。

事业部制组织结构遵循的基本原则是"集中决策、分散经营"，即重大事项由组织总部决策层进行决策，各个事业部独立经营。在决策上，事业部制的最大特征，是组织的总部与事业部之间的分权管理。总部只掌握重大问题决策权，在总部层面的权力，包括组织整体的发展战略、发展方向、业务规划、核心能力培养、财务资产结构等权力。总部在事业部方面的权力，则包括事业部的重大人事决策权、预算控制、绩效评估、监督等权力，并通过利润等指标对事业部进行控制。这种由总部和事业部分享决策权与管理权的设计方式，可以把组织的总部从日常生产经营活动中解放出来，集中精力和资源确定组织的战略与发展，感知市场的竞争与变化状况，了解行业的发展趋势，同时在宏观上对事业部进行管控，对组织的重大事项进行决策。而事业部作为独立的利润中心，在总部决策层的授权下，将拥有如下权力：较大的经营自主权；对下属部门的绝对领导权；对下属管理人员的人事管辖与任免权；预算的控制使用权；市场策略与营销决定权；一定的投资权……而各事业部之间的协作与交易，则要模拟市场方式进行，按照市场规律运作。

概括而言，事业部制的最终目的就是，在组织总部统一的发展规划、发展战略的框架下，事业部充分行使自己广泛的经营自主权，达到自身的充分发展，以此来提升组织的整体实力。

对照起来，电视媒体当下的发展状况，与采用事业部制组织架构方式的要求与特征极为吻合：组织规模迅速扩大；频道（产品）数量大幅增加；不同的频道（产品），面向不同的受众，互不相同；频道可以独自完成节目的策划、拍摄、制作和播出，能够形成完整的闭合；各个频道的广告市场各不相同，市场策略和营销方式各异……可以说，当下的电视媒体是采用事业部制组织架构方式的典型组织形态。

电视媒体进行事业部制组织架构改革的具体做法是：以频道为单元，组建多个频道事业部实体（那些频道定位相同、业态相似的频道，可以采用频道集群方式捆绑组成事业部实体）。媒体总部在保持频道战略方向、频道定位确认、频道重要人事任免、频道业绩下达与考核、频道经营预算等重大决策权力之外，向这些频道让渡一部分管理权限，让这些频道的责任与权力合为一体，成为独立决策、自主运营的决策主体。

这些以事业部制方式运营的频道，在电视媒体总部领导下，建立具有完整权限的组织架构，包括总编室、人力资源部门、财务部门、广告经营部门、版权运营部门等，在总部授予的权限内，独立开展业务，独立面向市场。以此方式来激发频道的内在活力，提高决策效率，提升管理能力，增强市场竞争力。这些频道要以利润中心的身份，接受总部的管理、考核和监督。

如此，电视媒体通过内部授权的方式，完成了从单一层级决策主体向多层级决策主体的转变。电视媒体由此迈入统一规划、分级决策、频道独立生产运营的运行方式。

频道事业部制的效用

采用事业部制组织架构，对于电视媒体总部而言，积极作用至少会在下面五个方面体现出来：

第一，电视媒体总部决策层效率提高。总部向频道让渡了部分决策权和管理权之后，相当于缩小了组织的管理半径，缩减了决策流程，减少了决策项目，决策效率的提升就是水到渠成的事情了。部分权力下放，特别有利于最高领导层摆脱日常行政事务和直接管理具体经营工作的繁杂事务，让领导层成为坚强有力的决策机构。

第二，电视媒体的宏观规划得到强化。总部可以将更多的资源和精力放在电视媒体的战略、规划上，可以对行业发展趋势、媒体技术变革进行深入观察与研究，从而布局未来，投资未来。这不仅关乎电视媒体未来的发展，也关乎电视媒体当下的生存。近些年，电视媒体在产业布局与发展上成效不大，在媒体融合上步履沉重，很大的原因，就是电视媒体被众多具体细微的决策与管理事项绊住了手脚，无法在这两个重要事项上投入足够的资源和精力。

第三，总部对于频道管理的精确度大幅提升。在单一层级决策主体架构下，因为频道缺少管理权限和手段，总部必须代行频道的栏目与节目的绩效评估职能，这不仅加重了总部的决策与管理负担，更重要的是，电视媒体总部还因此忽略了对于频道的绩效考核评估。近些年电视媒体频道定位游移，娱乐化泛娱乐化盛行，就是忽视了频道考核评估的真实写照。实行事业部制，采用总部和频道双层决策方式，可以让电视媒体总部集中资源和精力重点考核评估频道的业绩，充分研判频道的市场状态和发展趋势。这对于提升频道的竞争力，进而增强电视媒体的整体实力，作用甚大。

第四，有利于培养全面型管理人才。事业部制将使频道总监成为面向市场、行使独立决策权的领导者。虽然单个频道的体量不大，但是，由于事业部制架构下的频道自成系统，独立经营，它相当于一个完整的组织系统，因此，频道总监将会经受组织高层管理者所面临的诸多考验。显然，这有利于培养全面型的管理人才，为电视媒体的未来发展储备干部。事实上，单一层级决策主体下的电视媒体，特别缺少具有独立管理一个完整组织的经历与经验的管理干部。很多电视媒体的高层管理者，虽然大部分都有独立管理频道的经历，但是因为频道不是一个完全独立的管理主体，因此，这些高层管理者实际上缺少对外独自面对媒体市场竞争环境、对内完整掌握管理资源的经验。这也是电视媒体整体管理水准有所欠缺的原因之一。

第五，促进竞争活力。责权合一的各个频道事业部，独立决策，自主经营，是一个完全的利润中心，其业务战略、资源配置、市场竞争手段等，全部由自己决定。因此，管理层对于频道的媒体影响力和经营效果，也负有完全的责任。这种状况，非常有利于频道之间的比较。而各个频道的业务，总体上都是电视节目制作与媒体运营领域，相似性很强。两相交叠，必定强化频道之间的竞争。这种竞争，对于促进频道业务发展，增强频道活力，进而提升电视媒体的整体实力，具有极大的促进作用。

事业部制组织架构，不仅对于电视媒体总部会产生如上的积极效益，对于频道而言，也会显现不曾有过的优势：

其一，频道内部的决策效率自然提高。

其二，栏目的绩效评估精准有效。频道成为真正的市场主体之后，对于受众需求和市场状况，具有天然的敏感度。因此，对于栏目和节目的绩效评估，频道一定是在符合频道定位和整体效益的前提下制定具体方案。这就避免了此前频道与栏目方向不重合的问题。

其三，研发创新获得重视。频道作为管理与决策主体，将会极大地促进研发创新工作的发展。因为没有创新，频道就没有未来。市场竞争与总部绩效考核的双重约束，必将促使频道加大创新研发的投入。而加大创新投入，就会催生频道的内部创业热潮，让人员在不同主体之间流动成为可能，新人涌现的概率会大大增加，这将会撼动电视媒体论资排辈的顽症，组织自然老化问题也有望消解。

其四，人才困局渴望破解。频道作为利润中心直面市场，必然带来对于专业人才的依赖与需求，由此，极大地增加了破解电视媒体近些年人才离散困局的可能性。为提升节目品质，频道必须整合频道乃至电视媒体的现有人力资源，又由于频道手握人力资源的独自决策权，这将支撑频道出台聚集社会化人才的措施，甚至打开社会化制作的大门。这对于打破电视媒体封闭运行的格局，解决人力资源稀缺困境有极大推动作用。

其五，个性企业文化会逐渐生长。频道作为管理与决策主体，将会制定适合频道特色与发展的诸多规则，这些规则将会逐渐趋同频道人员的行为，进而形成健康与适宜的观念。这将会催生与频道相匹配的个性文化。而个性文化，是构成一个组织的核心竞争力的重要体现。

频道事业部制可能出现的弊端

当然，组织架构调整，是一个复杂的工程。无论是电视媒体总部还是频道，必须在调整过程中，充分认识和重视可能出现的问题，提早制定应对之策：

成本加大问题。对于电视媒体总部而言，下放部分管理权和决策权，会大幅降低人力资源投入和管理费用，由此实现了总部组织成本的降低。而降低组织成本，是电视媒体变革组织架构的重要目标之一。但是，必须清醒地认识到，总部组织成本的降低，不等于频道的组织成本同样降低。相反，由于频道成为决策和市场主体，需要增加业务规划、人力资源管理、财务运营管理等部门，需要加大频道内部的管理和运营成本。可以说，电视媒体总部减少的组织成本，以交易成本的形态呈现出来。而且，这个交易成本，远远大于总部减少的组织成本。但是，这种成本的加大，是电视媒体必须要补交的学费。准确地说，不是现在的管理成本大了，而是原来的管理成本太小了，现在需要还债！

本位主义滋生问题。各个频道成为独立的市场主体之后，要独立运营，独立考核。这种总部与频道各司其职的状态，会导致某些时候频道的利益并不总是与总部保持一致。这种状况如果不加以约束，会使频道的本位主义滋生，严重起来还有失控的风险，对组织造成伤害。如何既能够保持频道的市场竞争力，又避免频道侵袭组织的整体利益，这既需要提升总部的管理能力，增强总部的判断能力，也需要制定相应措施，防止各个频道以局部利益伤害组织的整体利益。理想的结果，应该是达成动态平衡。

管理人才缺乏问题。频道成为管理和决策主体，第一，就是要为频道配备既有电视专业知识，又具有独立管理组织、独立面对市场的全面型管理人才。而这恰恰是电视媒体的重大缺失。市场竞争，从来就是人才的竞争，而中高层管理者，又是重中之重。

高层次上的低效率问题。效率和效益会成为新的组织机构的问题。频道成为独立的运营主体，要建立相应的管理部门，这可能会形成总部与频道的职能机构重叠，造成人员冗余和浪费；各频道只考虑自身利益，频道之间的业务合作与沟通可能会被完全的经济关系所替代。这些现象，都会在另一个维度上扼杀组织的效率与活力。因此，在组织架构变革之时，就必须制定相应的破解措施。

频道之间无序竞争问题。各个频道事业部都是独立的利润中心，都有自身的业务发展与市场竞争压力。在电视市场上，各个频道的定位和目标受众难免会有交叠，而电视节目的线性收看特性决定了电视观众在同一时间只能收看一个频道的电视节目。因此，频道在利益最大化动机的驱使下，会出现频道间无序竞争甚至恶性竞争的状况。这不仅对频道构成伤害，对于电视媒体也是一种灾难，必须提早制定防范措施。

完善频道事业部制的两个重点

为避免频道事业部制的上述种种弊端，最大限度发挥频道事业部制的效能，电视媒体必须在如下两个方面同时着力。

第一，完善总部职能。

事业部制与直线—职能制，其总部职能有很大不同。如果说，在直线—职能制组织架构中，总部承担着相当大的具体管理职能，那么，在事业部制的组织架构中，总部承担的更多是宏观管理职能。具体而言，战略管理、政策管理和企业文化建设是媒体总部最为主要的职能定位。

战略管理主要包括三方面的内容，一是确定媒体的战略目标和发展方向，二是确定各个频道的定位及业务形态，三是确定资源的配置与使用方式。政策管理也主要包含三个方面的内容：人力资源政策、财务政策和绩效考核评估激励政策。企业文化建设的主要内容是确定媒体的核心价值观和文化准则。

需要注意的是，媒体总部各个综合管理部门的主要职责要围绕媒体总部的宏观管理职能来设计。对媒体总部，这些部门要为高层的决策提供信息和专业支持，从职能部门的角度提出政策建议，从专业化管理的角度搞好体系建设和规范制定。对频道事业部，这些部门则主要对其业务进行协调、指导和考核，同时，平衡频道事业部之间的利益冲突，让媒体的资源配置效益最大化。一般而言，这些综合管理部门不直接对频道事业部下达指令。

第二，精准频道职能定位。

事业部制下的频道，其权责与运营方式，与以往的频道是截然不同的。产生这种变化的最大原因，就是频道事业部成为自主决策、独立运营的利润中心。

首先，体现在权责变化上。频道拥有了比以往大得多的自主权利，包括：制定业务层级的竞争战略权、频道内部的节目生产经营自主权、总预算下的预算审批权（甚至包括一定范围内的投资权）、频道管理层级以下的人事任免权、对下属栏目与科组的奖惩权等。当然，有了这些权利，相应地，也要承担这些权利所对应的责任。

其次，体现在职能上。频道的职能主要包括如下四个方面。一是以媒体总部总体战略为依规，制定频道在业务层次上的发展与竞争战略，并确定具体的实施计划和方案。二是作为管理主体和监督考核主体，频道对所属栏目和科组直接下达软硬两种工作指标，软性指标包括传播力、引导力、影响力、公信力等，刚性指标则包括收视指标和收益指标，并据此进行考核和监督。三是统筹、协调、管理和指挥频道内的节目生产、研发和营销活动。四是及时向总部反馈市场变化信息，积极配合总体战略计划的制定。

如上，是本书第一篇的内容。

我们从分析电视媒体采用单一层级决策主体组织架构方式所导致的弊端开始，到建议电视媒体采用多层级决策主体组织架构方式来化解这些弊端结束。其间，分析了电视媒体的六大问题。其实，我们非常明白，电视媒体的六大问题，并不会因为采用事业部制的组织架构方式而自然消除，电视媒体调整组织架构的行为，也不会一夜之间就效果尽显。更何况，这六大问题的起因，单一层级决策主体只是主因，并不是全部原因。解决问题需要时间积累，组织架构调整也需要过程磨合。但是，这一步，必须迈出去！因为方向比速度重要！我深信，组织架构调整是电视媒体未来进程的方向，值得破釜沉舟，放手一搏！

| 第 二 篇 |

电视媒体深层问题之二：资源配置之错

导　言
资源配置之错：播出效益最大化

　　任何一个经营性组织，其业务都有一个基本盘。电视媒体的基本盘，无疑是电视播出。所以，电视媒体围绕电视播出来配置资源，顺理成章。

　　但是，基本盘并不等于全部。电视播出，只是电视媒体业务的一部分。而且，随着媒体业务形态的发展与变化，电视播出在电视媒体业务中的比重，呈现出日益缩小的趋势。因此，电视媒体配置在电视播出上的资源，也应该因时因地因势调整。

　　遗憾的是，我国电视媒体在资源配置上，一直以电视播出为中心，形成了鲜明地追求播出效益最大化的资源配置模式。当电视播出业务在电视媒体业务中比重极大的时候，这样的配置方式，尚可支撑电视媒体的正常运转。当电视媒体业务日趋多元，当电视产业链条迅速延展，当媒体形态开始移型换代，这样的资源配置方式，就把电视媒体禁锢在电视播出业务上而无暇他顾了。这些年，电视产业发展缓慢，新媒体业务步履蹒跚，电视媒体这种资源配置方式，难辞其咎。不改变以播出效益最大化为中心的资源配置方式，电视媒体就难有光明的未来！

上篇主要围绕管理，对电视媒体在决策、绩效评估、成本控制、创新、团队文化建设、组织更新与人才延揽等诸多方面存在的问题进行了分析和阐释。我的结论是：单一层级决策主体的组织架构，是导致电视媒体在管理上产生诸多问题的深层次根本原因。

当然，电视媒体的问题不仅仅存在于管理层面。譬如：

为什么电视媒体一直无法摆脱对广告收入的过度依赖？

为什么关于收视率的作用始终存在争议？

为什么电视媒体在重要版权购买方面话语权日益衰微？

为什么泛娱乐化思潮在"三令五申"之下，依然难以扭转？

为什么专业化频道名实不符，大多走向综合化？

为什么中国电视媒体的产业发展步履维艰，收效寥寥？

……

单一层级决策主体的组织架构，虽然与这些问号的形成，存在或多或少的关联，但它不是产生上述问题的根本原因。组织架构的弊病，更多表现在管理上。而上述一系列问题，则主要与电视媒体的生产与运营息息相关。在序言中我们对电视媒体的核心业务做了界定：它不是制作和播出电视节目，而是为家庭中的受众提供视听服务！但几十年来，几乎所有的国内电视媒体都把制作和播出电视节目，当作自己的核心业务，而不是当作实现其核心业务的手段！

错把手段当作目的，然后围绕这一错误的目的进行资源配置和制度设计，才是产生上述问题的深层次根本原因。我把电视媒体"把手段当作目的"的一系列做法称为追求"播出效益最大化"。正是因为对播出效益最大化的追求，遮蔽了中国电视媒体的视野，才让电视媒体几乎向电视播出业务配置了全部资源，从而阻碍了电视媒体向上游业务和下游业务的布局与延展，导致电视媒体难以形成全媒体产业链条，最终使电视媒体业务单一，体量过小，陷入了当下的困境。

播出—播出效益—播出效益最大化

播出，对于以往的电视媒体而言，几乎是永恒的主题。

第一，播出，是电视媒体实现传播功能的前提。没有播出，就没有传播，就没有电视媒体。

第二，播出，是电视媒体与受众的连接点。没有播出，就没有受众。播出，实现了电视媒体与受众之间的闭合。

第三，播出，是实现电视媒体影响力、公信力、品牌价值的最终环节。没有播出，电视媒体的社会责任和家国情怀就沦为空谈。

第四，播出，是电视媒体实现收入的基础。无论是通过广告完成收入，还是通过收视费来完成收入，没有播出，这一切都无从谈起。

第五，更重要的一点，播出，是媒体实现其编辑部观点的载体。在我国，电视媒体具有鲜明的党性和政府属性，必须要体现党的意志，传播党的声音，反映党和政府的主张。这样的职责和使命，也是通过播出来完成的。

如上所有的一切，都是通过播出产生的。没有播出，就意味着电视媒体的消亡。

因此，电视媒体重视播出，实乃天经地义。

播出如此重要，对播出效益的追求，也就顺理成章了。电视媒体的播出效益，主要体现在稳定的受众规模，栏目、频道和电视媒体的品牌价值，优秀人才队伍的聚集，节目播出所带来的广告收益……这些播出效益的大小，决定着电视媒体在行业里和市场上的地位，也决定着电视媒体能否稳定、健康、可持续地发展。因此，追求播出效益，是电视媒体的天然职责之一。

但是，重视播出效益，并不意味着播出效益就是电视媒体的全部。电视媒体有多种功能，播出，虽然重要，也只是其功能之一，并不是功能的全部。除此之外，电视媒体不能或缺的功能，还包括电视产业的布局和发展。特别是在电视媒体已经进入以产业链条的长度和宽度来衡量的当下，尤其如此。而在新媒体大潮汹涌而来的今天，电视媒体完善自身的产业链条，构建多元业务体系，实现多支点收入支撑，就不仅重要，而且颇为急迫。

电视媒体的产业发展，已经非常成熟。上游，有内容业务等相关产业，下游有渠道、终端等产业。在美国，上游产业的代表，是迪士尼公司，下游产业的代表，是康卡斯特公司，这两家公司的规模与收入，都远远超过任何一家电视媒体公司，而且都完成了对老牌电视媒体的收购：迪士尼收购了ABC，康卡斯特收购了NBC环球。因此，上下游业务和产业，电视媒体都需要布局和发展，而这些业务和产业之中，有相当一部分，和电视播出并不直接关联，有些业务和产业，甚至与电视媒体的播出效益相冲突。电视媒体应该在电视播出业务和上下游业务中，综合布局，均衡发力，才能实现电视媒体的健康持续发展。从另一个角度说，电视媒体只有在上下游业务均衡发展的基础上，才能使其播出业务，得到更为有效的保障。

然而，遗憾的是，我国的电视媒体，却将电视播出的地位，提升到空前的高度，几乎将全部资源，都围绕着电视播出来配置。而对于上游和下游的业务与产业，要么无意识地漠视，要么以非主流业务来对待。这样的结果，导致当下的电视媒体，事业与产业布局失衡，播出效益与产业效益割裂，产业链条过短，收入结构单一。这也是电视媒体无力应对新媒体冲击的主要原因之一。

电视媒体围绕电视播出来配置资源的这种行为，就是我们在前文描述的错把手段当目的的最集中体现——追求"播出效益最大化"。毫不夸张地说，追求播出效益最大化，是电视媒体在资源配置上，犯下的重大错误。它是电视媒体在"单一层级决策主体组织架构"这一问题之外，存在的另一个深层次根本问题。

播出效益最大化：电视媒体最大的资源错配

我们生活在一个充满稀缺性的世界里。资源的稀缺性，要求人们不断寻求更有效的资源配置和利用方式。资源的有效配置，能够保证有限、稀缺的资源获得最大的产出效率。而资源的错配，则是对最优配置状态的偏离。资源配置的方式和手段，是一个组织健康与高效运行的重要基础。

电视媒体因其庞大的受众群体和视听合一的传播属性，一直是我国最具实力也最具影响力的媒体，所拥有的资源也是最丰富的。同时，由于电视行业天然的产业属性和完整的产业链条特点，在互联网科技蓬勃发展的当下，让电视媒体获得了千载难逢的机会，可能成为横跨内容生产、播出平台、传输渠道、智能终端和多维用户等诸多业务与平台的媒体集团，获取一张进入TMT 行业的入门卡。

其实，从 21 世纪初伊始，一些电视媒体就认识到了电视产业发展的重要性，意识到了电视产业对于电视媒体公益性事业发展的支撑作用，提出要让播出业务和电视产业并行发展，建立事业和企业双轮驱动的战略布局。然而，遗憾的是，这种具有前瞻性的正确设想，终因种种限制未能成为现实（下面详述），使电视媒体一直在追求播出效益最大化的路上狂奔不息。

由于单纯、过度地追求播出效益最大化，导致电视媒体几乎将全部资源全部配置到了与电视播出相关联的业务上面，而对于电视媒体相关业务的社会化运作和电视行业的上下游产业，资源配置极少，甚至是有意无意的忽视。这种资源配置上的严重偏误，导致电视媒体的产业，一直难以独自面对市场，只能成为电视媒体业务的补充。这样的状况持续多年，使电视媒体错过了建立全产业链业务的最佳窗口期。当下，在上游的内容版权产业上，电视媒体的力量日渐衰微，在下游的渠道与终端产业及其由此而延展开来的智慧家庭产业，电视媒体几乎是空无，已成看客角色。

那么，电视媒体是如何为追求播出效益最大化而配置资源的呢？

决策资源的错配

上一篇我们谈到，因为采用单一层级决策主体的组织架构，电视媒体的决策效率和决策效益双双受到制约。同时，因为电视媒体对播出效益最大化的追求，让电视媒体的决策事项，绝大部分都是围绕着播出业务来确认。电视媒体的战略、方向、政策等宏观资源，集中在电视节目的规划、制作、推介、营销和销售等上面，一句话，都是围绕着电视播出来部署。对于播出之外的业务，比如产业战略，比如市场拓展，比如产业链建设等，则关注不够，投入不多。这些事项，也很少作为电视媒体的高层决策内容得到应有的重视。

人力资源的错配

20 世纪 90 年代中期，电视媒体成为中国媒体中最具影响力的媒体，从那时开始，电视媒体吸纳了社会各个层面的有识之士，这让电视媒体成为人才数量最多和质量最高的媒体。但是，电视媒体在人力资源配置上，播出业务和市场业务极度不成比例，事业比重和产业比重严重失衡。具体表现在：一是电视媒体本部人才多，集中了全国最优秀的行业人才，但电视产业则很难吸收最优秀的人才加盟，高精尖人才分布在产业上的比例非常低。二是节目制作与播出人才多，管理人才、市场人才、高新技术人才少。三是单一技能人才、守成型人才多，复合型人才和创新型人才少。

电视媒体如此失衡的人才配置状况，自然导致电视媒体的播出业务一家独大，而市场、产业方面的业务，则发展缓慢，步履维艰，电视产业功能严重弱化，其创造巨大效益的潜力难以有效发挥。

财务资源的错配

多年来，电视媒体的财务资源，一直指向两个方面：一是生产和制作电视节目，保障电视播出业务的正常开展；二是设备购置，用于电视节目的采制、制作和播出等，这也是服务于电视播出业务。而对于电视播出业务之外的上下游产业，电视媒体关注既少，投入也非常有限。以当下电视媒体的实际状况印证，电视媒体在上游内容版权上的投入，风头已经被社会公司和新媒体公司抢下，而在下游业务的渠道和终端上面，很少有电视媒体能够形成规模并具有实际运营能力，这也导致电视媒体无法与电信企业和新媒体公司抗衡。电视媒体的融合之路一路走来艰难异常，与此短板具有极大关系。

频道资源的错配

频道的资源配置集中体现在频道的数量配置、内容配置与人力资源配置三个方面。

首先，频道的数量配置。中国电视频道采取的是准入制度，在中国电视发展的早期，频道是稀缺资源，频道很少，当然，电视台更少。这一状况的改变，始于实施"四级办电视"的政策。一时间，我国电视台的数量迅速增加，电视频道数量也相应增长，成为世界范围内的电视奇观。20 世纪 80、90 年代，我国电视产业刚刚起步，电视媒体的效益实现，几乎全部来自电视媒体的播出业务，因此，追求播出效益最大化，就成为电视媒体的不二选项。这一状况，又刺激电视媒体对于频道数量的进一步追逐。于是电视媒体盲目"扩容"频道，导致频道愈来愈多，播出业务所占的比重也越来越大，也因此，播出效益最大化的趋势日趋显著。

原国家新闻出版广电总局发展研究中心 2017 年 8 月出版的全国广播影视发展基本数据显示，截至 2016 年，我国开办的开路电视频道总计 1351 套。如此庞大数量的开路电视频道，在缺失退出机制的背景下，一定会导致恶性竞争，形成对现有资源的掠夺性争抢，电视媒体有限的决策资源、人力资源、财务资源等，只能向电视频道倾斜。这一状况，与电视媒体缺少产业布局的战略性与前瞻性相叠加，必然会导致电视媒体的事业与产业发展严重失衡，电视媒体的产业链条，也就难以形成了。

其次，是频道的内容配置，主要体现为内容的生产制作与排播。频道是电视媒体运作和经营的基本单元。频道作为播出时段的拥有主体，在电视媒体内部具有很强的话语能力。频道的内容资源配置应该遵从频道的定位和目标观众的收视偏好与习惯。通常，考核电视频道的刚性指标有两个：收视效益与广告收入。无论收视还是广告，都要通过播出来实现。这在某种程度上，会有意无意地推动频道更多地制作和播出那些可以获取更高收视效益与更高广告收益的节目内容，极端者甚至可以牺牲频道定位、忽视分类观众的收视需求。这就必然导致频道畸形地重视播出效益，于是，追求播出效益最大化就成了必然的选项。当前电视媒体的很多专业频道呈现综合化趋势，许多诸如体育、财经、青少等专业化频道，大量播出电视剧、综艺节目等大众化节目，出现泛娱乐化和收视率崇拜等倾向，从而导致专业化频道名实不符，即是这种认知的体现。这些频道不仅在电视媒体内部与其他频道争抢观众，也让分众化观众的收视诉求得不到有效满足。同时频道出于自身预算和用人等诸多利益考虑，对于播出资源的社会化运作，也会产生天然的抵触情绪。这些状况，都是追求播出效益最大化弊端的最好注脚。

也因此，电视媒体的资源，就难以向播出之外的电视产业进行配置，电视媒体事业和产业双轮驱动的战略就难以实现，电视媒体的长远利益也就难以保障了。

版权资源的错配

电视媒体对于播出效益最大化的追求，导致电视媒体在购买电视剧、体育赛事、纪录片、大型综艺节目等高市场价值的节目版权时，更多以播出为诉求，而较少甚至不考虑这类版权节目在播出之外的价值。体育、影视剧、少儿节目等，产业色彩浓厚，是市场价值极高的内容版权品类。当电视媒体以播出效益最大化的思维来评估这些品类的版权价值时，其播出利益就会凌驾于电视媒体的综合利益之上，播出之外的权益自然被忽视，导致原本能够多元收益的版权内容，萎缩成为播出效益。这不仅让电视媒体的整体利益受损，综合效益下滑，还极大阻碍了电视媒体向构建电视媒体产业集团的方向发展。

经营资源的错配

有两个现象，可以大体说明电视媒体对经营资源配置的失衡：一个是播出收入（广告收入）占电视媒体总体收入的比例，一个是电视媒体用于播出业务的资金投入占总投入的比例。在我国电视行业，除了个别电视媒体、大多数电视媒体，这两个数字，大约都在 80% 以上。这也说明，我国电视媒体的收入结构与投入方向，都严重向电视媒体的播出业务倾斜。而对于电视媒体的产业发展，则重视不够，投入不足，造成电视产业体量偏小，布局单一，链条偏短，营收有限，从而导致电视媒体的转型升级困难重重，面向未来和抗击打的能力，极为欠缺。

综上我们可以看出，在播出效益最大化的生存逻辑下，电视媒体必然将核心资源尽可能配置在与电视播出相关的业务上。在这样的背景下，电视媒体既没有动力也没有方法以电视媒体产业化为目标来配置资源，导致电视媒体在战略层面忽视电视媒体的综合效益、产业布局和未来发展。电视媒体由此难以形成持续的盈利能力和综合变现能力，也就不足为奇了。

播出效益最大化：曾经合情合理

电视媒体追求播出效益最大化，有其历史延承。

中国电视已经走过 60 多年的历史。从 1958 年 5 月 1 日，中国首座电视台、中央电视台前身——北京电视台实验性播出开始，到 1978 年之前，电视一直是公益性事业性质，依靠财政拨款作为生存发展的支撑。党和各级地方政府赋予电视的功能是政策发布、舆论引导、社会教育等社会责任。这一时期，电视台履行社会责任的载体是电视节目，而完成这些社会责任的前提则是节目播出。只有电视节目成功播出，才可能产生预期的社会效果。播出效益，成为检验电视媒体成效的唯一指标。所以，电视媒体的所有业务，无论是电视节目制作，还是经费保障、技术保障、管理保障、行政保障，其最终目标，就是播出。电视台内部的各种资源，包括人才、经费、技术、无形资产等，也都是围绕播出来配置。同时，这个阶段，电视产业和文化产业还没有形成，除了播出，电视台几乎无须面向市场和产业。因此，全力保障播出，让播出效益最大化，既合理又合情。

1978 年改革破冰，文化市场初兴，国内传媒界萌生了借助市场和经济的因素摆脱计划经济条件下单纯靠国家财政维持生计的意识，开始谋求更好的生存状况和更大的发展机会。1978 年底，人民日报社等首都 8 家报社联名向财政部递交报告，申请试行"事业单位，企业化管理"的机制。报告很快被财政部批复，包括电视在内的中国传媒业迈出了由单一事业属性媒体向兼有事业和产业双重属性媒体拓展的第一步。1979 年 1 月 28 日，上海电视台播出"参桂补酒"广告，这是中国大陆第一个电视广告。同年 3 月，中央电视台也播出了它的第一个电视商业广告——上海汽水厂的幸福可乐广告。电视媒体播出电视广告，标志着中国大陆电视媒体在财政拨款之外，建立了第二条收入渠道。当然，在整个 80 年代，传媒业的广告经营处于小心翼翼的自我摸索状态，经营思路尚未十分明确，步子也不大。1992 年 6 月，中共中央和国务院联合发布《关于加快第三产业的决定》，把广播电视列入第三产业。这一决定，明确了广播电视在市场经济条件下具有特定的产业属性。传媒业在保持公益性事业单位的前提下，企业化管理、市场化经营和产业化运作的大门就此敞开。

在单纯事业化时代，电视媒体的性质是公益性的，以财政拨款来维系运营，无须经营和盈利。但是，在具有产业化属性之后，电视媒体必须平衡好事业和产业之间的关系。作为意识形态领域的文化单位，电视媒体具有鲜明的党性和政府属性，其公益性永远是第一位的，应该把社会责任和社会效益放在第一位，充分发挥其公益性作用。其主要体现是生产、制作和播出符合社会效益与公众需求的电视节目。而在电视媒体具有产业属性之后，则应该根据经营性组织的要求，充分运用市场手段，优化资源配置，建立和强化投资融资功能，贯通电视媒体产业链条，建立多元化收入结构，获取更大收益，为电视媒体的公益性事业奠定更好的生存基础，保证电视媒体健康可持续发展。事业功能和产业功能应该相互促进，互为支撑，它们是电视媒体的一体两面，不能有所偏废。

电视媒体开展产业经营的第一个项目，是电视广告，如前所述，始于1979年。广告之所以成为电视媒体产业经营的破冰项目，源于它直接来自电视媒体的本体业务，体现的是电视节目在播出上的市场价值。电视广告，把电视媒体、电视观众和广告主连接起来，形成一个完整的产品销售过程。而完成这一过程的载体，就是电视播出。可以说，没有播出，就没有电视媒体的广告经营与广告产业。

电视广告产业的爆发期，开始于20世纪90年代，到21世纪前10年，达到高峰，其间，广告收入持续高速增长。这种增长，与中国电视行业的高速发展同步进行。其宏观背景，是中国经济高速发展的强力支撑。我国电视广告产业的高速发展，为电视媒体的发展奠定了坚实的财务基础。

中共中央和国务院在20世纪90年代把广播电视列入第三产业，为电视产业的发展打开了一扇宽广的大门，电视媒体理应步入产业化发展的"快车道"。然而，电视媒体却阴差阳错、有意无意地关上了这扇门，只推开了一扇窗。这扇窗，就是电视媒体的广告产业经营。

我们知道，以电视播出为载体的广告经营，是电视媒体产业经营的一部分，准确地说，应该是一小部分，两者应该是子母集的关系，后者的规模、体量、延展度，远远大于前者。电视媒体的正确选择，应该是在发展以播出为载体的广告产业的同时，推动电视媒体向全产业链发展，逐步开展多元化业务，建立多支点的营收结构，保持电视媒体健康可持续的发展。

但是，以电视播出为依托的广告经营，具有容易计量、经营便利、变现迅速、收效直接等特点，它一手牵着电视媒体内部的节目创作与制作，一手牵着市场化的营销与销售，迅速整合了编播业务和市场资源，一跃成为事业和产业的交汇点，逐渐变成了电视媒体最为重要的发展支撑，成为电视媒体盈利的主要甚至是唯一收入来源。

于是，广告经营成了电视媒体的命脉。为了保障广告经营业务的顺利发展，电视媒体的资源不得不向电视播出倾斜。也由此，播出的重要程度日益凸显，追求播出效益最大化也就渐渐成为电视媒体的主流。于是，以广告经营为核心的播出产业替代和覆盖电视全产业链的错误趋势，在电视媒体逐渐成型。

播出效益最大化：成因并不简单

如前所述，多年来，电视媒体一直没有摆脱对广告收入的过度依赖。近些年，受经济下滑和互联网行业对电视广告分流的冲击，电视媒体行业广告收入增幅放缓，一些电视媒体出现了负增长，导致电视媒体的运行步入困难时期。这种状况，当然与电视媒体错配资源、追求播出效益最大化，导致电视产业结构单一、收入结构狭窄有直接关系。可以说，是电视媒体追求播出效益最大化的机制与运作，才导致电视媒体出现了当下的种种困局。

除了广告经营的强烈诱惑之外，播出效益最大化的形成，还有如下原因。

组织架构与事业属性的制约

上篇提及过，单一层级决策主体组织架构，使得电视媒体的用力，全部集中在内部；而对事业属性的倚重，又导致电视媒体向外发展电视产业的动力受到制约，产业布局和产业投资进展缓慢，只能以广告播出来实现收入。而广告，只能通过电视播出来实现。因此，播出效益最大化，就渐渐成为电视媒体的路径依赖。

缺少产业经营基因

产业经营要顺利开展，至少满足两个条件，一是聚集专业的经营人才，二是建立起具有投资机制和承受投资失败的文化。很遗憾，这两个方面，电视媒体都不太具备。在人才上，由于电视媒体本部的事业单位属性，受事业单位人才使用的诸多限制，在社会上吸纳专业经营人才，非常困难。而电视媒体本部人力，多为电视节目创作与制作人员，经营人才本就奇缺，加上电视媒体长期形成的重事业轻企业的文化认同，难以向企业派出和输出管理人才。在产业投资上，因为电视媒体广告经营十几年的高速增长，使电视媒体建立多元化产业结构的诉求并不迫切。而在广告经营增长停滞甚至负增长时，缺少投资风险承受能力的文化，又让电视媒体在产业布局与投资上患得患失，从而错失了很多发展电视产业的机会。

既得利益者的掣肘

产业经营，需要电视媒体将现有资源，包括播出时段资源、频道资源、版权资源、节目营销资源、人力资源、技术人员等，向电视播出之外的产业配置，这一方面增加了经营风险，另一方面，将减少电视媒体本部的资源，会重新划分综合管理者、频道运营者、业务编播者、技术支撑者、广告经营者等诸多方面人员的权限分配与资源配置，这是对电视媒体内部既有利益格局的重大改变，因此阻力重重。

战略布局失衡

几乎没有电视媒体建立事业收入和产业收入的配比模型，对于未来媒体产业发展趋势，也缺少清晰的认识和判断。最明显的事例是，面对新媒体产业的异军突起与 TMT 融合发展趋势，电视媒体既缺少战略上的应对，又缺少资金与资源上的投入。这是电视媒体在媒体融合之路上磕磕绊绊的最主要原因。

电视媒体产业链的残缺

电视媒体是天然的链式产业。产业链的建构和完善，是发展电视产业的基础工程。产业关联性越强，链条越紧密，资源的配置效率也就越高；产业链越长，电视产业可以达到和触及的深度也越深。国际著名传媒产业集团不断发展壮大的轨迹，就是不断补齐和延伸产业链的过程史。而国内电视媒体对产业链的作用，普遍缺乏正确的急迫的认知。当前，一些卫视平台节目制作的内容"空心化"和电视媒体传播渠道的失控，都是电视产业链建构不力的后果。

危机意识的丧失

电视广告收入的高速增长，助推电视媒体驶入快速发展轨道。虽然自20世纪90年代中期开始，电视媒体之间的竞争趋势愈演愈烈，但是，电视媒体准入制的特性，保证了竞争都是来自行业内部，不会出现颠覆性结果。从宏观层面而言，电视媒体没有来自行业外的冲击，没有替代品的威胁，导致电视媒体眼睛向内，缺少洞察外部侵袭的危机意识，呈现安逸而舒适的氛围。当新媒体悄然入场的时候，电视媒体先是不以为意，继而因为惯性的作用，变革动力严重不足，没有清晰认识到新媒体的冲击会涉及电视媒体的安危生死。直到现在，电视媒体依然没有痛下狠手，重新配置核心资源来构建电视媒体的全产业链条，其营收重心，依然建立在播出效益最大化所带来的广告经营上。危机意识的欠缺程度，由此可见一斑。

综上种种原因，让中国电视媒体至今依然行进在追求播出效益最大化的道路上。播出效益最大化犹如一座无法翻越的大山，横亘在电视媒体的事业和产业两个功能之间，使二者难以相互支撑，互为促进。这一状况迁延至今，造成时下电视媒体的影响力和品牌价值面对双双萎缩的风险。同时，电视产业链条构建尚无明显成效，收益依然依赖广告，使电视媒体的播出业务缺少强大的财力支撑，导致中国电视媒体至今没有建立起世界级别的电视媒体集团。这一状况，与"打造一批形态多样、手段先进、具有竞争力的新型主流媒体，建成几家拥有强大实力和传播力、公信力、影响力的新型媒体集团，形成立体多样、融合发展的现代传播体系"的要求，尚有不小的距离。对于讲好中国故事，传播好中国声音，恐怕也难有配套的财务实力支撑。这也是产生电视媒体生死争论的深层原因。

当下，电视媒体在生产与运营上存在的诸多悬而未决、难以根治的问题，其背后，都闪动着播出效益最大化的身影。

播出效益最大化：电视媒体诸多问题的根源

中国电视媒体在生产和运营领域存在诸多问题，已是不争的事实。但是对于产生这些问题的根源，则是意见纷呈，莫衷一是。有一种倾向，是向外部寻找原因，认为当下电视媒体的诸多困境，源于新媒体迅猛发展之后对电视媒体的冲击。其实，问题当然出在电视媒体内部。我们必须拂去现象表面的灰尘，找到问题产生的根本症结，才有利于电视媒体在媒体融合形势下摆正身位。当下，电视媒体至少有五大问题，都源于对播出效益最大化的追求，这五大问题，严重影响和阻碍着电视媒体的生产和运营，让电视媒体不堪重负。

播出效益最大化加重电视媒体"广告依赖症"

前面提及，电视媒体对广告收入的路径依赖，导致追求播出效益最大化。实质上，播出效益最大化与广告效益最大化密切关联，是一体两面，互为因果。

播出效益最大化是广告效益最大化的前提和保障。广告效益最大化，又是播出效益最重要的检验标准。没有播出，广告就失去了载体。没有广告收益，播出就无法实现。播出效益最大化，将不可避免地把电视媒体的收入向播出方向压缩广告，必将成为电视媒体的最主要收入来源。在播出效益成为电视媒体的主要诉求和收入来源时，电视媒体通过电视产业获取其他收入来源的努力，将难以产生效果。虽然电视媒体多年来一直希望通过事业和产业双轮运转来驱动电视媒体的发展，但收效甚微。其根本原因，就是主要资源已经被播出垄断，电视媒体产业难以获取发展的资源和政策条件。

播出效益最大化导致收视率崇拜

电视媒体播出效益的衡量标准，是播出的收视效果；而广告价格体系的制定，很大程度上也取决于收视率的高低。节目的收视率越高，一般来说，播出效益也就愈发明显，广告的价格也就越高。因此，当电视媒体以播出效益最大化为核心诉求时，自然会把收视率当作生存与发展的首要指标，而这种行为，又会引发收视崇拜，将追求高收视率作为节目生产的目的与方向。

收视率背后蕴含的巨大经济价值一旦清晰呈现，很自然地会引发某些电视媒体与相关社会节目制作公司的狂热追逐。收视率作为电视媒体的一项最重要功能指标，也因此被一些媒体的管理者和相关从业者不断放大，以至收视率以及与之相关的问题频频触及媒体的功能和价值底线。对高收视率的追逐，导致一系列对收视率的误读和误用，由此也引发和带来了一系列社会问题。

播出效益最大化，让电视媒体的内容版权走向空心化

版权是电视传媒的核心资产，优质的版权作品往往能为权利单位带来长期稳定的利益。其实，文化产业的基础就是版权产业，版权对于广电媒体的基本作用可见一斑。国际上一些著名的广电传媒集团，影视节目的版权收入会占到总收入的三成甚至更高。反观国内电视媒体，版权收入所占比例微乎其微，有些甚至是空白。

国内很多电视媒体，运行几十年，一直没有从根本上认识到版权对于电视媒体持续发展的重要性。追求播出效益最大化的行为，诱导着国内一些电视媒体在节目制作和购买时，以播出权为最终诉求。制作和购买节目的巨额投入，换来的却是一次或几次播出的权利。在版权投入上向播出权的收缩，导致电视媒体不重视多元版权和永久版权。而多元版权和永久版权，是电视媒体产生多元效益和长期效益的基础，是建立多重收入结构的有效支撑。因此，播出效益最大化，将使电视媒体内容版权空心化的状况日甚一日。

由此，电视媒体的内容版权集聚平台战略和内容为王的战略，将会逐渐解体。电视媒体的媒体属性也会日渐稀薄。而围绕媒体属性建立的人才聚集平台，也会随之瓦解。长此以往，电视媒体必将沦为简单的播出渠道，而媒体的根本——内容为王，必将难以存续。

播出效益最大化，消解了频道品牌化建设的动力

前面曾提及，播出效益最大化，必然导致频道对播出效益、收视率和广告收入的空前重视，从而阻碍电视媒体向频道之外的电视产业配置资源。这对电视媒体的产业链构成，带来极大伤害，最后导致频道利益逐步绑架电视媒体的整体利益。

同时，播出效益最大化，还是电视媒体品牌化建设的掠夺者。频道对高收视率节目的追逐，导致娱乐化节目大行其道，也助推了季播性节目异军突起。当下许多电视台将主要资源大部分配置到了这类娱乐类节目之上，就是一种非理性的饮鸩止渴行为。因为季播性节目和电视剧一样，对于受众而言，只是一个项目性节目。一旦这些节目播出完毕，观众就会离去。观众很难通过这样的节目，对频道产生忠诚的收视行为。也因此，这种行为，不会对频道的品牌塑造功能产生很大影响。

但是，在播出效益和广告收入双重挤压下，电视频道只能追求娱乐类节目的收视效果和广告收益，把主要资源向娱乐类节目倾斜。而在频道和栏目的品牌建设上，却用力不多，导致分众类、小众类频道和栏目的生存愈发艰难。这在根本上消解了电视媒体建设专业化、个性化频道和打造品牌栏目的能力和动力，品牌建设也就无从谈起。一旦失去了品牌，电视频道集聚人才的行为，就没有了载体，电视媒体建设强大的持续的竞争力和影响力的设想，也将流于空谈。

播出效益最大化，削弱了栏目的竞争力

电视栏目，是电视媒体最基础的产品，栏目组，则是电视媒体最小的生产组织。栏目质量的高低和品牌价值，是电视媒体价值的重要组成部分。因此，栏目对于电视媒体有着举足轻重的地位。通常，电视栏目中，一部分由电视媒体自己制作，一部分由社会力量制作。理想的状态，是两部分制作力量既相互合作又相互竞争，各自发挥优势，两者制作的节目，各占一定比例，形成一种适合的动态的平衡。

但是，对播出效益最大化的追求，却在栏目制作上，呈现出两种不健康的倾向。倾向之一，如前所述，播出效益最大化的追求，让一些电视媒体以播出为最大诉求，在一些大型娱乐节目上，放弃自制行为，完全向社会上购买。这种做法，不仅让电视媒体难以培养此类人才，也让电视媒体丧失了议价能力。倾向之二，在专栏性栏目的生产上，一些电视媒体的频道管理者，走向另一个极端，就是全部自制。如此操作的原因，主要是便于控制栏目数量和播出期数，便于申请和使用经费预算，便于管控创作人员和制作人员。这种摒弃以社会化方式创作和制作栏目的背后，依然是播出效益最大化的驱动。因为采用这种方式，既有利于对播出的控制，也便于对播出业绩主体的认定，也就便于对播出效益的追求。只是，这种行为，会促使栏目走向封闭，导致遏制栏目创新，加长管理链条、加大管理成本、降低管理效率，人员激励也难以与市场对接，总体上降低电视媒体的活力。

如上五个方面的问题，涉及钱从哪儿来，钱到哪儿去，内容如何聚集，生产形态如何搭建，以及以什么为标准来评估产品质量和生产成效。它们是电视媒体生产与运营的核心所在。从如上的分析我们可以看出，外部因素的冲击与互联网的侵袭，与这些问题虽有关联，但并非主因。但是，它们恰如一条条"鲇鱼"，打破了电视媒体固有的沉寂，让这些问题更加凸显、更加迫切。关键的原因，当然是来自电视媒体内部，来自电视媒体对播出效益最大化的追求所导致的资源错配！只要资源配置的方式不改变，这些问题就

会永远纠缠，伴随电视媒体的始终。

　　下面我们就详细描述和剖析这五个方面的问题，力争立体呈现出电视媒体对播出效益最大化的追求，如何诱导电视媒体错误配置主要资源的状况。这种错配资源的行为，让电视媒体既无法建立多支点的收入结构，也无法形成多元化的产业投资格局，从而让电视媒体构建电视媒体产业链条的很多努力成为泡影。

后果一 广告决定生死

在 1981—2006 年这 26 年中，电视广告的增长率与 GDP 增长率相比，除去 2000 年和 2001 年低、2003 年和 2006 年略高之外，其他年份全部大大高出。无疑，这既是电视媒体自 20 世纪 90 年代开始驶入发展快车道的重要推力，也是电视媒体在较短时间内最具传播力、引导力、影响力、公信力的财力支撑。但是，从 2007 年开始，电视广告的增长率与 GDP 增长率相比，就开始互有高低了。巧合的是，也恰恰在这一时期前后，电视媒体在诸多层面，开始呈现衰微迹象。近些年，一些电视媒体面对生存困境，最主要的原因就是广告收入的负增长。

颇有些成也广告败也广告的意味！

电视是天然的链式产业，是最适合多元化收入结构的行业之一，也因此，电视行业的抗击打能力应该较强。但是，我国电视媒体却走到了由广告决定生死的境地，确是一件十分吊诡的事情。

原国家工商总局的统计数据显示，2013 年是中国电视广告由增转降的趋势拐点：这一年电视广告收入 1101.1 亿元，低于 2012 年的 1132.3 亿元，降幅超过 2.7%。这是自 1978 年中国电视媒体播出广告以来，广告收入首次出现负增长。此后四年，电视媒体广告收入进入震荡期，2014 年 1278.5 亿元，同比增长；2015 年 1146.7 亿元，同比下降；2016 年 1239 亿元，重新实现同比增长，但是低于 2014 年；2017 年 1234.4 亿元，又略有下降。

伴随电视广告收入的下滑，一些电视媒体尤其是三四线卫视和城市地面频道开始出现生存困境。近几年，排名靠后的一些省级地方台和一些城市台，广告收入已经难以覆盖成本，靠财政性资金弥补预算缺口，少数台还出现拖欠工资和员工维权事件。电视广告收入已经成为决定电视媒体生与死的决定性因素。

电视媒体本是一个巨大产业，理应有多种业务贡献收入，广告收入本应该是其收入的一部分。特别是在我国，电视媒体属于牌照管制行业，行业外公司和企业不允许进入，产业发展更应该有优势。但是，在国内电视媒体，实际情况却远非如此，广告收入占到了总收入的 80% 左右，在一些电视媒体甚至在 90% 以上。正是因为这种收入失衡状态，导致广告经营愈发重要。一旦广告收入出现波动，就会影响电视媒体的正常运转，甚至可能涉及生死，危及电视媒体行业的生存。

原因何在？

我认为，追求播出效益最大化，是导致电视媒体单纯依赖广告收入的根本原因。

播出效益最大化——广告效益最大化——媒体收入收窄

传媒业的一般规律显示，内容资源从源头生成到用户消费，会形成一条完整的产业链。如果这条链条很长，能够跨越所有的媒体介质和传播渠道，则媒体内容产生的边际效益就越高。从整个产业链来看，在这个链条上真正流通的，其实是媒体的内容版权，这是媒体的核心资产。

版权是一个有多种收入方式的产业，能够形成集内容生产、多种渠道播出、多种方式销售、多种延伸产品开发的产业链条。同时，又与演艺、娱乐、游乐等多个行业高度关联。在这些业务中，有些业务彼此间有潜在冲突，比如，内容播出与内容销售，就有此消彼长的关系。当内容在电视媒体独家播出时，就会限制版权内容的销售。电视媒体在这些业务中，要避免采用单一经营方式，应该选择一种均衡方式来合理安排版权的各种经营活动，从而实现版权效益的最大。但是，当电视媒体把播出效益最大化当作自己的目标时，电视媒体的核心业务也就从版权经营缩小到了节目制作、节目购买和节目播出上。于是，播出成了最主要的业务，版权的其他经营方式，自然就会受到限制。因为，版权经营的其他业务，与播出业务有不同程度的冲突。比如，版权分销，不仅会影响电视媒体的播出效果，影响电视媒体的广告收入，还会分散电视媒体的相关资源配置。这也意味着，电视媒体把极富想象力的产业化版权经营，压缩成了业务单一、延展性不足的电视播出。而播出业务的营收模式，就是广告。于是，广告业务也就顺理成章地成为电视媒体的主要业务了。

电视播出，是广告经营的基本前提，而广告收入，又变成了当下电视媒体的生存根本。因此，坚持播出效益最大化的战略，自然会把广告经营和广告收入，提升到前所未有的高度。这也是当下电视媒体重视广告经营的最主要原因。目前，国内许多电视媒体都把广告收入和收视份额作为考核和评估频道业绩的重要指标，并把这两项指标与团队的业绩、薪酬和激励挂钩。而电视节目在广告收入以外的其他收入，如版权销售等，则较少与频道和栏目的激励和利益机制相关联。更由于广告售卖节目的一次性特性和排他性特性，广告收入与其他经营性收入，还形成了此消彼长的关系。因此，当广告收入成为主体的时候，自然会阻碍电视媒体的其他产业性收入，让电视媒体的收入来源变窄，让电视媒体的收入规模变小，让电视媒体收入的天花板变低。

这种状况又反过来强化电视媒体将更多资源向电视播出配置，于是，电视媒体的生存与发展，就全部寄托在电视广告的不断增长之中了。于是，广告就成了电视媒体能否生存的决定因素——广告决定生死！

但是，广告增长是有天花板的。仅仅依靠广告这种单一收入来源，让电视媒体面临着收入停滞的巨大风险。不幸的是，广告天花板伴随着新媒体的竞争，真的来了——电视广告收入的负增长出现了！

近些年，电视媒体跨越生命周期顶点、生存基础遭遇挑战的一个很重要的表征就是，广告播出的主要载体呈现出不断缩小的趋势：从频道到栏目再到项目，广告资源的稀缺性开始不断向下转移。

不断转移的广告资源稀缺

"二次售卖"是电视媒体广告销售的理论基础。加拿大传播学者麦克卢汉认为，电视台实际上是在不动声色地租用我们的眼睛和耳朵做生意。电视先将内容产品提供给观众，然后再将观众的注意力售卖给广告主。观众规模越大、质量越高，其传播功能就越大，相应地就能吸引到更多、更优质的广告。

电视媒体的播出单位是频道，播出方式是线性的。因此，广告主选择广告的播出时间也受到相应限制。首先，电视的广告播出时间是有限的，是相对不足的，所以，相对于广告主不断上升的需求，电视媒体固有的广告时间较为稀缺。其次，在有限的电视媒体广告播出时间中，能够有效传递广告信息、使广告传播效果最大化的广告时间更加稀少。即是说，对于广告主来说，有用的电视媒体时间更为稀缺。稀缺的最直接表现，就是电视媒体的广告价格"不断攀升"。媒体经济的一条基本原则就是，与消费者为内容付费的意愿相比，广告主为争取消费者而付费的意愿更为强烈。

当然，稀缺永远是相对的。稀缺的程度和市场供给紧密相关。近些年，受多方面冲击，市场环境发生很大变化，电视媒体的市场竞争力开始不断下降。也因此，电视媒体的稀缺性也相应发生变化，依次从频道稀缺，下降到栏目稀缺，现在则发展到了项目（节目）稀缺。

频道稀缺

频道稀缺时期大约从 20 世纪 90 年代至 21 世纪前 10 年。形成的主要原因有两个：

第一，部分频道的改革红利爆发，业务发展迅猛，频道品牌价值高企，广告也因此热销。当时，最具影响力的频道是央视综合频道（CCTV–1），在 2000 年至 2005 年之间，单一频道的收视份额一直保持在全国电视媒体总体收视份额的 10%上下。在 2003 年，央视综合频道的收视份额甚至达到了卫视排名第一的山东卫视的 2.5 倍（见下表）。也因此，央视综合频道的广告极为紧俏，有时达到了一票难求的程度。

2000—2005 年全国上星频道收视份额

	2000 年		2001 年		2002 年		2003 年		2004 年		2005 年	
	频道名称	收视份额（%）	频道名称	收视份额（%）	频道名称	收视份额（%）	频道名称	收视份额（%）	频道名称	收视份额（%）	频道名称	收视份额（%）
1	央视综合频道	9.54	央视综合频道	9.31	央视综合频道	9.17	央视综合频道	10.29	央视综合频道	9.58	央视综合频道	10.31
2	山东卫视	7.02	山东卫视	6.02	央视六套	6	央视六套	5.3	湖南卫视	4.84	央视八套	4.66
3	央视六套	5.25	央视六套	5.16	山东卫视	4.39	央视八套	4.05	央视六套	4.81	湖南卫视	4.5
4	贵州卫视	3.7	辽宁卫视	3.1	央视八套	3.29	山东卫视	4.03	央视八套	3.72	央视六套	4.3
5	辽宁卫视	3.53	贵州卫视	2.95	辽宁卫视	2.39	安徽卫视	3.05	山东卫视	3.11	央视三套	3.12

数据来源：CSM

第二，电视行业发展不均衡，有影响力的频道少，广告选择范围相应狭窄，导致一些发展较好的频道，整体广告价值很高。2003 年，全国电视行业广告总收入 255.04 亿元，其中，中央电视台 75.3 亿元，占比 29.5%，接近三分之一。而年广告收入 10 亿元以上的电视台仅有 4 家，分别为中央电视台、上海文广集团、北京电视台和广东电视台，这四家广告总收入为 120.84 亿元，占电视业全年广告收入的 47.38%。行业发展之不均衡，由此可见一斑。

栏目稀缺

栏目稀缺发生在进入 21 世纪前 10 年。此时，栏目开始逐渐代替频道，成为广告销售主体。这一阶段，中央电视台《新闻联播》《焦点访谈》《经济半小时》等，湖南卫视的《快乐大本营》《天天向上》等，是栏目广告经营的代表。2010 年，江苏卫视婚恋交友节目《非诚勿扰》横空出世，将栏目稀缺性发展到极高程度。该节目 2010 年 1 月 15 日首播，每周六、日晚 21:10 一周双播，一经推出，广受关注，收视率经常名列全国综艺节目榜首。2011 年 11 月江苏卫视招商会上，《非诚勿扰》广告招商金额达 18 亿元，成为综艺娱乐节目中的广告吸金王。

从频道稀缺过渡到栏目稀缺，主要原因有以下几个：一是以湖南、江苏、浙江为代表的部分省级电视台发展迅速，与央视构成竞争关系；二是以频道为主体的品牌建设，发展缓慢，频道面目不清晰，特色不鲜明，频道的标识性不高，因此，频道的稀缺性逐步降低；三是广告定价政策不利于频道作为整体进行广告销售。从 21 世纪初开始，电视媒体开始为名牌栏目配置套售广告资源，有些配售资源是本频道非黄金广告资源，有些甚至是跨频道广告资源。以此种方式为栏目广告进行资源配售，虽然大大提升了名牌栏目的广告销售价格，但是，对于频道非黄金时间的栏目广告及非主体频道广告的独立销售，则有极大的打压作用。也因此，频道稀缺受到压制。

项目稀缺

2010 年之后，稀缺性有了新发展，季播性项目渐渐成为最大的广告稀缺资源。虽然一部分名牌栏目的广告价值依然稳定，但是，项目类节目一跃成为最具吸引力的广告载体。季播性项目最早起始于 2004 年央视的《梦想中国》和湖南卫视的《超级女声》，此后季播节目进入平稳期，直到 2012

年夏季《中国好声音》的出世，项目广告价值达到顶峰状态。其后，《我是歌手》《爸爸去哪儿》《奔跑吧兄弟》《最强大脑》《挑战不可能》等项目相继推出并获得成功，顶级季播节目的项目广告价值逐年攀升。2015年《中国好声音》第四季的广告收入达到令人咋舌的20亿元，就是稀缺性向项目制载体转移的最好证明。由此彻底改变了电视媒体的广告经营生态，电视媒体的品牌建设，也开始有了愈来愈多的畸形成分。

稀缺载体逐步缩小成因

稀缺性从频道、栏目到项目不断转移，载体逐步缩小，对应的是电视媒体品牌价值的流失。品牌价值是品牌管理的核心，也是与竞争对手的重要区别所在。品牌作为无形资产，能给各相关方带来当下的溢价和面向未来的稳定收益。稀缺性逐步从频道向栏目直至项目转移，是电视媒体品牌价值被逐步解构的真实性显现。

造成这种现象的原因，大致有以下几个：

第一，品牌定位不清。电视媒体要么对频道缺少清晰、个性化的品牌定位，要么有了品牌定位，但缺少战略定力，坚守不够。频道应该是依据频道定位、具有相同内涵的栏目产品的集合。但是很多频道简化品牌定位，偏重栏目建设而忽视频道建设，导致很多不符合频道定位的栏目和节目成为频道的主体产品。因此，频道的广告定价体系也就标准多维，价格混乱，难以吸引忠实的广告主。

第二，缺少进入退出机制。没有进入退出机制，电视媒体就难以进行跨域整合或兼并重组，"劣币驱逐良币"效应导致恶性竞争。当前我国电视台的数量世界第一，从业人员数量世界第一，但影响力却与之很不相称。多重覆盖、重复建设、资源浪费严重。由于未能建立退出机制，许多电视台和频道虽然异常艰难，但依然僵而不死，勉力维系。国内电视媒体急需的重组整合难以进行，优势扩张与新陈代谢，也无法实现。

第三，长期投资和长线建设难以进行。恶性竞争之下，一方面，严肃性、分众化定位的频道和栏目生存困难；另一方面，短线栏目和娱乐性栏目却大行其道。当前，利益驱动下的文化和品牌短视，造成很多电视台和频道过于追求短期市场效应，各大卫视的节目更新已经成为常态，电视节目和栏目升级换代异常频繁，有些已经告别了年度轮回的周期，进入"季度"轮替时代。这已经缺少了创新的内涵，有些仅仅是简单的更迭。这种同质化、无序化的激烈竞争，让电视节目在模仿中被过度消费，栏目的生命周期大大缩短。CSM 数据显示，2016 年第一季度晚间时段，在 71 个城市电视市场中，各级电视频道共播出新节目逾 1300 档。

当下，栏目和项目式节目，已经成为广告营销的基本载体。这些栏目和项目的频繁更换，难以形成固定的受众群体，广告主当然无法建立忠诚、固定的投放模式！电视媒体的广告，也就难以保持持续、稳定的收入了！

如上所述，电视媒体广告，稀缺性开始逐步转移，从售卖频道，然后是售卖栏目，继而是售卖项目。广告载体越来越小、越来越窄，品牌效益越来越弱，电视广告最终在前几年走到了负增长的境地！

被互联网广告超越的缘由

近些年，互联网广告与电视广告相比，增长极为迅速（见下表）。

中国广告总体规模及电视、网络广告收入

单位：亿元

年份	电视广告收入	网络广告收入	中国广告经营额
2011	898	297	3126
2012	1132	438	4698
2013	1101	639	5020

续表

年份	电视广告收入	网络广告收入	中国广告经营额
2014	1279	969	5606
2015	1147	1589	5973
2016	1239	2305	6489

数据来源：原国家工商行政管理总局

可以看出，2015 年是互联网广告收入和电视广告收入的转折年。这一年，互联网广告收入为 1589 亿元，同比增长 64%，电视广告收入为 1147 亿元，同比下降 10.3%。互联网广告实现对电视广告的首次超越，此后，差距越来越大。

虽然这是一个必然的趋势，但我们还是要探究一下背后的缘由。

互联网行业的体量和业务范围，能够覆盖电视媒体

当前，互联网已经成为整个社会的底层架构和标准配置，所带来的变化，已经颠覆了各行各业。相比传统媒体，互联网是一种高维媒介。从内容上讲，互联网媒介既可以传播文字，也可以传播声音和图像；从手段上讲，既可以进行线性传播，也可以进行非线性传播。它的功能和业务范围，完全覆盖报纸、广播、电视等传统媒介。而它的便捷性、交互性以及抵达用户的精准性，都是电视等传统媒体所不具备的。因此，其业务体量远远大于电视媒体。所以，其广告超越电视媒体（无论是单体还是行业），只是时间早晚的问题，一如电视媒体超越广播行业一样。

从全球而言，广告行业专业机构 Zenith Optimedia 预测说，2017 年，全球网络广告市场的规模，将在历史上第一次超过电视广告。该机构称，2016 年网络广告的增长速度是其他广告行业的三倍，其增长动力主要有三个，分别是社交网络广告、视频广告和搜索广告。

不能兼并重组，让电视媒体广告经营难以做大

中国经济快速发展，使广告业成长为一个巨量市场。巨大的市场必然催生巨大的媒介。但是，中国电视媒体属地化管理制度与缺少进入退出机制的现实情形，限制了电视媒体在广告经营中做大做强。

缺少进入退出机制，使电视媒体没有生死压力，单纯的规模扩张便成为发展的主要方向，扩张规模的主要方式就是增加频道。但是，在我国，却几乎没有电视频道退出，直到这两年才陆续有一些城市地面频道因为入不敷出而被迫关闭。电视媒体这种粗放的发展方式，极大地分散了资源，集中度一直很低，导致品牌效益受到限制，竞争力减弱。截至 2016 年底，经原国家新闻出版广电总局批准设立的电视播出机构共有 2400 座，其中电视台 148 座，广播电视台 2252 座，开设的电视频道 1351 套。如此之多的电视播出机构，如此之多的电视频道，极大地分散了电视广告的投放，自然难以形成超大体量的电视媒体。

同质化设置，导致恶性竞争和品牌透支

我国每个省、自治区和直辖市都有一个卫视上星频道，而且几乎全部为综合性频道。如此之多的频道同时在全国覆盖，出现广告经营上的竞争，本不足为奇。但这些频道的定位、节目编排、播出内容等诸多方面基本相同，均为同质性的综合频道设置，则必然导致恶性竞争。

这，是一个死结！

首先，内容设置趋同。基本上由电视剧、综艺和专栏栏目三大部分构成。电视剧和综艺类节目占了整体播出近一半的比例。为保持竞争优势，多家频道必然会争夺这种面向大众类的节目内容，由此导致不理性、非市场化地推高这类节目的价格，而跟随、抄袭等手段，也会时有所见。发展到一定程度，只顾眼前利益和短期效益，透支当下品牌资源，忽略战略规划，漠视长远利益，也必然逐步呈现。

其次，在广告经营和节目购买上，恶性竞争必然发生。价格战会成为竞争的主要手段，电视媒体的公益和战略内容，会因此受到遏制。同质化设置，将导致电视媒体的广告价格向两极分布，稀缺性节目资源的广告价格被非理性推高，而一般性节目资源的广告，则陷入低迷状态。这种状况必然推动电视媒体投入巨大财力来购买诸如电视剧、综艺性节目、体育版权等稀缺性节目，而那些广告价格不高但社会效益显著的栏目和节目，财力和资源投入就会受到限制。长此以往，电视台在综合效益特别是社会效益方面，必将受到广告经营的干扰。这也是电视媒体在广告经营方面广受诟病的重要原因。

公开数据显示，片长共90集的古装电视剧《如懿传》在电视媒体和视频网站等两个渠道上已经卖出单集1500万元的天价（卫视600万元＋腾讯视频900万元），总售价达到令人咂舌的13.5亿元。这差不多是一个二线卫视全年的广告总收入。2012年的热门大剧《甄嬛传》首轮由东方卫视和安徽卫视两家联播，单集价格为每家卫视90万元，共76集，每家卫视将近7000万元，创了当时的购剧纪录。刚刚过去五年，《如懿传》单集的购买价格就达到每家卫视300万元，总购剧价格高达2.07亿元。电视剧价格的飞速上涨，导致各家卫视的购剧预算投入水涨船高。目前湖南、东方、浙江等一线卫视的每年购剧预算都在20亿元上下。如此高昂的电视剧价格，正是同质化恶性竞争带来的必然结果。不难想象，以如此之高的价格购买这些娱乐节目的电视媒体，怎么还能有充足的资金制作和购买其他节目呢！电视媒体的公益属性和综合效益，又怎么能够得到有效保障呢！

对新媒体缺少投资，无法对冲电视媒体广告收入的下滑风险

近些年来，互联网行业渐成气候，伴随着网民的迅速增加，其广告收入也迅速增加，开始挤压和冲击电视媒体等传统媒体的广告经营。以往投向电视、电台、报纸、杂志等传统媒体的广告开支，不断向互联网行业分流，导致传统媒体的广告营收大幅下滑。而伴随智能手机和移动互联网的普及，移动广告产业又迅猛发展，继续侵袭电视媒体的广告收入份额，让电视媒体艰难的广告经营雪上加霜。

新媒体拔地而起，电视媒体并非没有投资机会。只是，在互联网刚刚勃兴之时，以播出效益最大化为诉求的国内电视媒体，因为过度追求广告效益最大化，无暇从长远和战略角度去思考和进入这个正在飞速增长的新兴行业，错失了以投资新媒体产业来构建多产业集群的千载难逢的大好机遇。由此，也彻底失去了以新媒体的收入来对冲传统业务收入下降的风险，广告收入也就继续充当着电视媒体收入的顶梁柱。当这个顶梁柱不堪互联网广告的冲击和自身问题的干扰时，电视媒体就爆发了生存危机！

其实，很久以前，电视媒体就开始进行电视媒体的融合转型工作，也尝试布局并开展新媒体的各项业务。但是，因为我们没能在正确的时间做正确的事儿，致使媒体融合之路一路走来异常艰难，这一状况，我们会在本书第三篇中继续讨论。

当然，电视广告在如此之短的时间内失去第一的位置，不仅仅是因为新媒体这个新兴行业的冲击，还有其他很多原因。其中，电视媒体广告不科学的经营方式，就是不可忽视的原因。而统一营销，就是这些值得商榷的经营方式之一。

统一营销：显现与隐藏的风险

当下，国内大部分电视媒体的广告经营，均采用统一营销的方式进行。所谓统一营销，就是电视媒体设立一个广告部门，统一负责所有频道的广告管理、经营与销售工作。统一营销之中最主要的营销方式，就是广告的捆绑销售，多年来，这似乎变成了天经地义的不二选择。捆绑销售，简单来说，就是以主要频道的主栏目、主时段为广告售卖主体，搭配次要频道的栏目和时段广告，形成产品组合，以此制定价格体系。

广告统一营销成因

统一营销，起始于电视媒体广告经营的初始阶段。当时，电视媒体频道数量有限，专业人员稀少，经营力量不足，经营方式简单，市场也不太成熟。采用统一营销的方式，有利于集中资源，方便广告经营的管理与营销。随着电视事业的发展，虽然频道逐年增多，但习惯性的经营方式和力保主频道收入的理念，让这种统一营销的方式延续下来。统一营销的代表行为是一年一度的广告招标，电视媒体对最重要广告资源，以产品组合的方式进行招标套售。这是广告统一营销的最好注解。中央电视台于 1995 年开始进行第一次广告招标以来，迄今已举办了 23 次。其他主要的卫视媒体，在央视开展招标活动之后，也迅速跟进，交错时间进行一年一度的广告招标活动。这些招标活动已经成为电视媒体和广告主、广告代理公司一年一度的广告经营盛事。

广告的统一经营对于电视媒体而言，有许多好处。一是可以降低电视媒体的经营成本。二是统一经营之后，可以在众多的频道、栏目和时段之中，为客户提供多种甚至是个性化的产品组合，方便广告客户在产品投放上的选择。三是以捆绑方式将多频道、多栏目间的广告资源组合销售，具有打折功效。对于客户而言，是降低了投放成本，而对于媒体而言，则是简化了售卖项目，减少了销售环节。四是跨频道、跨时段的产品组合，相当于模糊了价格体系，让部分不好销售的产品得以搭售，实现了电视媒体广告销售的利益最大化。

但是，随着电视媒体频道数量的增加和频道专业化程度的提升，广告经营的竞争程度也日趋激烈，对于广告经营的精细化、科学化的要求也逐步提高。也因此，广告统一经营和捆绑销售的弊端也日益显现。

广告统一营销弊端一：扼杀频道专业化的催化剂

在当下中国的电视媒体，主频道，一般是综合频道和上星频道。广告统一经营的重要内容，是优先售卖主频道、主要栏目和主要项目的广告。而其他频道的广告，一部分作为次一级的广告产品进行售卖，还有一部分，则作为主频道和主栏目广告的套售资源和搭配资源进行售卖。这种广告经营方式的结果之一，就是非主要频道的广告收入难以从主频道的广告收入中拆解出来，导致这些频道无法获得准确的广告营收数据，也就难以制定与自己频道的市场地位相吻合的定价体系。由于频道的广告收入直接影响频道的预算、人力等资源配置，还和频道的绩效评估相关联，所以，这样的广告经营方式，对于专业化频道的定位、运行、发展，具有一定的打压效应。由此，电视媒体对于专业化、分众化、小众化的专业化频道，就缺少了一个准确的评估维度，导致这些专业频道和小众化栏目，在制定中长期发展战略、配置相应资源等方面，就愈发艰难。这种状况，极易诱导电视媒体的众多专业频道，全部向收视率要效益，而内容设定也会向大众化、综合性方向发展。电视媒体的品牌化战略、频道专业化建设等，因此会受到极大伤害。

同时，专业化、分众化、小众化的频道管理者，因为不参与广告经营，对自己频道的广告经营状态和价格体系不甚了了，就难以把业务和经营协同起来综合考虑，这对于频道的长期发展，会呈现出负面影响。

广告统一营销弊端二：广告商数量减少，抗风险能力降低

电视媒体的诸多频道，定位不同，受众构成与规模不同，广告价格就有高低的不同。高低不同的广告价格，能够为不同的广告主提供不同的广告投放平台，让各种广告投放预算和各种财务实力的广告主，都能找到适合自己的广告投放平台。通常而言，广告主的多少，是电视媒体广告经营健康与否的标志之一。广告主数量多，电视媒体广告经营的弹性就大，抗击打能力增强，溢价空间也会增大。同时，增大广告主的数量群体，还可以培养更多的目标广告主，增强广告主的忠诚度，从而实现媒体和广告主的双赢。

但是，统一营销方式所采用的1+N套售及搭配模式，打破了这种健康、平衡的状态，带来了三个问题：

问题一，广告主数量减少。1+N的套售及搭配模式，必然导致主频道和主要栏目的广告价格大幅升高，其结果是只有巨大财务实力的广告主，才有实力投放广告，这必将减少这些频道的广告主数量。我们知道，主频道和主要栏目的广告收入，是电视媒体收入的最主要来源，经不起震荡，但是，广告主数量减少，自然导致媒体的议价能力降低，经营风险加大。

问题二，失去独立经营基础。被当作套售资源的频道和非主要栏目，因其一部分广告投放平台被当作套售资源，因此难以建立完整的广告投放平台和广告价格体系，丧失了作为独立广告投放平台的地位。这一方面导致这些频道难以建立稳定、忠诚的广告主队伍，广告投放价值降低，稳定的收益能力和持续的增长能力被削弱。另一方面，受此影响，这些频道和栏目的战略定位、人才聚集、团队文化建设、品牌文化建设和持续发展能力等也会受到不同程度的影响和制约。

问题三，广告价格向两极发展。1+N套售及搭配模式，推高了广告价格，一方面导致广告投放平台数量的减少，另一方面也导致电视媒体的广告价格向极高和极低的两极方向发展。这两种情况，都会减少整体广告主的数量，特别是会屏蔽中等投放实力的广告主的数量。而中等实力广告主，是电视媒体最应该倚重的力量，一则是因为他们数量庞大，总体广告投放额度巨大，二则是中等广告主最有希望向高财务实力广告主发展。但1+N套售及搭配模式，大大缩小了广告主的数量范围，减少了中等实力广告主的数量，这种状况让电视媒体难以培养这些广告主成为自己潜在的广告投放客户。而这些客户，是电视媒体最应该重点培养的广告投放客户。

如上三个方面的问题交织缠绕，自然会加大电视媒体广告经营的风险。电视媒体当下的广告经营困境，与此也有很大关系。这也制约了电视媒体长期稳定可持续的发展。

此外，我们还应该从另一个维度来认识广告经营。对于媒体和广告主而言，广告是以播出为中介完成的一次交易。但是，从宏观的视角来看，广告还是经济发展与运行的重要组成部分。媒体通过广告的播出，把企业（公司）和消费者连接在一起，这无论是对于企业层面的产品营销和品牌构建，还是对于消费者层面的消费升级，都有着不可替代的作用。从这个意义上说，广告是国民经济运行不可替代的组成部分。因此，媒体有责任、有义务在播出平台上展示更多的产品广告。而统一营销的 1+N 套售及搭配模式，因其超高的价格，恰恰限制了一些广告主的广告投放行为。这或许也是广告统一营销的一个问题吧。

分散营销：破解困境的一种选择

既然广告的统一营销有种种弊端，自然就会想到以分散式营销来替代。具体而言，分散式营销就是电视媒体以单体频道或者几个频道为单位，设立自己的广告部门，作为相对独立的经营主体开展广告经营。比如，以综合频道或上星频道为一个经营主体，其他频道按照类别划分为几个频道群独立经营。这些广告经营主体之间可以用准市场的方式进行竞争。为防止出现恶性竞争状况，电视媒体可以制定相应的规则，来约束不规范的经营行为。各主体之间，可以相互合作，联合招商，但是必须通过内部结算价格清晰结算。

采用分散式广告营销方式，短期内，将会产生两个问题：其一，广告效益会受影响。因为分散式营销必然会带来内部竞争，这对现有广告销售秩序、定价系统、运营方式等必然产生冲击，可能导致广告总收入下降，特别是主频道、主栏目的广告收益会下降（下降中的一部分份额，是剥离了原来搭配和套售的广告资源，让主频道广告回归本源）。其二，经营成本上升。因为分散营销，多个主体同时运营，必然会增加人力资源和运营等方面的成本。

但是，从长期看，分散式广告经营，将会激发所有广告经营主体的经营潜力，增强竞争意识和创新意识，让精耕细作、挖潜增效、专业化售卖、对象化营销成为广告经营的主要方式，这会修正以往以优质资源为主要售卖点的粗放式广告经营模式，增加电视媒体的广告经营能力和收入。如此，这种经营模式就能极大增强电视媒体广告经营的抗击打能力，减少风险和震荡，还能大幅减少统一经营因战略选择错误和经营方向偏误所带来的整体性风险。

同时，分散式广告经营，将极大激发频道的管理运营团队与广告经营团队之间深度合作的意愿。在时下的很多电视媒体，频道管理运营者与频道广告经营者，几乎成为对立的两个主体，双方目标不一，矛盾重重，既制约了频道公益属性的实现，也影响了广告经营效益，成为电视媒体的软肋。两者之间的深度合作，将促使电视媒体在公益属性和经营属性上获得双赢。

需要特别说明的是，频道管理运营者与频道广告经营者深度合作，并不是让编播业务和经营业务彼此不分，甚至让经营干涉编播业务。我们的目的是让频道业务的管理和运营者了解广告经营状况，在保障社会效益优先的基础上，实现社会效益和经济效益的有机统一。毕竟，广告经营也是频道业务的重要组成部分。

这样方式的另一个更为重要的作用是，电视媒体的频道品牌化和专业化战略将得到有力支撑。战略规划、频道定位、内容设定等，与经营策略和经营效益密切相关。广告分散化经营，必然激发专业频道的目标受众意识，不追求高收视率，而追求适合自己频道定位的收视率，从根本上杜绝收视率崇拜和广告崇拜，使电视媒体通过专业化频道对目标受众的精准化覆盖，达到覆盖全体受众的目的，从而实现健康、持续、稳定的发展。

当然，任何广告经营策略都应当与当时的环境和条件相适配。分散式广告营销只是解决当下电视媒体广告经营的一种方案，并非终极解决方案。当环境和条件发生变化时，就应灵活调整广告经营手段。随着技术的快速进步，一些更有效、更精准的广告手段也会随之产生。

未来，广告经营的变化趋势

在广告界流传着一句著名的话：我知道我的广告费有一半浪费了，但遗憾的是，我不知道是哪一半被浪费了。可以说，这是困惑广告主与电视媒体的多年难题。但是，随着新技术的快速发展，这个问题有望得到解决，让广告投放更加精准和有效。

趋势一：同一节目广告的多区域差异化投放

目前，电视广告由电视媒体统一播出，电视节目与电视广告是一一对应的关系——在同一时间，电视媒体播出的广告是相同的，所有观众看到的广告当然也是相同的。但是，我们知道，不会有任何广告产品，是面向所有观众的。所以，广告的这种播出方式，自然也就造成广告传播效益的不充分和广告投放费用上的浪费。这也是产生"浪费一半广告费"说法的原因之一。

其实，互联网早已经实现了广告的差别投放。同一个内容，它可以针对不同的用户，推送不同的广告。那么，电视媒体能否在同一时间面向不同的观众播出不同的广告，以增强电视广告的针对性和传播效果呢？

答案是：能！

公开信息显示，一些美国电视网已经找到了同一节目在不同区域进行广告差异化投放的方法。具体做法是：各地有线电视转播运营商或 IPTV 运营商在转播电视频道时，在广告播出时段，在不同地域分别播出不同的广告内容。具体而言就是，不同地域的观众看到的电视节目是相同的，但是他们看到的广告却是不同的。这是电视媒体广告播出的一个重大创新，标志着电视媒体正式进入同一电视节目在不同区域播出不同广告的时代。

当然，实施这种方式，有两个前提，一是电视媒体和电视转播运营商要进行事先的约定，在广告招商、收入分成和技术支持等方面达成一致。二是要有强大的技术支持，其中，云平台、大数据和 IP 化网络实时传输技术是实施的关键。多数情况下，这项业务要由专门的公司来承担。

这种针对不同区域进行广告的异化投放模式，改变了电视广告一直采用的单一节目广告必须面向所有区域销售的模式。这种方式如果在国内的电视媒体得到大面积推广，一定会引发电视广告销售的一场变革，它对国内电视媒体的影响将至少产生以下几个方面的影响：

第一，电视媒体的广告总收入增加，抗风险能力增强。对于电视媒体而言，会产生三个结果，一是广告总收入将会增加。因为，虽然以这种方式播出的每一条广告，因为覆盖的受众减少而导致单位广告价格下降，但是，电视媒体可以在同一时间内播出更多的广告，其广告价格之和，一定会超过原有方式的广告价格。二是电视媒体广告经营的风险将会降低。因为同一时间的广告时段，可以在不同区域分别销售给不同的广告客户，这必然会大幅增加广告客户的数量，广告客户的构成也会多元化，这会极大减少电视媒体对个别投放数量巨大的广告主的依赖，广告经营风险自然会降低。三是会扩大广告主队伍。在广告多区域差异化投放模式下，以往难以在全国性媒体进行广告投放的中小企业，将有机会在全国性电视媒体投放广告。这有利于电视媒体培养潜在的广告投放主，同时对于经济发展，也将产生促进作用。

第二，广告投放效益增强，投放价格降低。对于广告主而言，将会产生两个结果。一是传播效益增强。因为广告能够分区域差别化投放，将有效减少广告投放的盲目性，对于目标观众的覆盖将会更为精准。二是广告价格降低。广告分区域投放，单位广告覆盖的电视观众减少，价格自然会更便宜。

第三，电视媒体品牌价值将会提升。电视广告分区域差异化投放，将会促使电视媒体着力培养目标受众，减少电视媒体盲目追求高收视率的冲动，主动减缓泛娱乐化趋势。如此，频道、栏目和节目的定位会更加精准，品牌建设工作将会得到显著加强。

第四，增强电视行业的集中度。采用广告分区域差别化销售模式，全国性电视媒体将在中小城市中与当地电视媒体进行竞争。这些区域的电视媒体，将面临极大冲击，生存会更加困难。电视媒体行业，将面临洗牌，行业的马太效应将会显现。

第五，技术会受到空前重视。广告分区域差别化销售的模式，对技术的依赖会增强。这种模式，以多广告平台在同一时间跟随同一个节目的实时播出和传输为前提，这对于技术的要求会大幅提高。如上所述，大数据、云平台和 IP 化网络实时传输技术应该是先决条件。因此，技术将在电视媒体中，起到更加重要的作用。

趋势二：RTB 和 DSP 广告模式

近些年，双向数字机顶盒、IPTV 机顶盒和智能电视机等智能终端已经开始在国内普及。这些智能终端，能够收集电视观众和用户的各种数据。事实上，这已经为电视媒体建立大数据产业奠定了重要基础。通过对用户的数据分析，电视媒体完全可以像互联网企业的广告营销方式一样，采用 RTB（Real Time Bidding，实时竞价系统）和 DSP（Demand Side Platform，需求方平台）方式，在节目播出时，以 IP 方式为不同的终端用户实时推送个性化广告。这将形成电视媒体行业广告营销的彻底革命。同时，也会让电视媒体的战略、运营等发生重大改变。

这种广告投放方式，已经在美国开始进入试用环节。2016 年，与特朗普竞选美国总统职位的希拉里团队，采用了以大数据和云平台为基础的精准广告投放方式。竞选期间，大数据公司 Target Smart 利用"可寻址电视广告技术"，让同一个电视节目根据不同的用户播出不同的广告，以达到"精准打击特朗普"的目的。举例介绍：同一栋楼里住着两位住户，一位是特朗普支持者，另一位是没有决定给谁投票的中间选民。《早间新闻》播出时，支持特朗普的住户，收看到的是普通商业广告，而中间选民，收看到的则是希拉里的竞选广告。

这是电视媒体针对电视个体用户进行精准广告投放的初步尝试。

目前这项技术还不是特别成熟，只能根据机顶盒中的收视行为数据和有线电视公司注册的信息对用户进行判断。未来，相关公司可以根据多维度数据信息来建立日益精准的用户画像，并据此形成专门的广告策略。这一定会为电视媒体的广告经营带来革命性变化。

此外，随着电视观众以点播和回看方式来观看电视节目的行为增多，美国广告公司 Canoe Ventures 推出了一项新的广告技术，让电视台可以在最短24 小时内，对 VOD（视频点播）节目中的广告进行更换，而之前这个过程则需要数天乃至几周时间。这种方式，不仅能让广告商更轻松地锁定特定人群，增加他们广告的传播效果，也将会给电视媒体带来更多的广告收入。

如果说，分区域差异化广告播出模式是在不同区域呈现不同的广告，这种方式就是在不同的终端上（甚至是不同的人）呈现不同的广告。

当然，实现这种模式，至少有两个前提，一是电视媒体 EPG 的精准和信号传输的数字化与 IP 化；二是电视节目传输运营商（包括有线电视运营商、IPTV 运营商等）具有海量的终端用户收视习惯信息、用户需求喜好信息及大数据分析能力。这是一个系统工程，也是颠覆当下电视广告营收模式的全新方式，非常值得期待。

技术的发展，可以在一定程度上缓解当前电视媒体广告下滑的困境。但是，它无法从根本上解决"广告决定电视媒体生死"的困局。破解这个困局的前提，还是要从根本上改变追求广告效益最大化的现状。

亟须改变的广告效益最大化

广告收入最大化，从根源上制约电视媒体从综合收入最大化的角度去配置资源，必然导致广告收入与其他产业性收入的比例失衡。它对电视媒体的产业布局，对电视媒体面向未来和面向社会的能力，都具有极大伤害！电视媒体的产业发展摇摇摆摆、难以形成规模，广告收入最大化是最主要的杀手之一！

　　追求广告效益最大化，也是导致当前电视媒体泛娱乐化盛行、项目制节目大行其道的重要原因。衡量广告的最主要标准是收视率，高收视率能够带来高广告收入，这让能够带来高收视的泛娱乐化节目和项目制节目成为主流。这会导致小众化频道和专业化栏目、小众化栏目资源配置严重不足，发展失衡，持续发展能力减弱，从而削弱电视媒体的品牌建设。同时，追求广告效益最大化，还会导致电视媒体实施统一捆绑销售的广告模式，盲目追求短期利益，进一步遏制专业小众化频道的发展空间。这种状态的持续发展，直接影响和削弱了电视媒体行业的竞争力。不改变这种状态，电视的生存将更加困难。

　　我们不能期望以按部就班的方式做着与过去相同的事情而得到不同的结果。面对汹涌而来的互联网大潮，面对盈利模式单一而广告收入下滑的现实，面对广告统一经营而带来的种种问题，改变是我们唯一能做而应做的事情。

后果二 收视率：崇拜与虚无

如果我们问，收视率是什么？相信很多电视人都能说出一二。如果我们继续问，收视率数据除了收视率之外，还包含哪些指标？收视份额、开机率、到达率、忠实度、集中度、观众构成等，与收视率是什么关系，对评估电视节目又有什么作用？恐怕就会应者寥寥了。

在世界范围内，收视率以其标准性和统一性，为电视媒体、内容制作商、广告客户、业界学界和相关利益主体共同认同，成为评估电视节目的"行业货币"。但是，在我国电视界，却出现了收视率崇拜和收视率虚无并存的乱象。这种乱象与收视率造假交织在一起，让收视率陷入了妖魔化的窘境。

电视媒体当然不能没有收视率。但是，使用收视率，却必须先从正确认识收视率开始。

2014年，由中国广播电视协会、中央电视台、湖南广播电视台、上海广播电视台、中国传媒大学等多家机构会同央视—索福瑞媒介研究，共同起草了国内《电视收视率调查准则》，并经中国国家标准化管理委员会批准颁布，于当年7月1日正式实施。这是国内电视界收视率市场调查的唯一一个国家标准。

2015年8月，国家新闻出版广电总局电视剧司召集央视及北京、湖南、上海、江苏、浙江、天津、山东、安徽等省级一线卫视在内的"电视剧大台"相关负责人，召开专题会议，签署反对唯收视率论、放弃收视对赌、规范电视剧购播行为的自律公约。随后，中国电视剧制作产业协会向国家新闻出版广电总局递交了《关于加强电视剧市场工作的几点建议》，文中包括颁布规范的购销合同文本，合同中不得有收视率与销售价格直接挂钩的条款等几条建议。

时隔一年，广电行业主管电视剧的司局与广电行业协会、国内有影响力的电视媒体及相关大学、收视率调查公司，就收视率的使用，分别签订公约，制定准则，这在中国电视发展史上，极为罕见。

这说明了什么？

至少说明一点，在收视率的使用上，出现了问题！

其实，收视率成为热点，并不是最近几年的事情。进入 21 世纪之后，对收视率的议论，乃至非议，就一直没有停歇。其中关注度最高的两个议题，是收视率万恶之源说与收视率造假。

万恶之源的缘起与收视率造假

收视率是万恶之源说，媒体载，最早由一些学者于 2005 年提出，后经知名媒体人员引用，开始发酵。

为什么收视率万恶之源说，由学者率先提及，又在媒体人之中放大发酵呢？

因为，在这些人看来，以收视率作为节目、栏目和频道质量的评估方式，与媒体职能发生了冲突。

这些学者和电视人认为，电视媒体承担着社会责任，涵养着电视人的家国情怀，这既是电视媒体的职责，也是电视人引以为傲的担当。当收视率成为评估标准，特别是成为主要标准之后，电视人在确定节目选题、制作电视节目过程中，或多或少就会受到收视率的制约。收视率就像一只看不见的手，影响、支配着电视节目从选题到制作到播出的全过程。有些选题深刻、制作精良的节目，因为收视率不理想而评分不高；而有些选题泛泛、制作一般的节目，因为收视率不错，却得到了与节目内涵和质量不相称的评定。

于是，围绕收视率的争议，就开始产生并逐步加大。在一些电视人看来，对于电视节目，似乎出现了两个评估标准，一个是收视率的标准，一个是媒体人的专业标准。令一些学者和电视人痛苦的是，这两个标准，有时候评估的结果并不一致，而收视率标准，很可能会扼杀电视节目评估的专业标准。记者与编导职责、媒体责任、社会担当、家国情怀，在收视率标准面前，可能萎缩和退却，面临着被收视率解构的风险！这是媒体向市场低头！

于是，收视率是万恶之源的呐喊终于爆发！

几乎在收视率万恶之源说引起社会关注的同时，收视率造假又成为社会焦点。似乎收视率万恶之源说与收视率造假，是一对亲兄弟，相互作用，难以拆解。

如果说，收视率万恶之源说，是某种意义上的学术争论，其影响大体限定在电视媒体内部的话，收视率造假，则裹挟了相当一部分利益主体，其影响已经远远超出电视媒体，成为全社会关注的社会问题，甚至引起了司法部门的介入。

2010 年 6 月 30 日，《人民日报》发表文章《电视收视率发现造假作为》，对当时一段时期内出现的一些频道收视异动与涉嫌造假现象进行了披露和报道。

2012 年 8 月 25 日，光明日报发表文章《电视收视率造假引争议　据称已成行业"潜规则"》，对收视造假现象、造成的社会影响及解决举措进行了报道和探讨。

直到近几年，收视率造假现象依然吸引着媒体的注意。2016 年 1 月 25 日，光明日报发表文章《收视率造假为何屡禁不止》，对收视率造假屡禁不止进行报道，并在原因层面对收视率过度使用及诸如建立相关监督和行业法规等解决举措进行了分析与探讨。

与收视率造假相伴随，收视率打假也同步展开，一些案例甚至进入了司法程序。2007 年 6 月，经人举报，CSM（央视—索福瑞）发现西安电视受众市场的收视率数据波动异常，经调查发现，某制作公司通过收买 CSM 样本户收看其制作的节目，以提高收视率进而达到提高节目销售价格的目的。CSM 随即向当地公安机关报案，由公安机关立案后，移送检察机关，以侵犯商业秘密罪向人民法院提起公诉。2009 年 5 月，该案一审判决，一名被告因侵犯商业秘密罪被判一年零三个月，另外两名被告依法被判处赔偿 196 万元的经济损失。3 名被告不服，提出上诉。2009 年 10 月，此案终审判决，维持原判。这是中国收视率调查行业刑事第一案，也是目前唯一的一案。

为什么会出现收视率造假现象？收视率造假通常出现在什么类别的节目上？

利益，无疑是收视率造假背后的推手。

在电视媒体，节目买卖是涉及电视媒体内外多方利益的最主要项目之一。而电视剧，因其强烈的市场化属性，则是电视媒体购买量最大、购买资金投入最多的节目类别。通常来说，电视媒体购买电视剧的定价策略，参照两个因素，一是电视剧的艺术水准、制作质量和制作成本，一是对该剧收视效果的预估，也就是收视率的高低。收视率高低的预估，之所以成为电视剧购买价格的参照因素，是因为它与电视媒体的广告销售关联密切。这两个因素之中，因为艺术水准、制作质量和制作成本不能改变，于是，一些不良电视剧制作和销售主体，就打起了电视剧收视率的主意。由此，收视率造假行为开始萌生。

或许有人疑惑：收视率数据，通常是在电视剧播出之后才会呈现，而电视剧购买价格，通常在电视剧播出之前已经确定，那些电视剧制作与销售公司，为什么有动力在购买价格确定之后，冒着风险，来干扰收视率数据呢？

原因之一，电视剧不是一次性播出的节目类别，首播之后还有二轮、三轮甚至多轮销售。因此，电视剧首轮播出的收视率数据，会极大影响电视剧此后的销售价格。原因之二，高收视率的电视剧，可以提升电视剧制作和销售公司的品牌价值，对于今后的电视剧销售，会提升其议价能力。

演变到后来，电视媒体与电视剧制作与销售公司，合谋上演了收视率对赌的大戏：电视剧的购销价格，要在电视剧播出之后，根据双方约定的收视率来确定（关于对收视率对赌的评价，我们在后面详述）。这就意味着，电视剧的购销价格，已经不是在播前参照电视剧的预估收视率确定，而是根据电视剧的实际收视率来确定。游戏规则发生了根本性变化！收视率数值，开始直接关乎电视剧的首播价格。这也同时意味着，只要能够改变收视率数值，就意味着可以改变电视剧的销售价格！利益，通常都是犯罪的温床。电视剧购销规则的这种变化，对于不良电视剧制作和销售方，具有更大的利益诱惑。

如上多种因素叠加，让电视剧成了收视率造假的重灾区。

一些学者和电视人抱怨把收视率作为一种评估方式，在某种程度上会扭曲电视从业人员的心态，影响电视媒体的责任与担当，呐喊着收视率是万恶之源，这或多或少地影响着电视媒体甚至社会各界对收视率专业价值的判定。而在电视剧等节目类别所滋生的收视率造假现象，则从另一个维度上销蚀了收视率的公信力。

但是，电视媒体确实需要一种方式，来了解受众的收视行为，评价电视节目的收视状况，同时确定电视广告的定价策略和销售策略，以维系电视媒体的正常运转与运营！

那么，收视率能不能起到这样的作用呢？

收视率的前世今生

由欧洲广播联盟、欧洲受众研究组织、欧洲民意与市场调查协会等多个组织共同起草出版的《全球电视受众测量指南》（*Global Guidelines for Television Audience Measurement*，该书先后六版，目前通行的是 1999 年版）对收视率是这样定义的：根据抽样调查所估计的、某个特定时间段内收看电视的人口占所有电视渗透人口的平均百分比。所以，收视率不是一个精确值，是推导出来的，有一定的误差。其中，电视渗透人口是指拥有电视收视手段或工具的人口（通常具有年龄下限，在我国电视渗透人口一般规定为 4 岁以上的电视观众）。收视率是对电视观众平均每分钟收看电视节目的状况描述。比如，一档时长 30 分钟的节目平均收视率为 1%，是指在节目播出的 30 分钟内，平均每分钟有 1% 的电视观众收看了这档节目。

国际上最早的收视率调查开始于美国。1947 年，美国 Clark-Hooper 公司与 NBC 合作，开始在纽约进行收视率调查，成为电视收视率调查的先驱。经过半个多世纪的发展，历经技术变革和方法完善，日记卡法和测量仪法最终成为连续性收视率调查的主流方法。

在 20 世纪 90 年代之前，收视率调查基本集中在欧美等国家和地区。进入 20 世纪 90 年代之后，以 Nielsen 和 Sofres 等为代表的公司开始寻求境外合作，形成了数家国际性公司主导全球收视率调查的局面。目前，全球有 70 多个国家和地区开展收视率调查。在北美和欧洲等地区，收视率调查的普及率相对较高。

目前在全世界范围内，收视率数据调查依然是测量电视节目在电视端收视效果的不二方法。在他们那里，并没有产生收视率善恶分别之说。

中国的收视率调查起源于 20 世纪 80 年代。1986 年，按照国际上普遍采用的随机抽样原则，央视率先在北京地区组织了观众收视抽样调查，这次调查被认为是中国收视率调查的起源。1987 年，央视联合全国多家电视媒体，在全国范围内开展了第一届全国电视观众抽样调查，我国电视媒体的观众调查工作开始全面展开。1992 年，央视与地方台联合成立全国电视观众调查网，后改制成立央视调查咨询中心，开展收视率调查工作。1996—1997年间，Nielsen 公司开始在中国布局收视率调查业务。为应对 Nielsen 公司的竞争，1997 年，央视咨询调查中心将收视率调查业务分离出来，与法国 Sofres 集团合作成立央视—索福瑞媒介研究有限公司（CSM），开展中国的收视率调查业务。在随后十几年中，央视—索福瑞和 Nielsen 成为中国收视率调查的主要供应商。2008 年，Nielsen 根据股权收购协议及自身经营调整，暂停在中国的收视率调查业务。2010 年，借助与杭州华数在回路数据调查方面的合作，回归中国市场。目前，国内大多数的电视台、广告公司和节目制作公司均使用 CSM（央视—索福瑞）的收视数据。CSM 也为香港 TVB 等多家电视台和 4A 广告公司提供当地收视率调查服务。

从世界范围来看，收视率调查业基本属于市场垄断性行业。收视率作为"行业货币"，其意义在于标准性和统一性。如果同一市场有几家公司并存，标准不一会引起某种混乱，让人无所适从。因此，全球许多国家或地区，与我国一样，通常会采取一家公司的数据作为市场的"唯一货币"。当然，会有许多规则进行限定，以保证收视率数据的准确性和公正性。

作为一项专业性极强的业务，收视率调查在全球范围内，有一套成熟的、规范的、通行的技术体系和调查方法。国际上有《全球电视受众测量指南》，我国有《电视收视率调查准则》。后者还在 2014 年经中国国家标准化管理委员会批准颁布，成为国内电视界收视市场调查的唯一一个国家标准。《全球电视受众测量指南》和《电视收视率调查准则》都对收视调查的方法、方案设计和操作流程做了详细而具体的说明。

影响收视率准确性的因素，除了方法之外，就是样本户的规模。在我国，对于 CSM 收视率准确性的质疑，很多都来自样本户的规模上。他们认为，央视—索福瑞的样本户规模太小，代表性不够，与中国 13 亿多电视观众的规模不相匹配。

样本量的确定主要参考两个因素：一是误差，二是调查成本（包括人力、物力和财力）。允许的误差越小，所需调查的样本量就越大，也就意味着调查的成本越高。理论上讲，对全部电视观众进行收视普查，其结果是最准确的，但限于经费、时间、人力等条件的制约，并不现实。同时，在概率理论、统计技术与计算机技术高度发达的今天，也无必要。同其他抽样调查一样，收视率调查，其样本量是在允许误差与调查成本之间平衡的结果。在收视率调查中，如果允许误差为 3%，一个比较合理的样本规模是 1067 人；如果允许误差由 3% 降为 2%，所需样本量则由 1067 人增至 2401 人，增加了一倍多；如果允许误差由 2% 降为 1%，所需样本量则由 2401 人增至 9604 人，又增加了三倍多。权衡抽样误差（精度）和成本之间的关系，国际通行的样本规模是 1067 人。按每户人口约为 3.5 人的户规模计算，样本户数为 300 户。央视—索福瑞目前每个城市的样本规模一般设定为 300 户的依据，即在于此。据了解，CSM 根据城市规模的大小所导致的收视行为差异的变化，对样本户进行了适当增减，部分大城市，样本规模为 400—600 户不等，而一些中小城市，样本规模则相应减少到 100—200 户。目前，CSM 能为客户提供全国网、79 个测量仪城市、12 个省网的测量仪收视数据，及 13 个省网、45 个城市的日记卡收视数据，总计样本户规模达 48000 多户。

其他国家收视率调查公司的样本户规模设定，与 CSM 大体一致。从公开收集到的信息来看，Nielsen 在美国进行收视率调查的全国网样本规模为 8000 户，测量仪城市每个城市约 200—400 户。Video Research 在日本进行的收视率调查，东京、大阪、名古屋三城市测量仪网，每个城市均为 600 户，九州、长崎等 20 个日记卡城市，每个城市为 200 户。Kantar Media 在英国进行的收视率调查的样本规模为 5000 户，西班牙为 4500 户，俄罗斯为 3000 户。

从总体上说，CSM 提供的收视率调查数据，是客观的、准确的。近些年，一些电视媒体的资深专业人员，根据节目形态、节目类别、节目质量、播出频道和播出时间等因素，在播前所预测的收视率数值，与 CSM 调查的收视率数值大体吻合，也从另一个侧面印证了收视率数据的准确性。至于有些个人和机构，干扰收视率数据，造成收视率畸变，导致收视率不准确，这是另一个层面的事情，和收视率数据的准确性，并无必然的关联。

收视率的利益主体

收视率的使用者，就是收视率的利益主体。他们都是谁呢？

收视率最早的利益主体，是电视媒体和广告主（广告公司也是收视率的利益主体，因其为广告主服务，我们将二者记为一个主体，虽然其利益并不总是一致的）。收视率的诞生，很大程度上，是电视媒体与广告主共同需求的产物：双方都需要一个共同认可的标准，来建立广告定价系统，确定广告的价格。收视率，因为客观、中立、量化、可持续提供的特点，成为双方均能接受的广告定价参考标准。

在我国，后来出现了第三个收视率利益主体，就是电视节目制作与销售公司（我们简称节目公司）。早期，这些公司制作的节目，主要是电视剧，近些年，一些综艺节目也开始成为主要品类。如前所述，这些公司的品牌价值和节目的多轮次销售，与收视率有着极为密切的关联，因此，它们也成了收视率的主要利益主体。

收视率对于电视媒体的作用，体现在两个方面：一是可以对节目进行量化评估；二是确定广告的价格。我们在前面论述过，因为媒体实行播出效益最大化策略，使广告成为电视媒体收入的最主要来源，是生存的根本，因此，电视媒体对广告的重视，就顺理成章了。而提高广告收入的量化手段，就是提高节目的收视率。为实现这样的目的，电视媒体通常会对频道和栏目的收视提出刚性要求，甚至向专业化频道和栏目施加收视压力，希望提高收视，以此来提高广告价格，增加广告收入。这些收视压力，会通过种种渠道和途径传导到节目的采编播制作人员之中。当这种压力超出采编播人员的承受能力，就会导致这些人员在节目选题、创作和制作方式等诸多方面，脱离节目栏目定位，忽视目标受众需求，而采用多种方式片面扩大观众收视规模，片面、过度、单纯地追求收视率。于是，电视人在坚守节目栏目宗旨与提升收视率之间，产生理智与情感的撕裂！于是，收视率是万恶之源的呐喊，顺势产生，并在相当范围内得到认同和发酵！

当然，如果我们仔细思考，就会发现，如上的情况，并不是必然的结果。这种状况只有在收视率崇拜的情形下才会发生。可以说，收视率崇拜与片面追求收视率，是一体两面、难以分割的孪生兄弟。其实，收视率作为电视观众收视状态的一种客观描述，对于电视媒体了解受众行为、增强节目的针对性、增强传播效果、打造品牌栏目和频道，从而更好地为受众服务，作用至关重要。关于收视率使用的正确姿态，我们在后面会详细论述。

收视率对于节目公司而言，也同样重要。这些公司制作销售的节目，其收视率高低，不仅影响节目销售价格，对于节目制作公司的品牌价值，也有巨大影响。更因为大多数节目公司规模有限，一部电视剧的销售，可能直接关乎公司能否正常运营，因此，他们重视节目的收视效果，实属正常，无可厚非。导致节目公司对于收视率畸形重视，是在电视媒体与节目公司，就节目购销价格进行收视率对赌之后。这个课题，我们在后面单独论述。

与电视媒体和节目公司这两个利益主体相比，广告主的利益诉求，反而比较单纯：希望以较低的广告价格，赢得高暴露频次，助推品牌和产品的传播。

综上，我们可以看出，收视率乱象，主要发生在电视媒体和节目制作公司之中。而根本原因，则在于电视媒体对收视率的不当使用。不能从理论上破除对收视率的崇拜，就不能科学正确地使用收视率，电视媒体就难有健康的未来。

收视率的误用：崇拜与虚无

电视媒体是大众传媒，为大众服务，满足大众需求，是电视媒体义不容辞的职责。但是，这并不意味着，电视媒体的每一个产品都要面向所有大众。因为任何一种产品，都是对象化的，只为部分观众服务，只能满足目标受众的需求，它们都不能达到覆盖所有受众的目的。电视媒体应该通过这些满足不同目标受众需求的节目的叠加，来满足所有受众的需求，达到为全体受众服务的目的。这就是电视媒体在大众传媒定位和分众化传播策略上的理性认知基础。正是基于这样的常识性的理性认识，电视媒体在确认频道的定位时，都会遵循长尾理论，采用分众化传播方式，让不同的频道各有侧重，使电视产品既有受众规模相对广阔的综合频道和娱乐频道等，也有受众规模相对狭小的专业频道，如少儿频道、纪录片频道、戏曲频道等。电视媒体通过集成这些面向不同受众的频道，提升传播效果，从而为全体受众服务。

单纯追求高收视率：崇拜兴起的缘由

既然所有频道都是对象性频道，都有特定的目标受众群体，那么，对于这些频道而言，就不是收视率单纯的越高越好，而是在符合目标受众需求和符合频道定位的基础上，获取相对高的收视率。这样的收视率，才会让电视媒体沉心静气，保持战略定力，科学安排节奏，合理配置资源；也才会力避过度追求短期效益，放长眼量，形成品牌节目与品牌栏目集群，建设优质频道，实现增值效益，提升自身的价值，实现健康持续发展。这里面，目标受众、品牌价值、可持续发展是频道生存与发展的三个关键主题词。目标受众不清晰，就不可能形成品牌，可持续发展也就成了无源之水。只有三者具足，才能增强频道的市场竞争力，获取稳定而具有溢价效益的广告收入，从而支撑电视媒体的健康持续发展。

当下，电视媒体对收视率的最大误用，是忽视目标受众理念，单纯以高收视率来指导电视频道的节目与栏目的生产、确定和调整频道的编排、对节目质量和业务人员进行评估。其背后的根本原因，就是把收视率的作用绝对化。

导致收视率作用绝对化的深层原因，就是本篇前面两章论述的播出效益最大化所导致的广告效益最大化。

当播出效益最大化成为资源配置的主要支点时，电视媒体自然会屏蔽电视媒体产业发展的相关业务，只能依赖广告经营获取收入，来支持电视媒体的运营、生存和发展。而能够量化、指标多维、由第三方提供且相对客观的收视率数据，则成为最能为电视媒体、广告主和节目制作销售公司等利益方所能够接受的广告定价标准。于是，收视率开始被电视媒体当作生存与发展的首要指标，成为检验收视效果与效益的重要标准，并开始行使行业"货币"的职能。虽然，媒体的党性、政府属性与公益属性，决定了媒体必须把导向力、影响力、公信力等放在首位，但是在具体衡量频道、栏目和节目的质量时，收视率永远是那只时而看得见时而看不见的手。只要播出效益最大化的资源配置方式不改变，广告就永远是电视媒体赖以生存的主要支撑，收视率就会永远是那只无形的指挥棒，不断催生电视媒体对高收视率的畸形重视。久而久之，就如当下的一些电视媒体一样，收视率崇拜，逐渐成为电视媒体事实上无可奈何的战略选项。而频道和栏目、节目的收视率高低，也渐渐成为电视媒体进行业绩评估、资源配置与流程设定的重要依据了。

收视率崇拜：电视媒体偏离定位的推手

收视率崇拜所导致的收视率误用，通常表现在如下几个方面：其一，单纯以收视率高低来指导频道编排，甚至随时调整编排；其二，以收视率高低来确定栏目和节目的选题内容；其三，以收视率高低作为栏目和节目的主要考核标准。

作为电视媒体基本产品单元的频道，其成功的标准，如前所述，是根据频道定位，建立忠诚的目标受众群体。通过经营频道的栏目和节目，与受众建立预约收视关系，形成品牌效应。只有与受众建立忠诚的预约收视关系，频道在栏目和节目制作上，才会有针对性，有目的性，而观众也才会定时定量收看电视节目，从而成为忠诚客户！栏目和节目的规划性越强，观众收看行为越具有规律性，广告主才能进行稳定持续的广告投放，节目和栏目才能获取稳定而持续的广告收入，频道也才能健康持续发展。由这些频道组成的电视媒体，也才会成为各类受众的忠诚选择，从而在行业和市场中占据竞争优势。

这里面，频道精准的定位和受众的预约收视习惯，是频道成功的关键。如果频道频繁进行编排调整，栏目与节目的选题和方向经常变化，就无法与受众建立预约收视习惯，也就无法形成品牌效益，频道的目标受众群体也就无法建立。这样的频道，无法获取广告主持续和忠诚的投放，广告收入会受到影响，频道也无法持续健康发展。在这样的情况之下，使用收视率作为节目创作人员的考核标准，除了导致片面追求高收视率之外，不会对频道的发展带来良性促进作用！

以收视率作为频道运行与评估的支点，将给电视媒体带来如下恶果：一是频道和栏目定位趋同，均以追求高收视为目标，导致个性化、专业化频道和栏目式微，泛娱乐化大行其道；二是这种趋同导致电视媒体内部出现恶性竞争；三是频道和栏目品牌消解；四是电视媒体的战略走向迷失，战略定力消解。

如上四种状况，不是预测，而是近些年一些电视媒体的真实写照。我们只要统计一下每家电视媒体有多少个专业频道在播出电视剧和娱乐节目，这种状态的严重程度，即可略见一斑。

其实，影响收视率高低的因素有很多，我们可以简单把它分为内部因素和外部因素。内部因素大体有两个：第一个，也是最主要的因素，前面已经说过，是目标受众定位。目标受众决定受众的总规模，这与收视率的高低有直接关系。比如，小众定位的频道与栏目，不可能有高收视率，当然，这样的频道和栏目也不应该去追求高收视率，他们追求的是与受众规模相适应的收视率。第二个因素，是节目质量，它会永远对收视效果有影响，这无须赘述。影响收视率的外部因素至少有四个：一是季节因素。以晚上播出的节目为例，一般而言，冬天的收视率要高于夏天的收视率，这是由电视观众的作息时间决定的。二是其他频道同一时间是否播出高吸引力的节目。比如，一部高质量的电视剧播出时，会影响相关专业频道的收视表象。三是重大事件的影响。奥运会期间，很多非奥运频道的收视自然会大大降低。四是新栏目。栏目在开播的初期，没有形成品牌认同，观众没有建立预约收视习惯，收视率不会很高。如上四种情况有时会同时出现几个。根据以往的研究，节目播出的外部因素对节目收视的影响程度大约能达到50%，节目本身内部的因素决定收视的另一个50%。内外部环境共同决定了一档节目的收视率高低。

还需要了解的是，收视数据是一个丰富的体系，除了收视率以外，还有开机率、到达率、忠实度、观众构成、集中度、收视份额等一系列维度指标。这些数据，与栏目和频道的受众定位和节目质量综合在一起，才能进行收视分析。同时，还需要清楚，收视率仅反映观众的收视行为，无法测量观众的态度。所以，收视数据的使用具有相当程度的专业性。单纯以收视率高低来评估节目，是一种极不专业也不负责的行为。在使用收视数据对节目进行分析的时候，还应该注意，任何量化工具都有一定的适用范围和使用边界，超出收视数据的适用范围和使用边界，也会带来对收视率的误读误用。

单纯追求高收视率，还有一种危险性：在电视媒体内部，它会传递出一种鼓励业务人员追求短期效益、淡化长期效益的导向；而在外部，则给受众带来困惑，增强观众的流动和流失。品牌建设需要周期，需要在相当的时间周期里保持战略定力，不被短期效益左右。单纯追求高收视率的行为一旦固化成习惯，上升为文化，就会对组织和团队造成毁灭式打击。在这样的氛围中，难以培养创新精神，难以建立容错机制，难以形成多年磨一剑的工匠气质！

另一个极端：收视率虚无

如果我们说，单纯追求高收视率，是对收视率作用的误解和误用，那么，还有一种对收视率的极端看法，同样不利于廓清对收视作用的认识，这就是收视率无用论。这种观点认为，收视率不能准确反映电视观众收看电视节目的真实状态，客观性缺失，准确性不足。不仅如此，收视率的使用，还瓦解了电视人的社会责任和媒体情怀，绑架了电视人对于电视作用的认知，是万恶之源！

其实，收视率只是一个数据，它所反映的是大体上有多少电视观众在收看电视节目，这些电视观众具有什么特征。需要特别说明的是，收视率数据高低与节目的质量高低并无绝对的对应关系。在这里，我们可以用GDP做一个参照。GDP是衡量世界各国经济发展的综合性指标之一，但是，衡量一个国家的经济是否健康，GDP并不是唯一的指标，而且，GDP也不是越高越好。我们国家现在提出创新、协调、绿色、开放、共享五大发展理念，目的之一就是杜绝GDP崇拜，让我国的经济健康可持续发展。经济发展当然需要GDP，但是，我们需要的是绿色GDP，是不牺牲环境、不透支未来的GDP。收视率数据和GDP数据非常相似。我们需要收视率，但是，我们需要的是绿色收视率，是符合媒体责任和受众定位的收视率，而不仅仅是高收视率！

就如同GDP不是经济发展的万恶之源一样，收视率也不是电视媒体的万恶之源。电视媒体的万恶之源，不是收视率，而是把收视率提升到绝对统治地位的行为，是对收视率的不当与过度使用！

　　电视媒体如果不能从理性高度上认清收视率的内涵与实质，任由对收视率的错误认识和误用的状况自然发展，其结果要么走向收视率虚无，要么走向收视率崇拜！一旦电视媒体进入收视率崇拜的轨道，则必然会发生漠视媒体责任、透支公信力、追求短期效益等行为。而收视率对赌，就是这种行为的最好写照。

收视率对赌：危险的权力让渡

　　收视率对赌的节目，以电视剧占据绝大多数。电视媒体和节目制作公司，在节目购买过程中，首先设定保底收购价格，在此基础上，再约定一定的收视目标作为附加条款。如果播出效果达到或超过协定收视目标，电视媒体就给予高于保底价格的回报；如果节目播出没有达到协定收视目标，电视媒体则相应降低购买价格。本质上，收视对赌协议"赌"的是节目的收视预期，力图解决的是收视率的不确定性。

　　在参与收视率对赌的两个主体之外，还有一个若明若暗的利益相关者，就是对赌节目的广告投放者——广告主。电视媒体之所以与节目销售者以收视率对赌的方式来确认购销价格，重要的原因之一，是广告主对于部分节目的收视效果也有要求。这一要求大体表现为两种方式：一是节目如果没有达到预期收视，广告主将减少今后的广告投放，这将影响电视媒体的广告收入；二是广告主与电视媒体直接进行收视率约定，节目达不到预期收视率，将降低广告主的广告投放价格。

　　三方的目的都是想消除自身面对的不确定性，以降低自己的风险。而三方共同认可的对标物，就是收视率！于是，一个"怪圈儿"形成了：广告主投放广告时要求电视媒体保障收视率——电视媒体采购节目时以对赌的方式要求节目公司达到收视率指标——节目公司为降低预期收视率风险，向电视媒体讨要更高的节目收购价格——电视媒体则向广告主转嫁风险，提升广告价格……

恶性循环的大幕，由此开启！

通过上面的描述，我们知道，对赌中的节目，其购销价格，要在节目播出之后，根据双方约定的收视率高低来确定。这就意味着，节目价格是浮动的，而收视率成为影响价格最为关键的因素。因此，收视率的高低，对于这些节目公司而言，至关重要，极端情况下，甚至关乎生死！这种状况，导致一些节目公司，甚至以牺牲节目的艺术水准、迎合低俗需求为代价，来保障节目的收视率。而一些不良公司，为获取高额利益，铤而走险，通过干扰收视率样本户的收视行为来提升收视率。这就是我们所说的收视率造假。这种造假行为的可怕与可恨之处，不仅在于以违法的方式，获取超额收益，更在于它会造成"劣币驱逐良币"效应，让好作品减少，让劣质作品盛行，最后让电视媒体、节目公司和广告主均成为收视率作假的受害者，严重破坏行业的公平与健康发展。

笔者认为，收视率对赌，是电视媒体在广告收益最大化和收视率崇拜上最大也最极端的体现。一是收视率对赌，其深层的含义，是电视媒体让渡了部分权利。电视媒体的核心权利是策划权、编辑权、审看权和播出权。收视率对赌，实际上是让渡了电视媒体的部分编辑权、审看权和播出权。虽然在理论上，电视媒体对于对赌的节目，具有最终决定权。但是，当对赌协议签订之后，事实上，节目公司已经具有部分编辑权、审查权和播出权。这是电视媒体在广告收入和收视率崇拜双重挤压下的卸责行为，是播出效益最大化战略的最大恶果，也是收视率这一工具本身被污名化、成为"万恶之源"的重要原因。二是收视率对赌，是电视媒体在节目内容判断上不自信的集中体现，其背后隐藏的，是电视媒体对内容判断的专业性缺失，是对受众需求的研判不够，是对市场竞争状况的认知不足。如此，才会与节目公司共同承担节目播出后的市场风险。其实质，还是在播出效益最大化驱动下的广告收益最大化与收视率崇拜的具体体现。三是收视率对赌，让电视媒体失去了进一步发展的基础和动力。虽然表面上电视媒体捆绑了节目公司一同承担广告收入风险，但是，风险永远与权益同在。当电视媒体通过收视率对赌将风险转嫁给节目公司的时候，电视媒体也就失去了获取溢价收入的机会。而溢价收入，在某种程度上，是一个媒体是否具备行业领导力、是否具有进攻属性、是否能持续健康发展的重要标志！如果一个行业采用收视率对赌的方式转嫁风险，这个行业的心态，一定是步入了下行通道，面临着萎缩与被替代的风险。

所以，电视媒体不能以任何理由，不能以任何方式，让电视媒体之外的利益方，承担电视媒体的播出责任，承担电视媒体的运行风险。因为这是电视媒体的职责所在，也是电视媒体的职业底线！

收视率崇拜与收视率对赌，追根溯源，还是电视媒体资源错配的必然结果。只要不改变播出效益最大化的资源配置方式，广告就永远是电视媒体挥之不去的痛，收视率崇拜思维也就难以彻底消解！

满意度与收视率：电视节目评估的两个支柱

对电视节目评估的正确方式，是要做定量和定性两个方面的评估。定量评估，就是根据收视调查数据进行评估。当然，我们在前面已经说明，收视调查数据，不仅仅是收视率一个指标，它是一个体系，包括开机率、到达率、忠实度、观众构成、集中度、收视份额等一系列维度指标。电视媒体要通过这些数据指标集群，综合分析节目的收视状况。而定性评估，也包含很多种方式，其中，被电视行业普遍接受的，是满意度调查。

针对观众对节目满意程度的调查被称为观众满意度调查。它的出现为结合收视率指标对节目作出全面评价提供了另一个重要支点。1941 年英国广播电台进行了电台节目听众的收听率调查，了解听众对节目的偏爱情况，并用欣赏指数对节目进行度量。这次调查被认为是对节目满意度的首次调查。后来，加拿大参照欣赏指数，提出享受指数；在法国称为兴趣指数；在日本称为"品质评比"……在我国，央视市场调查中心于 1998 年参照英国欣赏指数调查，首次提出节目满意度调查，并在 1999 年受央视委托，进行了全国观众满意度调查。

作为收视率这个量化指标之外的一个质化指标，满意度被用来反映观众对频道或节目的喜好和满意程度，并与收视率一同成为节目评价体系中的重要指标。与收视率反映观众规模、观众收看行为的结果不同，满意度从观众对节目品质、收看需求的个人偏好出发，表达了观众对节目满意程度的主观评价。在实际运用中，通过收视率可以快速确定能够赢得观众广泛注意力的大众性节目，而满意度不以观众规模为条件，仅旨在表现观众对包括大众性、小众性节目在内的满意程度。在一些注重节目多样性、关注少数人声音的欧洲国家，如奉行公共电视体制的英国，满意度在引导媒体机构关注收视率低但满意度高的小众节目、保证节目的多样性上具有重要的实际意义。节目满意度调查主要在收看过某频道或某节目的观众中进行。调查方法主要是入户访问。

收视率与满意度在评价内容上各有指向、互为补充，不可替代。

收视率是定量评估，满意度是定性评估；收视率是记录受众收看状况的数据，满意度是受众的看法；收视率是对已播出节目的状况记录，满意度更多预示电视产品节目未来的走向与趋势。因此，收视率只有和满意度结合起来，才能更好地发挥作用。这是电视产品评价的两个重要支撑，缺一不可。

评价电视节目，只有把收视率与满意度有机结合起来，才是更为准确、更为科学的方式。但是近些年，国内电视媒体对收视率重视得多，对满意度重视得少，这也是产生收视率崇拜的另一个重要原因。

如何认知三种新的收视数据

关于机顶盒数据

首先，机顶盒数据不是收视率。

收视率是电视总渗透人口与收视人群的比例，有严格的经过科学界定的抽样规则，统计的是人。机顶盒数据是某一地域的有线电视系统或 IPTV 系统之中机顶盒的开机数据，统计的不是人，是机器。机顶盒数据，仅仅显示有多少个机顶盒在特定时间的开机状态，无法统计什么人在使用机顶盒收看电视。机顶盒数据，对于收视人群的性别、年龄、职业等信息，无法统计。很多家庭在关闭电视机时不关闭机顶盒，这会造成数据误差。因此，机顶盒数据只能和收视率配合使用。

其次，任何一家有线电视系统或 IPTV 系统，都只覆盖了一部分用户。因此，其机顶盒也只覆盖了部分人群，且仅有双向网络中的互动机顶盒才能回传数据。有线电视系统或 IPTV 系统对于城乡接合部、农村等，还有很多用户没有覆盖。同时，由于地面数字广播、直播星、OTT 等电视传输渠道，都拥有用户，因此，机顶盒用户，只能是全体电视用户中的一部分。正因为如上原因，任何一家有线电视系统或 IPTV 的机顶盒数据，都难以推及整体。所以，机顶盒数据，目前尚不能取代收视率，而只能作为数据参考。

当然，机顶盒数据，作为实时、客观的数据，对于判断电视节目的收视状态，有极大的参考意义。如果有线电视系统或 IPTV 系统实现跨区域的机顶盒数据整合，甚至形成全国一网，以合适的算法对机顶盒数据进行整理，将会是非常有价值的数据。

关于时移收视数据

对于电视媒体而言，收视率＋时移数据，可以更加准确判断电视节目在电视屏上的收视人数。但是，对于电视媒体而言，需要清醒的判断，受众的时移收视行为对于电视媒体的盈利模式是否构成冲击。因为，时移收视可以让受众越过广告直接收看电视节目，而广告，是电视媒体的最主要盈利模式。如果时移收视行为比例达到一定程度，势必会影响电视媒体的广告售卖价格和售卖比例。因此，电视媒体应该获取时移数据，但是，是否应该鼓励时移行为，则要认真思考。这是电视媒体必须要严肃面对的问题。

对于广告商而言，因为在时移收看行为中，观众可以快进广告，广告投放效果势必受到极大消减，因此，广告商对于受众的时移收视行为也会产生抵触心理。

那么，谁是时移数据的受益者呢？

是有线电视运营商和 IPTV 运营商。因为，在时移和回看的行为中，他们的广告是无法屏蔽的。

未来，电视媒体可以与有线电视运营商和 IPTV 运营商分享时移广告吗？这是电视行业发展过程中出现的新问题，需要认真思考！

关于跨屏收视数据

跨屏收视数据的统计前提是，播出信号必须同源。如果播出信号不同源，则跨屏收视数据无意义。

对电视媒体而言，跨屏收视数据，无疑会显示节目的真实收视状态，弥补电视节目在电视屏之外的收视统计盲区。

但是，电视媒体必须明白，跨屏数据对于电视媒体的作用是什么，以及如何使用。电视媒体是用其他屏的收视数据，向广告主售卖出更高的广告价钱呢？还是要吸引其他屏（主要是移动屏）的观众回归电视屏呢？用跨屏数据售卖更高的广告价格很难实现，因为，电视屏之外的屏幕，其广告价格与电视屏幕的价格不是一个体系，同时也难以控制其他屏的收视状态。

对于广告商而言，知晓了电视屏之外的屏幕收视数据，是否要思考重新分配电视屏和其他屏的广告投放预算呢？PC 屏、移动屏、无屏、虚拟屏的广告暴露方式，能与电视屏的广告暴露方式价格一样吗？而且，收视数据准确吗？

　　采用时移方式、跨屏方式和搜索方式观看电视节目，是电视观众一种新的收视行为，比例会越来越大。如何应对这种收视行为，是摆在电视媒体面前的一盘大棋。能否下好这盘棋，既考验电视媒体的智慧，也检验电视媒体的操作能力。电视媒体必须在战略和生存的角度上进行研判，采用正确的姿态予以应对。这和电视媒体的新媒体发展战略密切相关，与电视媒体重新认识电视产品的形态和内容不可分割。同时，电视媒体还要认真思索，面对新的行业发展趋势和垄断地位的消解，电视媒体能否以进攻者的姿态，挺身进入传输渠道领域，在终端用户上面施展一下拳脚，变身为综合性媒体集团，从而获得面向未来的更好的姿态呢！

后果三　版权空心化之殇

版权，既是电视媒体最核心的资产，也是电视媒体生存与发展的基础。当我们谈及内容为王的时候，评判的最重要依据就是版权。没有丰富的版权聚集，电视媒体就无法构筑当下的竞争优势，也就无法描画可期的未来。

版权构成，一是数量要大；二是权益要多。数量大可以构筑当下竞争优势，权益多可以实现未来收益，两者不可偏废。但是，播出效益最大化的资源配置方式，不仅让电视媒体在版权数量的聚集上受到线性播出的限制，在版权权益的多元性上，也呈现出以播出权为主的趋势，让电视媒体陷入了沦为单纯播出平台的危险境地。这种版权空心化状况，不仅使电视媒体的播出功能失去护佑，也使电视媒体的产业发展无所依傍。事业产业双双堕入困境，则媒体融合也多半难脱水月镜花的结局。

移动终端的兴起和普及，提升了碎片时间的价值，引来了各种媒体对于碎片时间愈演愈烈的争夺。相应地，用户对于内容的要求也达到了以往不曾有过的高度。这种趋势，自然也延伸到了传统媒体。电视观众相比从前，变得更为挑剔，最主要的表现，就是对内容质量的要求更加苛刻了。因为，他们有了比从前更多的选择。所以，维亚康姆总裁雷石东的这句话，永远不会过时：传媒企业的基石必须而且绝对必须是内容，内容就是一切。

前面提到电视媒体同质化竞争严重，背后投射出的恰恰是优质内容的稀缺。内容是留住观众、建立良好口碑的基础。而内容的核心是版权！版权是电视媒体运营与经营的核心。业界总提"内容为王"，内容之所以为王，其基础就是版权。

互为犄角的两类节目版权

笔者认为，以版权来划分，电视节目大致可以分为两类：一类是播出类版权节目，以新闻节目和各种专题节目为主。这类版权节目，通常由电视媒体自己制作，供自己播出，不能或很少进入市场销售。另一类是播出＋售卖类版权节目，以电视剧（包括动画片和儿童剧）、体育赛事、综艺节目和纪录片等为主。这类节目一部分由电视媒体自行制作，另一部分是在市场上购买。这类版权节目与上一类版权节目的最大区别是，它不仅能够播出，还能在市场上进行多次售卖。

这两种版权节目对于电视媒体的作用，各有不同。

播出类版权节目，是电视频道定位的集中体现，聚集的是电视媒体的忠诚观众。虽然这部分版权节目基本上只用于播出，很少进入交易市场，其盈利模式或来自广告收入，或来自用户付费。但是这部分版权内容，是电视频道参与市场竞争的基础，是电视频道品牌价值的基本体现。可以说，缺少了这部分内容，电视频道的形象就会变得模糊。比如，央视综合频道的《新闻联播》《焦点访谈》《朝闻天下》《新闻 30 分》《今日说法》，央视财经频道的《经济半小时》《经济信息联播》《对话》《经济与法》，央视科教频道的《百家讲坛》《走进科学》等，均由这类节目构成。而国外的 ABC、CBS、NBC 等电视媒体，这类节目也很多，比如 CBS 的《60 分钟》、ABC 的《早安美国》《夜线》，NBC 的《今日》《日界线》等。由这类版权节目构成的栏目，播出时间固定，播出时长固定，栏目形态固定，甚至主持人也是基本固定，它们是电视频道的形象和招牌，聚集了一大批忠诚观众，影响力巨大，当然，广告收入也非常可观。

而播出＋售卖类版权节目，通常而言，聚集的是非忠诚观众。电视剧、体育赛事、综艺等节目，因其较强的娱乐性质，具有极大的关注度，受众范围也非常广泛。因此，这类节目播出时，可以聚集大量的观众，社会影响很大，广告收益也非常丰厚。但是请注意，这类节目聚集的，不是频道的忠诚观众，而是这类节目的忠诚观众。也就是说，观众是跟着节目走的。哪个频道播出这类节目，喜欢这类节目的观众就会聚集到哪个频道。当这些节目播出完毕时，这批观众也就各奔东西了。一些频道在播出体育赛事、电视剧时，经常获得比常态高出几倍的收视率，但是，当赛事或电视剧播出结束后，这些频道的收视又迅速回归常态，就是这个道理。当然，尽管这类版权节目所聚集的观众的忠诚度没有播出类版权节目高，但是这类版权节目对于电视频道也具有非常重要的作用：一是这些节目播出时能够聚集巨量观众，极大增强电视频道的市场竞争力；二是这类节目广告收入相对较高，对于电视频道的生存具有极大支撑作用；三是这类节目的核心版权，可以进行分销和多次售卖，其商业价值，远非播出类内容版权所能比。这也是电视媒体和节目制作公司，追求这类节目独家版权的原因。我们通常所说的版权开发与经营，主要是指这一类版权节目。

上述两类版权节目，电视媒体缺一不可，理想状态是达到一种平衡。既要拥有一批高质量的播出类版权节目，来充分体现频道定位、彰显频道价值、满足和维护频道核心受众的需求，又要拥有一批具有较高版权经营和开发价值的播出＋售卖类版权节目，为频道带来巨量游离观众，增强社会影响力，让频道在获取广告收入的同时，还能获取不菲的版权收入。二者彼此支撑、互为犄角，共同推动电视媒体和电视频道的良性发展。

对于电视媒体而言，所谓内容为王，就是上述两类版权节目能够相互支撑，达到总体平衡。缺少这两类版权节目，内容为王就是一句空话。

版权：内容为王的背后支撑

国内外电视媒体的发展史，充分证明了版权对于电视媒体发展不可替代的作用。

国外电视媒体的成功之道

每当我们提到某一家综合类电视媒体的时候，很多人的第一反应都是他们极具标示意义的品牌性栏目。而这些栏目通常都是由播出类版权节目构成的。事实上，正是这些品牌性电视栏目，成就或扩大了观众对于这些电视媒体的认知。这些电视媒体也正是通过这些品牌性栏目，确立了优势的竞争地位。

1968 年创办至今仍在 CBS（美国哥伦比亚广播公司）播出的《60 分钟》，不但是调查类新闻节目的典范，也是 CBS 的一个品牌符号。从 1976 年开始，《60 分钟》就成为美国周日夜间节目的收视冠军，连续 22 年进入收视排行榜前 10 名，是美国有史以来最成功的电视新闻杂志栏目，帮助 CBS 确立了在新闻调查类栏目中的王者地位。同时，该栏目为 CBS 创造的收入，也是美国任何新闻栏目都无法比拟的。在美国，与此类似的电视栏目还有 ABC 的《早安美国》《夜线》，NBC 的《今日》《日界线》等。这些播出类版权节目，尽管重播功能和多次售卖的能力较低，版权收入很少，但它们为这些媒体树立了良好的品牌形象，聚集了稳定的核心观众，广告收入也非常可观。

播出+售卖类版权节目，同样可以成就电视媒体。体育赛事是这类版权节目的主要类别之一。体育赛事的社会关注度高，群众基础广泛，价值巨大。重大体育赛事的播出权与经营权一直是国际节目市场上最为活跃的交易品类之一，电视媒体对于购买这类版权极其重视。以转播体育赛事著称的

ESPN，在成立初期，采用的是以赛事填满节目时段的简单运营方式。转折发生在 1984 年，ESPN 拿下了 NFL（美国职业橄榄球大联盟）的独家转播权，由此赢得了众多的美国中产阶级观众，开启了 ESPN 的第一次跨越式发展；而 1990 年控制 MLB（美国职棒大联盟）的联赛转播权，则让 ESPN 成为美国最大的有线电视台。由此可见，赛事版权对一家体育赛事直播平台发展的重要性。时至今日，ESPN 除了手握 NFL 和 MLB 的全媒体转播版权、2014 年至 2023 年的 NBA 转播版权等核心资源外，还控制着美国大学橄榄球联赛、西甲足球联赛、英超联赛、网球大满贯比赛等赛事的版权。正是这些版权使 ESPN 保持着商业模式上的核心竞争力。同样，NBC 是另一家重视体育赛事版权的电视媒体。与 ESPN 的专业体育电视媒体身份不同，NBC 是美国综合类电视媒体。它在 2014 年，不惜花费 76.5 亿美元版权费外加 1 亿美元签约奖金的高额价钱，续买了 2021—2032 年奥运会在美国所有平台上的独家播出权，其背后的理念支撑，就是认可体育直播赛事的影响力。2016 年 8 月，NBC 体育集团（NBC Sports Group）主席 Mark Lazarus 在接受《体育画报》（Sports Illustrated）采访时透露，在里约奥运会开幕之前，NBC 已经卖出了价值 12 亿美元的广告。

剧情类内容（电视剧、儿童剧、动画片等）、纪录片和一些科教类节目，是播出＋售卖类版权节目的另外一大类别。由于这类节目具有多次重播和多次售卖的特性，版权开发与经营价值很高，因此，一直受到欧美电视媒体的高度重视，纷纷投入巨资进行自制或者购买。时代华纳旗下的 HBO 成功崛起的原因之一，就是极其重视具有版权开发价值的高质量原创剧情类节目。HBO 长期以来持续投入重金打造精品剧集，坚守品牌价值，不刻意追求收视率，不向广告商低头，收获颇丰。2001 年，HBO 投入 1.25 亿美元制作《兄弟连》，成为电视史上最为昂贵的制作之一，也是 HBO 历史上最大的制作剧集，成本几乎是电影《拯救大兵瑞恩》的两倍，名演员汤姆·汉克斯和大导演斯皮尔伯格是该剧的执行监制。该剧为 HBO 带来了丰厚的利润。

多年来，HBO 相继推出了《兄弟连》《太平洋》《生活大爆炸》《新闻编辑室》《大西洋帝国》《罗马》《黑道家族》《行尸走肉》《越狱》《权力的游戏》《西部世界》等多部电视精品剧集。HBO 原来采用的是在全球范围内以家庭订阅费加上剧集 DVD 销售来实现利润的商业模式，当新媒体兴起之后，HBO 开始进军新媒体，先后推出 HBO Go 和 HBO Now 两个流媒体产品，以电视媒体的家庭订阅费 + 流媒体的方式实现盈利。2017 年 HBO 财报显示，它年度营收 63.32 亿美元，息税前利润 21.52 亿美元，利润率高达 34%。高质量版权内容的巨大经济价值由此可见一斑。

国内电视媒体曾经的成功缘由

20 世纪 80、90 年代，央视尤其是央视综合频道就是因为拥有众多优质的两类版权节目，才得以在电视界独步天下。播出类版权节目包括《东方时空》《焦点访谈》《经济半小时》等新闻性节目，《综艺大观》《正大综艺》《开心辞典》《幸运 52》《艺术人生》等综艺节目，这些栏目领一时风气之先，具有极高的社会影响力，一些节目内容甚至能够影响国家政策的制定与走向；而具有多次售卖与经营价值的播出 + 售卖类版权节目，也是佳作频频，《西游记》《红楼梦》《三国演义》《水浒传》等电视剧的版权价值，甚至难以估量。依据《三国演义》《水浒传》等电视剧建设的三国城、水浒城等实体旅游设施，直到今天，依然产生着经济效益。在这一时期，重大体育赛事的播出权，几乎被央视垄断。直到 21 世纪前 10 年，央视一直是电视媒体版权数量和质量的绝对领先者。电视剧如果不在央视播出，就难以形成最大的播出效益。

在省级卫视中，1994 年第一个上星的山东卫视，因为在播出类版权节目上频频出新，由此开创了 20 世纪 90 年代的辉煌。当时，山东卫视先后创办了《家庭号快乐直通车》《今日有约》《星光 50》《阳光快车道》《天南地北山东人》《金剑之光》《走四方》等许多质量过硬的原创优质栏目，很快聚拢了一批忠诚观众，形成了频道品牌，成为当时省级卫视中唯一一个年收视份额在 4%以上的频道。近些年发展迅猛的湖南卫视，它在 1997 年创办《快乐大本营》，1998 年创办《玫瑰之约》，2005 年创办《超级女声》……这些播出类版权节目，加上电视剧《还珠格格》等播出＋售卖类版权节目，让湖南卫视成为进入本世纪以来中国电视媒体的最大赢家。21 世纪前 10 年，江苏卫视和浙江卫视异军突起，成功晋级地方卫视三甲行列，靠的也是在播出类版权节目上的创新，前者的代表栏目是《非诚勿扰》，后者的代表栏目是《中国好声音》。

综上我们可以看出，不管时代如何发展，无论国外还是国内，优质内容永远都是稀缺资源。电视媒体拥有版权节目的数量和质量，已经成为决定其竞争地位的重要资源，是电视媒体获取竞争优势的基础。对于综合类电视媒体而言，两类版权节目要形成一种平衡状态，既要获取忠诚的核心观众，又要获取稳定的长期收益，不可偏废。而对于专业化电视媒体而言，要么在播出类版权节目上独树一帜，要么在播出＋售卖类版权节目上构建独家资源，形成竞争优势。我们可以肯定地说，电视媒体聚集的高价值版权节目越多，其竞争实力就会越强。

无版权聚集，无电视未来

电视产业的本质是版权产业，优质的版权节目往往能为电视媒体带来长期稳定的收益。

版权：电视媒体的核心资产

版权收入是目前国际上各大电视媒体除广告收入或收视费收入之外的另一大收入来源。具有国际水平的传媒机构，其版权收入一般占其总收入的 20%—30%。极端者如香港 TVB，版权收入占比一度达到 50%。

电视媒体竞争的实质是以版权聚集构筑竞争优势。没有大数量和高质量版权聚集的电视媒体，就不具备核心竞争力和长久的生存能力。媒体的核心资源，不是大楼和设备，而是版权和依靠版权价值而形成的品牌效应。没有版权聚集，电视媒体只能靠牌照生存，一旦牌照垄断被打破，将会迅速崩塌。

版权聚集，还是电视媒体面向未来，推进融合发展、向新媒体转型升级的前提。如前所述，HBO 应对新媒体的竞争，开发了两个产品，一个是 HBO Go，一个是 HBO Now。两个产品都包含了 HBO 拥有版权的大量剧情类视频节目。不同的是，前者是针对有线电视用户的，所有在有线电视系统里，订购了 HBO 电视频道的用户，都可以在包括移动终端在内的终端上，免费观看 HBO Go 的视频节目。而后者，则是一个纯粹的流媒体产品，用户可以在互联网上，付费观看 HBO Now 的视频剧情类节目，这个方式，与 Netflix、Amazon Prime Video、Hulu 的产品性质相同，也是与之直接竞争的互联网流媒体产品。由此我们可以看出，版权是 HBO 的重要资源和竞争力构成。如果 HBO 没有众多版权做基础，就无法与互联网公司的流媒体进行竞争，同样，也无法在有线电视系统中，为用户提供超过其他电视付费频道的产品组合，从而获得竞争优势。

数量与权益：版权的评估标准

我们所说的版权聚集，有两个含义：一是版权数量多。只有拥有数量众多的版权内容，才会对电视媒体不间断播出的需求构成强大支撑，才能维系电视媒体长期而稳定的运转。而在进入互联网时代之后，电视媒体对版权内容的需求，更是呈几何级数增长。因此，版权内容的数量，是电视媒体核心竞争力的最重要组成部分。二是版权构成丰富。播出权是电视媒体版权最基本的要求，没有播出权的版权，对于电视媒体几乎没有意义。但是，仅有播出权，对于电视媒体而言，也难以形成核心竞争力。电视媒体拥有的版权，应该具有丰富的权益结构。比如，独家播出权，对电视媒体确立排他性竞争优势，作用重大；比如，分销权，有利于电视媒体掌控市场格局、获取更大收益；比如，拥有全版权，则可以在播出和版权产业等多个维度上获取收益。

版权，是对未来最好的投资。没有版权，电视媒体就没有未来。因此，电视媒体应该在理念、制度和运作流程等多个维度上，强化两类版权节目的聚集。首先，要明确短期获利与长期持有的关系。短期获利，是播出；长期持有，是版权，是资产，且是优良资产。其次，要真正建立小众、分众理念。内容，永远都是为一部分人服务的，要舍得为小众和分众进行版权投入。大众版权和小众分众版权合理的配置，才是健康的版权结构。最后，版权聚集要成规模。不成规模的版权聚集，无法产生增值收益，无法产生裂变反应。

版权：自制与购买的均衡

电视媒体实现版权聚集的方式，有两种：一靠购买；二靠自制。英国BBC有两大运作原则：一是鼓励节目自制原则，二是全方位购买产品的原则。这两条原则，前一个是要保证体现自己频道的定位和品牌形象，保持自己的差异化竞争优势；后一个则是对经营价值高的版权内容进行有意识的购买和聚集。BBC特别注意所购买的节目是否可以延展使用。在购买创意之初，就充分考虑未来能否在其他产品中使用，尽量让购入的创意为BBC所有类型的产品服务。BBC每年购入独立制片节目的开销大约在3亿英镑，与自制节目投入大抵相当。在美国，电视剧制作的最大特点是制播一体化，美国CBS、ABC、NBC、FOX、CW等电视媒体都会利用自身的优势整合上游资源，成为美国电视剧的主要制作方，实现对整个产业链的整合。在系列剧集中，80%来自五大电视网的自制剧或定制剧，仅20%来自其他制作机构。自制比例之高，超乎想象。

与国外电视媒体极度重视版权聚集的做法相反，最近几年，国内电视媒体在版权聚集上，呈现出了愈来愈严重的空心化倾向。这种状况继续下去，电视媒体极有可能沦为一个单纯的播出平台，陷入仰人鼻息、没有未来的危险境地。

极度危险的版权空心化

说中国电视媒体可能沦为单纯的播出平台，绝非危言耸听。

我们在前面说过，电视媒体的综合类频道，两类版权节目必须齐备，达到一种平衡。但是，近些年来，中国电视媒体恰恰在两类版权节目的聚集上出现重大偏误。

新闻和专题等栏目，投入减少，品牌消解

近些年，电视媒体一个突出现象是：名牌栏目日渐稀少。这是电视媒体品牌消解的重要标志，因为名牌栏目是体现频道形象和吸引忠实观众的基础。以新闻节目为例，从全国电视市场来看，尽管新闻性节目的播出比例一直占整体节目的 10% 左右，但观众对新闻节目的收视投入一直呈现减弱趋势，一些高收视新闻节目的收视也在不断下滑。虽然其中有新媒体冲击的因素，但与电视媒体对新闻节目总体投入不够关系甚大。

专题节目的状况也不容乐观。在上星频道中，各类专题节目的播出比例，接近总播出时间的一半。CSM 数据显示，2017 年全年，全国上星频道的栏目（不含电视剧、电影、动画片、纪录片、体育赛事）共播出约 37 万期，其中收视率过 1% 的节目总期数为 3005 期，占比不到 1%，而收视率在 0.1% 以下的则占到八成以上。这些节目中除了一些目标受众清晰的小众性栏目具有版权开发的长尾价值之外，大部分节目在市场上几乎没有价值，它们在播出后就可能成为永远无法进行价值兑换的沉没媒资。

综艺节目版权权益日渐稀少，版权价值降低

综艺娱乐节目是电视媒体播出的主要节目类型，其节目模式，也是国际电视市场上主要的版权交易对象。数据显示，全球节目模式产业交易额每年高达 50 亿美元，2013 年 84 个欧洲主要电视频道的前 100 位模式节目创造了 29.3 亿美元产值。自上海东方卫视引入《中国达人秀》、浙江卫视引入《中国好声音》节目模式开始，版权引进模式开始爆发，掀起了近几年国内电视媒体季播性娱乐节目模式引进的高潮。国内影响力较大的综艺娱乐节目，90%是模式引进类节目，这些节目已经成为某些上星频道的收视保障和广告收入保障。曾经大火的《中国好声音》2016年易主，唐德影视以6000万美元的价格向模式方"Talpa全球"购买了从第五季开始的未来四季的相关版权。这些通过引进模式制作播出的节目，版权权益类别很少，其收益大体上都是通过播出获取，呈现出投入产出比低、获利项目少、盈利时间短、收益逐年下降等趋势，版权价值不高。与此相对应，中国电视媒体的原创综艺娱乐节目却非常稀少。近些年，仅有江苏卫视的《全能星战》、灿星制作的《中国好歌曲》等少数几个节目成功向海外输出了节目版权，收益寥寥。这种状况，势必导致电视媒体的核心竞争能力下降，影响力降低！

大型体育赛事版权旁落

体育产业，是娱乐产业中最大的产业，其版权历来是兵家必争之地。普华永道《全球体育市场报告》显示，2013年全球体育赛事产业的产值为1302亿美元。其中，版权收入为300.6亿美元，门票收入为413.2亿美元，赞助收入为402.4亿美元，相关无形资产商品开发收入185.5亿美元，版权收入占全部收入的23.1%。英超联赛和NBA是最具影响力的体育赛事，其版权收入分别占到总收入的50%和60%。市场调研公司Wunderlich Securities 2012年的研究报告显示，体育专业媒体ESPN的价值达400亿美元，其每年的营收约100亿美元。

在全媒体时代，体育版权的重要性愈加突出。尽可能获取重要体育赛事的版权资源，并对其进行充分的开发与利用，已经成为媒体之间构筑竞争优势、获取观众与用户的最重要手段。近些年，国内在体育赛事版权上面，资金投入巨大，但电视媒体拥有的体育赛事版权，却日渐稀少，目前很多重要赛事的核心版权，均不在电视媒体手中：2013—2019年英超赛事在中国大陆地区的全媒体版权被新英体育获得；2017—2020年亚足联旗下所有赛事在中国大陆地区的全媒体转播权和信号制作权，先是被乐视体育购买，后因资金支付问题，被亚足联终止合同，转手给体奥动力；2015—2020年西甲赛事中国地区独家全媒体版权被苏宁旗下的PPTV聚力获得；2016—2020年中超赛事版权，被体奥动力公司以80亿元获得……

曾几何时，中国电视媒体是几乎所有国内外重大体育赛事版权的拥有者，而现在，很多时候都成了看客！没有了重大体育赛事的版权，电视媒体不但聚集观众的能力大大降低，收入也会受到极大影响，还将面对生存课题。

电视剧自制规模日益萎缩，购买播出权渐成主流

TVB的电视剧在全球华人观众中影响很大。其2016年上半年财报显示，公司总收入19.64亿港元，营收同比下滑3%。业绩下滑的主要原因是广告收入下跌，同比下跌11%，但同时，占其总收入27%的版权分销收入同比上涨了10%，成为其业绩的重要支撑。而TVB的版权分销收入绝大部分来自电视剧。

反观大陆电视媒体，在电视剧版权上，却呈现出逐渐萎缩的趋势。从20世纪80年代开始，电视剧几乎全部由电视媒体或者其下属公司制作，其版权当然也是归属电视媒体。进入21世纪初，电视媒体拥有电视剧版权的比例已经大为降低，但是依然占有一席之地。2009年，在我国发行的402部、12910集电视剧中，由电视台投资制作的自制剧共有135部，约占全年电视剧总部数的三分之一。进入21世纪初，情况发生重大变化，民间资本大量涌入电视剧制作领域，社会化公司成为电视剧投资制作的主要力量，电视媒体投入电视剧制作的资金日益减少，电视剧基本靠购买获取，且基本上是购买播出权。对于电视媒体而言，这样的变化带来两个结果：一是版权权益类别越来越少，几乎是只有播出权，电视媒体丧失了大量的版权权益和可能的收益。二是人才流失严重，电视剧自制能力断崖式下降。近几年，随着电视剧价格的不断攀升，电视媒体在电视剧购买预算上的投入也水涨船高。央视、湖南卫视、上海东方、浙江、江苏等主要电视剧播出平台的购剧预算从几年前的 10 亿元左右已增至 20 亿元上下。2016 年 12 月，电视剧制作上市公司慈文传媒公告称，湖南卫视分别以 2.58 亿元和 3.84 亿元的价格，从慈文传媒采购了 2017 年预播的两部大剧《特工皇妃楚乔传》和《凉生，我们可不可以不忧伤》。这两部剧的投入，几乎占湖南卫视全年电视剧预算的三分之一。目前，几个主要卫视每年在黄金档播出的电视剧是 11—12 部。因此，即使一线卫视每年 20 亿元的投入，要满足播出要求，也只能买几部大剧，然后搭配一些中小制作的电视剧。而二线卫视购买电视剧的处境更为尴尬。新闻出版广电总局于 2013 年将原来的"一剧四星"改为"一剧两星"之后，二线卫视在电视剧的购买上，更加捉襟见肘，只能通过与其他卫视联手购买 1—2 部首播剧，再购买一些热门剧的二轮或者三轮重播权，才能充满黄金档时间。至于三四线的卫视，其黄金档基本上就是电视剧的重播平台了。尤为令人痛心的是，虽然电视媒体在购买电视剧上投入巨大，却很少拥有电视剧的核心版权权益。这种只拥有电视剧播出权的状况，让电视媒体日益向单纯的播出平台沦陷。电视剧的诸多版权权益，电视媒体只有望洋兴叹了。

正因为如此，才会出现电视剧《花千骨》的尴尬现象。2015 年暑期，湖南卫视 22 点档钻石剧场播出古装偶像仙侠剧《花千骨》，全国网收视最高 3.89%，创周播剧收视纪录。播出后，制作公司慈文传媒相继推出同名网游、同名网剧，启动《花千骨》大电影和舞台剧，相关产业链收入惊人，仅同名网游单月收入就达到 2 亿元人民币，赚个钵满盆满。而湖南广播影视集团节目交易管理中心主任肖宁说，湖南卫视的《花千骨》是亏本播出。

同样是热播剧，HBO 已经播至第七季的《权力的游戏》，则是版权效益成功的典范。该剧的第一季，每集制作经费就高达 600 万美元，到第五季攀升至 800 万美元，第六季制作成本高达 1000 万美元，被称为"电视剧史上烧钱最多的系列剧"。但精良的内容制作，让《权力的游戏》具有极高的版权价值，吸引了大量付费用户。据公开报道，仅付费点播一项，2015 年就为 HBO 带来 3.03 亿美元的收入。全版权电视剧所带来的品牌、收视、广告及产业开发等综合收益，远非播出权所能比拟。

这样的正反案例还有很多。它所印证的，恰恰就是版权的价值。优质的电视剧集，具有全产业链开发的天然属性，其多维版权权益的价值，远远超过单纯播出权益所带来的广告收入。

除了新闻、专题、体育赛事、综艺、电视剧等节目类型之外，纪录片、科教节目、少儿类节目等也都具有极高的版权聚集和经营开发价值。但电视媒体追求播出效益最大化，一方面导致高质量的小众化节目数量较少；另一方面，对于少数有版权开发经营价值的节目，因为局部利益作祟，而难以进行有效的版权开发。这一点，我们后面还将具体分析。

电视剧主要购买播出权，核心体育赛事版权旁落，综艺娱乐节目的头部节目依赖版权模式引进，原创综艺大部分无模式输出价值，新闻与专题类节目绝大部分收视水平低下、无版权开发价值……因此，当我们说国内电视媒体深陷版权空心化的危险境地时，绝不是危言耸听，而是残酷的事实。

电视媒体版权权益的收窄，是电视媒体实力下降的一个侧影。放弃全版权，是核心竞争力削弱在版权权益上的显现，显示出电视媒体面临着"生存大于发展、当下重于未来"的艰难困境。

版权空心化：播出效益最大化之果

国内电视媒体的版权空心化现象，折射出的是电视媒体在战略、运营与方向上对版权聚集和版权经营的暧昧与摇摆心态。

事实上，国内很多电视媒体都成立了版权部门。央视于 2004 年在全行业率先成立了专业的版权管理部门——版权管理部。2015 年，央视的版权管理部与法务处合并为版权与法务事务室，提升了版权与法务工作的地位。上海文广传媒 2009 年正式成立 SMG 版权中心，并在 2015 年 2 月将 SMG 原版权中心和媒资管理中心两个部门合并，成立版权资产中心。一些省级电视台也陆续成立版权管理部门。

但是，目前我国大陆电视媒体的版权部门，更多的是处理版权维护和侵权等相关事宜，几乎不负责版权的开发和经营工作。负责版权经营与开发的部门，各个电视媒体各不相同，但运转大都不太顺畅。这也在一个侧面表明，中国电视媒体，虽然运行了几十年，却一直没有从根本上认识到版权对于电视媒体持续发展的重要性，没有找寻到版权开发与经营的正确路径与方式。

导致电视媒体收窄版权权益、消解版权作用的背后推手，正是对播出效益最大化的追求。版权权益与播出效益最大化，恰好构成了此消彼长的关系。

播出效益最大化，让电视媒体更多地追求短期利益和广告收益。这一方面会诱导电视媒体减少对个性化栏目和对象性栏目的投入，在聚集忠诚观众上用力不够，品牌效益减少，人才流失，导致电视媒体长期效益受损。另一方面，它会引导电视媒体在购买体育赛事、电视剧等版权节目时，只重视播出效益，购买播出权即可。如此，电视媒体在版权投入上，会渐渐向播出权收缩，对多元版权和永久版权则选择忽视。而多元版权和永久版权，是电视媒体产生多元效益和长期效益的基础，是建立多重收入结构的有效支撑。因此，播出效益最大化，让电视媒体版权空心化的状况日甚一日。

播出效益最大化，使电视媒体更为注重播出效益

电视节目的播出权，是构成播出效益的最主要因素。只要具有播出权，电视媒体就可以通过播出来完成广告的暴露，实现广告收入，完成一个节目的完整循环：生产（购买）——销售（广告）——播出，然后，再进行下一轮次的循环。因此，电视媒体不需要节目的多元版权权益，就可以实现播出效益。这也意味着，电视媒体在以播出效益为前提的战略定位下，没有动力获取播出权之外的版权权益。

频道既没有购买多元版权的预算，也无法进行版权经营

通常，频道是电视媒体的节目购买主体。电视媒体的频道预算，是以节目播出为标准来制定和下达的，频道的重要职责是完成播出，它没有购买播出权以外权益的预算。同时，频道受电视媒体事业单位属性的制约，既没有经营职责，也没有经营功能，无法开展多元版权的开发工作，也无法享受版权收益，因此，频道没有动力来获取播出权之外的版权权益。在节目制作方面，限于事业属性的财务管理制度，一些市场化属性强的节目品类，比如电视剧制作，比如需要给嘉宾支付巨额费用的综艺节目等，频道难以操作。那些拍摄周期长、需要跨域跨国拍摄的项目，比如纪录片等，频道完成起来也有难度。同时，节目版权的多元化经营，比如传统媒体的分销、新媒体的同步或准同步播映等，有可能会影响节目的收视效益，这会与频道的利益发生冲突。如上所有条件的限定，都把频道的目标指向播出效益。而播出效益，恰好也是考核频道成效的最主要指标。因此，频道选择忽视多元版权权益，也就是顺理成章的了。

电视媒体的产业公司，难以有效开展多元版权经营

理想状态下，在电视频道无法进行版权经营的情况下，电视媒体的下属公司，应该完成电视媒体在版权购买、经营等方面难以进行的工作，从而实现事业企业互补、公益与产业双轮驱动的目标。但是，由于电视媒体播出效益最大化的战略定位，所有资源均向播出配置，使电视媒体的下属公司受到极大制约，其聚集人才和投资的能力，都处在低水平上，难以弥补电视媒体在版权投入上的短板。因此，电视媒体的版权，就渐渐进入空心化轨道了。

如上原因，让电视媒体的版权经营，难以进入良性循环的轨道，也没有办法实现长期效益和综合效益最大化。这不仅让电视媒体的品牌价值日益稀释，还使电视媒体的新媒体转型升级，变得困难重重。

因此，在版权经营上，尽管国内少数几家电视媒体也有类似规定：要求节目立项时便将全产业链开发规划纳入考虑范围，对模式引进、委托制作、合作制作等，从版权利益角度进行综合评估和权衡，对确有价值的节目充分考虑享有该节目的完整版权。但是，由于播出效益最大化作祟，版权经营在资源配置、部门与岗位设置、流程管理等多方面均面临制约，版权经营无法真正落地实施。

央视《百家讲坛》就是版权经营的一个典型案例。《百家讲坛》开播之后，影响力迅猛提升，受到观众广泛喜爱，收视率连续几年名列专题类节目前茅，走出了阎崇年、纪连海、易中天、于丹、王立群等众多人物。《百家讲坛》带动了以主讲人演讲稿为底稿的系列图书的畅销。易中天的《品三国》累计销售 300 万—400 万册；于丹的《〈论语〉心得》《〈庄子〉心得》也都销售几百万册；2004 年中华书局出版阎崇年《正说清朝十二帝》，3 个月销售 16 万册，一年内重印 15 次；2005 年，刘心武的《解密红楼梦》，成为当年的热门畅销书，累计销售近百万册。其中的几位，还因此登上当年作家版税排行榜。但作为捧红这些专家的《百家讲坛》和背后的电视媒体，除了播出收益，在其他方面受益并不多。个中原因，并不在于频道与栏目没有版权意识，而是受限于电视媒体在版权权益上的定位。电视媒体看重的是节目的音像制品权益，对于其他版权权益，则关注不足。因此，频道与栏目并没有相应的经费预算用于其他版权权益的投入。

这种情况，在版权经营成熟的欧美电视媒体，显然不会发生。比如，英国 BBC 早在 20 世纪 90 年代开始，就形成了一条围绕电视节目进行投资、研发、生产、销售及配套服务的完整的电视内容产业链。在组织架构上，BBC 一级部门视频板块 BBC Vision 设有三位总监：业务总监、事务总监和版权总监。其下在新闻、世界服务、未来媒体和技术三个板块各设置了一名经理人来负责相关的版权和运营工作。目前，版权管理方面的工作人员有400 多人。

　　要彻底改变国内电视媒体版权空心化的现状，首先要改变的，就是以播出效益最大化为主要诉求的战略定位。电视媒体必须以综合效益最大化和长期效益最大化为目标，从生存和发展的双重角度确立电视媒体的发展方向，在组织架构、职责设定、资源配置上，冲破播出效益最大化的羁绊，最大限度聚集可以多次售卖和长期售卖的优质多元的版权权益。只有如此，才会既获取播出效益，又实现产业布局，让电视媒体达到良性健康可持续发展的目的。

后果四　频道的异化

当频道取代栏目，于本世纪初成为我国电视媒体的运行主体与竞争主体的时候，频道的发展理应上升到一个新的层次。然而，多年过去，我国电视频道却在总体上陷入困境，多数频道开始面对生存危机。虽然这种结果与媒体环境的变化和媒体形态的发展有很大关系，但是，更大的问题还是来自频道自身。

一方面，频道逐渐呈现出娱乐化和泛娱乐化倾向，频道趋同趋势明显，品牌辨识度下降，恶性竞争愈演愈烈，削弱了电视媒体的本体业务。另一方面，频道利益逐渐绑架甚至凌驾电视媒体利益，不仅阻碍电视媒体向电视产业拓展，还有意无意地延宕了媒体融合业务的进程。也因此，电视媒体的转型升级困难重重。

这一切，播出效益最大化难脱干系。

2015年12月4日，云南广播电视台卫视频道面向全国公开组团招聘总监班子5名成员。长沙广播电视集团的控股公司中广天择传媒股份有限公司的竞聘代表中标。经云南广播电视台与长沙广电集团共同协商，双方组建由云南广播电视台控股的合资公司，共同运营云南卫视。双方决定：由中广天择人员乔志担任云南卫视总监一职，与云南卫视原有的三位副总监及另外一名人员组成新的总监班子，一起负责频道的运营管理工作。

这是自 2009 年年底，从湖南广播电视台与青海电视台共同出资成立第三方公司运营青海卫视（2013 年终止）、2010 年 2 月宁夏广播电视总台与上海广播电视台合办宁夏卫视频道（2014 年终止）以来，省级卫视频道再次出让运营权。

此后的 2016 年，又有两家卫视频道先后出让运营权：3 月 1 日，陕西卫视出让运营权，北京长江传媒有限公司、中建投、中文投组成团队开始运营陕西卫视；12 月，河北卫视出让运营权，当代东方投资股份有限公司与河北冀广天润电视节目制作有限公司、河北文广传媒有限公司共同投资设立河北卫视传媒有限公司，运营河北卫视。

在本书序言里，我们描述了关于电视媒体生死兴衰的争论。这些卫视出让运营权，应该会成为电视消亡论者的另一个有力论据：进入 21 世纪 10 年代，电视媒体运营困难、勉力维系的状态，已经从西部电视媒体向中部电视媒体蔓延开来。

当然，我还是这样的观点，一些电视频道乃至电视媒体生存困难，并不代表整个行业行将就木。要么生，要么死，这是两极思维，对于探寻电视的发展状态，显得太过简单。但是，这种状态却也应该引起我们的警觉：是什么原因让一些电视频道甚至电视媒体走入了困难重重的境地呢！

所有媒体，包括电视频道，能否生存，并不由自己决定，而是由需求方——受众决定。一个频道的价值必须通过市场交换来实现，真正的供需对接才是频道生存的根本。2015 年 11 月，习近平总书记在中央财经领导小组会议上首次提出"供给侧结构性改革"，要三去一降一补。只要仔细观察一下就不难发现，在电视媒体，供给侧结构性问题同样存在，最典型的就是产能过剩和库存严重。全媒体形势下受众的需求发生变化和转移，这种变化和转移，让电视频道本就过剩的状况愈发明显：因为供给主体过多、频道定位游移、结构失衡，导致竞争激烈、效率低下，是为频道产能过剩；频道里栏目众多但精品稀少，隐性库存过多，是为库存严重。所以，国内电视媒体和电视频道亟须推进一场持续而深入的"供给侧"改革。

推进电视媒体的"供给侧"改革，首先要把准电视频道当前存在的问题。当前的问题，不但是供给过剩，还在于供需错配：对短期播出效益的追求、对高收视的追逐，导致泛娱乐化内容供给过剩；规模众多的频道同时挤向综合化、娱乐化的独木桥，呈现出综合频道娱乐化、专业频道综合化的趋势，用户浅层的娱乐性需求被过分覆盖，而专业领域的收看需求则因为供给不足而被遏制，这又是典型的供需错配。

是什么原因导致大多数国内电视频道偏离自身定位呢？

当频道成为主体

从 1958 年中国电视诞生到 20 世纪 90 年代初期，我国的电视台所拥有的频道，数量较少，规模不大，管理方式相对简单，采用三级管理架构：台总部、节目生产部门、栏目。这一时期，无论是中央电视台，还是地方电视台，业务方面大体上都由总编室、新闻、文艺、专题（后来有叫社教的）、经济、技术（制作）、播出等部门构成，部门是管理运行的主体。从 90 年代后期开始，电视频道的数量逐渐增多，原来以部门为运营主体的管理方式，已经难以适应管理需求，于是，升级管理层级、变革管理与运营模式的呼声日渐高涨起来。

但是，电视媒体组织架构的第一次变革，并没有从部门制改为频道制，而是采用了中心制：由中心设立若干管理部门，负责频道的管理与运营。在中心制管理模式下，按照频道和节目类型分类，一般设有新闻、文艺（综艺）、社教、经济、体育、少儿等节目中心，负责相应频道的管理与运营。这些业务中心，与总编室、人力资源中心、财务中心、广告经营中心、制作中心、播送（播出）中心等共同组成电视媒体的运营管理主体。

之所以采用中心作为管理与运营的主体，有如下几个原因：一是频道数量增加迅速，但是电视媒体无论从管理人员和组织架构上，都没有准备好让每个频道都成为管理主体，因此采用一个中心管理几个频道的方式来应对频道增多的状况；二是频道的定位并不清晰，有些频道在内容上有相近之处，这样的频道由一个中心管辖，可以避免冲突；三是一些部门，同时为不同的频道制作栏目和节目，短期内难以具体划归到哪个频道之中，由中心管理，可以避免产生矛盾；四是作为事业单位的电视媒体，其机构设置，由上级管理部门和编制管理部门决定，电视媒体的自主权有限。

当电视媒体之间的竞争主体还是电视台的时候，中心制有着管理上的优势。它以职能专业化为依据，将同类型频道和节目归在一起管理，集中优势、统一调度、统筹管理，可以减少人员和设备的重复配置，规模效应明显，促进了专业化资源在同类节目之间的共享共用。

随着广电技术的发展和市场的成熟，20 世纪 90 年代，西方国家电视媒体开始走向专业化，频道大量增加，传统的以栏目为基本单位、依靠相应中心供应节目的管理模式，逐步让位于以频道为基本单位的管理模式。英国 BBC 就是在 20 世纪 90 年代开始以"频道总监制"逐步取代原来的"制片人"中心制的。资源配置从以部门和栏目为中心转为以频道为中心。

同国外一样，这一时期，我国的电视媒体也进入了高速发展时期，从业人员急遽增长，频道数量大幅增加，管理事项和管理范围远远超过以往，以中心为主体的管理模式，渐感力不从心，弊端越来越明显。频道责任主体不清、频道专业化程度不高、市场竞争观念淡漠、供需脱节、资源浪费、管理成本巨大等问题，不断困扰着电视媒体。于是，国内电视媒体开始思考以频道制替代中心制的课题。

2003 年，中央电视台在经济频道开展频道制试点。此后，体育中心和少儿中心的频道制试点也次第展开。三个频道制的试点工作，取得了宝贵经验，初步建立了管理模式。央视遂于 2010 年，全面实施频道制改革，除新闻以全台整合的方式建立"大新闻中心"以外，在原有的财经、体育、少儿三个频道之外，建立了综合、综艺、中文国际、电视剧、纪录片、科教、社会与法、戏曲与音乐频道、外语频道等。频道正式成为央视的基本管理实体和运行单元。与此同时，地方电视媒体的频道制改革，也相随而来。

频道制的实施，是电视市场变化的结果。随着频道数量的不断扩充，观众的收视习惯开始逐步改变。在"频道稀缺时代"，观众是根据栏目来选择频道的，栏目是观众关注的重点。频道数量的迅速增加，改变了观众选择电视节目的方式，由以往的从栏目入手，逐步转变为从频道入手，观众开始根据频道选择节目。市场竞争也由原来的电视台之间的竞争，演变为频道之间的竞争，频道代替栏目成为市场竞争的基本单元。由于电视节目线性播出的特点，每一个播出时段都是唯一的、不可复制的，因此，播出时段就成了电视媒体最重要的资源，是实现播出效益的唯一载体。而频道恰恰是播出时段的拥有主体，这就不可避免地推高了频道在电视媒体内部的话语权。正是这个变化，让电视媒体的基本管理主体，从以往管理栏目的部门，向具有播出与管理双重权利属性的频道转移，频道遂成为电视媒体的基本管理实体和运行单元。于是，资源、责任、权利等开始围绕频道进行配置，也因此，频道制应运而生。

频道制的实施，升级了电视媒体的组织架构，解决了中心制责任主体不清晰等问题，对于电视媒体的发展，起到了极大的促进作用。遗憾的是，在我国电视媒体，频道制的效果并不像预想的那般明显。而且，频道制还带来了新的问题。

个中原因，一方面，频道制的实施时间，恰好与新媒体的蓬勃发展时间基本重合。新媒体对于电视媒体的冲击，抵消了频道制的一部分效益。另一方面，如本篇前几章内容所述，频道制被播出效益最大化和广告效益最大化牵引和制约，产生了一些新的问题，其中最主要的问题是，频道将所有资源集中在追求收视效益和短期效益上，致使频道在内容设定上，娱乐化与泛娱乐化兴起，用户浅层的娱乐性需求被过分满足，而小众化专业化的收视需求则因为供给不足而被遏制。结果是，众多频道的定位开始趋同，综合频道娱乐化、专业化频道综合化渐渐成为主流趋势。于是，频道的专业化被不同程度地消解，品牌建设被逐渐忽视，人才的聚集能力也逐步走低。这种状况逐步发展，还带来了另一个重大弊端，就是频道利益开始与电视媒体的整体利益发生冲突，频道有意无意地绑架电视媒体，为频道利益背书。近些年，电视媒体的产业化进程一再延宕，媒体融合业务进展缓慢，就与此密切相关！而这，则是我国电视媒体实施频道制之后，所呈现出的独有现象了。

之所以说这是我国的独有现象，是因为产生这些问题与频道制本身关联不大，而与我国电视媒体对于频道的定位和绩效评估手段关系密切。其中最主要的，就是追求播出效益最大化。

娱乐化、泛娱乐化盛行

在本篇"后果一 广告决定生死"和"后果二 收视率：崇拜与虚无"章节里，我们论述了电视媒体对播出效益最大化的追求，导致电视媒体过度重视收视效果。其直接后果，就是逼迫电视频道追求高收视率。什么节目能带来高收视率呢？当然是娱乐节目。于是，娱乐节目自然就成了某些电视媒体获取高收视率的必然选项。近些年，娱乐节目大行其道，很多不以娱乐内容定位的频道、栏目，都向娱乐化倾斜，根本原因即在于此。

娱乐节目和娱乐化节目，因其覆盖人群广，受众规模大，关注度高，容易获得高收视率，其广告收入也高于其他类别节目。数据显示，2017 年，在 71 个 CSM 收视测量仪城市所有监控的电视频道中，综艺、影视剧、动画等娱乐性节目占总体播出比例的 38%，而收视贡献则达到 55%。

近几年，娱乐性节目出现了一个新趋势，就是季播性节目异军突起。很多电视媒体渐渐把着力点转移到季播性节目上，在资金投入、播出时间安排、推介力度上，都达到了以往难以企及的高度。我们在本书第一篇"病症五 个性的消弭"一章中，对此作了描述："最早的影响力强的季播性节目起始于 2004 年，从央视的《梦想中国》和湖南卫视的《超级女声》开始。但是形成风潮，却是始于 2012 年浙江卫视的《中国好声音》，此后一发不可收。现在，有影响力的电视媒体，每年都有几档季播性节目，投资一般都上亿，最高已经接近三亿元。几乎所有季播性节目，都具有极强的娱乐化色彩，或请娱乐明星参与，或在情节设置上偏重戏剧冲突。这样的节目形态，能在短时间内集聚大量受众，收视效果极为显著。它们以明星为切入点，以粉丝为纽带，打通了电视媒体和新媒体之间的传播界限，成为社会热点，也因此，广告收益也很是可观。"也因此，这类节目貌似形成了电视媒体、网络媒体、制作公司、广告商等诸多方面共赢的局面。

娱乐不可怕，可怕的是只剩下娱乐。

制作、购买、播出娱乐类节目，对于电视媒体而言，是正常的业务布局，本无可厚非。但是，当下很多电视媒体的运作方式，是将媒体的资金、人力和主要播出时段等主要资源大部分配置到了娱乐类节目之上，这是一种非理性的饮鸩止渴行为。我们需要清醒地认识到，娱乐节目是忠诚度很低的电视节目门类，大都是短时间内播出完毕的项目式产品。无论是电视剧还是季播性节目，对于受众而言，都只是一个阶段性的项目制节目，播出结束，这些节目的影响也即告结束。因此，这些项目式产品较难形成长期、稳定的观众群体，观众的忠诚度不高，他们是追着这些节目走的，一旦这些节目播出完毕，受众自然离去。观众不会通过这样的节目，而对媒体产生忠诚的收视行为。如果把这类节目当作电视媒体的主要部分，对于电视媒体的频道与栏目的品牌化建设，会有很大的稀释作用。很多专业性频道，正是因为播出这类与本频道定位不吻合的娱乐节目，导致这些频道和栏目的忠诚受众，选择了离开。这些专业性频道因为这种娱乐化倾向，而受到极大伤害！

也正是基于泛娱乐化节目对电视媒体健康发展、对电视媒体品牌价值的伤害，广电总局先后多次出台相关规定，限制综艺娱乐节目的无序扩张。2011 年 10 月国家广播电影电视总局发布《关于进一步加强电视上星综合频道节目管理的意见》，对节目形态雷同、过多过滥的婚恋交友类、才艺竞秀类、情感故事类、游戏竞技类、综艺娱乐类、访谈脱口秀、真人秀等类型节目实行播出总量控制。2013 年 10 月，新闻出版广电总局对引进模式的季播节目进行限制，要求"每家卫视每年新引进版权模式节目不得超一个，卫视歌唱类节目黄金档最多保留 4 档"。2015 年 7 月，新闻出版广电总局下发《关于进一步加强真人秀节目管理的通知》，对一些"有意思"但"没意义"的真人秀节目提出批评，要求电视媒体要关注普通群众，避免过度明星化，摒弃"靠明星博收视"的错误认识。

政策实施几年来，效果显著，通知中罗列的问题，得到明显遏制。只是，在这些原有问题解决的同时，新的问题又不断产生，泛娱乐化的趋势并没有得到根本扭转。为此，2017 年 7 月 20 日，新闻出版广电总局发出《关于把电视上星综合频道办成讲导向、有文化的传播平台的通知》，要求电视媒体要进一步强化电视上星综合频道的公益属性和文化属性，继续加强对综艺娱乐、真人秀等节目的管理调控，强化重点时期黄金时段电视剧播出管理调控，切实加强主持人和嘉宾管理。这个通知是对近些年电视媒体过度娱乐化与泛娱乐化倾向的又一次纠偏。

这些现象背后的深层原因，是过度追求高收视率扭曲了频道的认知和行为，这是追求播出效益最大化的必然结果。只要不改变追求播出效益最大化的做法，不扭转单纯追求高收视率的倾向，泛娱乐化的问题恐怕难以彻底解决。

专业频道不专业

国内电视频道运营管理中另一个大问题，与泛娱乐化思潮并向而行的，是专业频道的综合化倾向。

作为大众传媒的电视媒体，当然希望覆盖尽可能多的观众。但是，覆盖尽可能多的观众，并不是通过某一个频道甚至某几个频道来实现的，它应该通过多个频道的专业化设定，来满足不同观众的个性化需求，从而达到为全体观众服务的目的。也就是说，每个频道都是对象性的，不追求观众最大化，而追求目标观众最大化。通过不同的频道各自为目标受众服务，达到为整体受众服务的目的。这是频道专业化的认知基础。

但是，播出效益最大化和广告效益最大化，让所有频道的评估标准趋同了。这个标准就是收视效果。这种以收视为目标的评估标准，推动各个频道在每一个时间点上都要争取尽可能多的观众。当然，如前所述，具备此种功能的节目，只能是娱乐化节目了。而频道的专业化定位，因为只能服务小众，自然就会偏移出去。久而久之，专业频道的定位名存实亡，专业化的队伍逐步削弱，专业化品牌建设逐渐消弭，而频道品牌，也就自然被解构、被消解了！

下表是截至 2018 年 6 月 13 日，CSM 节目监播系统所能监控到的国内480 多个电视频道中带有体育性质的频道名单：

	频　　道	频道级别
1	星空体育	其他
2	大连台四套（文体频道）	市（县）级
3	兰州电视台综艺体育频道	市（县）级
4	宁波电视台三套（都市文体频道）	市（县）级

续表

	频　　道	频道级别
5	深圳电视台五套（体育健康频道）	市（县）级
6	太原文体频道（五套）	市（县）级
7	武汉广播电视台文体频道	市（县）级
8	银川电视台–3（文体影视频道）	市（县）级
9	烟台电视台四套（都市文体频道）	市（县）级
10	北京电视台体育频道	省级非上星
11	福建省广播影视集团体育频道	省级非上星
12	广东广播电视台体育频道	省级非上星
13	黑龙江电视台文体频道	省级非上星
14	江苏电视台体育休闲频道	省级非上星
15	辽宁广播电视台体育频道	省级非上星
16	内蒙古电视台文体娱乐频道	省级非上星
17	山东电视台体育频道	省级非上星
18	陕西广播电视台体育休闲频道（七套）	省级非上星
19	上海电视台五星体育频道	省级非上星
20	天津电视台五套（体育频道）	省级非上星
21	新疆电视台十套（体育健康频道）	省级非上星
22	重庆电视台文体娱乐频道（五套）	省级非上星
23	海南广播电视总台文体信息频道	省级非上星
24	CCTV5＋体育赛事频道	中央级
25	中央台五套	中央级

数据来源：CSM

数据显示，国内 23 个体育频道，除了 CCTV-5 和 CCTV-5+ 专业化程度较高之外（体育类节目占比均超过 93%），其余频道大多存在定位不清、同质化严重等诸多弊病，有近半数体育频道冠名为"体育休闲""文体娱乐""体育健康"等名称。这些体育频道中，体育类节目仅占整体播出比重的 35%，市（县）级体育频道的体育内容占比更是不到 20%。在节目配置上，这些频道大多将体育类节目和电视剧、综艺、音乐等其他节目混杂在一起，频道缺乏鲜明的个性和风格，也就顺理成章了。反观国外成功的体育频道，一是节目专业性强，各种体育赛事和体育专栏几乎占据全部版面；二是直播赛事比重高。以此为标准看，国内大部分体育频道都名不符实。

其实不止体育频道，财经、少儿、法制、农业等相对小众化的专业化频道也都大体如此。梳理分析国内大多数专业频道的节目编排表，即可发现：纯粹的专业频道凤毛麟角，大部分都是部分专业内容混杂着电视剧、晚会等娱乐节目内容。当下，在我国电视媒体，具有清晰而精准定位的电视频道，越来越少了。

为什么会如此？

如前所述，都是评估标准惹的祸。频道过度追求高收视份额，栏目过度追求高收视率，必然导致频道之间出现趋同化趋势。

在我国，电视频道的类型不可谓不多，但是对收视份额与收视率的过度追求，导致各个频道的节目高度雷同，影视剧和综艺等节目，构成了频道的主体，在本来属于专业化的领域，出现了惨烈的红海竞争，形成了"丰富中的贫乏"现象。这种千人一面的状况，导致适合频道定位的专业化内容变得极为稀少，观众的尾部需求甚至腰部需求无法满足，忠诚观众一步一步流失。而忠诚观众的流失，又进一步导致频道的专业化定位更加难以维系，分众化、小众化栏目愈发生存艰难，频道只能以更多的娱乐化节目为依托。久而久之，专业化频道走上了一条恶性循环的不归路。

这种状况持续发展，让对象化与差异化传播不断受到挤压，目标受众理念逐渐淡薄。也正因如此，中国的电视媒体，就几乎很少有真正意义上的专业化频道了。即便是财经、戏曲和儿童等这类应该非常专业的频道，也难以抗拒收视份额的压力，多少都在节目配置上偏离了频道既定定位。

那么，又是什么原因让专业频道的评估标准趋同了呢？

还是播出效益最大化带来的恶果。

首先，播出效益最大化，自然要最大化追求播出效果，这就迫使专业频道以收视率为主要诉求，这些频道也就难以根据频道定位对栏目设定和频道编排进行配置，导致频道定位发生摇摆甚至错乱。其次，播出效益最大化所导致的广告效益最大化，让专业化频道的广告营销方式受制于上星频道和主频道，这些频道的广告，很多成为主频道和主要栏目的配售资源。因为广告经营不能自主，这些频道也无法依据频道和栏目设定来建立自己的价格体系，也就不能建立自己独立的营销系统和销售渠道。由此，这些专业化频道就难以建立稳定而持续的盈利能力，频道的商业价值难以在市场上获得确认，也就难以根据市场价值来进行长期投资和经营。这种状况持续下去，专业频道的生存都变得异常艰难了，又哪里有闲暇去顾及频道的专业化建设呢！频道的品牌化建设，也就成了一纸空文。

被消解的品牌

品牌是电视媒体的重要资产。频道的品牌化建设是一项长期工程，需要时间、耐心、战略定力。但追求播出效益最大化，却让频道以短期收益为先，无法给品牌培育以时间和耐心。因此，近年来，电视频道的品牌化建设踟蹰不前，收效甚微。

电视人通常的看法是，做一档新节目并不难，难的是做久一档节目。2011 年，央视梳理国内电视媒体存活 10 年以上的栏目，结果显示，全国上星频道存活 10 年以上的栏目仅有 83 档，其中 68 档在中央电视台，地方卫视仅有 15 档。地方卫视这 15 档栏目，分布在北京（7 档）、湖南（4 档）、河南（2 档）、重庆（2 档）4 家卫视。也就是说，其他 27 家省级卫视均无一档栏目寿命超过 10 年。最近几年，季播化节目大行其道，存活时间更加短促。央视市场研究（CTR）调查结果显示，季播节目的平均生命周期不到 2 年。上述数据，也能从一个侧面反映出国内电视媒体品牌化建设的窘况。如果作为载体的栏目已然消失，品牌又从何而来呢！没有栏目品牌，频道品牌自然也就是空中楼阁了。正所谓皮之不存，毛将焉附！

事实上，任何一个领域的品牌化建设都需要花费时间、花费精力，都是在与用户的互动和共同认识中形成的，电视媒体也不例外。观众与频道和栏目有一个逐渐熟悉、相互接受、不断修正的过程。观众熟悉一个电视剧和娱乐节目，可能只要短短的几天时间，但是，了解和熟悉一个栏目则可能需要几个月甚至更长的时间，而对一个频道建立收视惯性和情感认同，则至少应该以年度来计算。这就要求频道管理者与运营者在对频道和栏目进行清晰定位的基础上，以超强的耐力和坚定的战略定力进行品牌化建设。通过有意识地培育符合频道定位的品牌栏目，来打造频道品牌形象。

但是，播出效益最大化，要求短平快出效益，这让频道很难有充裕的时间来培育品牌。"收视为王"的利益逻辑，迫使专业化定位的频道内容逐渐向大众化的方向转变，娱乐化和泛娱乐化内容层层渗透进来，频道开始偏离专业化定位。当一个频道经常播出与定位不符合的节目的时候，观众的认识就会错乱，频道的品牌也就无从形成了。

在我国电视媒体，影响品牌化建设的另一个因素，是模仿与抄袭成风。一些频道投入众多人力、物力和时间，打造和培育出一档符合频道定位的栏目，影响力刚刚出现，一些频道就迅速跟进、模仿和复制。一时间，同类型栏目充斥荧屏，不仅受众分散，还产生审美疲劳，导致这类栏目的影响力快速下降，价值迅速消散。

利益凌驾：频道对电视媒体的内部侵袭

频道是电视媒体的基本组成单元之一，电视媒体的战略、运营、利益与频道密切相关，很多都要通过电视频道来实现。吊诡的是，在我国，电视媒体与电视频道之间的利益出现了疏离的倾向。特别是近些年来，随着新媒体和电信等行业的挤压电视媒体面临着巨大的变革压力，迫切需要重新排布利益格局，拓展新的业务，进入新的领域。也正是在这个时候，频道利益和电视媒体的利益冲突开始加剧。

原因何在？

无他，还是播出效益最大化所导致的利益驱动。

实行频道制以后，电视媒体将相关资源向频道配置，频道拥有播出时段资源、节目制作资源、经费资源（体现在预算上）、广告资源、人力资源等。同时，电视媒体向频道下达绩效指标。而问题就出在绩效指标的构成上。电视媒体给频道下达的绩效指标，主要由收视效果和广告收入构成。我们知道，无论是收视效果，还是广告收入，都需要通过播出效益来实现。因此，追求播出效益，就成为频道主要甚至唯一的目标了。当电视媒体为应对压力，需要向电视播出业务之外的领域扩展时，自然就受到频道的抵制。于是，频道绑架电视媒体利益的事情就开始出现，严重时，频道利益甚至会有意无意地凌驾于电视媒体整体利益之上。

频道有意无意抵制多元版权

在本篇"后果三　版权空心化之殇"一章中，我们描述了版权权益与播出效益最大化，恰好构成了此消彼长的关系：电视媒体在版权投入上，渐渐向播出权收缩，对多元版权和永久版权选择性忽视。而采取收缩行为最积极的主体，恰恰就是频道。因为，多元化的版权权益，比如，其他媒体的分销、新媒体的共享等，会削弱频道的收视效果，会影响频道的广告收益，也就会直接和间接影响频道的绩效。同时，多元化版权的价格，自然高于单纯的播出权价格，电视媒体的资金分配也会发生变化，这极有可能会影响频道的预算总额。因此，虽然多元化版权是构建电视媒体核心竞争力的重要组件，但是，频道迫于播出效益最大化的压力，会有意无意地进行抵制。这就是相关频道在电视剧和体育节目版权上，仅购买电视播出权的原因之一。

频道缺少创新动力

我们在本书第一篇"病症四　事与愿违的创新"一章中，分析了电视媒体创新乏力的三个原因：一是播出时段用于创新产品播出，具有成本大和风险高的特性；二是优秀人才难以安排研发创新新产品；三是资金资源不能用于创新。其实，这三个原因的形成，都来自频道自身利益与电视媒体整体利益的冲突。因为，无论是播出时段，还是人才和资金，其掌管主体都是频道。当频道的主要目标设定为播出效益最大化时，频道如果把主要播出时段用于播出创新栏目，可能会承担收视降低的风险。同样的道理，频道也没有动力把最优秀的人才和充裕的资金用于创新。但是，创新是电视媒体核心竞争力所在，是电视媒体健康持续发展的保障。缺少了创新，电视媒体就失去了未来。频道当然明了这个道理！只是受制于收视目标的压迫，频道的主要资源就只能向播出效益倾斜了。电视媒体近些年创新乏力，重要的原因之一，就是频道的创新动力不足。

频道阻碍电视媒体的融合发展

向全媒体发展，既是电视媒体发展的趋势，也是电视媒体应对新媒体冲击、进行自保的手段。媒体融合，是一项巨大的工程，需要电视媒体上下一体化运作。但是，新媒体产品，在某种程度上会分流电视媒体的现有观众，而开展新媒体业务，电视媒体也需要重新配置资金、人力等资源。这些都会对频道的现有利益产生冲击，也会对频道完成收视绩效产生不利影响。因此，频道对于电视媒体开展新媒体业务并不积极，也就顺理成章了。所以，电视媒体的新媒体产品，出现了极为奇葩的两种现象：一种现象是，推介类新媒体产品遍地开花。一家电视媒体在微博上，会有几百个账号来推介频道和栏目，在微信朋友圈里，也是诸多栏目与节目介绍的消息。这类推介类新媒体产品的操刀者，当然是频道及其所管辖的栏目了。频道对于这种新媒体产品积极性极为高涨。因为这样的动作会推动频道提升收视绩效。而另一种现象是，电视媒体真正的新媒体产品，近些年来发展却并不顺利。在每一类新媒体产品的排名上，电视媒体鲜有进入前五名的，一般都在10名之外徘徊。当然，我们不能说，个中原因就是频道的掣肘。但是，频道对于电视媒体的新媒体业务，配合不主动、资源共享不积极，是有目共睹的事实。背后的原因当然就是播出效益最大化对于频道的制约了。

频道利益与电视媒体利益背离的现象，当然不止上面罗列的三个方面。同样的原因，频道对于电视媒体向电视产业的上下游布局和节目的社会化制作等政策，也都在不同程度上进行抵制。近些年，BAT等互联网公司在新媒体行业取得压倒性优势之后，开始进军电视大屏，OTT用户已经突破两亿。反观电视媒体，不仅在新媒体业务上步履维艰，在电视产业发展上，也进展不多，与腾讯阿里等公司的差距越来越大。我们当然不能说，这样的结果完全是因为频道固守本体利益，这是系统问题，有多方面的原因。但是，频道阻碍了电视媒体拓展新业务，却也是不争的事实。只要追求播出效益最大化的观念与行为不改变，频道的利益终究难以与电视媒体保持同步！

重回频道专业化之路

通过上述论述，我们可以得出结论：追求播出效益最大化，使频道的行为发生扭曲，产生异化。频道的利益也开始与电视媒体的利益发生冲突，阻碍了电视媒体向更高维度的发展。

但是，这并不表示，电视媒体扭转了播出效益最大化的偏误，频道自然就会向好！事实上，频道建设是一个复杂的系统工程，至少需要在如下几个方面同时着力，才可能有所收获。

遵循分众传播理念与长尾理论

严格来说，没有真正意义上的大众媒体。所有的媒体都是为一部分受众服务的，只是这个"一部分"有大小的区别而已。这就是分众传播的理念基础。电视频道也不例外。

但是，电视媒体与其他传统媒体的不同在于，它可以开办足够多的电视频道，几乎可以覆盖所有受众的个性化需求。在新媒体诞生之前，这样的特性没有任何媒体可以比拟。因此，电视媒体在分众传播上的实践，可以成为绝佳的案例。

电视频道主要有两种定位方式：第一种方式是锁定特定人群。这是以特定受众群体为目标的准综合频道，频道的内容，以这部分受众的需要来设置，只要是这部分受众需要的，包括娱乐、专题、知识等，都可以是频道的内容，几乎可以无所不包。综合频道和儿童频道就是这类频道的代表。需要注意的是，这类频道虽然内容涉及广泛，但是，必须符合目标人群的需求。第二种方式是锁定特定内容。以单一的题材为频道的内容，以此来吸引特定的受众群体。这类频道构成了电视专业化频道的主体，体育频道、电影频道、纪录片频道等，都是这类频道的代表。这类频道虽然内容单一，但是内涵却极为丰富。

无论以哪种方式来定位频道，为特定受众服务永远是其定位的基础。电视频道的这种分众传播理念，与长尾理论高度契合。电视频道除了以综合类频道来服务受众的头部需求之外，更多的频道是以特定内容来满足观众的腰部甚至尾部的需求。事实上，在所有传统媒体中，电视媒体是最适合以长尾理论统摄的。一般而言，在成熟的电视市场，电视频道的数量可以达到几百个。众多的电视频道播出数量庞大的节目，但每个观众能在电视上看到的只是其中相当少的一部分。因此，电视媒体在开发"长尾"市场上拥有巨大的潜力。只有遵循分众传播理念，只有遵循长尾理论，电视频道才能明晰定位，才能避免恶性竞争。

建立适配的绩效评估体系

如前所述，过度追求收视效益，让我国的电视频道千人一面，恶性竞争。这背后的原因就是绩效评估标准的趋同。频道设立的初衷，是为了满足目标观众的收视需求，因此，绩效考核就应该以是否满足了目标受众的需求为标准。而满足目标受众的需求，需要长时间的努力，远非一朝一夕所能奏效。因此，电视媒体必须摒弃对收视和广告收入的短期追求心理，踏踏实实、心无旁骛地进行品牌培育和节目培育，实现栏目角色与频道功能的协调，频道定位与自身资源的协调。频道对目标观众定位的原则不是最大化，而是最优化。所以，基于目标人群、目标市场和长期效益等来构建频道的绩效评估体系，才会让频道产生战略定力，才能够拒绝短期效益的诱惑。绩效评估体系应该促使频道努力去做到两点：目标人群所需要的内容在频道中都能够满足；频道中播出的，都是目标人群感兴趣的内容。

建立独立自主的营销和销售系统

在本篇"后果一　广告决定生死"一章中，我们谈到，专业频道要建立一套符合自身频道定位和专业领域市场运营特点的广告经营模式，要拥有独立自主的广告经营系统，这一点非常重要。只有建立不依托于主频道的收入来源，专业频道才能建立稳定的广告客户资源，专业频道的品牌才能产生溢价效应。同时，还需要将频道的业务、运营等与广告经营密切联系起来，三者要形成合力。这是专业频道稳定顺利运转的不可或缺的前提条件。当然，这绝不意味着让广告来干预和影响频道的业务判断。而是通过业务、运营和广告经营的有机整合，既要避免节目内容与受众需求不吻合，也要力避广告效益最大化，消减频道面向未来的战略定力。

深入的市场分析和精准的频道定位，是专业频道建立的前提。所以，理论上，专业频道本身与市场需要应该高度契合。它的节目内容与目标观众的需要保持一致，其目标受众也具备广告市场需要的分众化特征。因此，一个运营成功的专业频道，即便其收视的绝对值不高，也具有极高的价值，甚至远远大于一般频道的高收视率的价值。因此，专业频道不追求高收视率，而是追求适合自身定位的收视率。这是专业频道必须遵循的原则，也是专业频道广告经营的最基本前提。

跨域传播与 O2O 模式

专业频道因为对象性受众的定位，通常，其受众规模会受到制约。因此，庞大的受众基数，就是专业频道生存的基本前提。只有受众基数庞大，专业频道才有可能获得更多的目标受众。在我国，庞大的人口规模，为专业化频道的生存，奠定了良好的基础。但是，我国电视媒体的地域性管理属性，又在某种程度上，削弱了专业频道获得更多对象性观众的能力。

专业化频道提供的内容，是基于小众与分众的收视需求。这种窄播方式的定位，与电视媒介的"大数法则"之间有着天然的矛盾。在我国，解决这一矛盾的办法，就是专业频道必须突破省际界限，实现跨域传播，把市场扩展至全国甚至全世界。如此，才能扩大用户规模，提升自身价值。不能够跨域传播的专业频道，一定难以生存。一般而言，当电视媒体的发展停留在以绝对的规模化为前提的时期时，必定难以兼顾细分化市场，则综合频道必定是主要形态。但是，如果某一类受众的细分市场实现了规模化，那么专业频道就会具有与综合频道一样的品牌价值。

同时，专业频道因其市场性较强，非常适宜线上线下一体化发展。因此，O2O 的模式对于专业频道而言，具有良好的商业前景，会让专业频道有更为广阔的生存和发展前景。这对于电视媒体的垂直化产业运作价值极高，是电视媒体产业化发展的一个不可多得的领域。钓鱼频道、电竞频道、更为小众的体育频道等，就是这类频道的代表。

未来，频道当然会在——频道制呢？

电视媒体的基本管理单元，从节目，到栏目，再到如今的频道。

电视媒体的管理运营机制，从之前的部门制，到中心制，再到如今普遍实行的频道制。

未来呢？

2016 年，一直走在广电媒体改革前沿的英国 BBC 率先取消了频道制，取而代之的是以用户和内容为导向的"大中心制"。

回看 BBC 这些年走过的历程，也许能给我们更多的启发。

在电视频道的稀缺时代，传播者是中心，主体职责是给观众提供更多元的电视内容。这个阶段，从 20 世纪 60 年代到 1996 年，BBC 实行的是以"制片人为中心"的运营模式：以制片人为节目创作的中心。这种类工业化生产的"流水线"式垂直系统，有力促进了当时的媒体释放生产力，运转简捷高效。

伴随着卫星和有线电视的发展，频道数量不断扩充。BBC 沿用多年的"制片人中心制"逐步显现出弊端。为此，20 世纪末，BBC 推行制播分离改革，频道不再是节目的简单拼装和版面编排，而是有了独立的"灵魂"和定位，"制片人中心制"逐步过渡到"频道制"。相较于"制片人中心制""频道总监制"的扁平化矩阵组织结构，使得 BBC 系统内实现业务运作分权化、政策管制集权化，各个自主经营单元的积极性得到最大限度的发挥。

进入 21 世纪，互联网时代真正到来，电视节目的生产者更加多元，社会化制作蓬勃兴起。同时，BBC 通过资本运作、制播分离等方式，节目内容的生产也变得更加多元。由于频道制下频道总监拥有极大的决定权，其相对封闭的管理运营模式与开放式的社会大生产、大营销的产品运营思维开始发生冲突。经过多年酝酿，BBC 于 2016 年逐步取消频道制，以更为开放的"大中心制"取代。这种以内容和用户为导向的"大中心制"，提倡的是一种"产品思维"：内容生产者要与产品团队对话，引入开发、设计、测试、运营等互联网产品工作流程；除了拥有独家权威内容，还要研究到达用户的方式、情景、互动的可能，由此实现内容生产、技术开发、整合营销等不同岗位的跨界合作。从某种意义上说，这一"生产者"的角色更接近"产品经理"或"内容生产商"。同时，BBC 也积极采购社会化制作的优秀节目，并将生产制作流程的多个环节进行服务外包。由此，BBC 逐步从一个生产型媒体过渡到平台型媒体。

当然，我国的媒体生态与 BBC 有很大的不同。首先，我国电视媒体的社会化制作比例较低，制播分离的程度也不高，因此，频道的管理事项和运营压力，要远远高于 BBC。同时，我国电视媒体采用牌照审批制方式管理，进入很难，而电视媒体的事业属性，退出也几乎没有发生过。因此，竞争状态与国外也有很大不同。因此，BBC 的做法，可以当作我国频道制未来发展的一种参考，并不能照搬。事实上，组织架构是不是频道制不是关键。因为，无论怎么改变，总得有人要对频道负责，特别是专业频道。

对于我国电视媒体的专业频道而言，未来，如下几点是必须要遵循的：一是频道不能限于自身利益，采用自给自足政策，将资源封闭起来，降低资源使用效率，阻碍资源效益最大化。二是频道不能偏离自身定位，片面追求娱乐化和广告收益最大化。应该按照频道定位和特性生产和编排节目，精准广告经营，推进产业链构建，实现综合效益和长期效益最大化。三是频道不能把自身利益凌驾于电视媒体的总体利益之上，阻碍电视媒体的产业化发展和媒体融合战略的实施。

时代在变，媒体环境当然也在变，中国电视媒体必须时刻做好继续变革的准备。但是，也有很多东西是不能变的。比如，满足受众需求的理念不能变，品牌价值的坚守不能变，长期效益最大化和综合效益最大化的战略不能变。变与不变，考验的是电视人的智慧、判断与定力，这是电视媒体的永恒主题。

后果五　栏目的式微

　　曾经，栏目就是电视媒体的名片！一个栏目，可以带动一家电视媒体的勃发，可以催生观众对电视媒体的认同。在 20 世纪 90 年代和本世纪初，栏目对于电视媒体的作用，就是这么强悍。

　　然而，随着时间的流逝，栏目对于电视媒体的作用日渐微小。这固然与频道接手了栏目在电视媒体中的运营与管理的主体地位有关，但还有一个不能忽视的原因是，在创作与创新上，栏目自身呈现出整体向下滑行的趋势。也因此，栏目的影响力不复从前。

　　恐怖的是：栏目一旦式微，频道呢？电视媒体呢？电视行业呢？

写下这个题目，内心五味杂陈！

栏目，是电视媒体生产运行的基本单元。很多电视人刚进入电视台的第一个工作岗位，就是栏目。一些人的职业生涯，甚至自始至终都与栏目相伴。令人遗憾的是，如今，栏目从总体上说已显颓态。尤其是在很多省级卫视，有影响力的常态栏目数量日渐减少，被一些综艺性季播节目和周播剧所替代。

从 1993 年参与创办《东方时空》起，近 20 年的时间，我与栏目几乎是朝夕与共。电视栏目发展到近些年的状况，在感慨之余，也萌生了探究一番的复杂心理。

　　中国电视栏目到底怎么了？是什么原因让中国的电视栏目从 90 年代的一路高歌走到如今日渐式微的境地呢？中国电视栏目的未来又应该是什么样子呢？

　　从 1958 年 9 月《电视新闻》(《新闻联播》的前身) 算起，中国电视栏目走过了 60 年的历史。中国电视栏目在生产方式上经历了封闭式用人方式——大规模社会化用人方式——相对封闭的用人方式之间的切换和转变。也许走进电视栏目的历史，才能更好看清它的今后与未来。

曾经的社会化用人

　　从电视媒体在我国诞生之后的很长时间内，电视栏目采用的都是封闭式用人方式，原因不需细谈。

　　但是，也许出乎很多人意料，中国电视栏目在历经多年的封闭式用人方式之后，在短时间内迅速进入了大规模的社会化用人阶段。这股社会化用人风潮，始于 20 世纪 90 年代中期，到本世纪 00 年代中后期结束。这一时期，恰好是中国电视栏目浓墨重彩创新迭出的时期。

　　电视栏目社会化用人的肇始者和代表，是央视的《东方时空》栏目。这档栏目"改变了中国人早间不看电视的习惯"，其一系列运作方式，被誉为"开创了中国电视改革的先河"。节目创办时，电视台本部人员仅有十来个人 (坊间有七君子的传说)。后来人员虽然逐渐增多，但是大部分人员都是来自社会各个方面，汇聚了北京乃至全国的专业电视人才，白岩松等一批后来大放异彩的主持人和编导记者，都是那个时期以东方时空为平台迈入中央电视台的。

　　《东方时空》的开播，催生了央视栏目创新的热潮，一大批有影响力的栏目次第面世：央视一套的《焦点访谈》《实话实说》《新闻调查》《综艺大观》，央视二套的《经济信息联播》《经济半小时》，央视三套的《曲苑杂坛》，等等。1997 年湖南卫视创办《快乐大本营》，标志着不同于以往文艺节目的娱乐节目类型正式开启。而此后央视二套创办的《幸运 52》和《开心辞典》，则开创了益智类栏目的先河……这一时期，中国电视媒体涌现了一大批品质精良、影响巨大的电视栏目。有业界人士指出，以《东方时空》为起点，中国电视史上出现了难得的黄金十年。

为什么在 20 世纪 90 年代电视栏目能井喷式涌现？为什么当时的中国电视栏目能在短期内聚集那么多社会各界人才？

一种现象的形成，背后必有深刻的行业成因。

改革破冰，人力资源需求旺盛

20 世纪 90 年代开始，电视媒体改革破冰，诸多改革措施开始试水。1992 年 6 月，中共中央、国务院发布《关于加快发展第三产业的决定》，广播电视被纳入"第三产业"，电视产业化进程开启，电视媒体由此进入了高速扩张期。频道数量开始逐步增加，栏目数量爆发式增长。这种发展的最直接后果，就是相应的人力资源捉襟见肘，电视媒体本部人员无论从数量上还是从类别上都难以满足电视栏目的生产要求。于是，电视媒体人力队伍的扩张开始向社会伸展。由此，拉开了电视媒体大量使用社会人才进行策划、创作、制作电视栏目的帷幕。

这一时期电视媒体运行方式最重要的变化，就是栏目成为管理主体。它以制片人负责配置栏目的部分资源为基础，以聚集社会各界人才为支撑，把电视媒体的生产力迅速拉升到了极高的水平，电视媒体一跃成为最具影响力的媒体，为中国电视媒体的飞速发展奠定了坚实的基础。我之所以在第一篇中说，"电视媒体采用的制片人制，是 20 世纪我国实行的农村联产承包责任制和工业领域的厂长负责制在电视业的再现"，原因即在于此。正是一批有追求、有情怀、有专业精神的制片人的探索和努力，推动了中国电视媒体在90 年代发生嬗变。

当然，由于制片人的发展非常迅猛，相关理论认识和管理制度未能及时跟上，也产生了一些问题。关于这一点，后面会具体论及。

竞争加剧，栏目人员特别是专业人才需求迫切

频道扩张与栏目增加，导致市场环境发生变化，竞争加剧，电视媒体之间的平衡被打破。应对这种变化的方法，一是提升栏目质量，二是创办更多的新栏目。在此之前，除新闻栏目之外，电视媒体的栏目大都是周播形态，但《东方时空》的横空出世，改变了中国电视栏目的固有形态，日播型专栏栏目渐渐成为主体。这是中国电视媒体发展史上，在节目生产、制作、播出中的一个重大转变，大生产方式开始成为主流。也正因如此，电视媒体在专业人才方面出现了巨量缺口，需要更多的专业人才来满足创作和制作的需求。但是，在当时的中国，电视媒体虽然历经三十几年的发展历程，但总体而言依然处于起步阶段，高素质高职业化的专业人员尤为短缺。无奈，一些对人才迫切需求的电视媒体，开始把眼光投向台外，投向社会。这种对人才的迫切需求状况，产生了两个虹吸效应。一是在电视媒体行业内部，人才虹吸效应显现。那些改革步伐迅速、实力强大的电视媒体，迅速成为全国电视行业的人才洼地，短时间内汇聚了众多电视专业人员。以央视为首的电视媒体，一时间，人才济济，众星闪烁。这一波人才红利，让央视等电视媒体，享用多年。二是在文化领域内，也出现了虹吸效应。电视媒体对专业人才的迫切需求，打破了我国文化领域固有的界限，吸引了一大批有学识、有眼界、有热情、有情怀的学者跨界进入电视领域。这些人为电视节目的策划、选题、采访、制作等环节倾泻出了电视媒体人所欠缺的视野、学识和智慧，在整体上提升了电视媒体的基础水准。电视媒体通过让这些跨界人才"触电"，扩大了电视媒体的人才队伍。这个红利，也让头部电视媒体受用多年。

同时，电视媒体对人力资源的巨量需求，还导致另外一种现象：电视媒体为弥补专业人才缺失的短板，不得不以人员的数量来对冲人员专业素质的不足。这也是电视媒体人员迅速增长的另一个重要原因。这种人员素质参差不齐的状态，虽然在短期内缓解了用人压力，但是，也为电视媒体今后的发展带来了一些隐患。当然，这是另一个话题了。

如上两个方面交互作用，电视媒体的人力队伍以不可想象的规模，开始迅速扩充。

用人方式的优与忧

如上所述，电视媒体的用人需求井喷式爆发，缺人部门自然想方设法要增加人员，以满足节目创作和生产的需求。其实，人员聘任，对于任何一个组织而言，都是重要而敏感的工作事项。但是，由于当时还没有出台规范的劳动合同法规，科学规范的人力资源管理意识也刚刚萌芽，电视媒体在聘任人员的制度和规则上几乎没有先例可循。因此，在当时的电视媒体，聘用人员的事情，反而简单得极不正常，聘用方式也是多种多样。甚至在电视媒体内部出现了多个聘人主体的奇特状况，电视台总部、部门、栏目都可以聘任社会人员。一时间，台聘、部聘、栏目聘甚至项目聘、小组聘等多种聘人方式，群起而至！时任央视台长杨伟光回忆《东方时空》，在评价当时的用人方式时说："那时候我们真是不拘一格用人才，你只要有本事，我就给你提供一个平台，做得好就留下，做不好就离开。"

这样的聘用人员方式，大大降低了人员进入的门槛，人员聘任工作非常高效，大批量人员在短期内涌入电视媒体，电视台活力迅速提升，节目创作和制作能力呈现出爆发式增长。这也是我国电视媒体在 20 世纪 90 年代能够开启辉煌历程的重要原因。

当然，当我们感叹当时的电视媒体聘人方式的高效时，也不能不对这种缺少规则的用人方式表示忧虑。一方面，当时的用人方式释放了生产力，推动了电视媒体步入辉煌，厥功至伟。但是另一方面，用人规则模糊、用人标准多维、用人方式多样，在某种程度上，可以用"混乱"来描述，也确实产生了很多问题。21 世纪前 10 年，劳动合同法出台，用人制度规范，电视媒体立时开始吞咽这种无序用人方式的痛楚。这一时期，笔者先后担任央视广告经济信息中心主任（负责经济频道和央视广告经营）和新闻中心主任，处理无序用人的痛苦情景，现在想来，依然历历在目！一直到现在，这一问题依然在某种程度上困扰着电视媒体。天下没有免费的午餐，福祸相倚这根弦，在任何时候都不能松弛。

收入增长支撑与机制支撑

在社会各界大范围聘用人员，首要的支撑当然是钱。电视媒体聘用人员的高峰时期，恰好是电视媒体收入增长最为迅猛的时期。起始于20世纪90年代中期的电视媒体改革，唤起了多方活力，电视媒体的收入（主要是广告收入）也进入快速增长期。收入的快速增长，让电视媒体有充裕的经费保障大规模的队伍扩张。以中央电视台为例，广告收入从1991年不足2.7亿元，快速增长到1997年的40亿，6年间增长了15倍多，年均增长超过270%。

彼时，电视媒体正处于部门体制向中心体制（频道体制）过渡的空窗期，栏目成为电视媒体事实上的运行主体。电视媒体试行并推行的制片人制度，让媒体决策权大幅下沉，制片人首度成为人事权和财务权的重要决策主体之一。而对人员聘用最为积极的，恰恰就是制片人，因为他们是电视栏目管理和创新的主体，也是电视节目生产的主体，对人员的需求，最为敏感，也最为迫切。当聘用人员的权利和经费使用的权利双双赋予制片人的时候，我们上文所描述的电视媒体对于人才的两个虹吸现象迅速交错出现，电视媒体专业人员快速增加的大潮，就此汹涌而至。

社会化服务不足

在成熟的电视媒体市场，有两种方式可以满足由于频道增加所带来的栏目数量增加的需求：一是电视媒体聘用更多的人自行创作和制作；二是向社会购买服务。但是，在当时我国的电视媒体行业，社会上专业的电视节目创作和制作公司非常稀少，媒体难以通过向社会购买服务的方式，满足自己对于电视节目创作与制作的需求。因此，第二种方式一直未能成为电视节目创作和制作的主流。电视媒体只能通过自身扩张人力队伍的方式实现扩大再生产的目的。

其实，这一时期，广电系统也曾经尝试以制播分离的方式，来改变电视媒体的这种状况。1996 年，广电总局（当时的广播电影电视部）发布关于《认真贯彻党的十四届六中全会精神，进一步加强和改进广播影视工作的意见》，意见指出，为了进一步深化广播影视的各项改革，适当引入竞争机制，适应电视台择优播出需要，除新闻类节目外，逐步实行电视节目制作和播出相对分开的体制。这是广电系统第一次明确提出电视节目除新闻节目外实行制作和播出分离的指导意见。1999 年，当时国家广电总局在上海召开全国广播影视系统内部管理改革座谈会，明确提出"推进除新闻类节目外的其他广播电视节目播出与制作分离，逐步发挥市场机制对广播电视节目制作的基础作用"。由此，制播分离正式作为行业管理指导意见被明确提出。也正是在这样的大背景下，北京诞生了上百家电视节目制作公司。

但是，诸多原因交织，除电视剧外，电视节目社会化的创作与制作方式，一直未能成为主流。在这样的大背景下，电视媒体只能通过人力扩张的方式来实现自身的扩大再生产。一直到 21 世纪 00 年代中期的劳动合同法出台，电视媒体开始强行规范用人制度，这种状况才宣告终结。

制片人制的功过得失

电视媒体之所以在 20 世纪 90 年代中期开始大规模招募社会人才，如前所述，主要原因有两个：一是栏目数量的巨量扩张；二是栏目成为事实上的运行主体。这两件事情，又都和电视媒体实行的一个制度密切相关——制片人制，肇始者是央视的《东方时空》栏目。

《东方时空》栏目的空前成功，为制片人制度作了强烈背书。于是，推行制片人制成为各地电视台机制改革的重头戏。央视研究室做过一个统计，1995 年是各地电视台推出制片人制的高峰，到 1998 年全国已有近 80% 的电视台开始实行或者试行制片人制，而实行了制片人制的栏目比例大约为 77%。

制片人制度的核心，是作为管理主体的媒体总部和中层的中心和部门，向栏目制片人让渡相当一部分管理权利，目的是使制片人在栏目管理上拥有一定程度的决策权。由此，栏目成为事实上的管理主体。

突破：栏目拥有人权和财权

栏目成为管理主体的第一个标志，是具有事实上的用人权。在当时，栏目可以采用多种方式聘用（临时聘用）社会人员，可以根据需要为聘用人员安排工作岗位。因为在人员聘用上，一方面，还没有法律法规可以遵循（我国第一版《劳动合同法》是在 2007 年 6 月 29 日通过，于 2008 年正式实施的），另一方面，电视媒体内部又缺少健全完善的用人制度，因此，大批社会人员，通过栏目这个渠道，进入了电视媒体的行列。

栏目成为管理主体的第二个标志，是具有经费预算的决定权。经费预算相对宽松，经费支出方式与支出科目相对灵活，让电视栏目有财务实力聘用社会人员。事实上，电视栏目不仅具有事实上支付聘用人员酬劳的权利（通过现金直接支付，或者通过票据等方式转移支付），同时，还具有事实上制定聘用人员酬劳标准的权利，可以根据聘用人员的不同，支付标准不同的酬劳。

一个不具有法人地位的栏目，能够拥有很大程度上的用人权和薪酬标准制定与发放权，在现在看来，几乎是天方夜谭，但在当时，却是实实在在发生的事情。笔者在担任《东方时空》制片人时，行政职级是科级，但是，当时台里已经赋予我财务报账的签字权。不仅我自己负责的《生活空间》栏目的账目可以签字报销，其他栏目如《东方之子》和《东方时空金曲榜》等栏目的账目，我也都签字报销过。这可能是电视媒体行业空前绝后的案例了。

这些年，我在央视陆续担任了部门、频道、中心和台级领导职务，才深切意识到，当时把人权和财权下放给一个栏目，需要多么大的勇气和魄力！由此可知，当时电视媒体改革的力度，又是多么的强大！

这种特殊的制片人制度，之所以能在我国的电视媒体出现并大规模推行，有多种原因。首先，当时的内外部环境，支撑电视媒体以新的用人方式进行电视栏目的创作和制作。在内部，电视媒体百事待兴，改革如火如荼，形成了创新机制与创新文化，各种改革措施，包括用人方式，易于被接受和采用。在外部，电视媒体的影响力，正处于巅峰时期，同时被高层和民众认可，各界人才参与电视栏目的创作和制作，一时成为责任与时尚之举。如此，电视媒体迅速成为人才洼地，具备了吸纳各界英才的条件。其次，关于兼职，当时在法律法规上并无明确界定，这让各界人才到电视媒体兼职成为可能。同时，电视媒体的党性属性、政府属性和公益属性，让相关单位对本单位人员参与媒体的创作型活动，取默许的态度，因此，电视媒体聘用社会人才的障碍较小。最后，电视媒体的用人方式多种多样，不拘一格，可以适用各种状况的人到电视媒体兼职工作，正式聘用、临时聘用、项目式聘用、顾问、策划……套用一句当时的广告词：总有一款适合您。

在 90 年代中后期，参与央视电视栏目策划的社会高端人士，涵盖了社会的各个方面，仅从中央人民广播电台受聘到央视工作的，就有相当一大部分人，很多人后来成为央视的中坚力量。《东方时空》1992 年下半年筹办之时，正式在编人员只有十来个人，号称"七君子"，但在 1993 年五一开播时，队伍人员已经近百人。央视经济频道（现财经频道）纪录片《大国崛起》，2003 年开始策划，顾问团队均是学界和业界的顶尖专家，节目制作也是由财经频道人员和社会公司共同完成。社会人才的高密度进入，形成电视栏目创作与制作事实上的用人社会化。也正是因为社会人才的高密度进入，才成就了电视栏目自 90 年代中期开启的辉煌。

90 年代出现并推行的制片人制，给当时的中国电视界带来一股机制变革的清新空气，也孕育了一批家喻户晓、有口皆碑的品牌栏目，这些品牌栏目个性丰富，风格多元。在某种程度上，制片人制采用的是一种人格化的管理方式，制片人的个性、气质、业务取向以及团队的整体氛围，会直接决定一个栏目的选题定位和风格气质，这是当时那些品牌栏目具有鲜明特色的重要原因之一。

制片人制的快速推进，自然也有许多不规范的现象相伴而来。比如，制片人个人权限缺少清晰界定；在经费使用上缺乏相应的成本核算和事中事后的监督与审计；人才引进程序过于简单、缺少制衡；等等。这些不规范的现象，导致栏目出现了财务支出不合规、预算花费不合理等问题，甚至出现了灰色收入地带，这是吞噬栏目活力、破坏栏目健康的一个可怕毒瘤。这些问题是电视媒体在人力资源管理、预算核算确认、经费使用监管、薪酬和激励机制等制度缺失或不太完善的一个侧面反映。

放在更大的视野中来看，我国电视媒体的制片人制突破了传统的封闭式运行模式，引入了社会各界人才进入电视生产制作领域，起到了突破自我、优化资源配置、释放生产力的巨大作用。但是，制片人制不是保障电视媒体健康持续发展的根本性制度，它的推行不足以解决电视媒体行业存在的诸多弊端。所以，这一制度必定带有浓厚的过渡性特征。

当制片人制遇上频道制

当频道逐渐成为电视媒体的管理与运行主体之后，频道制与制片人制在管理和发展目标上产生了多重冲突。在管理上，频道总监是频道的管理主体，对频道节目的生产、播出、人事、财务、行政等各项工作负全面责任。前面我们说，制片人制的实施，是人权、财权、事务管理权等权力的下放，那么频道制则是对人权、财权和部分事务管理权的回收。除了管理上的权责冲突外，频道制与制片人制的一个更大冲突，源于频道的定位。对制片人而言，创作和制作出好的栏目是唯一任务。而对于频道而言，首先需要的是符合频道定位的栏目，其次才是如何使这些栏目更加优秀。如果不符合频道定位，再好的栏目也不是频道所需要的。这是电视媒体市场竞争的主体从栏目升级为频道的必然结果。所以，一些制片人与频道发生冲突，就是自然而言的大概率事件了。只是，这样的过程有些悲壮。造成这种冲突的更深层原因，是电视媒体没有意识到电视媒体竞争态势升级所带来的这种巨大变化。也正因如此，面对频道的强势管理，相当一部分制片人心灰意冷，感觉缺少了发挥智慧与专业能力的平台。这不能不说是电视媒体发展过程中一件沉重的事情。

到 21 世纪前 10 年，当中国电视媒体普遍实行频道制管理以后，原来的制片人制逐步退出历史舞台。虽然栏目依然存在，虽然制片人依然存在，虽然制片人依然行使着栏目的管理权，但是，此栏目已非彼栏目，曾经拥有人权、财权和事实上的事务管理权的制片人制，就此画上了历史的句号！

社会化用人渐次终结

进入 21 世纪前 10 年，电视媒体聘用社会人员的内部环境和外部环境，几乎全部发生了变化。

外部环境开始有法律法规约束

一方面，随着改革的逐步深入，整体社会环境发生了很大变化，社会各界人才开始各安其位，他们参与电视媒体栏目创作与制作的幅度和频次大为减弱；另一方面，国家开始明确事业单位和企业单位的人员聘任规定，包括电视媒体在内的相关单位，在人员聘用上，逐渐正规起来。2002 年，国务院办公厅印发《国务院办公厅转发人事部关于在事业单位试行人员聘用制度意见的通知》，开始规范临时用工问题。2006 年，由于山西发生无照小砖窑非法用工致人死亡事件，国务院开始专项整治非法用工现象。2007 年 6 月 29 日《中华人民共和国劳动合同法》修订通过，并于 2008 年正式施行。媒体以往采用的不签订正式劳动合同的弹性用人方式，开始面对法律上的风险。因为劳务纠纷而发生的临时员工起诉用人媒体的现象也时有发生。

电视媒体内部的人员结构出现新趋势

在电视媒体内部，社会化人才使用情况也发生了变化。自 20 世纪 90 年代中后期开始进入电视媒体工作的相当一部分社会专业人员一部分通过电视媒体的多种聘任方式，从社会化专业人员加盟电视媒体，成为电视媒体正式的一员，结束了社会化人才的身份。另一部分没有取得电视媒体正式身份的相当数量的社会化人员，有些主动退出，有些被电视媒体逐步辞退。当然，还有一部分没有明确身份的人员依然在电视媒体从事着各种工作，只是这部分人的数量，已经大幅降低了。

资料显示，1992 年，央视有 3 个频道，节目播出量为每天几十个小时，央视事业编制为 2098 个。1998 年，央视的频道达到 8 个，节目播出量增加到 100 多个小时，正式编制增加到 2503 个。2004 年，央视发展到 15 个频道，节目播出量剧增到几百个小时，编制却依然是原来的规模。为了完成日益繁重的工作任务，央视各部门不得不大量使用临时人员。到 2003 年 5 月，央视人员总数为 9426 人，正式事业编制人员为 2500 人，临时人员 6926 人，临时人员是正式职工的 2.8 倍。省级电视台的情况也大体如此，湖南广电集团 2004 年拥有员工 4200 名，其中有 2000 名员工属于聘任制，比例接近 50%。

对编外人员进行有效管理，是电视媒体进入本世纪之后的一项巨大工程。央视从两个方面开展这项工作：一是在各个频道推行定岗定编工作，目的是首先确定频道的人员编制数量，破除死角，让临时人员的使用透明起来。二是从 2003 年开始，在全台范围内推进编外人员管理改革，通过劳务派遣的方式解决编外人员的身份问题。

为此，央视下属全资公司中国国际电视总公司专门注册成立中视汇才文化发展有限公司，负责编外人员的签约管理工作。央视所有正式编制之外的工作人员，全部与这家公司签订劳动合同，纳入规范化管理，然后由这家公司派遣到央视工作。这就是"企聘"人员（企业聘用人员）的由来，区别于"台聘"人员——台里事业编制人员。当时，央视成为全国最大的实行劳务派遣制度的事业单位。

至此，始自20世纪90年代中期，以巨量社会化人员参与为标志而形成的电视媒体栏目创作与制作的社会化用人大潮开始消退，逐步归于寂静。

从开放走向封闭

社会化用人大潮消退，电视栏目创作和制作的人员自然减少，这让电视媒体再次陷入人力队伍不足的困境。

其实，每当一种社会现象退潮时，对于所在领域而言，大都面临一个重大的选择。当此之时，电视媒体栏目的创作与制作，就面临着这样一个重要选择。不夸张地说，这个选择在一定程度上决定了中国电视媒体的路径和走向。

如果继续沿着社会化用人的方向行走，电视媒体就会采用购买社会化服务的方式，来解决人力资源不足的困境。这是电视媒体以另一种方式聚集社会力量为我所用的难得机遇，这种方式还能帮助电视媒体缩小管理半径、削减自身成本，让自身步入良性循环轨道。遗憾的是，电视媒体选择了另一条路——尽可能以自行创作和制作的方式来化解人力资源不足的困境。

历史无法假设，时光也不会倒流。一场可以由电视媒体自己来主导的社会化制作大幕未能如期开启。电视媒体也与可能改变自身发展轨迹的变革，失之交臂！

由此，自20世纪90年代中期开始的电视栏目社会化进程走向了终结。也正由如此，电视媒体基本关闭了栏目社会化创作与制作的大门，走向了

"小而全"的封闭之路。我国电视媒体陷入今天的困境，与选择这种封闭之路有极大的关系。

封闭：满足内部利益

封闭，可以让频道的业绩更为可控。当前评价频道业绩的依据主要是频道的收视和收益。采用社会化的方式进行栏目创作或制作，会使把控栏目业绩的链条增长，难度加大，这会影响栏目获得稳定的业绩。因此，频道对于栏目的社会化不热衷、不积极。

封闭，可以减少外部力量对内部人员岗位的冲击。栏目组人员的数量和结构，都是按照栏目的创作和制作进行配置的。一旦栏目的创作和制作社会化，不仅会直接减少制片人的任职机会，也会减少栏目现有人员的工作量，影响这些人员的业绩，减少这些人员的收入。频道还需要对一部分内部人员进行岗位调整和工作安置，而这是最为敏感也是难度最大的课题之一，当然会导致抵触。

封闭，有利于获取更多的经费预算。预算的多少，与栏目播出的期数和人力资源的配置密切相关。一般而言，日播栏目的预算要高于周播栏目，人力资源配置也会更多，主要原因就是播出期数不同。栏目采用社会化创作或制作，频道和栏目自身创作和制作的栏目数量就会减少，因此，频道直接控制的栏目预算就会减少，这就会减少频道和栏目的利益。

封闭：减少不确定

封闭，可以减少来自社会上的创作和制作力量的竞争。媒体最主要的资源就是播出时段资源。一般来说，掌握了播出时段资源，就掌握了媒体的主要资源。而栏目社会化，要么是把播出时段对应的栏目委托给社会公司制作（媒体拥有版权），要么是把播出时段对应的栏目整体承包给社会公司（版权由媒体和社会公司双方共享）。无论采用哪种方式，都意味着栏目失去部分甚至全部的创作和制作权。相应的，栏目人员的工作量减少，节目经费减少，绩效和薪酬也会相应减少。

封闭，可以减少来自组织外部力量的不可控性。对于外部组织的管控难度肯定会高于内部人员。首先，栏目定位及创作方向的制定，需要长时间的讨论和论证，由外部组织负责，管理和沟通成本加大。其次，外部组织参与之后，节目质量控制的链条变长，掌控难度增加。再次，外部组织有终止合作的能力，这对于频道和栏目而言，不可控风险加大。

封闭，可以避免一些法律纠纷。引入社会力量进行栏目和节目的创作与生产，自然要签订合约和履行合约。合约是"双刃剑"，约束对方也约束自己。两相比较，当然是自己操作风险更小。

如果我们把上述原因做一下分析，不难发现，电视媒体选择封闭之路，背后处处闪动着追求播出效益最大化的身影。

购买社会化服务的核心与实质，就是把一部分播出时段和栏目进行社会化运作。正如我们前几章所论述的，实现播出效益最大化的载体，就是播出时段和栏目，无论是广告收入，还是收视保障，都要通过播出时段和栏目来实现。当这两个资源被部分社会化之后，频道和栏目对于广告收入和收视保障的控制就变得复杂起来。而一旦广告收入和收视保障发生震荡，自然就会面临无法实现播出效益最大化的风险，绩效目标也就难以达成了。这就是频道和栏目抵制社会化而走向封闭之路的内在逻辑。对此，频道甚至可以绑架电视媒体的利益！这个道理我们在"频道的异化"一章中已经做了论述。

从封闭走向式微

电视栏目"小而全"的封闭运行，成为禁锢栏目发展的障碍。因为，这样的运行模式，让电视媒体在机制设定和人才聚集上都出现了问题。而有效的机制和流动的人才，是组织保持活力的重要保障。

　　资源配置效率降低，创新受到遏制。"小而全"的栏目运行方式导致播出时段资源被固化，社会力量难以进入，外部竞争消失。由此，频道和栏目将难以聚集社会力量为我所用，导致栏目的资源配置效率大幅降低。同时，这种运行方式让栏目的操盘人员全部由频道内部人员担纲，久而久之，就会形成利益平衡格局，无法真正推行栏目的进入退出机制，从而减弱甚至消除内部竞争。而竞争是激发创新活力的先决条件。因此，电视媒体创新动力不足，新栏目日益稀少也就顺理成章了。中国电视媒体多年来一直被诟病"原创不足"，与这种封闭式的制作模式关联极大。

　　管理成本加大，激励不足。"小而全"的栏目运行方式要求栏目必须配齐节目创作和制作的所有工种，人员数量会越来越多，这必然导致管理半径过大，管理难度增加，组织运行效率降低。这种全部由内部人员完成生产过程的方式，自然缺少外部力量的冲击，人员的进入退出机制名存实亡，人力成本也水涨船高，组织效益会逐步走低。同时，由于栏目创作与制作完全由内部人完成，评估与激励的平均化将难以避免，核心人员与非核心人员的薪酬与激励差距难以拉大，这当然会消弭员工与组织的长远发展动力。

　　官本位意识延伸。"小而全"的栏目运行方式所导致的竞争减弱与人员固化现象，在削弱业务氛围的同时，还形成了专业业务人员晋升通道狭窄的问题，造成了专业业务人员晋升通道的名存实亡。也正因如此，专业业务岗位的吸引力日益减弱。这种状况的直接后果，就是电视媒体内部的官本位意识快速发酵，管理岗逐渐成为热门与主流。很多著名的电视媒体专家型人员都成为管理人员，即是明证。但是，管理岗位的数量毕竟有限，只有极少数业务人员能够转型成功，这导致很多年富力强的中年业务人员找不到合适的坐标，逐步被边缘化。这是电视媒体的一个巨大损失。因为中年业务人员应该是电视媒体最重要的资产，我们在本书第一篇也有描述。这一状况持续发展，必然导致电视媒体栏目人员的年龄结构严重失衡，年轻人比重过大，距离理想的橄榄形状态越来越远，而呈现出非对称的哑铃型。这种失衡，让电视媒体难以建立厚重的责任意识和家国情怀，轻佻短视时有发生，也就是自然的了。

优质栏目难以长久，现象级栏目难以产生。如上诸多原因交相作用，必然导致电视媒体的质量意识逐步衰减，优质栏目也就难以长久保持稳定的状态。这也是电视媒体品牌性栏目难以持续生存的重要原因。同样的道理，媒体创新能力的日益减弱，必然导致品牌性、现象级的栏目和项目日渐稀少。因此，近些年来涌现的现象级节目，属于电视媒体自制的比例越来越少，社会化制作的越来越多。下表就是这一问题的真实反映。

2012 年以来现象级栏目制作方式

栏目名称	首播时间	播出平台	制作主体
中国好声音	2012 年	浙江卫视	灿星制作
中国汉字听写大会	2013 年	央视一套	实力文化
爸爸去哪儿	2013 年	湖南卫视	自制
我是歌手	2013 年	湖南卫视	自制
出彩中国人	2014 年	央视一套	灿星制作
最强大脑	2014 年	江苏卫视	远景影视
奔跑吧兄弟	2014 年	浙江卫视	浙卫和韩 SBS 联合制作
极限挑战	2015 年	东方卫视	大道行知文化
欢乐喜剧人	2015 年	东方卫视	欢乐传媒
中国诗词大会	2015 年	央视一套	自制

电视栏目从开放走向封闭，从封闭走向式微，这是电视栏目从 20 世纪 90 年代中期一路走来的简单写照。栏目是电视媒体最基本的生产单元，也是电视媒体的主要产品。不解决栏目的问题，电视媒体就难以浴火重生。

栏目成功的要素：团队精练化与支撑社会化

近些年，采用大规模生产方式制作的综艺节目和具有综艺节目色彩的真人秀节目大行其道，其主要特征，就是制作团队巨大，制作方式复杂，制作周期漫长。当然，制作资金也是水涨船高。

从《中国好声音》第一季引爆我国综艺节目大投入大规模制作开始，综艺节目的制作规模和制作成本就逐年攀升，目前，大型综艺节目每一季的制作成本，上亿元已经毫不新鲜，而最高已经直追三亿而去。

这些以季播方式呈现的超大型节目，无论是电视媒体自行制作的，还是社会公司投资制作的，与电视媒体常态栏目的运营有本质的区别吗？比如，创作和制作要如何进行，队伍该如何集结，制作主体是单一还是多元，如何有效管理、协调项目的平稳运行？

其实，对于栏目而言，无论是常态栏目，还是季播型项目，需要遵循的最关键原则，就是要保持创作团队的独立性和小型化。在此基础上，实施制作过程的社会化和规模化。从这个意义上说，电视栏目的本质，就是小团队创作与大规模生产。

总体而言，电视媒体的栏目创作和生产，应该采用两种基本形式。一是频道按照一定比例，将部分栏目委托社会力量创作和生产，或直接从社会购买符合频道定位的栏目。这是保持优质栏目平稳运行、促进频道栏目不断创新、优化人力队伍、提高管理效率、提升组织效益的重要手段。走出这一步，对当前电视媒体尤为重要。只有在一部分栏目完全社会化的基础上，保留在频道内部的栏目，才能够真正感受到竞争压力，也才能竭尽全力，向品牌化栏目发展。电视媒体必须将栏目的社会化运作，作为战略方向坚持不懈。二是电视媒体自行创作与生产的栏目，首先要锻造一支精练化的创作团队，在此基础上，将部分工种实行社会化运作，委托社会力量完成，以达到缩小管理半径、优化人员结构、聚焦核心工作、提升工作效率的目的。因此，在一定意义上，栏目生产的社会化，是电视媒体栏目优质高效运行的重要手段。

对于电视栏目的运行而言，打造一支精练的创作团队，是保持栏目活力、创作优质产品的前提。而团队支撑社会化，则是保持团队精练化的重要保障。社会化支撑，是建设精练团队的前提和基础，而精练的创造团队，又是社会化支撑保持良性竞争、高效运行的保障。二者是互为前提、相互促动、共生共荣的关系，不可偏于任何一方。

需要说明的是，我们这里探讨的电视栏目社会化这一课题，不包括新闻性栏目。新闻节目因其特殊性和敏感性，无论国内还是国外，均由电视媒体独自完成。

栏目的未来机制：工作室抑或是独立制作人？

前面提及，制片人制曾经对电视媒体的栏目发展起到了极大的助推作用，是中国电视节目生产方式的一次重要变革。在频道制逐步成为电视媒体的主流运营方式之后，曾经赋予栏目的相应权利被频道渐次收回，栏目的独立性大为降低，其创作、生产必须在符合频道的定位下规范展开，而独立运营的行为，则基本消失。因此，电视栏目对于电视媒体的地位和作用，比起制片人制时期，已经不可同日而语了。

当下，栏目已经不像制片人制时期那样直接、独立地对电视媒体发生作用，而是通过频道间接作用于电视媒体。但是，栏目毕竟是电视媒体最基本的生产单元，是构成频道的最主要元素，是组织架构中的最小管理实体。没有一批符合频道定位的品牌性栏目，频道就难以获得竞争优势，电视媒体的价值也就难以显现。

遗憾的是，电视媒体对于播出效益最大化的追求，使栏目走向了封闭的运营模式，栏目的影响力和活力双双被遏制！

有没有新的机制，能够重新激发电视栏目的创新活力呢？

独立制作人制度

2014年，东方卫视进行组织架构的调整与改革。其中一项变革，是推行独立制片人制度，设立20个独立制作人团队。独立制作人拥有创意自主权、团队组建权、经费支配权、收益分享权、资源使用权等多项权利，涉及人、财、物的管理使用，涵盖了内部资源调动和激励机制制定等多方面内容。独立制作人实行"竞聘上岗制"，台内一线的制作人和外面的团队，都可以"举手"竞聘。

东方卫视在全国网的收视份额，2014年是1.00%，全国排名第20，2015年是1.10%，全国排名第16，2016年是1.57%，全国排名第13，2017年是1.58%，全国排名第12。这种收视业绩的连续增长，与这次组织架构改革、与独立制作人制度激发了创新活力和人员的积极性，是否有相应的关系呢？

工作室模式

据报道，2016年3月29日，广东广播电视台首个主持人工作室——黎婉仪财富管理工作室在广州正式挂牌成立。这是广东广播电视台工作室改革的第一个成果。此后，又相继成立了多个类似的工作室。

在架构上，独立运作的工作室有些类似于企业的分公司，它在经营上相对独立，但是在宣传管理、安全播出上由电视台严格管控。工作室严格遵守并执行台里关于宣传管理、安全播出、内部管理等规章制度，但享有相对独立的项目决定、项目运营、团队组建、薪酬分配、收益分成、财务审批等权利。广东广播电视台把工作室建设看作一种创业行为，工作室在完成台里规定的既定任务后可以进行收益的独立分配；工作室经台授权委托，可以对自己的品牌节目进行经营买卖，部分收益归工作室支配。工作室负责人不仅要对内容质量负责，还需要兼顾内容的价值实现，不仅要生产，还要售卖，要考虑利润指标。在内容制作与产品经营的双重压力下，工作室负责人必须对项目团队进行更细致的分工，必须设计更周全的激励机制来调动团队成员的积极性，必须投入更大的精力整合内外部资源，实现内容产品衍生价值的二次开发。据报道，工作室自成立以来，新项目频频上马，运作良好。

其实，独立制作人也罢，工作室也罢，称谓并不重要。关键是，要对栏目生产团队在责权利上进行明确的界定，在利益上进行合理分配，在资源配置上进行合理优化。从上面两个案例中，我们可以看出，两家电视媒体，都将部分收益分配权授予了栏目团队，广东广播电视台还明确让工作室直接参与栏目的版权经营。

这里面的内在逻辑是什么？

就是承认栏目的管理者和创作者，能够为电视媒体带来超常的经济价值和品牌价值！就是在制度上确认他们对超出预期的收益享有分享权！这与当下科技人员在创新项目上能够享受收益权非常类似。

当然，这种收益分享权与20世纪90年代起始的制片人制有很大的不同。90年代的制片人制，其收益更多体现在没有明确规定的灰色地带，难以持久。而这种方式的收益权，则有明确的制度保障，有透明清晰的收益指标，甚至基于版权乃至股权保障。当然，还有严格明晰的监督机制。

这是不是电视媒体在栏目运营上一个可以探讨的方向呢！

中国电视栏目曾经因为实施制片人制、因为大规模引入社会化力量，产生了飞跃性发展，创造了"黄金十年"。又因为追求播出效益最大化、因为对社会化力量有意识无意识的"排斥"，而逐步走向封闭，日渐式微。电视媒体要走出当下的困境，还是应该从摒弃播出效益最大化入手，让节目的创作和生产重新走向开放，让社会化力量重新参与进来。这种转变，与电视媒体再次变革生产方式、优化资源配置等举措相配合，才能激发电视人的活力，才有可能让电视重焕生机！

解决之道　从电视媒体向媒体集团升级

　　错误的资源配置方式，使电视媒体只能偏安于电视播出业务一隅，错失了诸多机遇，导致电视行业陷入了论争生死的尴尬境地。而扭转这一困境的前提，就是改变电视媒体的资源配置方式：把主要资源从围绕电视播出效益配置改变为围绕电视产业配置。只有如此，才能冲破电视播出业务的束缚，构建起以电视产业为基础的业务链条，延展和拓展电视媒体的生存与发展空间。

　　与电视产业相对应的组织形式，必须是电视媒体集团。所以，从业务单一的电视媒体向业务多元的电视产业集团升级，就成了电视媒体转型升级的必由之路。

　　以广告为主要收入来源的单一化盈利结构、对收视率崇拜与虚无的极端认知、版权逐步走向空心化、泛娱乐化趋向潮流、专业频道不专业、栏目日益萎缩……这些影响深远的诸多问题，都是追求播出效益最大化所带来的后果，危及电视媒体全行业的健康持续发展。如上每个问题，虽然业界与学界都持续不断地给出了很多治理药方，但从病灶根源上入手的探讨却少之又少，这也是上述问题在多年里花样翻新地出现、始终无法根除的重要原因，导致电视媒体始终在"头疼医头、脚疼医脚"的窠臼中往来冲撞。近几年，面对新媒体的强力挤压，电视媒体在一片恐慌和焦虑之中发力媒体融合，又呈现出忽略对这些问题探寻与解决的趋势。但是，以病体之躯去做媒体融合，如何能够收到理想的效果呢。

本书第一篇论述的电视媒体存在的第一个深层次问题，是单一层级决策主体，我们可以通过调整内部的组织架构和改变旧规则、制定新规则等方式来化解；而本篇论述的播出效益最大化问题，则必须改变电视媒体固有的资源全部向电视播出配置的方式，要眼光向外，用外部方式化解。这就是资源向电视媒体的产业化运作配置。电视媒体要摆脱困境，必须在如上两个方面同时动作。一方面，如前所述，电视媒体要苦练内功，解决多年积累的内部问题，通过改变目前采用的单一层级决策主体的组织架构方式，缩小组织范围，减小管理半径，提升组织的效率和效益；另一方面，电视媒体必须眼睛向外，冲破束缚自身发展的围墙，改变单纯做电视播出平台的业务模式，向涵盖诸多媒体业务的电视产业发展。如此内外并举，方能强健自身体魄，拓展更为广阔的生存空间。

产业链：电视媒体生存和升级的必由之路

当主体收入和影响力，主要来自电视播出平台的时候，电视媒体注定要在电视播出的层面上左冲右突。其实，如上所述，电视媒体除了电视播出，还有一个更为广大的空间，就是电视产业。电视产业和电视播出平台，是母子集的关系。电视产业远远大于电视播出。电视播出，仅仅是电视媒体大产业链业务中的一部分，只是打造自身媒体影响力和产品影响力、实现价值增值的一个必要环节，其广告经营收入也只是实现自身产品价值的一部分收益体现。而电视产业则可以在内容生产与聚集、播出、传输、终端、用户、销售、经营等诸多环节进行综合性产业开发与经营。这中间的每一个小环节都可以发散或裂变成为一个或者多个产业，都包含可以经营和开发的诸多子项。比如，内容生产业务，就涵盖了创意开发、模式研发、节目制作、后期制作以及服化道、演播室等诸多环节。而节目类型又千差万别，综艺、专题、电视剧、纪录片等，每一个领域都是值得深入挖掘和经营开发的一片天地。比如，节目传输业务，当下已经是有线、无线、卫星、互联网等多种方式共同竞逐的一项业务，节目信号通过"上天"或"入地"传播到千家万户。即便仅仅是有线传输方式，就包括了 Cable TV、IP TV、OTT TV、SmartTV 等多种形态。比如，收看终端业务，不仅包括电视机、PC 机、手机、平板等各种屏幕，还包括无屏、影院、歌厅等各种经营场所。比如，销售与经营业务，不仅有广告经营、版权销售、艺人经纪、衍生品经营开发这些与电视媒体业务关联密切的业务，还包括渠道与宽带业务、终端与家庭物联网业务、用户服务与拓展业务等……可以想见，相对于电视播出，电视产业是一个更为广阔和浩瀚的多维业务海洋。

传媒行业是一个天然的链式产业，垂直型整合是打造媒体集团核心竞争力的必选项。对于电视媒体而言，垂直型整合的实质，就是围绕媒体的传播链条，整合内容等上游业务和渠道与终端等下游业务，由此产生"协同效应"并转化为竞争优势，以降低成本、提高效率。因此，基于产业链战略，电视媒体必须补充产业链上的业务短板：缺内容补内容、缺渠道补渠道，缺终端补终端……这是当下许多传媒集团采用的通行路径。尤其是在当下互联网公司重构竞争规则的时代，决定一个组织生死存亡的，已经不再是单一业务的盈利能力，而是产业链条的长度和业务生态的宽度。决定某一业务单元生死存亡的，也已经不再是其本身是否盈利，而是其在产业链条和业务生态中的价值。

当前，欧美等综合性传媒集团在内部基本形成了多点支撑的业务模式。电视媒体除了自身的产业链条之外，还可以通过媒体集团的整体业务来保护核心业务的发展。对于媒体集团而言，即使电视媒体的广告收入遭遇天花板，也有其他业务板块的收入支撑整个集团的发展。而当下的中国电视媒体的现状，则是产业链条过短，收入过度依赖广告。一旦广告收入出现整体下滑颓势，电视媒体的整体收入就会受到根本性影响，导致在很多业务的布局和开展上捉襟见肘，难以为继（比如新媒体的发展）。在本书的序言里，通过对近些年广告收入数据的梳理显示，我国电视媒体行业的广告收入不仅处于停滞状态，而且已经呈现出下滑趋势。因此，电视媒体只有拓展业务规模，才能开辟新的收入来源，保持电视媒体的健康发展。最可行的办法，就是延展电视媒体的上下游业务，构建一体化的电视产业链条，扩大收入规模，提高竞争能力，增强市场话语权。

概括而言，电视媒体的未来发展方向，就是要努力形成集内容、播出、渠道、终端、用户于一体的完整产业链条，从单一业务向全产业链业务升级，建立上下游业务贯通、多点业务支撑的电视媒体集团。遗憾的是，中国当下几乎所有的电视媒体都在电视播出业务上着力甚多，而在电视产业上，则是说得多，做得少，正所谓：但闻楼梯响，不见人下来。是做电视播出还是做电视产业，之间的差别，是当前电视媒体发展方向的决定性因素。在某种程度上，这也是中国电视媒体难以比肩欧美电视媒体的最主要原因。

因此，电视媒体只有完成产业链构建，才能形成健康、持续、抗击打的业务布局和收入结构。实践和市场表明，对电视媒体而言，把电视播出平台向电视产业扩展，是建立合理的收入规模和收入结构的必要前提。只有如此，才能为电视播出建立起一道安全的屏障，才能让电视媒体有底气不媚俗、不跟风，才能支撑电视媒体保持战略定力，才能实施精品战略和品牌战略，才能为电视人建设起实现新闻理想的避风港，才能形成对各种利益集团说"不"的底气，才能彰显媒体责任和家国情怀。由此，也才能实现电视媒体的整体效益和综合效益最大化。

实现构建产业链的目标，电视媒体要在"向上"和"向下"两个方向上同时着力。

向上：转变制作方式——电视产业化的前提和入口

电视产业链条的最顶端是内容制作，这也是电视媒体的基本盘。曾经，内容制作是电视媒体的主业和优势。但是近些年来，随着内容制作社会化的发展，电视媒体在这个领域上的优势开始逐渐减弱。

特别需要指出的是，内容制作和内容产业是两个不同的概念。内容制作能力强大，不代表内容产业也强大。电视媒体在内容制作的能力上曾经冠绝一时，但是内容产业却一直少有建树，就是这个道理。

因此，对于电视媒体而言，构建电视产业链条，当然首先应该从电视产业链的最上游——内容制作入手。更为准确的表述，是从内容制作的产业入手。这是解决当前电视媒体内容短板的关键，也是构建电视整体产业链的一个基础。

以往，电视媒体强化内容制作的方式，基本上是两种：一种是充实自身力量自己制作，一种是借用社会化力量制作，即制播分离。关于自己制作这种方式，在上一章"栏目的式微"中我们已经详细论述，它是导致当前栏目日渐微弱和影响逐渐消减的直接因素。因此，封闭起来充实自身力量，无助于内容制作业务的发展。而且，电视媒体本部受事业体制制约，在产业化运作上障碍重重，因此，无论制作力量强悍到什么程度，也无论节目内容丰沛到什么程度，都难以在内容产业上有所突破。

于是，制播分离就成了很多电视媒体强化节目内容、发展内容产业的主要方式。事实上，制播分离也确实是电视媒体盘活社会资源、增强电视媒体竞争实力的重要方式和手段。只是，多年下来，结果并不理想。电视媒体的内容制作和内容产业不仅没有因为实施制播分离而出现根本性改观，反而出现了内容制作力量加速向社会转移和内容版权空心化的趋势。在这方面，电视剧的制播分离导致电视媒体在电视剧领域话语权减少，就是最好的例证。

现在，大型季播性娱乐节目也已经出现了这种趋势。

原因何在？

最主要的原因，就在于电视媒体忽视了在自己制作和社会化制播分离之间的一个关键环节：转变内容制作方式。

转变制作方式：电视媒体发展内容制作产业的压舱石

所谓转变制作方式，就是电视媒体在实施制播分离之前，先改变自己内部的制作方式，即由事业体制制作，向事业和企业双管齐下的制作方式转变，以此来盘活电视媒体本部与台属企业的人力、资金、机制等诸多资源，让自己的内容制作业务借助自身的企业化资源和力量，率先强化起来，成为参与市场竞争的主体，并以此为基础发展内容制作产业。如果不做好这一步的准备，就贸然开始制播分离，电视媒体必将面对强大的社会资本和市场资源的强烈冲击，不仅会导致电视媒体现有内容制作业务逐渐衰微，其内容制作产业本身也会失去发展依傍。其后果是，电视媒体极有可能沦为单纯的播出平台，丧失转型升级的机会。

电视媒体在电视剧产业上的境遇就是这种状况的真实写照。正是由于电视媒体没有理顺本部与台属电视剧制作公司之间的关系，对于自己所属的电视剧制作公司建设不够、重视不足，使得这些年来电视媒体所属的电视剧制作公司几乎都没有成长为强大的市场竞争主体。也正因为如此，才导致电视媒体陷入当下的尴尬局面：全行业每年投入到电视剧上的资金规模超过百亿，但在电视剧产业上却获利甚微，所拥有的电视剧版权多为播出权，很少有多元版权，因此无法以版权为基础进行产业开发。而围绕电视剧形成的制片与制作业务、演员经纪、版权售卖等诸多产业，就更是无从谈起了。同样，电视娱乐类节目也因为转变制作方式上的欠缺，近些年呈现出了制作力量日趋微弱和版权空心化的趋势。

因此，电视媒体在实施转变制作方式与制播分离上，一定是转变制作方式在先，制播分离在后。这个顺序一定不能颠倒。

正是基于这样的认识，笔者在担任央视中国国际电视总公司董事长兼总经理期间，与央视综合频道和纪录频道联手，全力推动成立央视创造传媒有限公司和央视纪录国际有限公司。这两家公司，由中国国际电视总公司在2013年全资注册成立，前者以央视综合频道为依托，后者以央视纪录频道为依托，将央视这两个频道的部分制作力量向这两家公司转移。这几年，两家公司产品丰富，成为转变制作方式的成功范例。

央视创造传媒成立以来，制作出品了《经典咏流传》《朗读者》《挑战不可能》《欢乐中国人》《谢天谢地你来啦》《加油向未来》《吉尼斯中国之夜》等栏目。虽然这家公司以央视综合频道的播出资源为依托，但是，它已经成功拓展市场资源，还向央视综艺频道提供作品，《朗读者》就是代表。几年来，这家公司出品的节目，不仅社会效益显著，经济效益也十分可观，更为可贵的是，还孵化了很多节目模式。同样，央视纪录国际有限公司近几年的业务发展也是一路高歌，制作出品了《航拍中国》（第一季）、《国家宝藏》《创新中国》《中国高铁》《苏东坡》《中国队长》等多部作品，成效显著。

转变制作方式，不仅是电视媒体发展内容制作产业的压舱石，还可以缓解甚至解决当下电视媒体存在的一些关键性问题，比如人力资源老化问题、薪酬激励问题、社会化用人问题等。

化解电视媒体围绕播出效益最大化配置资源的弊端

电视媒体本部是事业性质，台属企业是企业性质。电视媒体本部投资建立台属企业，既是股东（几乎全部是控股股东，很多还是单一股东），又是上级管理者。通常来说，两者是利益共同体的关系，利益应该是一致的。但实际上，在多年的实践中，很多时候两者利益并不一致，存在着或明或暗的冲突。

其根本原因，是台属企业与电视媒体本部所属的频道等部门之间的利益冲突，被放大成为台属企业与电视媒体本部之间的利益冲突，频道等部门的局部利益绑架了电视媒体的整体利益，扭曲了台属企业与电视媒体之间利益一致性的关系。也正因为此，才导致电视媒体通过台属企业来布局电视媒体的产业化之路步履蹒跚！

在前文"频道的异化"一章中，我们描述了频道在播出效益最大化的资源配置方式下，成为电视媒体中的超强利益主体。其最大的利益体现，就是播出时段的独有性和节目制作与播出的一体化结构。而台属企业如果开展电视媒体的产业化业务，很多方面都要以电视版权内容为基点，而电视版权的实现方式，必然与播出资源和节目制作发生关联。这就势必分享频道的播出时段资源，挤入频道的节目制作环节，从而成为频道在电视媒体内部的竞争者。如此，必然要打破电视媒体的既有利益格局，而频道就会成为首当其冲的被冲击者，所以频道会本能地排斥这种变化。同时，因为台属企业与电视媒体内部的技术、财务、人力资源等系统之间是指导关系，不受其管理与制约，因此，这些系统和部门，在实际工作中也不支持向台属企业转移节目制作资源与相关业务。

然而，电视媒体必须认识清楚，播出效益不是电视媒体的最大利益，包含电视播出在内的电视产业才是电视媒体的最大利益；频道不代表电视媒体的最大利益，包含频道在内的事业与企业的有机结合体，才代表电视媒体的最大利益。而实现这种利益的入口，就是转变电视媒体以事业方式为主的制作方式。通过拆解频道在播出时段、节目制作和播出上的一体化结构，以台属企业通过适度竞争获取频道部分播出时段资源为切入点，改变电视媒体过去以频道控制全部播出时段资源和节目制作业务的方式，建立频道和台属企业共同经营频道播出时段资源和节目制作业务的新格局，由此建立电视媒体以事业和企业双轮驱动的模式。这样的方式，对内可以极大提升内部竞争程度，盘活电视媒体的资源、资产，对外可以通过台属公司集聚社会力量。如此，可以强化电视媒体应对市场的抗击打能力和竞争实力，进而为电视媒体的制播分离奠定坚实基础，实现电视媒体整体效益最大化。

电视媒体的核心权益是版权

很长时间以来，电视媒体因为围绕播出效益最大化来配置资源，导致电视媒体在版权权益上过度重视播出权，而忽视版权的其他权益，使电视媒体围绕版权内容进行延展开发的产业能力日渐萎缩。这是导致电视媒体行业近些年收入增幅缓慢、面对新媒体的竞争难有还手之力的主要原因。

但是，作为事业体制的电视媒体本部，在产业经营与开发上有天然的限制。必须借助电视媒体的台属企业进行产业布局和产业经营，实现事业企业共同发展的目标。而转变制作方式，就是实现这一目标的重要载体。

电视产业，版权是核心。没有版权，电视媒体的产业经营就无所依傍。转变制作方式的核心目标之一，就是由台属企业实现版权的聚集，提升以版权为中心的经营能力，弥补电视媒体本部在版权聚集与开发上的短板，实现综合效益最大化。

因此，在转变制作方式的过程中要特别注意，台属企业竞争开放的播出资源和内容制作业务，绝不能以委托制作的方式参与。而是必须以版权聚集为核心，以版权经营为杠杆，推动台属企业进入版权投资和内容制作领域，实现电视媒体真正的产业化布局与经营。没有版权的支撑，电视媒体的产业就是无源之水、无本之木。

同时，在转变制作方式的过程中，必须要注意以下几个问题：一是电视媒体必须向台属企业开放一定规模的频道播出时段。因为播出时段是承载版权的基础，播出时段不清晰，就无法确认内容制作的指向性，台属企业也就没有动力进行内容版权的投资与制作。二是必须采用准市场的方式，打通电视媒体本部和台属企业之间的业务人员流通渠道。只有采用这样的方式，才可以初步解决电视媒体本部业务人员膨胀、管理成本高企、人才延揽迟钝、激励机制缺失等一系列问题，让电视媒体在体量上瘦身、在决策上快捷、在运行上高效。三是建立刚性的进入退出机制。因为频道的播出时段资源由来自频道内部和台属企业等多家主体通过竞争方式获取，因此，竞争程度自然加剧，淘汰在所难免。对此，电视媒体必须坚决。

以此为基础，则困扰电视媒体的几个难题，如进入退出机制难以真正实施、创新乏力、难以借力社会力量等，才有望得到根本性改观。

当然，在转变制作方式的过程中，电视媒体本部必须严格监督台属企业遵循如下三个原则：一是有偿使用原则，播出资源要参照市场价格制定占用标准；二是定位吻合原则，节目内容必须符合频道定位，必须达到相应标准；三是进入退出原则。

灿星制作（上海灿星文化传播有限公司）的发展历程，是转变制作方式的一个有益尝试。作为广播电视台的台属企业，通过制作《中国达人秀》等节目，积累了人力资源和资金实力。以此为基础，开始参与电视市场的竞争，并以成功制作《中国好声音》为标志，成为参与我国电视行业综艺节目制作的成功市场主体。我们分析灿星制作的成长路径，它的第一步就是转变制作方式：以台属企业的身份进行节目制作，《中国达人秀》等节目正是出自这个时期。如果没有这个过程，灿星制作就难以集聚人力资源和资本实力，也就没有后来完全市场化运作的《中国好声音》的一飞冲天。灿星制作是中国电视媒体从制作方式转变到制播分离的一个可借鉴、可复制的案例。

转变制作方式，与现行政策冲突吗？

台属企业由电视媒体出资建立，按照文化企业管理规则，其人、事、资产、导向全部归属电视媒体管理。因此，由台属企业使用频道的播出时段资源和制作电视节目，对电视媒体的策划权、编辑权、审看权、播出权四项基本权利没有丝毫影响，全部是在电视媒体统一的绝对的管理下进行。区别仅仅在于，是由电视媒体下属的事业单位运营，还是企业单位运营。这与现行政策无任何冲突。

从当前中国电视节目制作市场的现状来看，尽管近些年社会化的电视节目制作公司有一定程度的增加，但除了灿星制作等少数几家，整体实力还有待提升，市场空间依然很大。我国电视媒体需要及时把握机遇，以转变制作方式为契机，加快电视媒体的上游产业布局，尽快扭转电视行业收入停滞的困难局面。

向下：补齐渠道和终端短板

电视产业，向上是内容产业，而向下，则是渠道和终端。补足渠道和终端，与转变制作方式互为犄角，成为电视媒体构建电视产业链条的不可或缺的组成部分。

在媒介内容由传播者向受众传递的链条中，内容和渠道都发挥着不可替代的作用。由此，美国学者拉斯维尔提出了著名的"拉斯维尔模式"。它告诉我们，内容和渠道均是完成传播过程的必不可少的条件，是连接传播者和消费者的必由之路。我们也可以据此认为，"内容"和"渠道"究竟谁是王者的争论，永远不会有标准答案。

对此，市场的判定则比较简单：稀缺者为王！从电视媒体的发展史来看，内容优势和渠道优势并非一成不变，而是随着技术的进步和竞争环境的变化此消彼长的。根据稀缺性原理，内容或渠道都有成为稀缺性资源的可能。

也许正是因为内容与渠道优势地位的不确定性，才让二者逐渐显现出愈益明显的融合趋势：传播者要拥有渠道，而渠道商要拓展内容。当然，从媒体产业来说，只有内容和渠道融为一体，才会形成完整的产业链条。在国外，渠道商向内容拓展的案例并不鲜见，康卡斯特是最为成功的代表。而2016年AT&T发出重金收购时代华纳的要约，则是这个案例的鲜活补充。

但是，时至今日，我们几乎没有见到作为内容提供者的电视媒体收购渠道商的案例。在我国尤其如此。

为什么？

是电视媒体不需要渠道，还是电视媒体没有认识到渠道的重要性呢？

错位：2C 的内容传播与 2B 的盈利模式

电视媒体在确定传播对象的时候，通常都是以群体为目标，所以，每一个电视节目都是为某一类别的观众服务的。但是，这些观众接受电视媒体的传播行为却是以个体收看的方式完成的。因此，虽然电视媒体的目标受众是群体，但从严格意义上来说，电视媒体还是为个体观众服务的。

电视媒体的服务对象虽然是个体观众，但是，其服务费用却不是向这些个体观众收取的。我国最主要的电视传播模式是开路频道，所以我们以开路电视频道为例进行说明。实际上，所有的开路电视频道都是免费收看的，观众收看电视节目，并没有向这些开路频道支付费用。向这些开路频道支付费用的是广告商，交换条件是播出广告主的广告。广告商承担了电视媒体与观众之间的交易中介角色：替电视观众向电视媒体支付电视节目的收视费用。

广告商当然是有条件的：电视媒体要支出时间来播出广告，观众要支出时间来观看广告。广告价格由两个因素决定：观众数量和广告长度。单位时间里观看广告的观众越多，广告商支付的费用就越多，同理，同样数量的观众，广告播放时间越长，广告价格也就越高。于是，形成了皆大欢喜的结局：电视媒体通过播出广告获得收入，观众通过收看广告而免费收看了电视节目，而广告商则传递了商品信息。在这个过程中，与电视节目关系最远的广告，成了维系电视媒体与观众保持连接的最重要手段。近些年，"羊毛出在狗身上由猪埋单"的免费模式被说成是互联网的创举。这哪里是什么创举，电视媒体已经操作数十年了。

开路电视频道的这种运营模式，虽然维系了电视媒体的正常运转，但是仔细想来，其中存在着严重的错位：为什么电视媒体开展的是直接服务观众的 2C 业务模式，营收却变成了向广告商收费的 2B 模式了呢？换个说法，为什么电视媒体不能直接向观众收取费用呢？电视媒体的利益最大化了吗？

当然没有利益最大化！

利益最大化的方式是：既向用户收费，又向广告商做广告，两者并行，才是利益最大化的体现。

也许有人会说，电视媒体向观众直接收费加重了观众的负担，是贪婪的行为。

其实不然。

很久以来，观众基本上是通过有线电视、卫星电视和 IPTV 等运营商来观看开路电视频道的，近些年，OTT TV 也成了部分观众的收视渠道。通过这几种终端收看电视节目的用户规模在这些年发生了很大变化（见下表）。

有线电视、IP TV、直播卫星、OTT TV 用户数量

单位：亿户

	2013 年	2014 年	2015 年	2016 年	2017 年	数据来源
有线电视用户	2.29	2.35	2.35	2.28	2.14	原国家新闻出版广电总局
直播卫星	0.32	0.44	0.70	1.07	1.29	原国家新闻出版广电总局
IPTV	0.30	0.33	0.51	0.86	1.22	工信部
OTT TV	0.13	0.30	0.46	0.70	1.10	格兰研究

在我国，观众收看有线电视和 IPTV 都是要付费的（IPTV 号称不付费，实际上是打包付费方式），卫星电视在国外是付费的，在我国因其公益属性，是免费收看的，但是频道数量有限。虽然这几家运营商收取的费用对应的并不仅仅是电视节目，但是，电视开路频道是这些运营商收取费用的基础业务之一。

所以，我国的电视观众并不是免费收看电视节目。他们只是没有向电视媒体付费，而是付费给了渠道商。

那么，问题来了：电视媒体为什么不能自己向观众收取费用呢？

渠道：连接电视媒体与电视观众的桥梁

电视媒体当然想自己向观众收取费用。

在我国，电视节目是通过渠道转播商向观众传播的，转播电视节目的渠道商越多，就意味着电视节目覆盖的电视观众越多。因此，让尽可能多的渠道商转播自己的节目，就变成了电视媒体的战略诉求。这一战略诉求被称为"落地"，前些年，很多电视媒体都设立了一个专门的机构——"落地办"，来专门从事电视频道的落地工作。

曾经，各地的有线电视运营商是我国最主要的电视节目转播商，它们通过向观众收取电视节目收视费来维系自身的运转。收视费是有线电视运营商最主要的收入来源。在很长时间里，观众的收视费用几乎是有线电视运营商收入的全部。随着网络技术的发展，有线电视运营商的营收趋向多元化，围绕宽带资源开展的业务和视频点播业务的收入逐渐增加，渐次与收视费用形成鼎足之势。

近些年，IPTV 和 OTT TV 也加入了电视节目的转播阵营。IPTV 业务的运营主体是电信运营商，通过电信网络渠道传播电视节目；OTT TV 业务的运营主体是互联网运营商，他们没有自己专属的网络渠道，但是他们有终端平台，通过电信系统和有线电视系统的网络渠道传输节目（包括电视节目）。

在我国，IPTV 号称免费，其实，这只是一种捆绑消费策略，实际上，观众依然是付费主体。OTT TV 采用互联网公司通常的收费模式，用户付费和广告是他们最主要的收入支撑。这两种转播商与有线电视一样，观众的收视费都是他们收入的重要来源。

由此可见，电视媒体如果想向观众收取费用，只有两条路：要么拥有渠道，要么拥有新媒体平台。搭建新媒体平台，对于电视媒体而言，属于跨界业务，虽然努力多年，但收效甚微，此路暂时难以走通，我们在本书第三篇详细探讨。如此，直接面对观众的路，就只有获取渠道一途了。

在我国，拥有商业网络传输渠道的，如前所述，只有有线电视系统和电信系统。只要在这两个系统之中任取其一，电视媒体就拥有了电视节目的转播渠道，也就自然拥有了电视观众，向观众收取收视费用就变得顺理成章了。由此，也就形成 2B+2C 的完整商业模式。

康卡斯特与 AT&T 的并购之路

在国外，最早形成内容、播出、渠道、终端、用户完整电视产业链条的公司是康卡斯特。作为美国著名的有线电视运营商，多年来，康卡斯特的主营业务都是有线电视。这种缺失内容版权聚集和电视播出业务的布局，将康卡斯特牢牢限制在了电视媒体的下游产业之中，经营规模和产业协同效益难有突破。因此，寻求向电视产业的上游——内容版权和电视播出拓展，一直是康卡斯特的梦想。

为此，康卡斯特在 2004 年 2 月 11 日宣布以 660 亿美元的价格公开（恶意）收购迪士尼公司。康卡斯特表示："一旦收购成功，就将诞生一家全球领先的娱乐和传媒公司，拥有无与伦比的发行平台和非凡的内容资产组合。新公司将在全美最大的 25 个市场中均拥有业务，并将推进宽带业务的发展，扩大目前的服务业务，同时催生新的服务。"虽然因为多种原因于同年 4 月 28 日宣布放弃收购迪士尼，但是，康卡斯特进入电视上游产业、布局全电视产业链的决心由此可见一斑。这种决心，直接促成了康卡斯特于 2009 年收购通用电气旗下 NBC 环球（拥有电视媒体公司 NBC）　51% 的股份，由此一跃成为全美最大的媒体公司。此后的 2015 年，康卡斯特又从通用电气手中买断了 NBC 环球剩余的 49% 股份，自此，NBC 环球成为康卡斯特的全资子公司。

其实，康卡斯特的目的，不仅仅是通过补足内容版权和电视播出来构建电视产业的完整链条。其更大的目标是以此为基础，能够推出跨屏跨域跨网服务，实现对互联网公司的逆袭。目前，康卡斯特的用户不仅可以在有线电视上观看其购买的直播频道和电影电视剧等视频点播内容，还可以通过其建立的 WIFI 热点和互联网，在手机、平板和 PC 机上随时观看这些购买的内容。

而根据康卡斯特与自由全球公司（Liberty Global）达成的协议，康卡斯特的 Xfinity 用户和自由全球公司用户可以在美国、比利时、荷兰等国家免费使用对方的 WIFI 热点访问自己有线电视的内容，实现了服务的跨国延伸。

2016 年 10 月，渠道运营商收购媒体集团的大戏再次上演：美国电信运营商 AT&T（美国电话电报公司）以 854 亿美元的对价宣布收购时代华纳公司。打通媒体产业链条的主角，这次换成了体量更大、实力更强的电信运营商 AT&T。这是 AT&T 于 2015 年以 671 亿美元收购直播电视公司之后，一项更大规模的媒体收购案。

虽然这项并购案遭到美国政府的反对，美国司法部于 2017 年 11 月发起反垄断诉讼，要求法庭阻止收购交易。但是，美国哥伦比亚特区联邦法院还是于 2018 年 6 月 12 日宣布放行此项并购案。由此，AT&T 不仅成为全球最大的媒体集团，还将成为第一个横跨通讯产业、媒体产业、互联网产业的巨型公司。因为 AT&T 的这项并购活动，又刺激美国传媒界和通讯界展开了一系列并购活动，TMT 融合发展已经成为美国的新的潮流。详细情况，我们在第三篇结尾一章中再做介绍。

渠道：中国电视媒体构建完整产业链条的出路

中国电视媒体面临渠道危机，其背后的根本原因在于，因为追求播出效益最大化，导致资源集中围绕播出进行配置。这不但局限了电视媒体的战略视野，也让电视媒体没有更多的资源去做播出之外的产业链拓展。

当下的中国电视媒体，在电视产业的上游——内容产业上，虽然有很长的路途要走，但是布局已经开启。但是，在电视产业的下游——渠道与终端上，电视媒体的布局却几乎为零，面临着失控的风险和危机。

前文已经说明，在我国，只有两个系统拥有商业化的物理网络传输渠道：电信系统和有线电视系统。两个系统承载电视业务的方式有所不同，电信系统是 IPTV，广电系统是有线电视。

IPTV 近些年发展迅猛，这种由电视媒体系统与电信系统合作运营的新业态，截至 2017 年年底，用户已经超过 1.2 亿户。2018 年 6 月 13 日，中国移动正式获得 IPTV 执照，至此，最后一家通信运营商也获得了 IPTV 牌照。可以预言，IPTV 的用户，还会有一个大幅增长。

但是，对于电视媒体而言，一是 IPTV 在节目内容上与有线电视系统相比区别不大，无法构筑市场上的竞争优势，对于电视媒体的用户覆盖业务没有根本上的改观。而且 IPTV 用户的增加，就意味着有线电视用户的减少，两者见合。二是 IPTV 的用户资源属于电信系统，终端资源属于电信系统，渠道资源属于电信系统，Boss 系统属于电信系统，电视媒体除了获取部分收益之外，所得甚少。而这区区收益，还是以有线电视用户的减少为代价换来的。

有线电视系统，是电视媒体传统的渠道传送商。双方虽然同属广电行业，但是因为"台网分离"政策，形成了互不隶属的关系，无法从组织架构上一体化运行。同时，由于有线电视系统的一省一网现状，导致每一家公司的体量和规模都受到行政地域限制，无法做大做强，难以与电信系统和互联网公司竞争。

那么，电信系统和有线电视系统，哪一家能够支撑电视媒体实现构建渠道和终端的梦想呢？

我们先看电信系统。相比电视媒体，电信系统太大了，大到两者的体量几乎无法对比。下图是电信系统三大运营商 2017 年的收入和利润情况。

2017 年三大运营商收入和净利润

	收入（亿元）	净利润（亿元）
中国移动	7405	1142.79
中国电信	3662	186.17
中国联通	2748	4.3

数据来源：各公司 2017 年财报

中国移动、中国电信、中国联通三家电信运营商，合计收入已经接近

1.4 万亿人民币，收入最低的中国联通，收入也超过了 2700 亿元。电视媒体
2017 年全行业的广告收入是 1234 亿，总收入大约 1500 亿，而单体电视媒
体的收入，高者也不过几百亿。这样的体量差距，双方没有联合的可能，只
能是兼并收购的结果。之所以在我国的电信企业和电视媒体之间没有上演兼
并收购大戏，是因为电视媒体的牌照发放是准入制，任何资本都不能进入电
视媒体。但是，电视媒体与电信系统合作的 IPTV，已经足以说明双方的地
位差距：用户、终端、渠道、Boss 系统全部由电信系统控制，电视媒体无法
染指，实际上扮演的仅仅是内容提供商的角色。

所以，圆电视媒体的渠道梦，电信系统难以指望。答案只能在有线电视
系统寻找。

有线电视系统拥有完整的网络资源，干线网、省域网、接入网齐备，目
前拥有 2.1 亿多付费用户，是聚集电视媒体核心受众的最主要平台，也是电
视媒体最主要的广告载体和盈利平台。有线电视全行业 2017 年收入 900 多
亿，与电视媒体行业体量相当。有线电视拥有渠道、终端、用户，电视媒体
拥有内容、播出平台、多维资源及影响力，双方完全是互补的关系。有线电
视和电视媒体同处一个行业，拥有相同的文化基因，面临同样的困难，同有
转型升级的诉求。

其实，有线电视与电视媒体合作，不仅是电视媒体的需求，同样是有线
电视行业正确的战略选择。近些年来，有线电视面临着电信系统和互联网公
司的双重挤压，构建全产业链条的欲求同样迫切。有线电视的短板是缺少内
容，只有补足媒体功能，有线电视才能增强市场竞争力。当下，一省一网的
限制，导致有线电视系统市场主体众多，规模极度分散，面临着巨大的生存
压力。

综合来说，从行业上看，电信系统属于通讯行业，有线电视属于广电行
业；从基因上看，电信系统具有通讯基因，有线电视具有媒体基因；从收入
规模上看，电信行业远超电视行业，而有线电视行业则与电视媒体相当。两

相比较，当然是有线电视系统与电视媒体行业更为匹配。

有线电视和电视媒体是真正的产业上下游关系，是利益互补的市场主体。有线电视是电视媒体进行有效传播和未来发展的主渠道和主阵地，而电视媒体则是有线电视拓展业务、获取收入和服务用户的最主要支撑。因此，有线电视才应该是电视媒体的天然同盟！电视媒体和有线电视深度融合，才可以成就双方各自构建电视媒体全产业链条的梦想！

所以，有线电视是电视媒体构建渠道和终端的不二选择。

投融资：拓展电视产业的重要支撑

电视媒体无论是向上拓展内容制作产业，还是向下补足渠道终端短板，都需要巨量的资金支持。因此，电视媒体首先需要解决两个问题：一是钱从哪儿来，二是钱向哪儿去。这就是我们通常所说的融资和投资。不依赖投融资行为，电视媒体单靠自身的收入和资金积累，无法完成产业化布局。

电视媒体本部是事业单位性质，不仅收入视同财政拨款，其形成的资产也属于财政部门所有。这样的体制，限制了电视媒体本部的投融资行为。首先，融资行为受到限制。如果通过债权融资，因为资产属于财政部门，几乎无法办理抵押手续。而通过股权融资，政策上就不被允许，姑且不说电视媒体的资产属于财政部门，没有股权稀释的可能，单说电视媒体实行的准入制管理方式，也不允许其他资本进入。其次，投资行为难以开展。电视媒体本部的经费实行预算制管理，由财政部门以年度预算方式审批下达。在这种预算管理方式下，一是投资审批手续复杂，审批时间漫长，投资效率自然低下；二是在计入投资形成的股权资产上，限制较多，投资全资公司相对顺利，投资多家股东的公司，则较难进行。因此，很多投资行为也就难以开展。所以，电视媒体本部开展投融资业务，难度极大。

但是，这种状况并不表示电视媒体就没有解决投融资问题的办法了。事业单位企业化管理的机制，为电视媒体的投融资活动开启了方便之门。电视媒体可以通过投资设立全资公司，来搭建投融资平台和企业管理平台，代替电视媒体本部开展投融资业务。事实上，我国电视媒体基本上都是通过自己投资设立的公司来运营产业化业务和开展投融资活动的。一些电视媒体还通过下属公司上市的方式，打通了资本市场的投融资通道。

但是，总体上来说，很少有电视媒体投资的公司能够获取超强的市场地位并影响电视行业的发展方向的。也正因如此，电视媒体依托于这些公司的投融资活动也就收效甚微了。

这也是电视产业化发展进程缓慢的重要原因之一。

原因何在？

第一，以播出效益为主的资源配置方式缠缚住了电视媒体的手脚。

这种资源配置方式，直接制约了电视媒体产业化的发展，间接限制了电视媒体投融资业务的开展。这里面的逻辑关系是：不发展电视产业，电视媒体就无法冲破电视播出业务的天花板限制；而不借助投融资业务，电视媒体的产业也无从做强做大，实现弯道超车的目标。因此，电视媒体的资源必须同时向播出和产业经营配置。

第二，重事业轻企业的战略选择让电视媒体的重心失衡。

电视媒体的健康与持续发展，必须由事业和企业双轮驱动，偏重于任何一方，都会带来重心失衡的危险。我国电视媒体，一直以事业体制的本部为中心。正是这种战略选择，导致了电视媒体播出效益最大化的理念畅行无阻，而由企业开展的产业化经营业务，一直处于附属的地位。经营产业的企业不能晋升到电视媒体的主体地位，投融资活动自然也就失去了依托。近些年，国内电视媒体通过下属公司进行的投融资活动，大多围绕电视本体业务开展，而对面向未来的战略投资、拓展完善电视产业链条的投资、构建行业竞争壁垒的投资、跨界跨域的投资则少有涉及。

第三，我国电视媒体集中度低，投融资难有用武之地。

我国电视行业，由于牌照管控带来的准入限制，导致国内电视媒体无法像欧美那样进行购并整合，因此，行业集中度很低；而地域管理属性，又让域外资本和资源（包括国有的电视媒体）难以跨域进入当地的电视媒体；台网分离政策，则使得握有内容优势的电视媒体和掌握渠道终端的有线电视运营商难以融为一体。上述三项业务的大门紧闭，电视媒体既无法在行业内部通过整合做大，也无法顺利向产业下游发展，这也间接限制了电视媒体的融资规模和投资方向。

第四，境外投资渠道不畅，跨国产业难以形成。

如上现状，也同样影响到了电视媒体对国外的投资行为，我国电视媒体很少在国外发起投资和并购行动，与此有相当大的关联。一方面，投融资规模小，限制了对国外的并购活动；另一方面，国外的并购活动少，又减弱了扩大投融资规模的冲动。这样的恶性循环，对于加强国际传播能力建设，对于讲好中国故事，传播好中国声音，制约很大。当然，对于建设具有国际竞争能力的世界级媒体集团，也是颇多障碍！

所以，要构建电视媒体全产业链条，加快中国电视行业的发展，必须解除目前中国电视媒体在投融资过程中存在的诸多限制，在组织架构上和业务构成上，强化和提高资本运作在整个电视媒体中的地位，理顺投融资机制。

最近几年，华人文化产业投资基金的模式值得关注。这家基金的多家发起方和投资方之中，就包括文汇新民联合报业集团和上海东方惠金文化产业投资有限公司（上海东方传媒集团有限公司 SMG 控股）等报业和电视媒体下属公司。近些年，基金在投融资上动作频频：

• 投资星空传媒；

• 合资建立东方梦工厂：涉足动画技术研发、动画影视制作、数码游戏、主题乐园等领域；

• 投资上海翡翠东方传播有限公司：负责 TVB 在中国内地的所有业务；

• 入股财新传媒，占股 40%；

• 投资巨鲸音乐、在线票务网站格瓦拉、奢侈品电商寺库、在线教育机构猿题库；

……

这些投资，既有单纯的财务投资，也有面向未来的战略投资，还有完善产业链条、构建竞争壁垒的竞争性投资。这些动作是否是电视媒体利用投融资拓展自身业务的一个方向，值得从战略和行业发展趋势的维度上认真研判。

向媒体集团升级：构建电视产业链条的组织架构保障

电视产业和电视媒体播出，哪一项业务涵盖范围更广、效益更高？答案不言自明。本章前文已经描述，电视产业和电视播出平台是母子集的关系，电视产业远远大于电视播出。这也是本文一再论证要冲破电视播出束缚，构建电视产业完整链条的认知基础。

电视媒体要完成构建完整产业链条的目标，我们开出了既要向上拓展也要向下补足的药方。但是，这剂药方产生药效，是有先决条件的，最主要的一点，就是建立与之适配的组织架构。

我国电视媒体采用的现行组织架构方式由来已久，自电视媒体诞生之日起，就大体如此。电视媒体本部不仅直接负责电视媒体的播出业务，还通过设立公司等方式同时掌管着电视媒体的产业发展业务。矛盾的是，既然电视产业的业务范围远远超过电视媒体的播出业务，那么，以电视播出业务为中心的电视媒体本部，如何能够有效管理和推动电视产业的发展呢？电视媒体的产业发展一直步履沉沉，这样的管理方式当然难辞其咎。从常识和逻辑上而言，既然电视产业业务涵盖了电视播出业务，那么，就应该建立一个机构，既管理电视产业的诸多业务，也管理电视媒体的播出业务，而不是现在这种恰好相反的方式。

其实，我们的外国同行采用的，就是这样的管理方式和组织架构设计。

康卡斯特采用三层管理层级：公司下辖两大业务板块，分别是康卡斯特有线和 NBC 环球。NBC 环球集团管理 NBC 电视公司、西班牙语广播电视网络 Telemundo、环球影业和主题公园等公司。电视业务与电影业务等一同处于第三层的管理层级上。

迪士尼公司也是采用三级管理层级，公司下辖电影制作中心、消费者产品中心、主体公园中心、传媒业务中心等。我们所熟知的 ABC 和 ESPN 等电视公司，归属传媒业务中心管理。

时代华纳集团采用两级管理架构，出版、电视和电影是其主营业务。出版业务由时代杂志、体育画报、财富杂志、生活杂志等构成，电影业务主要由华纳兄弟承担，而电视业务则由 CNN 和 HBO 等电视公司负责，他们与出版公司和电影公司一样，是时代华纳的二级公司。

欧洲的贝塔斯曼集团也是两级管理架构，主体业务涵盖了广播电视、图书杂志、报纸出版、音乐唱片及发行、印刷、媒体服务等，集团下辖 RTL 集团、兰登书屋、古纳雅尔奇卡杂志出版商、欧唯特媒体与沟通服务商等公司。其中，RTL 集团公司负责广播电视和娱乐内容制作等业务，它是欧洲最大的广播电视公司。

上述几家媒体集团公司虽然规模不同，业务各有侧重，但在管理和组织架构上的共同特征，就是电视业务只是其众多业务中的一个组成部分，都归属集团公司管理。

我们梳理国外媒体集团的组织架构和管理方式，并不只是要寻找对标的主体。更为重要的是，还要思考这种安排的内在逻辑和管理效能。当下，我国电视媒体不仅面临着巨大的发展课题，更急迫的是，生存压力也不期而至。如果说，提升电视本体业务解决的是生存问题，则构建电视产业链条，就明确指向了未来的发展。同时需要在生存与发展两个维度作战，对于电视媒体而言，将难以摊销出错成本，必须精准应对。

而精准应对的措施之一，就是调整组织架构，将电视媒体向媒体集团升级！

只有建立相互支撑、相互借用、相互促进的电视媒体业务集群，才能解除电视播出业务不堪承受的重负。而只有建立媒体集团的组织架构，才能适配构建电视产业链条的目标。

是电视媒体管理媒体集团，还是媒体集团管理电视媒体？回答这一问题，必须旗帜鲜明，已经没有转圜的余地了。

2014 年 8 月 19 日，中央全面深化改革领导小组第四次会议审议通过了《关于推动传统媒体和新兴媒体融合发展的指导意见》，习近平总书记在会上强调，要"着力打造一批形态多样、手段先进、具有竞争力的新型主流媒体，建成几家拥有强大实力和传播力、公信力、影响力的新型媒体集团，形成立体多样、融合发展的现代传播体系"①。对于中国电视媒体而言，要实现习近平总书记提出的建成"拥有强大实力和传播力、公信力、影响力的新型媒体集团"这一目标，至少要在如下两个方面着力：一是必须改变当下主要以单一电视播出业务为主的业务结构，同时向上向下发力，打通内容、平台、渠道、终端、用户等上下游环节，形成贯通一体的电视产业链条；二是升级组织架构，组建与电视产业链条相适配的媒体集团。

我认为，这不仅是电视媒体发展的需要，更是党和国家战略意志的体现。

---

① 《习近平关于全面建成小康社会论述摘编》，中央文献出版社 2016 年版，第 118 页。

第 三 篇
电视媒体深层问题之三：新媒体之误

导　言
维度——电视媒体与新媒体的本质区别

　　传统媒体和新媒体，虽然都称之为媒体，但前者被冠以"传统"，后者以"新"字命名，清晰显示了两者之间的重大区别。这种区别，是新媒体发展势如破竹的奥秘所在。

　　电视媒体开展新媒体业务，虽然已是战略选择，但一路走来磕磕绊绊、步履蹒跚，原因之一，就是没有认识清楚电视媒体与新媒体的区别。其最大的表现，就是以电视媒体的思维方式和运营方式来开展新媒体业务，把新媒体当作电视媒体在网络上的一种延伸和补充。

　　所以，电视媒体发展新媒体，必须从分清两者的本质区别开始。

1996 年，可以视为中国传统媒体的互联网元年。这一年，中央电视台开办了自己的网站——它不仅是我国电视媒体的第一个自办网站，也是我国第一批平台型资讯类网站。1997 年，人民日报和新华社也分别迈进网络时代，由此开启了国家三大媒体集体拥抱互联网的大好势头。彼时的新浪还是一个叫四通利方的软件公司，既没有拿到三家创投集团和四通集团的大笔美元投资，也没有和华渊生活资讯网合并。直到 1998 年 12 月，才诞生了影响至今的第一代门户网站"新浪网"。然而，20 多年过去了，经过互联网三次迭代性发展，新浪网从当初的风头无二，早已变成互联网中的"传统媒体"。起步早、背景强、资源丰厚的传统媒体网站也同样被以 BAT 为代表的

网络原生军团远远抛在身后。这是一个兼具必然性和戏剧性的中国媒体发展
阶段。

谈论新媒体，当然离不开数据。我们先用数据梳理一下现今传统媒体的
新媒体产品在同类产品中的排名情况（见下表）。

2017 年移动 App 应用排行 TOP20

排名	视频类		新闻资讯类	
	App 名称	月活（万人）	App 名称	月活（万人）
1	腾讯视频	46606.9	腾讯新闻	22385.8
2	爱奇艺	43943.1	今日头条	20161.3
3	优酷	30376.0	天天快报	8068.5
4	快手	19528.3	网易新闻	6651.5
5	小米视频	9423.3	新浪新闻	6336.3
6	芒果 TV	7693.8	搜狐新闻	4497.0
7	乐视视频	6586.5	一点资讯	3873.1
8	抖音短视频	5631.7	凤凰新闻	3473.5
9	哔哩哔哩动画	4473.4	趣头条	3402.8
10	搜狐视频	3532.4	Flipboard（中国版）	1178.9
11	土豆视频	3530.4	即刻	412.8
12	斗鱼	3051.8	ZAKER	342.9
13	虎牙直播	2930.6	豆瓣一刻	330.4
14	美拍	2643.4	虎扑体育	284.7
15	YY	2586.6	懂球帝	263.4
16	暴风影音	2500.8	人民日报	247.2
17	聚力视频	2490.7	新浪体育	202.5

续表

排名	视频类		新闻资讯类	
	App 名称	月活（万人）	App 名称	月活（万人）
18	秒拍	2129.1	UC 头条	196.1
19	迅雷	1797.3	央视新闻	187.9
20	影视大全	1684.4	爱豆 IDOL	171.4

数据来源：Talking Data

从数据看，在视频类 App 月活用户排行中，芒果 TV 排名第 6 位，这是包括电视媒体在内的传统媒体的新媒体产品的最好成绩，但是与头部产品也有四到六倍的差距，已经不在同一个档次上。在新闻资讯类 App 的月活用户排名中，传统媒体的新媒体产品差距更为巨大，人民日报排名第 16 位，央视新闻排名第 19 位，与头部产品的差距，已经是百倍上下。

同时，新媒体产品还有另一个重要品类：垂直类产品。在这类产品中，传统媒体几乎没有任何布局。

数据清楚地告诉我们，在二八法则盛行的网络竞争环境中，电视媒体的新媒体产品极度缺乏市场竞争力。

为什么传统媒体的新媒体产品排名难以有好的名次？为什么电视媒体不断进行媒体融合的尝试，投入了大量人力物力去自建新媒体，却难与互联网新媒体公司同场竞技呢？

传统媒体与新媒体的九大不同

综合而言，包括电视媒体在内的传统媒体对于新媒体认知上的偏误，是其新媒体产品未获成功的重要原因之一。

我们先从新媒体与电视媒体的不同开始。

给予与自取：传播方式不同

电视媒体的传播方式是"给予式"的，播出什么、什么时候播出，均由电视媒体确定。而新媒体的内容服务是"自取式"的，想看什么、什么时候看，由用户自行决定。

这样的不同，是基于如下两点原因：一是电视媒体产品的传播是沿着时间轴进行的，是"线性"呈现，有时间限制，过时不候；新媒体产品的传播不受时间限制，是"非线性"呈现，用户来去自由。二是电视媒体的产品是"单一式"呈现，同一时间所有人只能看到同一个节目；而新媒体的产品是"复合式"呈现，所有产品在同一时间全部呈现出来，想看什么由用户自行决定。

体育比赛最能体现这种不同。NBA 的常规赛会同时进行大约 10 场比赛，但是，电视频道在同一时间只能直播一场，这是由电视媒体"给予式"的"线性"传播和"单一式"的产品呈现特点决定的。观众如果想看其他场次的比赛，只能去收看其他电视媒体的频道。同时，因为这种单向传播的限定，观众也无法通过电视直播来宣泄观看比赛的情感。而网络直播平台则有根本性的不同，它可以同时播出多场比赛，用户既可以在不同场次的比赛之间自由切换，也可以采用多窗口的方式同时收看多场直播比赛，观看过程中还可以通过弹幕和留言平台实时聊天、随时吐槽、宣泄情感。如果转播商提供特色服务，用户甚至可以在同一场比赛中切换不同的机位视角来满足收看需求。假如用户在收看比赛过程中在不同的空间移动，则可以通过 App 或者语音助手在不同设备之间开启和切换同一个内容。

这种不同，导致了这两种传播介质在节目形态创新的速度上有很大不同。由于新媒体在内容呈现方式上能够为用户提供更多的选择，用户的使用习惯就会向多元化发展，而这种多元化的使用习惯也会反过来影响内容的呈现方式。这种相互磨合必然促使新媒体产品在形态上创新。

当下，网络视频平台在节目传输信号的质量上，还无法达到电视节目的标准。但是，随着带宽资源的逐步扩展和网络传输质量的迅猛提升，新媒体的实时视频信号质量终究会与电视媒体等量齐观。到那个时候，用户会选择谁呢？

有限与无限：版权内容聚集方式不同

因为传播方式的不同，电视媒体和新媒体在版权内容的聚集上会有很大不同。受制于线性播出方式，电视媒体购买的节目版权数量是受播出时间限定的。这一方面表现在我们刚刚谈论的直播内容选择上，体育直播比赛，电视媒体只能购买同时播出的众多比赛中的一场比赛，即便世界杯决赛和奥运会百米决赛在同一时间进行，电视媒体也必须忍痛二择其一。另一方面，这种不同还表现在版权总量的聚集上。以一个频道为例，电视媒体最大的版权内容聚集量，是按每天 24 小时的最大首播量来计算的（一般不超过 12 小时）。再多的内容，电视媒体无法播出，也就无须聚集了。比如，电视剧和综艺节目的制作与购买数量，都是按照播出需求来确定的。因此，电视媒体的内容聚集总量，是有天花板的。这个天花板就是电视媒体聚集高质量版权内容的上限。而新媒体，因其非线性的呈现方式，用户可以在任何时间任何地点以任何方式来观看。因此，其内容聚集上不封顶，多多益善，没有止境。也正因如此，新媒体的版权内容聚集所产生的可挖掘价值，远非电视媒体可以比拟。如此的内容聚集方式，为新媒体带来了更大的优势。长久来看，量变带来质变，新媒体会逐步形成自身的内容优势和内容特点，并产生逆转效应。

单次与重复：产品消费方式不同

线性传播的特性，决定了电视媒体的内容产品，除了有限的重播之外，播出后便进入资料库沉睡，成为死的内容，观众无法重复消费。而新媒体的内容，因为是非线性呈现，用户可以随时随地、反复多次地消费。因此，新媒体的内容，永远都是活的。电视媒体和新媒体在内容产品消费方式上的这种差异，导致它们的内容产出效益也不同：同一个内容产品，在新媒体中的投入产出比要远高于电视媒体，这为新媒体的内容产品带来了更高的收益。

短尾与长尾：产品构成不同

如前所述，电视媒体因其传播方式、内容聚集方式和单次消费方式的限定，决定了电视媒体的受众必须具有一定的规模，也就是说，电视媒体大体上只能生产头部和腰部产品，尾部产品就比较少。而新媒体因其无止境的内容聚集能力和打破时空的观看特色，不仅可以生产头部和腰部产品，理论上，其产品可以覆盖所有用户，满足任何一个小众垂直群体的需求，其长尾没有止境。这种在内容细分市场上的分众化和垂直化服务能力，提升了新媒体的边际收益和边际影响力。因此，新媒体对于用户的服务能力远远超出电视媒体。

稳定与迭代：产品形态不同

电视媒体面对的是成熟的市场和成熟的业务，从业人员是在一个边界完整的体系里耕耘，几乎所有人员的目标，都是对现有业务的精细化打磨，其最大的追求是把现有产品做到极致。这也决定了电视媒体的从业人员较难产生开发新业务、创新新产品的动力。而新媒体业务却是处在一个高速发展、边界不断被突破的体系之中，不仅新业务层出不穷，即便是现有业务，也面临着不断的迭代和变化，随时有生死之虞。因此，其从业人员的目标，就是超越现有业务，创新产品和模式，他们以颠覆现有业务甚至体系为最大目标。新媒体既不拒绝电视媒体的产品形态，也从不拘泥于电视媒体的产品形态，而是不断创新、不断迭代，门户网站、博客、微博、微信、网络视频、网络直播、短视频、微视频……层出不穷，各领风骚没几年。因此，新媒体的产品形态必然要超越电视媒体的产品形态，这种发展趋势不会逆转。

由此也带来了另外一个问题，我们将在另外一章详尽探讨：如果是由电视人自己操盘电视媒体的新媒体产品，有获取市场竞争优势的胜算吗？我们知道，电视媒体现有人员的优势是如何做好现有业务，对于开拓新业务、新模式并不敏感。中国互联网发展 20 余年，没有任何一个新型互联网业务（包括三微一端等在内的所有产品形态），是诞生于电视媒体人之手。更不要说 A 站、B 站、今日头条、花椒映客等原生态互联网业务模式了。这些年，电视媒体开了微博，开了微信公众号，做了 App，尝试做微视频……但是，结果却不尽如人意。这种结局不关乎电视从业者是否努力，起决定性作用的，还是技能和素质是否与创新和创业适配。

模糊与精准：用户性质不同

电视媒体面对的是观众，而观众是由模糊的群像构成的，它是通过抽样调查推及的一组数字。所以，电视媒体并不知道自己的传授对象究竟是谁，没有办法对观众个体进行精准画像，当然也就没有办法进行个性化的精准服务。而新媒体面对的是个体用户，每个用户都会通过设备 ID 或者用户 ID 呈现出来。新媒体通过这些 ID，特别是用户 ID 的数据，可以了解和获知其精准的需求和习惯。所以新媒体的传授对象是清晰的个体，可以精准画像。也正因如此，新媒体可以为每一位个体用户提供精准化服务。电视媒体在识别判断服务对象的真实面目上，与新媒体相比简直是判若云泥。

正是这种不同带来了新媒体在产品模式、传输模式、交互模式和盈利模式上对于电视媒体的全面超越。

使用与创新：技术支撑作用不同

电视媒体不是电视制播技术的研发者，仅仅是使用者。因此，技术对于电视媒体而言，从来就处于从属地位，它是为电视编播业务服务的。同时，严格来说，电视制播技术是一个成熟的技术系统，所谓"创新升级"大都是非迭代性的技术改进，不是真正意义上的技术革新方案，所以这种技术的进步所产生的效益是有限的。比如，电视信号从模拟到标清到高清到 4K，仍然是在为电视播出服务，不会带来电视节目形态的巨大变化，当然也就不可能为电视行业带来迭代性发展。

而新媒体则是技术驱动型的，技术是新媒体发展的根本，所有的新媒体公司实际上都是网络技术公司，它们的技术与当下最新的技术耦合极深。因此，无论是创新性技术还是颠覆性技术，新媒体都能迅速实现其与自身基因的结合，实现产品的迅速迭代。实际上，网络技术的创新对应的就是网络1.0、2.0、3.0迭代演进。我们可以把它们统称为新媒体，但实际上他们是完全不同的三种媒体形态。从技术角度来讲，以技术使用为特征的电视媒体与迭代创新的新媒体之间存在着代际差距。

自有资金与市场融资：经费来源不同

电视媒体的经费，多来自自身经营收入，弹性有限。电视媒体必须实现整体盈利才能维持事业的发展，一旦营收增幅放缓，就会影响整个事业的正常运转，更不用说出现亏损了，那会危及自身的生存。而新媒体的经费，除了自身经营收入之外，还有相当大的一部分来自资本市场的融资，具有极大的弹性。新媒体并不以当下的盈利为目的，而是以占有更大市场、覆盖更多用户、拥有更优质的版权为目的，盈利的预期指向未来。所以，暂时的亏损并不能减缓其事业的发展，不断的资本注入为其快速发展提供了源源不断的原动力。因此，新媒体比电视媒体具有更长时间的抗亏损与抗击打能力，相应的也就具备更强的竞争能力。

单支点与多支点：盈利模式不同

一是大体上，电视媒体的盈利方式，要么是广告收入（开路电视），要么是付费收入（付费电视），二者难以兼得。而新媒体在同一内容上，既可以实现广告收入，又可以实现付费收入，二者可以兼得。二是新媒体的产品，因其可随时观看的特点，具有长时间反复消费的特性，其盈利能力高于电视媒体。比如，用户在视频网站上观看任何一部作品，理论上，这部作品就进入再盈利状态。这种营收特性让新媒体可以用更高的价格来购买同样的产品，它比传统媒体拥有更强的内容竞争力。三是新媒体可以将电商等产品以多种方式嵌入节目内容和播放平台之中，让新媒体盈利模式向多元化发展。这种多支点的盈利模式自然优于电视媒体。

覆盖与替代：新媒体的维度升级

从电视媒体和新媒体在如上九个方面的不同中，我们可以看出，电视媒体所具备的要素，新媒体几乎全部拥有；但是，新媒体所具备的要素，电视媒体却多半没有。

这说明了什么？

说明：从媒体形态看，新媒体已经形成对电视媒体的覆盖，电视媒体将会变成新媒体的一个分支。随着技术的发展，在将来，形态发展成熟的新媒体完全可以替代电视媒体。用当下互联网的语言来表述，新媒体是对电视媒体在维度上的超越，是维度升级！

维度不同！这才是电视媒体与新媒体的本质区别。

辨识这种本质区别，对于清醒认识电视媒体的融合发展方向，对于制订电视媒体的融合发展战略，至为重要。

以维度不同的观点来看待电视媒体的融合发展实践，我们就会得出如下结论：媒体融合的目标，并不仅仅是让电视媒体以互联网为渠道去传播原有内容，而是要让电视媒体转型升维成新媒体，至少要成为新媒体的一部分，从而实现传播效益的升级。在这个过程中，电视媒体的传播形态不是要替代新媒体，而是要成为新媒体众多视频内容形态中的一种。虽然，电视的内容形态不会消亡，电视这种传播介质和播出终端在短时间内也不会消失，但在今后，它一定是视听媒体形态中的一个分支。一如当年电视媒体将文字、图片、音频都融合为自己的组成部分一样。

电视媒体的融合发展一路蹒跚，原因多种多样，而没有认清电视媒体与新媒体的维度之别，没有认识到新媒体是对电视媒体的维度升级，从而以传统媒体的思维方式和运营方式来办新媒体，则是根本原因。

这个结论多少会让一些电视人感到沮丧！但是，它却能让电视人警醒。因为在媒体融合发展的道路上，电视媒体将不再是具有优势的那一方。长期来看，高维度的新媒体必将实现对电视媒体的覆盖和替代。

其实，媒体形态的转型升级在新媒体出现之前就已经存在。上一个转型升级的成功者恰恰是电视媒体。相较于其他传统媒体，电视是所有传统媒体形态中最具有融合属性的媒体，集文字、图片、声音、图像于一体。在新媒体诞生之前，电视就是融媒体样态，是媒体融合的样板。而新媒体是电视媒体之后出现的另一种媒体融合样态，与电视媒体融合样态不同的是，它依托于互联网技术打破了原有的传授关系，变革了信息传播方式，重构了媒体和用户的关系，能够比电视媒体更快、更好地抵达和服务用户。虽然，从传播内容来看，新媒体仍然是文字、图片、声音和图像的有机整合。但是，它借助技术优势，一方面构筑海量内容，另一方面与用户建立了全新的可以实时交互的互动模式。在新媒体的传授形态中，用户从以往的被动接受角色，一变成为内容的参与者和建构者。由此，新媒体获取了海量、真实的用户数据，能够更准确、更清晰、更快速、更全面地感知用户需求，并以此为用户提供更为优质的服务。

明了了这一点，电视媒体的媒体融合目标自然就会清晰起来：一方面，因为电视传播方式在相当时间内依然存在，因此，电视媒体必须对本体业务深耕细作，保持市场竞争力，保持传播的有效性。另一方面，因为新媒体是更高维度上的媒体形态，将来必将覆盖和替代包括电视媒体在内的传统媒体，因此，电视媒体必然要升级媒体形态，向新媒体靠拢，不仅要有线性传播功能，还要有非线性传播功能，不仅要具有电视媒体形态，还要同时具备新媒体形态。

维度升级，电视媒体的新媒体需要补什么

其实，在 20 年的融合转变中，电视媒体对互联网一直保持着较高的敏感性和关注度，部分电视媒体也比较注重自身新媒体的建设。在美国，CNN 于 1995 年 8 月 30 日建立官方网站，并开办了"CNN 交互电视"（CNN INTERACTIVE），它的网页上兼有文字、图片、声音和视频，有重要新闻站点、快速新闻站点、全政治新闻网页和葡萄牙语、西班牙语、瑞典语多种语言站点。继 CNN 之后，美国另外三大广播电视网——哥伦比亚广播公司（CBS）、福克斯广播公司（FOX）和美国广播公司（ABC）也纷纷建立自己的网站。1996 年 7 月，微软公司与美国全国广播公司（NBC）联合推出了 MSNBC 网站。国内，在 1996 年和 1997 年建立了央视网、人民网和新华网之后，很多地方电视台也开始逐步建立自己的网站。

电视媒体在媒体融合之路上的起步不可谓不早，为何效果却难尽人意呢？

最根本的原因如前所述，就是没有认识到新媒体是对传统媒体的一种覆盖和超越，是最终的替代者，而仅仅把新媒体当做电视媒体在网络上的一种延伸和补充。正是基于这样的认知，电视媒体的新媒体，在内容上缺少独立版权，通常是把电视媒体的版权内容延伸到新媒体上使用；在经营上，缺少自主战略，把自己定位为电视媒体整体营销的一部分，难以获得溢价收入。这样的新媒体，当然无法独立面对市场，无法独自应对竞争，被称为电视媒体的网络版，也就顺理成章了。

互联网是重聚各种社会资源的结构性力量，在其作用下，整个社会基本面貌都在重构，传媒业态当然也会发生本质变革。所以，绝不应该把互联网仅仅视为渠道、通路和手段。这种对互联网本质的表述正好可以解释，为什么电视媒体打造的新媒体产业，一直不能与新媒体发展速度相适配，多数成

为母体的投资陷阱。因为电视媒体单纯地将网络视为渠道，没有正视其聚合个体能量和消解传统中心的力量。

以这样的认识为基点，则电视媒体的新媒体，必须补强如下短板。

补平台

成功的新媒体产品都是平台型产品，这是由互联网的开放特性决定的。因为，只有平台型产品，才能聚合天下资源。

构建平台型新媒体产品至少需要集聚两种资源，一是丰富的内容资源，一是成规模的用户资源。没有前者，平台缺少专业性；没有后者，平台缺乏成长性。

关于用户资源，我们后面详述，这里，我们重点说内容资源。内容，是包括电视媒体在内的传统媒体的生存之本，因此，电视媒体的新媒体产品，并不缺少内容基因。只是，这种内容基因，在新媒体产品这里发生了严重变异，导致其新媒体产品的内容严重缺乏竞争力。

原因何在？

因为内容基因中缺少了最重要的要素：汇聚。

纵观电视媒体发布的独立型新媒体产品，在内容的品类上非常有限，基本上没有超过电视媒体的频道数量的。而反观原生态的新媒体产品，却是汇聚天下资源为我所用，其内容的丰富程度远超电视媒体。我们知道，包括电视媒体在内的所有传统媒体，都是平台型产品。那些位居前茅的传统媒体，无一不是各自品类媒体中最大的内容聚集平台。正是这种汇尽天下精华的战略，成就了传统媒体。但是，电视媒体开办的新媒体，却被母体捆缚，跳不出母体内容资源的牵绊。这样的新媒体，如何能够与原生态的新媒体抗衡呢？

传统媒体开办的微信公众号的一些数据可以从另一个角度说明这个问题（见下表）。

传统媒体公众号的相关数据

序号	公众号	发布量 （次／篇）	总阅读数	头条阅读	平均阅读	总点赞数
1	人民日报	269/567	5670W+	2690W+	10W+	572W+
2	新华社	242/508	4913W+	2402W+	96713	184W+
3	央视新闻	221/480	4226W+	2143W+	88043	133W+
4	冷兔	52/153	1530W+	520W+	10W+	179W+
5	人民网	140/341	2406W+	1283W+	70574	29W+
6	占豪	29/231	2241W+	287W+	97042	152W+
7	十点读书	28/224	2236W+	280W+	99847	120W+
8	央视财经	114/310	2303W+	1055W+	74300	14W+
9	有书	28/224	2228W+	280W+	99492	69W+
10	冷笑话精选	49/223	2224W+	490W+	99749	31W+

数据来源：清博大数据 2018 年 1 月微信公众号总榜

　　从如上数据可以看出，相比视频类和新闻资讯类 App 排名的低迷，传统媒体的微信公众号在总排名中则占据绝对统治地位，人民日报、新华社和央视位列前三甲，相关数据远超其他公众号。

　　一方面，这显示了包括电视媒体在内的传统媒体在信息的权威性和内容制作上具有明显的优势；另一方面，又凸显了传统媒体自身的新媒体资讯平台在市场竞争中的尴尬状态：只有在互联网公司的原生态新媒体平台上，这些内容才显示了强大的传播效果。只是，这样的传播，用户不是你的，流量不是你的，数据不是你的！传统媒体以权威信息和内容优势博取来的"喜人成果"，是在为他人作嫁衣裳。我们是否可以怀疑，长此以往，电视媒体的新媒体会逐渐变异为原生态新媒体的 CP 角色，蜕变为大号的 MCN 呢？

　　从原来的"汇聚"资源，到现在的"被汇聚"，这是电视媒体在新媒体建设中的重大缺失。电视媒体必须补足缺失平台型产品的短板。

补渠道和终端

对于电视媒体而言，媒体融合就是打通内容、平台到用户之间的通路，实现内容、平台、渠道、终端、用户的一体化运作。这里面，用户是媒体融合的根本。

新媒体公司（以 BAT 为代表）通过平台产品这种无线方式聚集了海量用户。而电信公司和有线电视公司，则通过渠道和终端这种有线方式聚集了海量用户。近些年，这两个行业均以大量用户为依托向媒体产业拓展，力图实现反向的媒体融合。

如前所述，电视行业在新媒体业务上，没有构建起强悍的产品平台；而在传输上，也没有属于自己的渠道和终端。两相缺失，自然也就无法构建自己独享的用户群体。

所以，电视媒体必须两手同时出击，在补足新媒体平台型产品的同时，还要构建自己的传输渠道和终端。因为渠道和终端是和用户连接在一起的，没有渠道和终端，电视媒体就无法直接拥有用户，也就无法精准服务用户，媒体融合当然就难以实现。如果电视媒体不能拥有自己的渠道和终端，就很有可能在沦为新媒体的内容供应商之后，再次扮演电信行业和有线电视行业的内容供应商角色。

有关渠道对于电视媒体的作用，本书第二篇已做详尽分析，此不赘述。

补用户

我们在前面说，用户是媒体融合的根本。可以说，判断电视媒体融合发展的最重要标准，就是用户规模是否足够。

但是，电视媒体恰恰在用户上陷入了捉襟见肘的境地：因为缺少平台型新媒体产品，电视媒体无法聚集新媒体用户；因为缺少渠道和终端，电视媒体又缺少将电视观众转化为用户的手段。所以，媒体融合之路走了 20 年，到如今，电视媒体依然被缺少用户这一问题所困扰。

是电视媒体不重视用户吗？当然不是。电视媒体已经有成熟的收视率调查方法，这种调查方法的核心就是观众，所呈现的就是受众的收看行为数据。夸张一点说，电视媒体对于收视率数据的重视，已经到了无以复加的程度了。这种对于受众的重视，恰好是中国电视媒体能够高速发展的深层原因。但是到了新媒体端，电视媒体似乎忘记了用户的存在。我们很少看到电视媒体对于自身新媒体产品的目标受众进行定位，很少看到电视媒体对于对标产品和竞争产品的用户进行多维度的分析，而把几乎所有精力都聚焦在产品样态上，集中在产品的流量上甚至导流上，集中在单纯的阅读数目上。这当然是本末倒置。

是电视媒体不想建立与用户的联系吗？当然也不是。电视媒体一方面借助有线电视运营商的平台开辟视频专区，上线了点播和回看等诸多收看方式；另一方面借助电信运营商和互联网推出 IPTV 和 OTT TV 两种新媒体产品，连接用户的想法明显而强烈。但是，无论是有线电视平台上的视频专区，还是 IPTV 和 OTT TV 产品，都存在两个致命缺陷：一是视频内容有限，基本没有超出电视媒体的内容范围，大体上是电视屏幕内容的延伸传播，不能称之为严格意义上的新媒体产品；二是如前所述，无论是有线电视还是 IPTV，渠道和终端不属于电视媒体，BOSS 系统仅仅获得部分开放权（甚至不开放）。因此，由此形成的用户也不是电视媒体所独有的。无论电视媒体投入多少资源，都难以摆脱 CP 的角色定位。即便这些运营商开放用户资源，电视媒体也无法利用这部分非自己独有的用户资源开展多种业务，实现多重收益。

形成如上困境的根本原因，就是电视媒体在互联网化之路上，偏离了用户这个中心目标。这是电视媒体在融合发展之路上步履蹒跚的终极根源。电视媒体在新媒体上的多年投入，貌似一个庞大的旗舰，但没有了用户的指引，再大的舰队也会迷失在飞速发展的信息传播格局之中。

补技术

本章前面已经描述，新媒体是以技术为驱动力的，技术是主体，是业务发展的根本。网络 1.0、2.0、3.0 之间的迭代演进，对应的就是技术创新的代际发展。新媒体的发展伴随网络而来，其产品同样与技术的创新迭代保持一致。2018 年年初，爱奇艺的员工总数大约是 6000 人，其中工程师的人数大约是 3000 人，占员工总数的一半，其技术人员的占比，远远超过电视媒体的新媒体组织。爱奇艺视频之所以能够超越百度成为全网最大的视频搜索端，背后的支撑就是搜索技术。这些都从侧面显示了技术在一个新媒体视频公司中的地位和作用。

而电视媒体一直是电视制播技术的使用者，技术在电视媒体中从来就处于从属地位，是为编播业务服务的。对于技术在新媒体中的定位，电视媒体大体上沿袭了以往的认知和看法。因此，在电视媒体开办的新媒体中，技术依然没有摆脱手段与服务的定位，没有上升为驱动力量。正因为如此，电视媒体的新媒体很难产生创新性产品，只能扮演跟随者角色。

所以，技术是电视媒体融合发展必须补足的短板。

补地位

至少有两个因素决定一种业务在组织中的地位：一是资源配置状况，二是决策权限。

以此来评估，可以看出，新媒体业务在电视媒体中的地位还没有上升到相应的高度。

本书第二篇的中心内容是讨论电视媒体在资源配置方面的偏误。很遗憾，电视媒体的这个习惯性行为，也延伸到了新媒体业务之中。比如，版权聚集，是新媒体发展的重要支撑因素，但是，电视媒体为新媒体配置的版权，却很少超出电视媒体的版权范围，且几乎都是重播，很少有首播权；比如，技术是新媒体发展的驱动力量，但是，我们很少听说电视媒体为新媒体聚集互联网领域的顶尖技术人才；比如，在原生态新媒体公司，每年的资金投入动辄以百亿级别计，但是，电视媒体的新媒体，能上十亿级别，已经算是不少的投入了……凡此种种。以这样的方式来配置新媒体的资源，说明电视媒体并没有把新媒体业务的地位提高到与电视本体业务同样的高度。

决定新媒体地位的另一个因素是决策权限，它通常通过组织架构体现。电视媒体开办的新媒体，要么是电视媒体内部的下属机构，要么是电视媒体投资的控股公司，电视媒体对其具有最终的决策权。从组织架构上来说，这样的设计决定了新媒体对于电视媒体的从属地位，也正因如此，新媒体业务就无法摆脱对于电视媒体的从属与依赖地位。

新媒体从属于电视媒体的这种组织架构设计，我把它称之为父子关系，在本篇后面有单独章节进行评述。我认为，在组织架构上把两者关系从父子式改为兄弟式，是提升新媒体地位的重要措施之一。而操作方式，就是升级电视媒体的组织架构，构建新型传媒集团，让电视媒体本体业务和新媒体业务成为平起平坐、互不隶属的两大支撑业务。如此，既提升了新媒体业务的地位，又可以为电视媒体的融合发展提供坚实的组织架构保障。

解开死结：从厘清认识开始

电视媒体的新媒体业务，本质上是对电视媒体业务的分流。因为新媒体的业务越发展，新媒体的用户就会越多，而新媒体的用户越多，就意味着电视媒体的观众越少。这对于以观众规模为基础、以广告为主要盈利模式的电视媒体，是一种根本性的冲击。因此，电视媒体的新媒体业务，实际上是对母体业务的蚕食和消解，对母体的盈利与发展呈现的是一种负影响。但是，不发展新媒体，不仅电视媒体的现有业务注定要逐渐萎缩，而且还会丧失升级和蜕变的机会。这一左右互搏的关口，电视媒体必须咬牙通过。因为，新媒体代表着未来！

这就是电视媒体开展新媒体业务的死结！

解开这个死结，必须从厘清电视媒体与新媒体的关系开始：

其一，新媒体是对电视媒体的维度升级，将来一定形成对电视媒体的覆盖与替代。因此，全力发展新媒体对于电视媒体而言，不仅必要，而且必需。在操作上，应该升级电视媒体的现有组织架构模式，形成新型的电视媒体集团，让它平等拥有电视媒体和新媒体，形成一体两翼甚至一体多翼格局，共同参与未来的媒体竞争！媒体融合是电视媒体面向未来的战略选择，事涉生死，必须全力施为。

其二，电视本体业务是电视媒体的基石，它的传播力、影响力、公信力、组织力和营收能力，不仅是电视媒体当下生存的基础，也是电视媒体开展媒体融合业务的根本保障。没有了电视本体业务，电视媒体就会失去当下，就无力开展新媒体业务，当然，也就没有了自己的未来。这也是本书用两篇的篇幅来探讨电视媒体本体业务的思考原点。

其实，无论电视媒体如何动作，新媒体的发展步伐都不会稍作停息。这些年，没有电视媒体依赖但是也没有电视存量业务羁绊的互联网原生态新媒体，在电视媒体开展新媒体业务的踟蹰与徘徊中，不断发力，一骑绝尘而去。现在，电视媒体的新媒体，已经几乎失去了与之同场竞技的资本与资格。

留给电视媒体的时间，已经不多了。

误区一　忽视常识——一切要从受众开始

前一章"导言"，我们重点谈了新媒体与电视媒体的区别。但是，既然两者都是媒体，当然不会仅有区别，一定还有相同之处。

媒体的职能是传播，传播的基础是受众。没有了受众，媒体的传播就失去了存在的基础和意义。因此，建立受众意识，满足受众需求，就是电视媒体与新媒体需要共同遵守的核心理念。

但是，在电视媒体的新媒体业务中，受众意识被忽视了。最主要的表现就是，目标受众不清晰，服务方向不明确。比如，几乎所有的电视媒体的新媒体产品都是跟随式的，没有任何一个创新产品是出自电视媒体的新媒体之手！又比如，与那些原生新媒体公司的产品相比，电视媒体的新媒体产品鲜有进入排名前五名者……

这说明什么？说明电视媒体的新媒体产品满足用户的需求不到位！

因此，电视媒体的新媒体产品，首先要回归常识。这个常识，就是受众！

如果问，对于电视媒体而言，媒体融合要解决的根本问题是什么？我认为，重构媒体和受众之间的关系，是必然的选择之一。无论我们面对什么样的技术发展背景，处理好这个关系都是电视媒体生存和发展的根本。它要求我们必须回答如下问题：

——媒体的受众是谁？

——媒体向受众提供什么服务？

——服务能否抵达受众？服务质量如何？转化力是否强大？

——媒体和受众，谁是支配者？

——有新的媒体形态抢夺受众吗？

……

新媒体之所以称之为"新"，就是因为它改变了媒体与受众原有的传受关系，建立了新的信息沟通模式，让媒体在更高的层次上满足了受众的需求。所以无论是"内容为王"还是"渠道为王"，最终的根本都是受众为王。因此，媒体的生存与衍化都要以受众为源头，所谓"得受众者得天下"。

受众意识——媒体的常识和基础

所谓受众意识，至少有两点含义：一是确定目标受众，二是生产针对这些目标受众的产品。通俗点说，就是为有需求的受众提供合适的服务。

这种情景，对于电视人来说是再熟悉不过了：开办电视频道的基础是受众，开办栏目的基础是受众，频道版面编排的基础是受众……离开了受众，电视媒体就会手足无措，不知所终了。比如，我们之所以用"少儿"来命名一个频道，是因为频道的目标受众是少年儿童；我们之所以用"夕阳红"来命名一个栏目，是因为栏目的目标受众是老年群体；我们之所以用"足球世界"来命名一个栏目，是因为目标受众是足球迷……对于电视媒体而言，没有人会否认受众意识的重要程度。电视媒体从媒体家族中的小字辈成长为最具影响力的媒体，强烈而精准的受众意识功不可没。我甚至认为，电视人对于受众的认知和分析，有时过于繁细了，已经开始显现出负面效应。比如部分电视节目过分迎合受众的需求，低俗化、简单化、过度娱乐化的节目时有出现就是其表象之一。这些正向和负向的案例也恰恰说明了受众意识对电视媒体不可替代的作用。

受众意识之所以重要，是因为媒体的自身运转和要达到的目标都强烈地依赖受众：媒体的宗旨是传播，传播的目标是受众，失去了受众，传播就没有了意义；媒体的传播力、引导力、影响力、公信力，是通过受众来判断的，失去了受众，媒体就失去了软性评判标准；媒体的收益是受众带来的，没有了受众，媒体将会坐吃山空，就会失去生存的根本。

因此，媒体竞争的本质，说到底，就是对于受众的争夺。

新媒体不需要受众意识了吗？

但是，当电视媒体进入新媒体领域之后，受众意识好像突然蒸发了一样，几乎从来不被提及。似乎电视媒体建立的新媒体从来就没有受众的存在，竞争的只是产品，只是技术，只是渠道，只是市场。

在此，我们必须弄清楚几个问题。

新媒体是媒体吗？

当然是！新媒体也是媒体的一种形态！

那么，新媒体遵循受众意识吗？

必须遵循！所有的媒体都需要遵循受众意识，新媒体也不例外！

与传统媒体不同的是，在新媒体那里，用户概念替代了受众概念。用户当然也是受众，只是对传统的受众概念有了发展和延伸。在包括电视媒体在内的传统媒体那里，受众通常不是真实的个体，它是通过抽样调查分析、推及出来的群体。因此，传统媒体无法准确断定谁是受众，它只能为群体受众提供服务，无法服务个体受众。也正因如此，传统媒体没有严格意义上的用户，只有受众。但是，新媒体则不同，新媒体的受众是由一个个精准的真实的个体构成的，是可测量、可触达、有准确数据记录的个体，每一个受众都是用户。因此，在新媒体那里，受众可以称之为用户。当然，受众和用户的关系并不只是这么简单，本篇后面有专门一章进行讨论。我们在这里要表达的意思是，虽然用户对于受众的内涵有了发展和延伸，但是用户依然是受众，新媒体依然要遵循受众意识。

接下来我们就要问一个关键的问题了：电视媒体的新媒体产品，遵循受众意识了吗？

从近些年的实践来看，电视媒体在新媒体市场上，是绝对的跟随者角色，所有生产的新媒体产品，全部跟着市场上新媒体产品的风头走。早期的门户网站和手机报如此，近期的"两微一端"如此，客户端（App）产品和平台型产品也是如此。这些产品是给谁看的，内容如何满足用户的需求，为什么要建立这些新媒体产品，到现在为止，很少有电视媒体在创建新媒体产品时，做过这样的分析。

所以，答案是否定的：从总体上来说，电视媒体的新媒体产品并没有遵循受众意识。而缺乏受众意识的主要表现就是目标受众不清晰。

电视媒体在频道设置上，清晰的受众定位一定是前提。很多频道从名字上就能够判断受众范围，最典型的是少儿频道，直接标示出了受众群体。其他很多频道也是如此。当我们听到新闻频道、财经频道、体育频道等频道名称的时候，就已经知晓这些频道是办给谁看的了。这样的设置，让频道和受众之间建立了密切的预约收视联系，传受关系明晰，我们当然也有理由期待较好的传播效果了。

但是，在电视媒体建立的新媒体产品集群中却没有看到相应的产品品类。比如，我们没有看到哪家电视媒体推出了面向少年儿童的新媒体产品，这当然不是因为少年儿童没有对这种新媒体产品的需求。"爱奇艺"除了成人版 App 之外，还打造了面向爱奇艺儿童用户的"奇巴布"产品：当少年儿童用户在"奇巴布"上填写年龄之后，客户端会依据年龄来推荐匹配的内容产品，客户端提供的拟人导航"奇鹿"会一直跟用户交谈，并引导和帮助用户找到自己所需要的内容。

如果我们在 App 应用市场以"爱奇艺"进行搜索，可以得到以爱奇艺冠名的客户端（App）14 个；以"腾讯"搜索，可以得到以腾讯冠名的客户端（App）17 个；以"网易"搜索，可以得到以网易冠名的客户端（App）19 个；以"搜狐"搜索，可以得到以搜狐冠名的客户端（App）13 个；以"新浪"搜索，可以得到以新浪冠名的客户端（App）19 个。虽然以这种方式搜索出来的并不全是新媒体客户端，但是新媒体产品占有相当的比例。这些以互联网公司名称冠名的产品还不包括他们收购和投资的新媒体产品。由此可知，几乎所有的互联网公司的新媒体产品都不是单一产品模式，矩阵式产品结构已经成了他们的标配，这是他们建立"防御护城河"体系和获取竞争优势的基本产品策略和竞争战略。而建立产品矩阵的依据，显然就是受众——用户的需求了。

但是，当我们关注电视媒体开办的新媒体产品清单时，就会有一个明确的感觉：品类贫乏！与互联网公司矩阵式的产品结构相比，电视媒体品类单一、同质化严重的新媒体产品就显得异常惹眼了。这其中肯定还不乏需要母体不停输血的"寄生"产品，这让原本就生存堪忧的电视媒体，需要支出更大的成本。

电视媒体建立的新媒体产品之所以陷入如此尴尬的境地，其根本原因就是缺少受众定位，进而缺少产品定位，被眼花缭乱的互联网公司的新媒体产品遮蔽了双眼，从而失去了产品定位和战略定力！这是当下电视媒体所开办的新媒体产品效果不彰的主要原因。

延伸传播与独立传播：两种不同的产品思维

当下电视媒体的新媒体产品，大体上有两种不同的类型。

第一种：延伸传播类产品

这种产品的内容，大部分来自电视媒体既有的电视节目，它只是以新媒体的产品形态进行再传播。这类产品，脱离不开电视媒体，它不能独立存在。大到综合网站，小到各个频道、栏目在微博、微信开的端口，大都属于延伸传播类产品，他们把电视的内容产品拿到网络上播出，将网络当作传播渠道。这种产品最大的问题，是忽略了新媒体产品应该针对用户需求来设定内容。因此，除了播出和收看方式的不同，其内容与作为母体的电视节目没有大的不同。

第二种：独立传播类产品

它是一款全新的产品，是为新媒体量身打造的产品类型，可以脱离电视节目而存在。这类产品有明确的目标用户，按照新媒体的特征来确定产品的内容、形态、传播方式。这类产品并不排斥电视节目的内容，但是在使用时，一定是为我所用，不受电视节目固有形态和传播方式的羁绊。

我们以如上两种方式来划分电视媒体的新媒体产品，当然是粗线条的。实际上，有些电视媒体的新媒体产品，在某种程度上兼具了两种产品的特性。只是这种兼具状态并不明显，更多的还是偏向其中的一种。

忽视受众意识，我们犯了什么错！

电视媒体既然在新媒体领域忽视受众，那么，它的新媒体产品自然就会出现问题：

第一，两类产品失衡

遗憾的是，当下电视媒体的新媒体产品，多为第一类产品，即延伸传播类产品。不仅每个电视媒体在微博、微信、头条号上都有多种这类产品，即便是电视媒体开办的客户端产品，也与电视媒体这个母体存在着太多的关联，不仅主要内容几乎都是来自电视媒体这个母体，表达方式和产品形态也有颇多电视节目的影子。那些很少收看甚至不看电视的新媒体受众，电视媒体几乎没有新媒体产品来满足他们的需求。也就是说，能够摆脱电视媒体影响的真正的新媒体产品，少之又少。我们甚至可以说，电视媒体还基本没有生产出专门面向新媒体受众的独立传播类产品。比如，深受年轻人推崇的 A 站、B 站等覆盖小众、二次元文化群体的垂直类别的产品，电视媒体就从没有涉猎。抖音、西瓜视频、火山视频等针对日常用户空余时间而设置的短视频类产品，电视媒体也没有涉猎。而这些产品在网民中影响巨大。

第二，跳空进入产品

电视媒体打造新媒体产品，针对性不强，跟风倾向强烈，我们在前文已经有所表述。比如，门户新闻网站是主流的时候，所有的电视媒体都在打造网站；两微一端火热的时候，电视媒体一窝蜂地建立自己的两微一端；近期电视媒体又集中扎入头条号和短视频的浪潮里。电视媒体似乎从未停下脚步来思考一下，谁需要这些产品，谁又是自己这些新媒体产品的目标受众。

是电视媒体没有互联网头部产品的内容吗？当然不是，很多电视媒体播出的内容，从新闻、综艺节目、电视剧到服务类节目，很多都是互联网新媒体头部产品的点击重点，甚至一些在电视媒体上收视并不高的节目，反而在一些新媒体上吸引了众多用户，早期的电视剧《士兵突击》如此，近期的电视剧《大秦帝国》和众多优秀纪录片在 B 站上掀起了很大的观看热潮也是如此。而电视媒体播出的一些生活服务类小视频，如厨房小妙招、如何做糕点、如何收纳等短视频内容更成为抖音上的点击大户。之所以出现这样的状况，原因之一就是电视媒体对新媒体产品的受众缺少基本的认知和判断。归结起来，还是缺少受众意识。

第三，一款产品打天下

要实现对新媒体受众的全覆盖，必须对新媒体受众进行分类。新媒体受众不是铁板一块，它是由需求不同的受众群体构成的。不同的受众，需求不同，满足这些受众的产品也应该不同。这样的认识，对于电视媒体而言，是再熟悉不过了。我国的电视频道已经有数百个之多，而闭路的付费频道数量更多，品类不胜枚举。频道数量如此众多，电视栏目的品类和数量就更是不可胜数了。这说明，电视媒体已经充分认识到，要通过各不相同的频道集群和各具特色的栏目集群，来满足电视观众的不同需求，通过服务个别受众群体，来达到为全体受众服务的目的。

但是，这种对于受众的认识，在电视媒体的新媒体产品中，却突然不见了。这就导致电视媒体生产的新媒体产品，呈现出两个明显特征：一是产品形态大体相同；二是产品类别非常稀少。因此，我们看到的电视媒体的新媒体产品，几乎都是品类相同的产品，颇有些一两款产品打天下的感觉。

在电视媒体的新媒体产品中，没有看到以不同受众群划分的新媒体产品：没有面向青年人的新媒体产品，没有面向少年儿童的新媒体产品。这两类人群，大部分是互联网的原住民，是电视媒体渗透率最低的人群，电视媒体的新媒体失去了他们，未来的希望就非常渺茫了。

在电视媒体的新媒体产品中，也很少看到以内容类别划分的新媒体产品：没有面向纪录片迷的新媒体产品，没有面向戏曲迷的新媒体产品，没有面向棋牌迷的新媒体产品，没有面向钓鱼迷的新媒体产品，等等。在娱乐类产品之中，只有湖南卫视的芒果 TV 可以在市场上位列第五名左右，其他的几乎可以忽略不计。体育类产品也是差强人意，在这个最适合创建分类产品集群的领域，我们只能看到几款综合体育类产品，看不到细分产品。而在青少年中大受追捧的 B 站、A 站、直播类等新媒体产品中，电视媒体（包括其他传统媒体）几乎全部缺位。

这背后的认知逻辑是什么？就是没有认识到新媒体产品的受众并不是同构的，他们是有区别的，需求也是不同的。因此，对应的新媒体产品也就没有细分的必要。说到底，还是缺失受众意识。

第四，没有创新，永远跟随

产品创新，是在新媒体领域获取竞争优势的最为重要的手段。而创新，首先源于对受众需求的敏锐捕捉，对用户需求的准确判断。然而，恰恰因为受众意识的缺失，让电视媒体失去了这样的意识和能力。纵观新媒体发展史，没有一款新媒体产品是电视媒体率先推出的，电视媒体扮演的永远是跟随者角色。互联网蛋糕的切分，遵循的是"二八"法则，跟随者不可能拿到大的市场份额，而残余的细微利益是不可能支撑电视媒体所办新媒体的发展和生存需求的。试想，电视媒体怎么可能凭借一两款跟随式的新媒体产品，在竞争激烈、迭代迅速、新形态新产品层出不穷的新媒体领域有所建树呢？又怎么可能完成从相加到相融的媒体融合的使命呢？

回归常识，破解误区

如果我们以电视媒体的视角来区分受众，它大体可以分为三类：电视受众、新媒体受众（用户）和跨屏受众（用户）。（见下图）

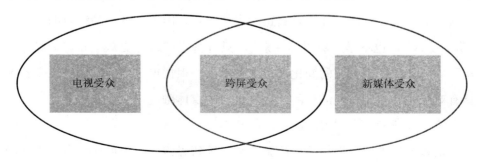

在三种受众之中，"电视受众"和"新媒体受众"比较容易理解，前者是电视这种传统媒体的受众，后者则是那些新媒体产品的受众。特殊的是"跨屏受众"，它处于"电视受众"与"新媒体受众"的交叠区域，所以，它既是"电视受众"，又是"新媒体受众"。

受众所呈现的这种状况，对于电视媒体正确认识新媒体的本质意义重大。它告诉我们，受众并不是铁板一块，它是由不同属性、不同特点的群体构成的。当我们生产新媒体产品时，首先要弄清楚我们是为哪一类新媒体受众生产产品。因为受众不同，需求就有不同，适应的产品就不同。以一款或者几款在内容、形态、结构、表达等方面相似的产品，是不可能满足所有新媒体受众需求的。

这就是受众意识的含义：为不同受众生产不同的产品！

这就是媒体的常识：尊重受众，一切从受众出发！

缺失受众常识判断的表现

令人遗憾的是，电视媒体恰恰在常识判断上发生疏漏，导致在媒体融合的实践上出现了偏误。

第一，单纯的延伸传播不等于媒体融合。

对于电视媒体而言，"互联网+"或"+互联网"的含义，对应的都不是把电视节目简单转移到网络上或移动端播出。一些电视媒体将自己为电视屏制作的节目，简单地放到网站和移动客户端上播出，就称其为媒体融合新举措，这当然是对媒体融合内涵的误解。这种方式仅仅是电视媒体的内容在互联网上的延伸传播，并不是真正的媒体融合，因为这种产品针对的既不是"跨屏受众"，也不是"新媒体受众"。只有基于"跨屏受众"和"新媒体受众"的需求和传播生态的变化进行内容重组，根据渠道和终端的特点来打造具有对象化和互动属性的产品，才是真正的媒体融合。

第二，开发生产"内嵌媒体"产品不等于媒体融合。

很多电视媒体都将打造"两微一端"等新媒体产品集群作为自己媒体融

合的亮点，但是，这些新媒体产品的单纯运作与信息服务活动，并不等于媒体融合。这些产品多数具有"内嵌媒体"属性，是依托于互联网公司的头部平台产品而存在的新媒体。这种新媒体产品的生产开发方式使很多电视媒体误以为在微端发力就是媒体融合，而忽略了融合转型是一个整体的由内而外、由浅入深的渐进式优化过程。这样的方式，将难以整合电视媒体现有的技术、人力等资源，来进行纯正意义上的新媒体产品开发。

第三，单纯的技术形式运用不等于媒体融合。

另一个让电视媒体沉浸其中的假象是新技术带来的传播形式和体验方式的创新，如 VR 新闻、全景新闻、云直播等等。传统媒体近两年两会期间的新闻看点就几乎被这些新技术的呈现手段所包揽，但是，这样的传播表达方式并不能够真正传递出两会议程的核心要旨。因为，它仅仅是有限度地改变了现场与内容的呈现方式而已，并不能重构媒体与受众之间的关系，新鲜一下就成了过去，对于传播效果的增强非常有限。所以，这种忽略受众精准分析而沉迷于单纯的形式表达体验的所谓创新产品不等于媒体融合。那些以受众精准定位为前提的内容创新带给媒体的发展前景要远远大于单纯的形式变化。

厘清如上三种误区，可以让我们更加清晰地认识到受众意识在媒体融合发展中的作用。受众是媒体的基础，一切从受众开始，这是电视媒体必须遵守的最大常识。重新回归受众意识，才是电视媒体实现媒体融合的基础和关键。忽视媒体的受众常识，电视媒体的新媒体之路必然是崎岖坎坷、步履维艰。

回归受众常识的含义

对于电视媒体的新媒体而言，必须认清回归受众常识的准确含义是什么。

首先，谁是当下电视媒体的新媒体"主体"受众？

请注意，这里说的是"主体"受众。

是"跨屏受众"！

当然，受众规模越大越有优势，最好的结果是既覆盖跨屏受众又覆盖新媒体用户。但是，获取受众是有成本的，也是需要时间的。从实践来看，电视媒体与作为互联网原住民的新媒体受众之间隔阂较多，距离较远。这部分受众较少受电视媒体传播形态、表达方式和品牌的影响，对于电视媒体没有路径依赖和情感共鸣，他们较少甚至不看传统的电视媒体。因此，电视媒体的新媒体在获取这些受众方面办法不多，成效不大。而跨屏受众是与电视媒体最贴近的受众，在品牌认同、信息获取、收视习惯等方面，对电视媒体有很强的认同和依赖，是转化成本最低的受众，是可以触碰的受众。如果不能获取这部分受众，电视媒体的新媒体产品就很难获得立足之地。当下电视媒体的新媒体产品犯下的最大错误，就是对这部分受众缺少战略上的认识和重视，而是跳空生产面向互联网原住民的新媒体产品，这必然会逐步丧失对跨屏受众的影响力，将这部分受众推向互联网新媒体公司。而且，由于电视媒体在独立传播类新媒体产品上难有作为，又使得电视媒体难以吸引原生态互联网用户。长此以往，此消彼长，电视媒体的新媒体受众群体规模必将越来越小，竞争实力也会越来越低。这部分内容我们在本篇"误区三　从观众到用户的转换——融合转型第一步"中再进行详细探讨。

其次，电视媒体获取新媒体受众的最便捷场景在哪里？

是在家庭。

受众的活动场所离不开工作域、公共域和家庭域这三个场域。电视媒体的主场是客厅，而客厅是家庭域最主要的场所。客厅是电视受众与跨屏受众交叠最充分的场域，因此，这里是实现把电视观众转化为新媒体受众的最理想场景。电视屏不仅是电视节目的播出载体，它也是新媒体产品的显示终端。据统计，在 YouTube 的所有视频流量中，超过 50% 是通过电视屏完成的，而在 Netflix，这一比例甚至超过了 70%。同时，客厅也是各种移动屏使用的主要场所，是所有新媒体争夺用户时间的战略要地。电视媒体在客厅耕耘了几十年，在这里，电视媒体最容易实现电视大屏和移动小屏的连接与互动。如果电视媒体连家庭域的受众都不能聚集到自己的新媒体产品上来，又如何在工作域和公共域与互联网公司的新媒体产品竞争呢？

　　然而，电视媒体在新媒体战略上对于客厅的重视极度不够，没有充分认识到客厅对于电视媒体融合转型的价值所在，以为新媒体更多的是覆盖工作域和公共域。这是一种极为错误而危险的认识！正是基于这样的错误认识，让太多的电视媒体在打造新媒体产品时，忽视跨屏受众，不在客厅这个自己的核心主场深耕细作，而是直接挤入了争夺互联网原住民的新媒体受众这个网络媒体竞争的红海，结果自然可想而知。当下的新媒体领域，只有客厅的竞争格局还没有完全定型，电视媒体尚有一席之地，而工作域和公共域，早已经成为互联网企业的天下。因此，电视媒体只有守住客厅，才能从电视屏向移动屏扩展，才能搭上智慧家庭的顺风车，才能以此为基础向工作域和公共域扩展。本篇下一章"误区二　忽视电视屏——电视媒体融合发展的基础偏误"将详细讨论。

　　回归客厅，回归家庭域，是电视媒体的新媒体战略遵循"受众意识"的关键体现。

　　无论是回归客厅，还是回归家庭域，这些都是手段，我们不能忘记实现电视媒体新媒体战略的目的。

　　目的一，守住电视屏。不仅守住用作播出电视节目的电视屏，更要守住用作新媒体内容接收终端的电视屏。对于电视媒体而言，电视屏是电视观众与新媒体用户的交汇地带，是决定电视媒体的媒体融合战略是否成功的试金石。失去了电视屏，电视媒体就会万劫不复！

　　目的二，获取跨屏受众。把电视观众转化为自己的新媒体用户，不仅是电视媒体的新媒体战略，更是电视媒体实现媒体融合的路径选择，而跨屏受众就是其中的关键。不能把跨屏受众转化为自己的新媒体用户，电视媒体就失去了向新媒体拓展的机会，电视媒体也就失去了未来。事涉生死，岂能不察！

误区二　忽视电视屏——电视媒体融合发展的基础偏误

　　　电视屏是新媒体业务的载体吗？是新媒体传播的终端吗？

　　　能否正确回答这个问题，决定着电视媒体融合发展的路径选择，也是电视媒体的新媒体业务能否成功的关键。

　　　如果说电视屏是电视媒体生存的根本，肯定没有人怀疑；如果说电视屏还决定着电视媒体的新媒体成败，恐怕就会有人质疑。

　　　但是，我坚定地认为，电视屏既是新媒体业务的载体，又是新媒体传播的重要终端。对于电视媒体而言，如果不能在电视屏上承载自己的新媒体业务，如果不能在电视屏上获得新媒体产品的竞争优势，电视媒体的融合发展任务就不可能完成！

　　　忽视电视屏，是电视媒体发展新媒体的重大错误。

　　我们在前文说，将来，新媒体将会对电视媒体形成覆盖和替代。因此，电视媒体向新媒体发展和升级，不仅与当前的媒体市场竞争有关，更关乎电视媒体未来的发展和生存，当然不能怠慢。

　　但是，开展任何新业务都是有前提的。最主要的前提，就是保障自身的生存——自己必须活着。如果生存出了问题，任何新业务都会成为无源之水、无本之木。对于电视媒体而言，电视屏就是其生存的基础。更准确一点说，基于电视屏的各种业务是电视媒体生存的基础，失去了电视屏的业务，电视媒体将会在瞬间瓦解消散，则媒体融合的业务也就像浮萍一样，无所依凭了。

在将来要被替代和覆盖的电视业务，反而成了能否向未来业务转型升级的基础，这听起来多少有些诡异。

为什么会这样？

硝烟弥漫的客厅

2005 年 5 月，广电总局为上海广播电视台发放了第一块 IP TV 牌照，上海随即成为我国最早开展 IP TV 业务的城市，而中国电信通过与上海广播电视台合作，成为最早通过 IP TV 业务开展电视节目传输和播出的通信运营商。七年之后，2012 年 11 月 24 日，小米盒子发布，标志着有正规牌照的 OTT TV 业务正式诞生，结束了只有山寨 OTT TV 机顶盒的历史。

此后，另外两家通信运营商也开始发力电视屏：中国联通获得 IP TV 资质，成为第二家开展电视节目传输与播出的通信运营商，中国移动因为当时没有获得 IP TV 资质，转而通过开展 OTT TV 业务来布局电视业务。这一状况在 2018 年 6 月 13 日又发生变化，中国移动正式获得 IP TV 业务牌照，自此，我国三大通信运营商全部拥有了 IP TV 业务牌照。而 BAT 等主要互联网企业，则通过自己控股的视频公司（爱奇艺、优酷、腾讯视频等）先后上线 OTT TV 业务，大举进军电视屏，与电视媒体在电视屏上直接形成竞争关系。

虽然 IP TV 和有线电视都是电视媒体节目的转播商，与电视媒体是上下游关系，但是，因为这两种业务形态都提供视频节目点播业务，因此，它们也在某种程度上与电视媒体形成了竞争关系。于是，电视屏就变成了通信运营商、互联网公司和有线电视系统同场竞技的平台，电视媒体独占电视屏的状态由此成为历史。

客厅，最后的争夺

大体而言，我们的活动场所包括工作域、公共域和家庭域三个场域。社会学场域理论认为，人的每一个行为都会受场域的影响。同一个人，如果空间环境不同、社交氛围不同、生活状态不同、生活方式不同，其需求也就不同；而不同的人，如果空间环境相同、社交氛围相同、生活状态相同、生活方式相同，需求也会相同。不同的场域决定不同的行为方式，不同的场域产生不同的需求，同样，就传播来说，不同的场域也拥有不同的优势渠道与终端。经过近些年的激烈博弈，工作域和公共域的传播渠道与收看终端的竞争已经尘埃落定：工作域基本上由 PC 和移动端共同统治，公共域则完全是移动端的天下了。而家庭域，则成为唯一尚有空间的场域。

家庭域最主要的场所，当然是客厅。于是，家庭域的争夺，实际上就变成了客厅争夺战。

曾经，电视媒体在客厅占据着绝对的统治地位。

美国《时代》周刊 1988 年 10 月 17 日刊登了一篇题为《步履艰难的美国三大广播公司》的文章，文中说："1979 年年初，美国三大广播公司之间争夺电视观众之战曾达到白热化的程度……（1979 年 2 月）美国三大广播公司的节目收视率曾达到 108%，（因为）有些美国家庭同时使用两台电视机收看三大广播公司的电视节目。……（到了 1988 年）秋季，三大广播公司的节目收视率加在一起仅占 70%，而且没有任何迹象表明，持续下跌的趋势会停止或稳定下来。"文中分析："从总体上看，三大广播公司的节目质量并未下降，但是，美国的电视市场发生了变化。"最主要的变化之一是"为数众多的电缆电视台和独立电视台改变了以往在节目来源方面依赖三大广播公司的做法。越来越多的独立电视台和三大广播公司所属的电视台把三大广播公司提供的节目安排在并不重要的时间里播出，而把自己制作和购买的可能吸引观众的电视节目安排在黄金时间播出，以扩大自己的影响，争取更大

的广告效益。"（参见《世界广播电视参考》1989 年第三期）

上文中提及的电缆电视台，就是我们所说的有线付费电视频道。而独立电视台，则大体相当于我国以转播中央和升级电视频道为主的电视播出机构。我们总结一下，上文的核心内容就是美国开路播出的三大广播公司，受到了有线付费电视频道和转播电视机构的冲击，导致其收视率下滑。当然，其影响力和广告收入也会因此受到负面影响。

这应该是电视媒体受到的第一波冲击。只是，对于我国而言，由于有线付费电视频道的发展一直未能形成气候，因此对于开路电视频道的冲击并不显著。

时光过去二十几年，冲击电视媒体的集合号再次吹响。这次冲击明显不同于以往：一是冲击范围是全球性的，从美国到欧洲再到亚洲，所有的电视媒体都受到强烈冲击，且呈现愈演愈烈之势；二是冲击方式是多样的，有线电视、IP TV、OTT TV 和流媒体次第而来，颠覆性意味异常浓厚。数据显示，我国 IP TV 和 OTT TV 发展迅猛，截至 2017 年，用户规模均已过亿，且增幅极快。（见下表）

2013—2017 年我国有线电视、IP TV、OTT TV 用户数量对比

单位：亿户

	2013 年	2014 年	2015 年	2016 年	2017 年	数据来源
有线电视	2.29	2.35	2.36	2.28	2.14	原国家新闻出版广电总局
IP TV	0.28	0.34	0.46	0.87	1.22	工信部
OTT TV	0.14	0.30	0.46	0.71	1.10	格兰研究

虽然有线电视和 IP TV 都是开路电视频道的转播商，与电视媒体是利益共同体。但是，有线电视和 IP TV 又都集纳了众多的内容点播业务，在某种程度上，它们与 OTT TV 和流媒体一样，与电视媒体构成了一定的竞争关系。

我们必须要问一句：为什么通信运营商和互联网公司要不遗余力地开展电视屏的业务呢？

电视屏：从电视机到终端的进化

当我们把电视机称为"电视机"的时候，无疑，电视媒体就是天然的主体。"看电视"是看电视媒体播出的电视节目的简化用语。此时，电视媒体对于电视屏具有绝对的统治力。

但是，当双向传输和交互模式出现之后，电视屏的功能开始拓展——点播出现了。点播改变了传受关系，从单向传播演变为交互传播，而传受关系的主导者也开始从传播者向接受者倾斜。

电视媒体的统治力减弱，电视屏上自然就有了破绽，竞争对手也就抵隙而进了。于是，就有了有线电视和 IP TV 的点播业务；于是，OTT TV 也破茧而出了。

其实，从本源上来说，这些后来者，表面上竞争的是电视屏的统治力，但实际上，它们争夺的是观众的时间——我们通常所说的观众的眼球。一旦电视屏不能吸引观众花费时间观看，则电视屏的生命也就终止了。现在，移动终端（手机和 PAD）已经成为家庭域中的重要角色，就是因为他们拥有了分割观众（准确说是用户）时间的强大能力。有线电视、IP TV 和 OTT TV 之间的殊死拼杀，目标还是观众（用户）的时间。谁控制了观众（用户）的时间，谁就是观众（用户）的统治者。广告的"二次售卖"理论认为，电视媒体用电视节目租用观众的眼睛和耳朵，然后再把这种注意力售卖给广告主来获得收入。其实，这里的关键，就是对观众时间的控制。20 世纪 80 年代流行的口号"时间就是金钱"，我们用在这里是再贴切不过的比喻了。

从这个意义上说，电视机从电视媒体的专有显示屏进化到多种业务的显示终端，其背后的逻辑，就是为双向传输技术和交互模式重新分割观众的时间提供了可能，并因此催生了新的业务形态。由此，电视观众在电视屏的时间分配发生了变化，从电视媒体独占，变成了与有线电视、IP TV 和 OTT

TV 等其他竞争者共享。这就是电视屏从电视机进化到多种业务终端的底层原因和含义。

既然观众的时间就是金钱，既然新的技术和商业模式可以重新分割观众的时间，通信运营商和互联网公司为什么不进入呢！

从趋势上看，这种对于观众时间分割的竞争，将会愈来愈激烈！从实力上看，无论是通信运营商还是互联网公司，其财务实力都远远超过电视媒体。这场竞争如何开展，究竟鹿死谁手，不仅决定着电视屏的未来，还决定着围绕家庭域的更大棋局。

智慧家庭——一盘更大的棋

通信运营商和互联网公司布局电视屏，目标并不局限于分割观众在电视屏上的时间，而是在下一盘更大的棋。

这盘棋，在国外，叫家庭物联网，在国内，被称为智慧家庭。

智慧家庭的辐射范围非常广泛，涵盖了能源、安全、医疗、信息、生活起居等多个方面，规模庞大，被认为是未来最重要的产业之一。当下，多种力量开始角逐智慧家庭产业，力求率先布局，占得一席之地。

信息与数据入口，在智慧家庭中扮演至关重要的角色，已经成为共识。因此，在入口上谋篇布局，也就成为多种行业和多家公司的标准动作。我们知道，家庭对于入口的选择，具有极强的路径依赖性。这种依赖，是与这种入口为家庭提供的服务或开展的业务密切相关的。而且，一个家庭一旦选择了入口，通常不会轻易改变。

因此，入口选择的问题，在某种程度上就变成了能否在客厅为用户提供优质且具有黏性的服务的问题了。

无疑，视频节目是家庭的刚需，电视屏的优势地位在大多数家庭之中尚无法撼动。如果能够通过电视屏的视频节目与入口建立关联，就可以通过电视屏的视频节目来建立观众黏性，进而控制家庭的入口，达到布局智慧家庭业务的目的。

电视屏是信息和数据的显示终端。从这个终端回溯，依次的节点大体是机顶盒—路由器—家庭网关。家庭网关，是家庭所有信息和数据流入流出的总闸门。控制了家庭网关，就为控制家庭的所有路由、各类盒子和各类终端奠定了不可撼动的基础！

当下，家庭用户选择电视屏上的视频节目，实际上就是在选择机顶盒。而机顶盒是最有可能集成路由器并升级为家庭网关的设备。所以，电视屏的争夺，就是机顶盒的争夺；机顶盒的争夺，在某种程度上，就是家庭网关的争夺；而家庭网关的争夺，又相当于智慧家庭话语权和业务布局的争夺。

家庭网关之所以重要，不仅仅因为它是家庭事实上的信息和数据入口，更重要的是，家庭网关可以通过建立操作系统和标准与家庭中的各种设备连接在一起。通过这种连接，家庭网关就可以成为智慧家庭中所有接入设备的底层平台。由此，家庭中的宽带接入设备、门锁、安全探头、制冷制暖等能源设备、家庭成员身体监测和远程医疗接入设备、各种娱乐与信息终端、AI智能设备……都将以家庭网关的操作系统和标准为基础进行运行和运转。这是涉及 IoT、AI、TMT 等多种产业的庞大产业集群，比电视屏所带来的产业规模不知要大出多少倍。显然，这才是长时间主导未来方向的核心业务。试想，一旦一个家庭选择了一种家庭网关，一旦这个家庭的诸多智能设备使用这个家庭网关的操作系统并与之捆绑，那么，这个家庭要更换家庭网关和诸多家庭智能设备的成本将会大到难以承受。这种黏性，将远远高于由视频业务所建立起来的黏性，将会为企业带来源源不断的业务和收益。

如上的描述，不是一种设想，而是一种事实。美国有线电视运营商康卡斯特于 2010 年推出 Xfinity 业务，相当于家庭网关。Xfinity 把路由器、机顶盒和语音识别等功能结合在一起，整合了高速宽带、数字电视和语音通信等多项业务，实现面向 TVE（"电视无处不在"）的业务转型升级，在电视屏上建立了明显的优势地位。以 Xfinity 为基础，康卡斯特向家庭物联网拓展，于 2015 年向产业界发布了一套 RDK 系统（参考设计工具包）并开启技术认证。这个 RDK，就相当于一个准操作系统，所有经过 RDK 认证的设备都将得到来自康卡斯特的技术支持，以此吸引第三方设备以 RDK 为底层平台来设计家庭物联网产品。截至目前，获得 RDK 认证的消费电子厂商、芯片厂商等已经超过了 200 家。康卡斯特的家庭物联网用户，在 RDK 推出一年后的 2016 年，已经超过 100 万。

康卡斯特就是电视屏—机顶盒—路由器—家庭网关—家庭物联网一体发展的鲜活例证！

这就是通信运营商、互联网公司等行业和系统争夺电视屏控制权的深层逻辑！

电视屏：电视媒体生存的根基

电视媒体当下生存的根基是什么？我们可以斩钉截铁地回答：电视屏！

只要做一个设想，这个问题就会不言自明：如果现在突然停止电视播出，电视媒体还会存在吗？

电视屏：电视媒体收入的主要来源

2017 年，国家工商总局的统计数据显示，我国电视行业的广告总收入为 1234.4 亿元。保守估计，这个收入占我国电视媒体总收入的 80% 以上。换句话说，我国电视媒体广告之外的收入，占比不到总收入的 20%。其实，在我国，只有极少数电视媒体广告之外的收入能够高于 20%，大部分的电视媒体，这一数字都低于 10%。

这说明什么？

说明，我国的电视媒体高度依赖电视广告收入。而支撑电视广告收入的，就是电视屏。换句话说，电视屏是我国电视媒体的生存基础。电视屏的业务出现问题，电视媒体将会面临灭顶之灾！当下电视媒体步履维艰，面对生存危机，根本原因之一就是新媒体发展迅猛，分流了电视媒体来自电视屏的广告收入。而广告收入的降低，就意味着电视媒体的总收入降低，在收入覆盖成本上出现困难，于是危机出现。

电视屏：电视媒体聚集人才的载体

电视媒体聚集了最大量的视频创作和制作人才。虽然近些年网络视频发展迅速，也聚集了相当数量的视频人才，但与电视媒体相比，两者尚不在一个量级上。这也是每每有电视媒体的尖端人才辞职都会成为社会热点的最主要原因。

电视媒体之所以能够集聚大量创作和制作的尖端人才，有如下两点原因。一是历史的延承。曾经，电视媒体几乎是开展视频业务的独家行业，视频人才以进入电视媒体为最大诉求，其聚集的人才自然会多。二是超强的业务平台。电视媒体曾经是最大的、最有影响力的、也是最具价值的视频业务平台。直到现在，网络视频虽然已经具有极大的实力，且在薪酬待遇等方面已经超过一般的电视媒体，但依然没有撼动电视媒体对于视频人才的吸附地位。

如果电视媒体失去了电视屏，视频业务必将随即消失，电视媒体自然就失去了对视频人才的吸附能力，人才离散就是自然而然的事情了。

但是，无论是电视媒体的存量电视业务，还是电视媒体的增量新媒体业务，这些视频人才的作用都是至关重要的。因此，电视媒体必须重视电视屏的业务，并以此来聚拢人才。

电视屏：电视媒体权威性的根基

权威性，是一个媒体生存的重要资本，电视媒体也不例外。

什么是媒体的权威性，并没有一个公认的定义。我以为，一般来说，权威性至少包括"四种力"：传播力、引导力、影响力、公信力。这"四种力"相辅相成，共同支撑一家电视媒体的权威性。

毫无疑问，这"四种力"几乎都来自电视屏。我们不能说电视媒体的新媒体业务在"四种力"上毫无建树，但是，与电视屏比较起来，几乎可以忽略不计。设想一下，如果电视媒体的电视屏业务和新媒体业务都停滞一天，会是什么结果？显然，新媒体业务的停滞，既不会给电视媒体带来太大影响，也不会给社会带来很大的震荡。但是，电视屏业务的停滞，结果就不一样了，它会给电视媒体带来不可估量的损失，也会给社会造成极大冲击。其中原因，就是因为电视屏是电视媒体的传播力、引导力、影响力、公信力的最主要来源和体现。这种权威性并不仅仅来源于电视媒体多年来的自身建设，更重要的原因是党与政府常年为电视媒体所做的背书。这两种支撑一方面让电视媒体获得了众多的观众，解决了传播力的问题；另一方面使电视媒体获得了社会各界的高度认可，解决了引导力、影响力、公信力的问题。

电视媒体的新媒体则不同。一是电视媒体在新媒体端的用户数量偏小。统计显示，电视媒体的新媒体用户数量尚没有进入第一阵营，与头端的新媒体差距巨大，两者不在一个量级。二是电视媒体的新媒体因为缺少巨量用户的支撑，其引导力、影响力、公信力自然就无法获得社会的广泛认可了。

电视屏：电视媒体融合之路的原点

现在已经没有人否认，媒体融合是电视媒体未来的发展方向。本书序言里也已经论述过，电视行业已过生命周期的顶点，电视媒体必须向更高层级的新媒体形态发展，才能构建更为强大的传播力、引导力、影响力、公信力。

但是，适合电视媒体融合发展的路径是什么，电视媒体如何开展新媒体业务，却是方案众多，难以形成共识。

无论是新媒体还是包括电视媒体在内的传统媒体，其共同的追求，就是构建全媒体体系。新媒体构建全媒体的路径，是从小屏开始，逐步向大屏拓展：从 PC 屏到移动屏（手机和 PAD）再到电视屏。之所以这样选择，是因为小屏和移动屏是新媒体的原生领地，它们是新媒体获得用户、获取收入的基础来源。在小屏和移动屏的市场份额瓜分完毕、基本形成稳定的竞争状态之后，新媒体才挥师电视大屏，开始分割家庭域中电视大屏的最后利益空间。从小屏到大屏是新媒体实现全媒体的行进路径。

那么，电视媒体实现全媒体的路径应该是怎样的呢？

所谓媒体市场竞争，归根结底竞争的是用户。因为只有拥有用户，才会产生收益，才会产生影响力。电视媒体的新媒体之路之所以一路走来步履蹒跚，最为关键的短板，就是没有形成一定规模的用户。没有用户做基础，或者准确地说，没有活跃用户做基础，做什么样的新媒体都不会取得成效。

但是，电视媒体并不是没有获取用户的基础。庞大的电视观众，就是电视媒体最大的资源和财富。如果能够把观众资源转化为用户资源，电视媒体就有可能在全媒体的业务中占得一席之地。

因此，电视媒体发展全媒体的路径，应该恰好与新媒体相反。新媒体是从小屏到大屏，电视媒体则应该是从大屏到小屏：从电视屏到移动屏到 PC 屏。只有通过从大屏到小屏的转换，电视媒体才能将丰沛的观众资源转化为用户资源。这才是事半功倍的正确路径。可惜，电视媒体恰恰在电视屏的拓展上、在观众资源的转化上着力不多，而是直接跳空从移动屏入手，这相当于从零开始。这是典型的以己之弱击敌之强，难以成功便是自然的了。

关于如何把观众资源转化为用户资源，本篇下一章将会详细论述。

媒体融合，从保卫电视屏开始

既然电视屏是电视媒体生存的根基，那么，电视媒体的战略基点，就应该从保卫电视屏开始。

电视媒体对电视屏统治地位的终结

本书前两篇，我们讨论了电视媒体在组织架构和资源配置上的偏误，导致电视媒体在电视屏的存量本体业务——线性的电视直播业务上日渐衰微。

同时，因为对电视媒体核心业务的认识拘泥于制作和播出电视节目，没有认识到为家庭中的受众提供视听服务才是电视媒体的核心业务，又致使电视媒体在电视屏的非线性视频业务即新媒体业务上缺少布局，让电视屏陷入沦陷境地。

电视屏既能承载线性的电视节目直播业务，又能承载非线性的电视节目点播业务（VOD），因此，直播业务和点播业务都是电视媒体的核心业务。电视媒体在组织架构和资源配置上，必须同时满足电视直播和点播业务的双重需求。与此相对应，业务形态则必须是电视播出＋有线电视／IP TV＋OTT TV。

但是，我们知道，电视媒体与有线电视／IP TV 的合作，只是把对方当作电视直播节目的传输渠道，对于两者所承载的点播业务，则涉猎很少。而对于 OTT TV 业务，只有极少数电视媒体有所涉及。正是因为电视媒体在电视屏的视频非线性点播业务上几乎处于不设防的状态，才导致互联网公司和通信运营商可以轻易发力电视屏，终结了电视媒体在电视屏上拥有绝对统治力的历史。

难堪重任的当下业务模式

直播＋点播，或者称之为线性＋非线性，是当下电视屏的两种最主要的业务形态。虽然电视媒体在电视的线性直播业务上存在诸多问题，但是由于历史优势的累积、专业人才的聚集和牌照管控等多种原因，电视媒体尚没有面临颠覆性冲击。电视媒体需要加强的，当然是非线性视频点播业务。

但是，当下通信运营商和有线电视运营商在 IP TV 和有线电视上的合作方式，对于电视媒体开展非线性视频点播业务，却没有多大作用。一是这种合作方式，电视媒体基本上是 CP 身份，而且是众多 CP 中的一员，与单纯的内容提供商没有太大差异。以这样的身份，电视媒体无法参与到业务运营之中，也就失去了对业务的控制能力。二是因为无法参与到业务的运营之中，电视媒体就无法真正拥有用户，也就无法获得用户数据。即便是运营商向电视媒体提供数据，也只限于自己节目的数据，并没有整体运营数据。这让电视媒体无法获得综合、全面的数据资源，也就难以据此开展相关业务，比如大数据和云计算等。三是电视媒体无法拥有自己的终端。我们在前文说过，终端既是开展新媒体业务的枢纽，也是家庭域业务运营的核心，更是向智慧家庭业务拓展的基点，不控制终端，就无法成为家庭域真正的主角。四是通过这种合作方式，电视媒体无法拥有渠道。我们在第二篇的结尾描述过，渠道是电视媒体进行业务升级的重要抓手和依托，它比终端的延展性和业务承载性要大出很多。

终端 + 渠道：保卫电视屏的保障

既然媒体环境的变化，已经让电视屏变成了一个单纯的显示屏，成为多种视频节目共同角逐的屏幕，那么，保卫电视屏，就不应该仅仅从电视屏上着眼，而应该将眼光前移，向终端 + 渠道演进。

当然，电视媒体的主体业务还是视频节目，线性直播节目 + 非线性点播视频是电视媒体重获电视屏统治地位的两个支点，缺一不可。电视媒体必须在直播节目基础上，大力发展视频点播节目，这是电视媒体补足短板的必由之路。只是，电视媒体要通过自己的终端向电视屏提供视频节目，而不是借助有线电视终端或 IP TV 终端。两者最大的区别是，拥有自己的终端，不仅可以向电视屏输出自己的视频节目，还可以集成众多节目提供商的视频节目。如此，就可以彻底摆脱电视媒体充当有线电视运营商和通信运营商的CP 角色，升级为家庭域的视频节目集成平台。其实，电视媒体一直是平台型媒体，曾经，电视媒体就是最大的视频节目集成平台，全社会优秀的节目几乎都聚集在电视媒体的播出平台之上。这也是电视媒体在相当长的时间里具有"四种力"的基础。家庭域出现多种终端之后，电视媒体才因为缺少渠道和终端，而降级为 CP 的角色。

终端的上游是渠道。渠道是比终端更具延展性的业务载体。有渠道的公司，一定拥有自己的终端，而拥有终端的公司却未必拥有渠道。这也是我们在本书第二篇结尾论述电视媒体应该向渠道和终端发展的根本原因。如果电视媒体拥有了渠道，瞬间就会成为集内容、播出平台、渠道、终端、用户于一体的综合性组织。如此，电视媒体不仅能在媒体的竞争中占据优势地位，还会有极大希望升级为 TMT 型组织，从而有资格、有实力与通信运营商和互联网公司正面交锋。这是电视媒体最具想象空间的未来发展之路。

综上，电视媒体保卫电视屏的行动，就变成了三重业务：一是迅即开展非线性视频点播业务，这是电视媒体重回电视屏统治地位的基础。二是向终端发展。没有终端，就无法摆脱 CP 的角色定位，就无法搭建视频集成平台，也就失去了角逐家庭域优势地位的资格。三是获取渠道。这是最困难的事情。相比而言，渠道是最为稀缺的资源。但是，只有拥有渠道，电视媒体才有希望向 TMT 组织升级，才能搭上智慧家庭的末班车，才有更加广阔的未来。

难道移动屏和小屏不重要吗？

当然重要！

这里需要提请注意，虽然电视媒体的未来起点是从保卫电视屏开始，虽然电视媒体实现全媒体的正确路径应该是从大屏到移动屏和小屏，但是，我的观点，并不是排斥电视媒体在当下开展移动屏和小屏业务，我赞成移动屏是电视媒体的未来的观点。实际上，大小屏业务并驾齐驱、同步展开，才是电视媒体融合发展的正确路径。我的本意是，开展媒体融合业务，不能以忽视电视屏为代价。一则，电视屏本身就是媒体融合的重要组成部分；二则，从电视屏向移动屏开展业务，可以使电视媒体更能借助既往的力量，更适合电视媒体实现媒体融合的目标！

在国外，无论是有线电视运营商还是电视媒体，都已经在这方面做了卓有成效的实践。HBO 推出的 HBO Go 业务，让订阅有线付费电视频道的客户免费在移动端上收看 HBO 的节目；康卡斯特推出 Xfinity 业务，所有订阅其有线电视的用户可以在移动端上收看其有线电视的订阅业务。两者共同的特点，就是成功地把视频业务从电视屏拓展到了移动屏，通过移动屏与电视屏的关联，成功地把观众资源转化为用户资源，实现了从电视大屏向小屏的覆盖，这是传统媒体趋向新媒体的最好例证。

　　而且，电视大屏与终端、渠道具有天然连接的属性。前文已经说明，家庭域未来的最大产业是智慧家庭，这是覆盖众多领域、集合多种业务的产业集群，前景广阔，发展空间极为巨大。电视媒体只有以电视屏为基础，才有可能延伸至渠道和终端产业，从而打通电视媒体的上下游产业链条，才有可能实现从内容、播出平台到渠道、终端、用户的全产业覆盖，完成全媒体布局。而只有实现了全媒体布局，电视媒体才有资质、有实力驱入智慧家庭产业之中，实现跨界发展，完成从电视媒体到 TMT 业态的蜕变。

误区三　如何获取用户——转化观众才是第一步

受众，是所有媒体生存与发展的基础。在新媒体这里，受众被称为用户。因此，新媒体业务的核心，就是获取用户。这，没人怀疑。

但是在如何获取用户上，显然，电视媒体并没有达成一致。绝大多数电视媒体的新媒体产品，都从移动端和 PC 端去获取用户。只是，移动端和 PC 端是互联网媒体的固有领地，在这里发起挑战，电视媒体当然没有胜算，竞争结果也充分印证了这一点。

电视媒体的正确做法，应该是扬长避短，从自己的优势资源入手去获取用户。电视媒体最大的优势资源，就是观众。如果能把电视观众转化为新媒体用户，就会收到事半功倍的效果。

恰恰，相当多的电视观众也是新媒体用户。电视媒体只要打通电视屏到移动屏与 PC 屏的通路，电视观众就有可能转化为自己的新媒体用户。

实践证明，这条路是通的！

对于电视媒体的新媒体产品而言，用户规模非常重要。这种用户规模，至少要能够支撑其获取传播力、引导力、影响力、公信力的目标。因此，相当规模的用户群体，实际上就成了判断电视媒体的新媒体战略是否成功的重要标准。也因此，如何获得用户，也就成了电视媒体开展新媒体业务的第一要务。

但是，多年的发展实践表明，缺少用户，已经变成了电视媒体的新媒体产品的死结。

电视媒体有没有办法解开这个死结呢？

我们先从受众说起。

受众概念的时代变化

受众这个概念，出现在大众传播媒介诞生之时。延续到现在，大约已经有一个世纪的时间了。大众传媒服务的目标都是受众，传统媒体如此，新媒体亦然，不同的只是具体名称的表述而已：报纸受众叫读者，广播受众叫听众，电视受众叫观众，而新媒体受众，我们通常称之为用户。在所有受众中，只有用户是锁定个体的、是清晰的、是可辨识的，这源于数据化和 IP 化的红利。而其他用户都是群体性的，无法进行个体辨识。

大众传媒之所以把自己服务的目标称为受众，是取一个"接受"的含义。一直以来，从读者到听众，从听众到观众，受众都扮演着单纯的信息接收者的角色，大众传媒将这些分散的个体受众连接在一起，形成了具有共同属性的非组织性的信息接收群体。

在以往传统的传播者眼中，受众是一群缺乏自我意识的个体，虽然也能自行解读信息，但总体上还是被动接受者的角色，处于传统传播链的最末端。随着大众传媒向产业经营方向发展，市场因素逐渐增多，受众的市场属性逐渐增强，消费者色彩日益浓厚，市场主体的身份开始凸显，具有了更多的主动权和自主意识。

当时代发展到今天，受众的概念伴随着互联网的发展又有了新的延伸。除了以往在传播视角下的信息接收者、在经营视角下的消费者外，受众在互联网上扮演了更多的角色：搜索者、浏览者、对话者、使用者、消费者、反馈者、传播者……由此形成了一个更为多样化、更具主动性、能够触达和分析的群体。这个群体具备了推动互联网发展的直接效能。

在所有传统媒体中，电视媒体的影响力最大，盈利能力最强，受众人数最多。但是，随着媒体形态的演进和媒体竞争的加剧，电视受众数量虽然仍居高位，但分流趋势日趋严重，观众收视行为开始加速分化。（见下两图）

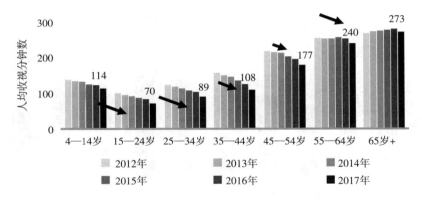

2012—2017年各年龄段观众人均日收视时长对比图

数据来源：CSM 历年所有调查城市

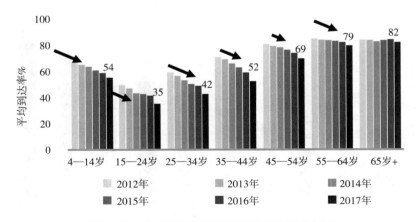

2012—2017年各年龄段观众平均日到达率对比图

数据来源：CSM 历年所有调查城市

图中数据显示，电视观众无论是每天收看电视节目的时长，还是每天接触电视媒体的规模（平均日到达率），都呈现持续下滑的趋势。这一下滑趋势，在中青年观众中尤为明显。

而相比之下，网络用户的规模却持续增长。下面两图中的数据来自CNNIC 发布的"2018 年第 41 次中国互联网络发展状况统计报告"。图中数据显示，自 2007 年以来，无论是整体网民规模还是手机网民规模，都保持

中国网民规模和互联网普及率

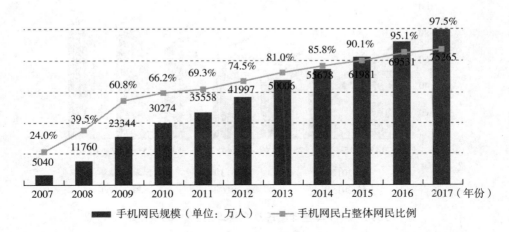

中国手机网民规模及其占网民比例

着稳定的增长势头。报告说，截至 2017 年 12 月，我国网民总数超过 7.7 亿人，手机网民已经超过了 7.5 亿人。在手机网民中，手机网络视频用户规模达到 5.48 亿人，较上年增长 9.7%。

总结来说，伴随着媒体形态的发展和受众身份的日益丰富，电视观众的占比将会越来越少，而网络用户的占比将会越来越高，其中，移动端网络用户的增长将更为显著。这是电视媒体面临的巨大挑战，也是电视媒体向新媒体转型升级的内在逻辑。

观众与用户

受众是所有媒体生存的基础。电视媒体的受众是观众，因此，观众就是电视媒体生存的基础。而新媒体的受众是用户，因此，用户则是新媒体绕不开的概念。电视媒体开展新媒体业务，首先就是要清晰认知观众和用户的内涵以及它们之间的关系。

观众及观众的短板

观众有两个特点。

第一，观众是一个群体概念。当我们谈到观众的时候，永远指向的是一个群体。电视媒体从诞生之日起，就是为群体服务的，频道也好，栏目也好，节目也好，都是如此。因此，在电视媒体的语义中，观众永远指代的是观众群。换句话说，电视媒体永远不会也无法为个体观众提供服务。这既是由电视媒体这种广播方式的大众传媒的特点决定的，也是由电视媒体的盈利模式决定的——任何一个单独的观众个体都不可能贡献覆盖节目成本的收益。

第二，观众的真实身份无法确定。虽然每一个电视观众都是真实的，但是电视媒体却无法判断谁是观众，谁不是观众。如上文所言，对于电视媒体来说，电视观众是一个群体概念。在电视媒体眼中，观众是由不同性别、不同年龄、不同职业、不同地域的部分群体组成的。这些群体的规模、大小、构成等数据，是通过抽样调查获得的。而抽样调查的结论，并不是通过对每一位观众调查得出的，而是通过对一定规模的样本户的调查数据进行加权计算而得出的。因此，当我们谈及电视节目有多少观众收看时（收视率），这只是一个推算的数字，根据抽样调查结果推算而来。

当然，这并不是说抽样调查是不科学的。实际上，通过抽样调查得出的收视数据是真实的，是可信的，与电视观众的真实收看状况保持了高度一致，是可以指导电视媒体的创作、生产和市场竞争的。只是，数据永远是数据，它和每一个观众个体并不是一一对应的关系。所以，电视观众永远是一个模糊的概念，你永远不会知道究竟谁是你真正的个体观众。

但是，在互联网高速发展的大背景下，在媒体形态从传统媒体向新媒体转化的剧烈变革中，这种只拥有群体的推及数据，无法对个体观众进行精准认知的状况，显然让电视媒体缺少了以电视媒体为基点进行裂变的可能性，也无法获得面向未来的延展空间。当然，其市场竞争力就会日益衰弱了。这就是我们在本书序言中断言电视媒体已过生命周期顶点的重要原因。

正是因为如上原因，在电视媒体的观众运维工作中，出现了一个很有趣的现象，就是几乎所有的栏目组都建立了自己的观众微信群。在别人的新媒体平台上建立互动微信群的主要原因，就是因为电视媒体无法获知电视观众的个体数据，对自己的观众了解得太少。电视媒体希望借助这样的微信群，通过与观众的互动，及时了解部分观众对于节目的看法。因为，只有了解观众更多的个性化需求，节目的创作和制作思路才有可能更加清晰；只有与观众联系得更加紧密，观众才能汇聚到自己身边。令人尴尬的是，在这样的微信群中，除了探讨节目之外，很多群员的"家长里短"话题或援助咨询问题也会时时出现，这就导致这些观众微信群的运维主题脱离了电视节目。这种相互定位错乱、主题共识模糊的观众维护模式，难以获取有效信息来革新和改变自身的生产运作流程。这样令人啼笑皆非的结果颇让电视人感觉无奈。

从这里我们不难看出，因为电视媒体只能获得电视观众的群体数据，无法获取每一位电视观众的个体数据，因此无法确认自己的观众是谁。也因此，电视媒体就无法对每一个个体观众进行定位，无法对个体观众进行精准服务和个性化服务，也无法向观众进行精准营销，当然，电视媒体也就难以实现业务规模和媒体形态的升级了。

用户及用户的价值

我们这里所说的用户，是特指新媒体产品和服务的使用者，与观众的概念对应。对于媒体而言，用户是媒体进入数字时代和交互时代的产物，是新媒体诞生之后产生的新概念，他与观众有极大的不同。

第一，用户是个体，是鲜活的人。

第二，用户的身份是真实的。因为用户是个体，所以，用户的行为都是每一个个体的真实的行为。

第三，用户是可测量的。所有用户的收看行为，都可以产生数据。这些数据代表着每一个个体的客观行为。只要用户形成了一定的规模，通过这些用户的数据就可以清晰准确地判断全体用户的收看行为规律，这对于确认媒体产品的传播效果，制定传播策略，补足传播短板，意义重大。

第四，用户的作用可以延展。用户的数据是多维的，因此，用户产生的数据，就不只是对于媒体产品有作用，还对那些与媒体产品和用户行为关联密切的领域，有多种支撑或启发的作用。所谓大数据，就是这个意思。

第五，用户打通了受众与消费者之间的通道。用户如果对媒体中出现的产品有购买兴趣，可以直接通过电商下单。通过新媒体平台，用户把注意力和购买力紧密地结合在一起。在这方面，观众因为缺少主动获取功能与互动功能，就无法达成这样的目标。在当下，新媒体发展到一定程度，会向包括电商等综合性业态扩展，其背后的支撑，就是因为用户可以快速从受众向消费者转化。

如上特性，让用户的作用远远超出了媒体的范围。一方面，作为受众的用户对于媒体具有天然的影响力；另一方面，用户与媒体、用户与用户之间的互动和信息沟通，又具有了超出媒体范围的重要价值，让用户在场景化需求、个性化需求、参与性需求之间获得了更多的自主空间。用户的这种自主空间是消费和技术升级的重要推动力量。

因此我们说，虽然观众和用户都是受众，但是，用户的价值远远大过观众。也因此，新媒体比传统电视媒体具有更强的竞争力和自我更新、自我升级的内生动力。

电视媒体的新媒体核心：获取用户

明确了观众和用户的区别，我们就为电视媒体构建新媒体找到了抓手。这个抓手，就是获取用户。

其实，所有的新媒体产品，最终的目标都是获取用户。"顾客是上帝"曾经是服务行业流传很广的一句话。把它套用到新媒体来说，就是"用户是上帝"。虽然以"上帝"来指代消费者（包括用户）既不严谨，也不符合商业逻辑，但在阐述消费者异常重要这一点上，倒是十分贴切。所以，所有的互联网企业在获取用户上都到了无所不用其极的程度。比如滴滴快的的补贴大战，比如共享单车的免费大战，比如电视的摇红包大战……但是，与互联网公司相比，电视媒体既没有充沛的资金，也没有创新的业态，如何才能在新媒体产品上迅速获得用户呢？

答案还是要从电视媒体的既有资源上去寻找。

"跨屏受众"：电视媒体获取用户的最便捷路径

时至今日，电视媒体的受众规模依然是最大的。CSM 媒介研究全国测量仪数据显示，截至 2017 年年底，我国电视观众的规模为 12.8 亿，超过所有媒体。但是，我们在本书序言中做了介绍，在日接触时长和日到达率上，互联网分别于 2012 年和 2016 年实现了对电视媒体的超越（本书序言中我们给出了详细数据），而且，两者差距呈现出越来越大的趋势。因此，电视媒体开展新媒体业务来对冲电视业务的衰落，就不仅仅是增加一项新业务，而是事关生死的大事情了。

这些年的实践表明，电视媒体的新媒体业务，一直磕磕绊绊，不甚理想。其中最主要的表现，就是用户数量太少。用户，成了电视媒体的新媒体产品最大的短板。而获取用户，也就成了新媒体业务的核心。这就是我将本节的标题设定为"电视媒体的新媒体核心：获取用户"的原因。

在电视媒体的既有资源中，与用户最为接近的，当然就是观众资源了。

在本篇"误区一　回归常识——一切从受众开始"一章中，围绕电视媒体和新媒体，我们将受众划分为三个部分：电视受众、新媒体受众、跨屏受众。其中第三部分受众——跨屏受众，既是电视观众，又是新媒体用户。对于电视媒体而言，其新媒体业务最理想的结果，当然是能够覆盖所有新媒体受众了。曾经，电视媒体确实把眼光对准了作为互联网原住民的新媒体受众，只是结果并不理想，用户数量不足就是明证。因为，在吸引互联网原住民方面，电视媒体没有任何优势。

前文已经描述，观众与用户有诸多不同，观众的真实身份无法确认，观众的收视数据是推算出来的数据，不能进行基于数字化的精准服务、营销和交互。但是二者同为受众，在很多方面又具有相同的属性和特点。对于电视媒体而言，观众是其最大的资源，是历经数十年积累起来的宝贵财富。如果能够在观众和用户之间找到一条转化的通道，电视媒体就可以轻松跨越新媒体的初始门槛，就能够迈出融合发展的关键一步，就可以收取事半功倍的成效了。

而跨屏受众，既是观众，又是用户。他们是距离电视媒体的新媒体产品最近的目标群体。因此，跨屏受众首先应该成为电视媒体重点关注、重点培养、重点获取的新媒体用户群体。遗憾的是，跨屏受众中，只有很少部分是电视媒体的新媒体用户，绝大部分都是互联网公司的新媒体用户。因此，电视媒体正确而可行的新媒体用户战略，应该首先将这部分既是观众又是用户的群体"转化"成为自己的新媒体产品的用户，而不是首先面向互联网原住民。我们也可以这样来理解：对于电视媒体来说，如果连电视观众都不能成为自己新媒体产品的用户，那些互联网原住民又怎么可能成为你的用户呢！

我们在此提出以转化跨屏受众为新媒体用户的"转化型用户"路径，不仅仅基于如上的理性分析，还因为电视媒体拥有将跨屏受众转化为用户的手段和路径。

HBO 和康卡斯特的用户转化之路

2010 年 2 月 18 日，HBO 推出 HBO Go 新媒体产品，所有 HBO 的有线电视付费订阅用户，都可以通过 HBO Go 产品免费在移动设备、游戏机和数字媒体播放器上收看 HBO 的节目。这些内容不仅包含 HBO 付费频道当下播出的节目，还包括 HBO 媒资库中的很多节目：电影、电视剧集、体育赛事等内容全部在列。这是 HBO 第一次在新媒体上发力，标志着 HBO 第一次将电视频道与新媒体产品连接起来，开启了跨屏受众向用户的转化之路。由此，HBO 实现了电视观众与其新媒体用户的第一次握手，成功拥有了新媒体用户。五年之后的 2015 年，HBO 又推出了 HBO Now 流媒体产品，内容与 HBO Go 相同。但是，与 HBO Go 不同的是，这个产品完全面向新媒体用户，采用付费模式，与 Netflix、AmazonPrime、HULU 等新媒体产品在流媒体市场正面竞争。自此，HBO 的产品覆盖了全部三类受众。

我们之所以说 HBO Go 是 HBO 获取新媒体用户的载体，有两个原因。一是任何订购了 HBO 付费频道的观众要观看 HBO Go 的节目，首先必须进行注册登录，获得 HBO 认定后，才有资格收看。这个过程，实际上就是用户的认定过程。我们前文说，电视观众以群体面目呈现，电视媒体无法对个体观众进行认定。但是，HBO Go 不同，它认定的是个体用户，是每一个清晰的个人。这就是用户与观众的不同。二是 HBO 付费频道的收看终端是电视屏，而电视屏是公有屏，它属于所有家庭成员，我们无法知晓收看电视节目的是哪一位或哪几位家庭成员，只能通过收视数据进行推测，数据的准确性当然大打折扣。但是 HBO Go 不同，它的收看终端是移动端、PC 端、游戏机等，这是私有屏，属于个人，在这些终端上发生的收看行为，是与每一个个体用户严密对应的。正是基于此，我们才说 HBO 由此实现了从观众到用户的转化。

其实，以转化观众的方式来获取新媒体用户的，远远不止 HBO 一家。如果说，HBO 的用户转化之路代表的是电视媒体，那么，康卡斯特的用户转化之路，则是有线电视运营商的成功范例。

康卡斯特是美国最大的有线电视运营商，是世界媒体 500 强排名前两位的综合媒体集团。截至 2017 年年底，康卡斯特拥有 2130 万有线电视用户、2390 万宽带网络用户及 1030 万 IP 电话用户。康卡斯特最早提出了 TV Everywhere（电视无处不在）的理念，实现这一理念的载体，就是康卡斯特的 Xfinity 业务。2011 年，康卡斯特推出融合性产品——Xfinity 平台，并以此为基础提供各种在线视听服务。这是康卡斯特实现融合发展的重要抓手和突破口，康卡斯特借此实现了自身的转型升级。Xfinity 业务有两个特点：一是跨屏收看。所有订购了 Xfinity 业务的用户，可以在电视终端、移动端、PC 端等多个终端上收看订阅康卡斯特的节目。二是跨域收看。订阅用户可以在康卡斯特覆盖全美的 2000 多万个 WiFi 热点免费收看订阅内容。康卡斯特还和另一家 MSO（多系统运营商）自由全球公司（Liberty Global）达成协议，Xfinity 用户和自由全球公司用户可以在美国、比利时、荷兰等很多国家免费使用对方的 WiFi 接入热点收看自己订阅的内容，实现了服务的跨网跨国延伸。

从跨屏收看到跨域收看再到跨网跨国收看，必须完成对个体用户的精准认定。康卡斯特的用户能够完成这种收看行为，当然还是基于个体用户的注册。康卡斯特每一个用户的注册行为，都是从电视观众向新媒体用户的转化过程。通过观众的注册行为，康卡斯特完成了观众资源向用户资源的转换，这是在更大范围内完成的转换。康卡斯特作为一家综合性的 MSO（多系统运营商），业务范围、财务实力当然远远超过 HBO，它不仅是全美最大的有线电视运营商，还是全美最大的宽带业务提供商，集媒体、通讯和互联网业务于一身，近几年，更是家庭物联网的积极探索者和实践者。康卡斯特的用户转化之路，对于我国电视媒体来说，借鉴意义更为巨大。

用户转化路径：电视大屏—移动小屏家庭终端—移动终端

媒体的竞争，很大意义上是覆盖的竞争。覆盖的范围越广，覆盖的受众越多，竞争力就越大。当然，这种覆盖的衡量，要在同类产品中进行。我们不能用综合类媒体与垂直类媒体进行覆盖上的对比，因为两者既不是同一类产品，面对的也不是相同范围的受众。但是，如果是同一类产品，即便在垂直领域，也要在垂直用户中追求尽可能大的受众覆盖，这是增强竞争优势的前提。

本篇上一章"误区二 忽视电视屏——电视媒体融合发展的基础偏误"力图解决的问题是，要最大限度地覆盖电视屏的观众：电视媒体不能仅仅做好直播类电视节目（频道类电视节目），还要做好点播类电视节目（VOD）和 OTT 类视频节目。只有如此，电视媒体才能覆盖电视屏上的所有观众，捍卫电视媒体的基本盘。因为，对于电视媒体而言，没有电视大屏，电视媒体不仅会失去生存的基础，也难以将存量的观众资源转化为增量的用户资源。所以，舍弃电视大屏的融合方案是电视媒体自废武功、自断筋脉的危险举动，一如新媒体放弃小屏和移动屏，直接构建大屏业务一样，必将失去生存根基。

本章的出发点则是，电视媒体在覆盖了电视屏的所有观众之后，还要从电视大屏向小屏覆盖，从家庭终端向移动终端延伸，完成从观众覆盖到用户覆盖的转化。这种从大屏推及小屏、从固定屏推及移动屏的方式，是电视媒体获取用户的最有效手段。只有如此，电视媒体才能完成向全媒体的转变，实现电视媒体的转型升级。

电视媒体的新媒体产品之所以不甚成功，是因为我们对于用户的了解不够。而了解用户的最好手段，就是掌握并分析用户浏览和观看产品时产生的数据。只要数据足够丰富（所谓大数据），只要数据分析足够科学，就会为生产符合用户需求的产品奠定坚实的基础。

但是，数据要从用户使用产品的行为中来。电视媒体没有新媒体产品，就无法获取用户，当然也就谈不上用户数据。而没有数据，电视媒体就无法生产出符合用户需求的新媒体产品！这让电视媒体在媒体融合过程中遇到了先有鸡还是先有蛋的尴尬难题。

然而，这并非无解。解决的方案，就是从记录数据的设备开始。

所有的数据都来自设备，没有了设备，也就没有了数据。终端之所以重要，不仅仅因为它是路由，更因为它还是记录数据的设备载体。

电视媒体受众通常是通过两种不同的屏幕来收看电视节目的，一种是电视大屏，它是家庭成员共同使用的收看设备，是公有屏；一种是移动小屏（虽然还包括 PC 屏等，为方便论述，我们以移动小屏来指代），它是家庭成员自己独立使用的收看设备，是私有屏。电视大屏的收视数据与移动小屏的收视数据是不同的，因为，电视大屏产生的收视数据，是家庭中所有成员的收视数据，我们无法判断是哪一位家庭成员在收看电视节目，而基于移动小屏产生的收视数据，则是个体数据，严密对应着个人的收看行为。电视大屏和移动小屏的数据记录设备是不同的，记录电视大屏收视行为的设备，我们称之为家庭终端，记录移动小屏收视行为的设备，我们称之为移动终端。家庭终端通常由各种机顶盒构成，包括有线电视 DVB 机顶盒、IP TV 机顶盒、OTT TV 机顶盒、Smart TV 内置机顶盒、直播星机顶盒等。而移动终端最主要的设备构成则是手机和各种 PAD。

家庭终端同时具有电视节目的传输路由功能，因此，家庭终端是当下家庭成员收看电视节目的标准设备配置。这些家庭终端详细记录了电视观众在家庭中的所有收视行为数据。而这些数据，既是电视媒体和 MSO（多系统运营商）了解观众的最为可靠和最为宝贵的财富，也是解开电视媒体在发展新媒体过程中先有鸡还是先有蛋难题的关键密码。

但是我们必须清晰地认识到，所有家庭终端记录的都是家庭成员的集体收视行为数据，不是个体收视行为数据。这些数据并不能让我们获知每一位个体家庭成员的收视行为，因此，我们无法据此精确判断个体用户的准确需求，也就无法生产基于个体用户需求的新媒体产品，当然，也就无法以此为基点向多种业务形态延展。因此，从家庭终端向移动终端发展，就成为电视媒体发展新媒体业务的必修课了。因为，移动终端对应的是私有屏，面对的是一个个鲜活的个体。实际上，完成了家庭终端到移动终端的转化，也就完成了从电视大屏（公有屏）到移动屏（私有屏）的转化，也就是完成了从观众到用户的转化。

HBO 和康卡斯特就是基于这样的理性认识，迈出了向新媒体转型升级的成功步伐：打造能够连接家庭终端和移动终端的共同性产品，实现了将跨屏受众向第一批用户的转化。以此为基点，HBO 和康卡斯特打通了获取新媒体用户的渠道，开启了收集新媒体用户数据的大门。完成了这种转化，也标志着 HBO 和康卡斯特的新媒体之路取得了第一步成效。以此为基础，就可以开发面向互联网原住民的新媒体产品，从而实现全面覆盖所有受众的目标。

渠道终端缺失：转型升级的最大短板

比较 HBO 和康卡斯特向全媒体转型升级的实践，我们可以看出，两者远远不在一个层级上。康卡斯特无论从业态的丰富性上，还是从业务的延展上，都远远超出 HBO。HBO 没有渠道和终端，而康卡斯特拥有完整的渠道、终端和用户；HBO 只能获得一个频道的用户和数据，而康卡斯特是一个超级平台，有众多的直播频道和点播业务，能获得多重数据；此外，康卡斯特还拥有家庭宽带业务、家庭网关业务、家庭互联网业务、通讯业务……简单说来，HBO 仅仅是一家电视媒体，而康卡斯特不仅拥有 NBC 环球这样的媒体，更是一个多系统运营商（MSO），是横跨媒体、通讯和互联网科技的巨头公司。两者的营收也能反映两者悬殊的实力：截至 2017 年年底，HBO 的营收是 63.3 亿美元，而康卡斯特的营收是 804 亿美元，差距接近 13 倍。

这能给我们什么启示？

我国的电视媒体，与 HBO 极为相像，都是纯粹的电视媒体业务形态。到目前为止，我国还没有任何一家电视媒体拥有传输渠道和 DVB 机顶盒，只有极少数电视媒体拥有 OTT TV 机顶盒。至于电视媒体纷纷开展的 IP TV 业务，因为用户不属于自己、数据不属于自己、运营不属于自己，实际上扮演的是一个大号 CP 角色。同时，我国的电视媒体很少拥有 HBO 那样的版权资源和品牌号召力，所以，在新媒体产品的开发上，也就无法取得 HBO 那样的成效了。

以康卡斯特为镜鉴，我们不难看出终端对于电视媒体占领客厅、实现用户转化的重要性。无论是借用终端，还是自建终端，电视媒体必须在终端上有所动作。因为，只有通过终端，才能真正接触用户，才能把电视观众转化为电视用户。只有拥有终端的控制力，才能更有效地保卫电视屏，才能更好地在客厅中获得统治地位，才能够在智慧家庭中抢占先机，也才能够实现媒体融合的战略目标。

　　而渠道，是获取终端的最简单有效的途径。

　　我们在本书第二篇最后一章"解决之道　从电视媒体向媒体集团升级"中，已经详细阐述了电视媒体补足渠道和终端的重要性与必要性。在我国，拥有渠道的，只有通讯运营系统和广电系统。我坚持认为，我国电视媒体获得渠道和终端的可行路径，就是与有线电视系统结盟。这一方面源于有线电视与电视媒体一样都具有广电的基因，用户高度重叠，体制也相似，相比通信运营商和互联网运营商，有线电视与电视媒体的共同利益最大。另一方面也因为当下的有线电视系统面临着极大的生存压力，急需转型和转变。在这样的大背景下，电视媒体和有线电视系统应该抱团取暖，各自以"内容"和"渠道"联起手来，有效应对互联网企业和电信运营商的双重竞争压力，以期用最小的代价来完成最大的资源整合，双双完成业态的转型升级。

误区四　产品生产——一哄而起与品类缺失

　　电视媒体的新媒体产品，基本分为两类：一类是开设在互联网公司平台类产品上的新媒体账号，所谓内嵌类新媒体产品，微博、微信、头条号等均属于此类；一类是独立的客户端（App）产品。这两类产品大体上分别由台属频道和台属新媒体公司负责。一个有趣的现象是，内嵌类新媒体产品奇多，多到令人难以置信，而客户端类产品严重不足，很多类别的产品，电视媒体都没有涉足！

　　这种现象也产生了两个对应的问题：一是众多内嵌类新媒体产品让电视媒体变身大号CP，为互联网公司的平台类产品免费提供内容，既没有收益，又损失了内容版权，还相当于变相打压了自己媒体的互联网产品。环顾世界，恐怕只有我国的媒体乐此不疲。二是自有App产品市场竞争力低下，难以承担媒体融合发展的重任。

　　不该做的四处开花，该做的却又着力不够！这种混乱而尴尬的状况，是怎样在电视媒体内部形成的呢？

　　在电视媒体的鼎盛时期，观众要在固定的时间、固定的地点，通过固定的渠道和终端收看固定的电视节目，电视媒体处于绝对中心的地位。这个时期，虽然也有竞争，但是，竞争完全发生在电视行业内部，是单纯的电视产品之间的竞争。而这一时期的电视产品品类非常单一，就是电视节目。因此，电视产品的竞争，也就变成了电视节目之间的竞争，电视媒体的产品意识，也就简化成了节目意识，只要做好节目，就一切 OK。因此，在电视媒体内部，产品生产行为被称之为"做节目"。"做节目"对电视媒体就是天大的事情，它就是电视媒体的图腾，其他所有的事情都要让路。它甚至都变成了电视媒体家属人员的最高信条，只要祭出"做节目"三个字，电视媒体人员在家里的形象立时就高大起来，家人多半会顺从地目送他们（她们）昂首挺胸奔赴单位。

互联网改变了这一切！

互联网的日渐成熟，特别是移动互联网的快速发展，改变了内容的构成和生产方式，改变了传播的渠道和终端，也改变了传播的规则和逻辑。由此，传受地位发生逆转，传播者的中心地位被打破，用户逐渐确立了中心地位。在这种情况下，内容要想抵达用户，不仅要让用户能在多个屏幕的海量选择中看得见、找得到，还要让用户在众多的诱惑中愿意看、持续看。这种深层次的变化对于习惯了单纯"做节目"的电视人来说，产生身份迷茫、本领恐慌、转型阵痛，也是必然的事情了。

尽管如此，电视媒体却在是否发展新媒体上形成了高度共识：所有的电视人都认为应该开展新媒体业务。正是基于这种难得的高度共识，电视媒体才得以轰轰烈烈地拉开了媒体融合的大幕。

"全民"办新媒体

20 世纪最后十年光景，电视人尚未意识到互联网对传播格局的根本性变革，只是将互联网简单定位为电视的另外一个传播渠道。因此，电视业务延续原有模式，将完整的电视节目简单平移至自己的官网之上，互联网内容还没有成为电视人眼中的独立产品。

2009 年至今，移动互联网的发展带来了全然不同的产品形态，微博、微信等新媒体产品在"榨取"传统媒体内容的同时，也间接推动了电视人在与移动新媒体第一次亲密接触中形成了"用户"和"产品"的概念。随着互联网自身的快速演化，电视人也不断左冲右突地尝试各类新鲜产品：摇电视、H5、移动页游、微视频、移动直播、小程序、虚拟现实、增强现实、直播答题……各种应用不断翻新。

据 CTR 统计，截至 2018 年 5 月，我国仅省、自治区、直辖市级和计划单列市电视媒体共开办的部分新媒体账号总计 2833 个，其中微博账号 1073 个、微信公众号 1349 个、头条号 186 个、客户端（App）225 个，数量之庞大，令人咋舌。下表是开设新媒体部分账号前十名的电视媒体名单。

电视媒体新媒体账号数量前十名

排名	电视台	微博	微信	头条号	App	开通总数
1	中央电视台	246	248	27	40	561
2	北京电视台	67	73	17	2	159
3	上海电视台	59	57	2	4	122
4	湖南电视台	44	42	12	12	110
5	山东电视台	30	52	5	22	109
6	福建电视台	44	53	6	4	107
7	广东电视台	40	48	5	10	103
8	浙江电视台	42	48	7	4	101
9	河南电视台	24	62	10	—	96
10	江苏电视台	37	39	7	11	94

数据来源：CTR

这些新媒体账号，除去极小一部分为电视媒体的新媒体公司开设之外，绝大多数均由电视媒体的各个频道开设。我可以断定，电视媒体开设的微信公众号和微博账号数量可以占据两个第一：行业开设数目第一，单体组织开设数目第一。

除此之外，互联网还在更高维度上动摇电视媒体的生存基础，即视频节目由原来的电视频道播出这种单一模式，变为互联网的客户端＋平台入驻＋借助平台分发等多种模式。由此，产品形态也不再是视频一种，而变得五花八门。客户端的出现，使用户绕过"频道"一级，直接收看视频内容，传统固有的打开电视机、搜索频道、收看节目的模式被消解。这个影响对电视人来说更具颠覆性，是决定电视生死存亡的"入口之争"。然而，众多电视媒体却并没意识到问题的严重性，积极、无偿地入驻新媒体平台，但是，在自有客户端建设上却没有大的作为，痛失电视媒体向更高维度视频产品形态顺畅升级的机会。虽然借船出海能够拓展单一内容的影响力，但寄人篱下的现状意味着丧失了独立、系统的发展能力。

与电视媒体业务由频道这个单一主体开办的方式不同，电视媒体的新媒体业务出现了两个业务主体，分别是自发而起开展新媒体业务的频道和受命而为开展新媒体业务的台属公司。但是，由两个业务主体开办同一项业务，并没有让电视媒体的新媒体业务呈现倍增效果，反倒出现了相互掣肘、相互牵扯的状况，让电视媒体的新媒体业务陷入了主体不清、争抢资源的尴尬境地。

自发而起的阵营：角色错乱的频道

在电视媒体，几乎还没有一种业务像开办新媒体一样，激起几乎全体编播业务人员的热情与兴趣。业务人员的管理主体是频道，于是，频道就成了电视媒体自发开展新媒体业务的主体阵营之一。

一哄而起的缘由

分析起来，形成这种状况应该包含如下几个原因。

第一，电视媒体的业务人员都是新媒体产品的使用者，他们距离新媒体产品最近，感受最深，受到的冲击也最大，能够切身体会新媒体是如何从无到有、从弱到强、影响力逐步攀升、逐步蚕食电视媒体的业务与市场份额的。很多电视媒体的业务人员，浏览使用新媒体产品的时间，已经超过看电视的时间。一些电视媒体人员甚至已经产生了在新媒体上搜集线索、寻找节目选题的路径依赖。因此，开办同样的新媒体业务与新媒体公司竞争、增强电视媒体的传播力、引导力、影响力和公信力，是这些业务人员内心的期待。

第二，新媒体业务相对而言上手容易，入驻两微一端并不困难，即便创办一个客户端（App）也并不复杂。电视媒体的业务人员目睹了很多新媒体产品从不成熟到成熟、从弱小到强大的过程。因此，很容易激起如法炮制的愿望（欲望）。

第三，电视媒体有天然的内容资源，可以轻易满足这些新媒体账号和客户端（App）对内容的需求。凭借以往多年建立起来的观众资源和品牌号召力，电视媒体开设的新媒体账号可以比较容易地获得初始用户，可以轻松跨越创业的门槛。

于是，电视媒体开设的两微一端等新媒体产品如雨后春笋一样蓬勃而出，一经尝试就迅即铺开，一时热闹非常，成为新媒体产品中的一道"独特风景"。

电视媒体行业开设如此之多的新媒体产品，颇有些"村村点火、户户冒烟"的景象，应该如何看待呢？

我想，我们至少应该问问如下几个问题：

第一，这些新媒体产品开设的内在逻辑和战略诉求清晰吗？

第二，这些新媒体产品与电视媒体的现有业务是什么关系？有竞争关系甚至是替代关系吗？

第三，这些新媒体账号的绝大多数内容都来自电视媒体产品。那么，这种内容的趋同，对电视媒体的收视和收益是增强了还是削弱了？

第四，这些新媒体账号是成本中心，还是利润中心？如果是成本中心，成本从何而来？如果是利润中心，如何实现营收？这种成本中心或利润中心的设定，会影响、干扰电视媒体本体业务的受众规模、收视习惯及版权价值和广告收益吗？

不厘清上述问题，这些由电视频道作为主体开设的新媒体账号，就无法明确定位、方向和运营策略。

"繁荣"背后的角色错乱

电视媒体有新媒体产品，社会上的新媒体公司也有新媒体产品。无疑，他们之间的产品是竞争关系。现在，电视媒体的诸多频道在新媒体公司的平台上开设众多新媒体账号，当然会提升这些新媒体公司的影响力、营收能力和用户数量。而对于电视媒体而言，结果恐怕就比较复杂了。

如果，电视媒体各个频道开设的新媒体账号，仅仅是为电视节目做推介和导流，本无可厚非。但是，仔细浏览分析这些新媒体账号，显然并不这么简单。

第一，替代关系出现。很多新媒体账号，已经不仅仅是推介电视节目，而是本身就具备了极强的新媒体产品属性，有些甚至就是标准的新媒体产品。这样的新媒体产品，对于电视节目本身就有了替代关系。也就是说，这样的新媒体账号做得越好，观看的用户就会愈加减弱观看电视节目的动力。久而久之，电视节目的受众规模就会受到自己的新媒体产品的抵消。

第二，收益基础削弱。电视媒体的收益基础是观众规模，当观众规模减小时，其收益效益就会自然减弱。既然电视媒体自己开办的新媒体账号已经具备了相当程度的独立产品属性，其作用已经不是为电视节目进行导流，而是成了某种程度的替代。这当然会减少电视媒体的受众规模：既然用户可以在新媒体上享受到同样的服务，为什么还要看电视呢！但是，请注意，电视媒体在互联网上开设的所有新媒体账号，都没有收益功能。也就是说，这些新媒体账号没有办法对冲电视媒体收入的下降。因此，这些新媒体账号的产品属性会削弱电视媒体的收益基础。

第三，无法获取用户和数据。新媒体的基础，一是用户，二是数据。很遗憾，电视媒体在新媒体上开设账号，虽然有一定的用户（粉丝），但是，因为平台不在自己手里，就无法获得相关数据，也无法获知真实的用户画像。这样的新媒体产品，用户是别人的，数据是别人的，收益是别人的，不仅没有起到导流作用，甚至还削弱了自己的受众规模，动摇了自己的收益基础，所为何来呢！

第四，培养竞争对手。电视媒体未来的必由之路，是向新媒体转型升级。因此，与原生新媒体公司的竞争，不只是未来的选择，也是当下的现实。不仅我国的电视媒体如此，这也是世界范围内所有传统媒体面对的重大课题。而电视媒体具有产品属性的新媒体账号，不仅削弱了电视媒体的电视本体业务，同时对于电视媒体自身开办的新媒体产品和业务也造成不小的冲击，这必然会延宕电视媒体转型升级的时间。

为什么以电视频道为主体开办的新媒体账号出现了这种尴尬的状况呢？

根本原因，是电视频道角色的错位。

决定电视媒体成功的因素，一是传播力，二是收益。两者的关系必须保持平衡，不能偏废。如果传播力不能为媒体带来收益，或者媒体的收益不是来自媒体的传播力，都不会让媒体稳定持久地发展。

显然，电视频道在互联网公司的新媒体平台上开设新媒体账号，更多地关注了传播力这个因素，希望自己的节目能够在多个平台上传播，收获最大的传播效益。因此，他们并不吝惜把自己的电视节目内容转移到互联网公司的新媒体平台上发布，并不在意电视节目的版权在经过互联网新媒体平台发布后，会影响电视媒体的版权效益，很少考虑这样的行为会削弱电视媒体的品牌价值，减弱电视媒体的盈利能力……至于这样的行为会减少电视媒体自己的新媒体产品的竞争力、为竞争对手产品积蓄力量，因为与自身利益相隔较远，就更不在话下了，甚至会出现电视频道屏蔽自己媒体的新媒体产品而主动向互联网公司的新媒体产品提供节目内容的奇特行为。

这就是典型的角色错乱：只对自己的节目负责，而不对自己供职的媒体负责；只注重自己节目的传播效果，而不关注媒体的整体传播效果和收益；只关心当下的个体利益，而忽视媒体的长远利益！

所以，这种新媒体账号的繁荣，是电视频道缺少合理的内在逻辑的繁荣，是电视媒体缺少长期战略定位的繁荣。一句话，是虚假的繁荣。这对电视媒体的当下与未来危害极大。

受命而为的主体：无法独立运营的台属公司

在本篇导言开篇，我们把 1996 年视为中国传统媒体的互联网元年。在那一年，央视开办互联网网站，标志着我国传统媒体的互联网大幕正式开启。

最初，电视媒体是以下属部门的方式来开展新媒体业务的。运行一段时间之后，变革为以公司方式运营。这些由电视媒体投资设立的公司，或由电视媒体本部直接管理，或由电视媒体的下属公司管理，负责开展、运营电视媒体的新媒体业务。这种方式不同于以频道为主体的新媒体业务发展模式，它是电视媒体开展新媒体业务的直属队伍，是新媒体业务的主要载体，是电视媒体新媒体战略、新媒体方向和新媒体业务的操盘者和实践者，也是电视媒体未来转型升级的探索者和希望寄托。所以，我把它称作电视媒体受命而为的新媒体力量。

最早的新媒体业务，都是网站模式。在移动互联网渐成主流之后，新媒体公司追随互联网公司的业务发展模式，尝试开展多种新媒体业务。这些年，几乎所有的新媒体业务模式，电视媒体的新媒体公司都做过尝试：拥有自己的门户网站，开通自己的微博、微信平台，发布自己的搜索引擎，进军 OTT TV 业务，发布一款甚至多款客户端，有些电视媒体甚至还尝试过电商……

20 余年下来，电视媒体在互联网上的投入不可谓不多，期待不可谓不大，但是，在新媒体的发展上，却不尽如人意。虽然自身规模日渐壮大，虽然产品形态日渐丰富，但是，市场份额却呈现了逐渐下降的趋势，与原生互联网公司的距离也似乎越来越大了。而且这 20 多年时间里，电视媒体没有发布过一款新媒体的创新产品，所有产品都是跟随式的。而跟随的步伐，随着时间的推移，也日益沉重，渐感力不从心。我们在本篇开篇"导言　维度——电视媒体与新媒体的本质区别"一章中，给出了 2017 年移动 App 应用排行 TOP20 的数据，在这里重新使用一下（见下表）。表中数据反映了电视媒体在新媒体业务上的真实状态。在视频类 App 月活用户排行中，芒果 TV 排名第 6 位，这是电视媒体新媒体产品的最好成绩，但是与头部产品也有四到六倍的差距，已经不在同一个档次上。在新闻资讯类 App 的月活用户排名中，电视媒体的新媒体产品差距更为巨大，人民日报排名第 16 位，央视新闻排名第 19 位，与头部产品的差距，已经是百倍上下。

2017 年移动 App 应用排行前 20 名

排名	视频类		新闻资讯类	
	App 名称	月活（万人）	App 名称	月活（万人）
1	腾讯视频	46606.9	腾讯新闻	22385.8
2	爱奇艺	43943.1	今日头条	20161.3
3	优酷	30376.0	天天快报	8068.5
4	快手	19528.3	网易新闻	6651.5
5	小米视频	9423.3	新浪新闻	6336.3

续表

排名	视频类		新闻资讯类	
	App 名称	月活（万人）	App 名称	月活（万人）
6	芒果 TV	7693.8	搜狐新闻	4497.0
7	乐视视频	6586.5	一点资讯	3873.1
8	抖音短视频	5631.7	凤凰新闻	3473.5
9	哔哩哔哩动画	4473.4	趣头条	3402.8
10	搜狐视频	3532.4	Flipboard（中国版）	1178.9
11	土豆视频	3530.4	即刻	412.8
12	斗鱼	3051.8	ZAKER	342.9
13	虎牙直播	2930.6	豆瓣一刻	330.4
14	美拍	2643.4	虎扑体育	284.7
15	YY	2586.6	懂球帝	263.4
16	暴风影音	2500.8	人民日报	247.2
17	聚力视频	2490.7	新浪体育	202.5
18	秒拍	2129.1	UC 头条	196.1
19	迅雷	1797.3	央视新闻	187.9
20	影视大全	1684.4	爱豆 IDOL	171.4

数据来源：Talking Data

活跃用户数量是衡量新媒体产品的重要指标，与产品的传播力关系密切。我们可以这样理解，活跃用户数量多，产品的传播力不一定强大，但是活跃用户数量少，则传播力肯定弱小。传播力弱小的产品，其引导力、影响力、公信力恐怕也就无从谈起了。

台属公司开办的新媒体业务，与电视频道开办的新媒体账号有着本质上的不同。如果说，电视频道开设的新媒体账号，基本上承担的是电视媒体在新媒体上的推介功能，其重心依然是电视媒体本体业务的话，台属公司的新媒体业务，则是电视媒体开办的全新的媒体形态和媒体产品，它是电视媒体融合战略的起点，是电视媒体转型升级的基础，它的重心已经不是电视媒体，而是实实在在的新媒体本身。与所有的新媒体公司和产品，都是完全的竞争关系。

电视行业开展了 20 余年的新媒体业务，各类产品的活跃用户数量很少能够进入同类产品的前十名，这对于赢者通吃、不进入前三就难以生存的新媒体行业，以步履蹒跚甚至磕磕绊绊来描述，并不为过。

这背后的原因到底是什么呢？

资源的原地转换：对用户需求的误判

把握用户的需求，是所有产品成功的基石。

黄金时代的电视媒体之所以造就了大批成功的电视频道和电视节目，其背后的原因无非就是找准了观众的需求，并在此基础上，建立了满足观众需求的节目生产能力。满足用户需求，建立生产能力，是产品成功的基本要素。无论时代如何变化，技术如何发展，脱离了这两点的产品注定只能是昙花一现。

在本篇"误区一　回归常识——一切从受众开始"一章里，我们把当下的受众大体分为三类：电视媒体受众、新媒体受众和跨屏受众。这三类受众的需求自然不会相同，因此，满足其需求的产品也会不同。

大部分电视媒体在判断这三类不同受众的需求时，显然出现了明显的偏差。很多电视媒体认为，自己原来是做某类电视频道或电视节目的，能够天然做好同类新媒体产品。其最显著的表现，就是以现有各类资源进行简单转换之后，即生成为新媒体产品。这种以电视资源的原地转换来生产新媒体产品的方式，我在"误区一　回归常识———一切从受众开始"一章中，把它称之为电视媒体现有产品在新媒体平台上的延伸传播，其受众覆盖并没有抵达真正的新媒体受众。

生产电视节目产品与生产新媒体产品所需要的资源禀赋、人力配置、组织方式和生产能力有着显著的不同。电视媒体以原有的方式生产出新媒体产品并不复杂，但是试图让这样的产品形成竞争力则几无可能。其根本原因，就是混淆了新媒体受众与电视媒体受众的需求，其产品自然不能满足目标受众的需要。这就是为何在目所能及的范围内，传统媒体打造的新媒体产品比比皆是，却鲜有成功的最主要原因。如果电视人不能将着力点放在更为本质的受众需求判断和生产能力建设上，这种局面就不可能得到真正的扭转。

以用户需求为出发点来设计和生产新媒体产品，在互联网公司是天经地义的。他们是新媒体产品的创始者，他们没有传统媒体的产品意识和生产体系的限制和羁绊，一切都是以新媒体受众为原点铺陈开来的。电视媒体则不然，每每判断新媒体受众的需求，每每确定新媒体产品的定位，都会受到既往判断的影响甚至干扰，路径依赖会在不知不觉之中渗透进来。这不仅仅是意识问题，还是一种能力问题。能力来源于对用户的洞察，能不能发现用户的需求欲望并将其转化为有效的新媒体产品形式；能力来源于决策机制，是否由接近用户的一线生产人员进行判断；能力来源于生产机制，是以快速迭代的方式无限接近用户的需求，还是传统工业化的、长期不变的、我行我素的生产方式；能力也来源于整个系统的保障支撑，人财物是否能以产品部门为中心，为产品的生产迭代、服务品质提供支持。

当下的电视媒体，新媒体产品发展大多还显得缺乏章法：一方面，入驻他人平台的"产品"多如牛毛，却多而不强，缺少自主控制权；另一方面，自主打造的产品在品类上却呈现出严重的单一性，或以新闻资讯为主，或以娱乐节目为主，很难有超出电视节目本体的想象力。不仅极度缺少平台型产品，像A站、B站这样的互联网原生品类，恐怕想都没有想过。很少有电视媒体，制定了明确的新媒体产品规划布局，确定了清晰的新媒体产品市场定位，确认了新媒体市场上的对标公司，锁定了新媒体市场上的竞争对手。

因此，电视媒体在媒体融合发展过程中产生如下问题，就是再正常不过的了：

其一，口头上的"用户导向"。新媒体产品设计的出发点多为自身原有资源，很少真正用用户需求为产品设计导向，那些以自己的频道和栏目为产品名称的新媒体产品就是这种意识的一个侧面反映。

其二，被遗忘的盈利模式。电视媒体的运营模式是采编和经营分开，从事节目制作的电视人只要做好节目即可，经营自有广告部门的人员负责。这导致很多电视人在做新媒体产品时延续了这种思维方式，他们只负责产品生产，只关注节目本身的影响力是否够大，既不考虑节目的版权价值与效益，也不考虑营收效益。这种状况的最大弊端，就是电视媒体最有价值的内容成了互联网公司新媒体平台上的免费午餐，众多两微账号、头条账号就是这种逻辑的集中体现；而台属公司打造的独立新媒体产品，过度依赖电视媒体的既有资源，重转化、轻原创，既无法构建拥有独立自主版权的内容体系，也无法搭建聚集多方内容的产品平台，缺少竞争力也就不足为奇了。

其三，舍本逐末的产品路径。互联网技术更新迅速，各种应用层出不穷，电视人一路紧跟，沉迷于各种新技术新应用里不能自拔。这虽然在一定程度上体现了电视人紧跟潮流、不断学习的精神，但是简单地将产品等同于各类应用，重开发轻运营，重界面轻支撑，重跟随轻原创，也显示出了电视人对新媒体产品生产缺乏底层思考、被表面形式所迷惑的重大不足。

认知偏误：节目思维对于视频思维的替代

电视媒体靠视频起家。以常理来看，在视频产品的生产上，电视媒体应该是轻车熟路，具有极大优势。但是，这个优势却没有在新媒体视频产品上体现出来。虽然电视人在转变制播观念、树立产品概念上迈出了从 0 到 1 的关键一步，但对产品的理解却并不完整深入，电视时代的思维和行动惯性还在深刻影响着电视人的产品转型之路。在新媒体长视频产品中，只有湖南卫视的芒果 TV 具有一定程度的竞争力，市场排名在第 6 位左右，即便如此，与前三名的差距也非常巨大。而近些年兴起的短视频产品，电视媒体则总体缺席，只是偶尔有一些短视频节目在不同的平台上线，总算宣示了电视媒体尚有制作此类节目的能力。但仅此而已。

为什么以视频为基础业务的电视媒体，在新媒体的视频产品中反而无所适从了呢？

任何创新型产品，它所带来的影响都不仅仅是表面上看起来那么简单，互联网尤其如此。表面看来，从电视节目到网络视频，似乎只是将播出渠道从电视换到了网络，但事实上远非如此。实际上，支撑节目和支撑视频的思维方式具有很大的不同，它们分别是节目思维模式和视频思维模式，对应的是节目产品和视频产品这两种不同的产品类型，面向的是电视媒体和新媒体这两种不同的市场。从媒介形态到传播方式，视频对节目都是全方位的解构升维，两者的不同体现在多个方面：

传播方式不同。电视节目是单向的、线性的、给予式的传播方式；网络视频则是双向的、非线性的、自取式的传播方式。传播方式不同，代表着传受关系的主体不同。节目传播的发起者是电视媒体，因此，节目传播方式的主体是电视媒体。网络视频则不同，完成网络视频的传播，不仅需要上线视频产品，更需要用户的点播，因此网络视频的传播是双主体形态，传播者和接受者都是主体。在某种程度上，接受者的主体地位要大于传播者。这就是网络视频商特别重视用户规模特别是活跃用户规模的深层原因。因此，在网络视频中，用户具有超强的统治地位。

交互方式不同。节目和视频的传播方式不同，决定了两者的交互方式也不同。电视节目的单向与线性传播特性，决定了观众不能进行实时交互，处于被动地位。而网络视频完成传播行为，是以用户的主动寻找为前提的，发起者是用户，因此，交互是网络视频的底层标准，是网络视频生存与发展的基础。而且，随着网络视频形态的发展，用户的交互行为已经构成网络视频的重要组成部分，比如弹幕和评论，就成为网络视频产品的重要元素。可以说，弹幕量与评论量已经成为网络视频影响力大小的重要标准。这是网络视频平台生命力高于电视媒体平台的另一个重要标志。

完整性不同。电视节目形态必须是完整的，所有的产品都是完成式作品。而网络视频则不受完整性限制，无论是完整还是不完整，都是可以存在的。因此，网络视频产品比电视媒体具有更大的灵活性，张力更强。很多电视媒体的完整产品在网络视频中被切碎、被重新组合，收到了超过电视媒体的传播力，道理即在于此。这也是电视媒体编播人员向网络视频平台无偿提供节目内容的原因所在（当然这种无偿方式是对电视媒体的伤害）。

对应方式不同。一是时间对应方式不同。电视节目与播出时间是一一对应的关系，不同的时间，播出的是不同的节目，其收看节目的观众也不同；网络视频是非线性传播方式，视频产品与时间没有对应关系，用户可以随时随地观看任何一个视频节目。二是受众对应方式不同。因为每一个电视节目都是为特定受众群体服务的，因此，每一个电视节目必须与特定的观众群体相对应，传受双方建立起预约收视习惯，完成各自需求；而网络视频的用户对应并不像电视节目那么明显，虽然视频节目也是面向部分用户的，但是，理论上，所有潜在目标用户，都可以看这个视频节目；这使网络视频克服了特定播出频道和特定播出时间的限定，可以获取更大更长久的传播效益。三是平台对应方式不同。电视节目是与播出平台相对应的，不同的电视频道对应不同的受众，因此，我们电视媒体强调频道专业化；网络视频的平台总体上与用户的对应并不明确，通常，综合性视频平台会上线所有类型的节目，视频平台没有像电视频道那样的对象性限定，他们可以通过大数据分析进行精准推送，从而做到"千人千面"。

盈利模式不同。由于电视媒体的黄金时间相对固定，电视观众收看电视节目的时间相对固定，因此，电视媒体的传播基本上是以节目的首播为中心来规划和设计的，电视节目的传播实际上几乎等于一次性的首播传播。这也决定了重播节目是不可能编排在黄金时间的，也因此，重播节目几乎没有什么效益。因为这样的传播特性，决定了电视媒体的广告盈利模式也是以首播节目来构筑的，广告收益绝大多数来自电视节目的首播，重播节目的广告效益几乎可以忽略不计。与此相对应，电视节目的广告收益也几乎是一次性的。这就是所有的电视广告都围绕着节目的首播进行营销的原因。网络视频则不同，它一旦上线，只要没有特殊原因就永远在线。更由于网络视频的盈利模式不是以视频的上线为标志，而是以用户的点击收看进行计算，因此，永远在线的视频节目，理论上其收益也是永久的。这种盈利模式当然要优于电视节目的一次性盈利模式。

总体容量不同。电视节目的总量是有限定的，理论上最大节目量，就是每天 24 小时的节目首播量。因此，为增强传播效果、满足盈利模式，电视节目的内容大部分要集中在头部，其腰部数量已经减少，尾部就更少了。网络视频因其非线性的传播特性，其总量没有限定，只要存储服务器允许，视频内容多多益善。因此，网络视频的内容不仅仅限于头部，腰部和尾部的内容也是其重要组成部分。所以，在同等条件下，网络视频具有比电视媒体更为广阔的用户群体，具有比电视媒体更为有利的盈利模式。所以，长尾效应在视频平台上非常明显，这也是新媒体视频产品优于电视媒体的重要标志。

预告和推介方式不同。因为，电视节目的播出时间是固定的和线性的，错过播出时间，就难以看到，因此电视节目的预告和推介就非常重要；而网络视频可以随时点击收看，因此，推介和预告没有电视节目那么重要，反而更加看重口碑营销和二次营销。虽然视频平台也追求视频上线之后的轰动效应，但是，这并不是视频平台的根本，因为，视频平台的影响力和盈利模式不是以单一时间为基础的，这明显区别于电视媒体。

　　从电视媒体进入网络视频行业并不成功的结果来看，显然，电视媒体并没有把节目思维和视频思维的区别认识清楚。电视媒体如果一直模糊电视节目和视频产品在本质上的区别，依然把生产、创作与生产方式平移到视频生产领域，电视媒体就无法走出当下在新媒体视频产品中的误区，当然也无法改变电视媒体在视频产品中的竞争劣势，媒体融合之路也注定不会顺畅。

转型之路

　　任何改革，从观念具备到成熟落地，距离都相当遥远，天时地利人和似乎缺一不可，期间还有各类不可控的偶然因素经常发挥至为关键的作用。不论在哪个行业，"不转型等死，转型找死"的魔咒似乎都难以打破。但对于我国的传统媒体来说，它所承担的意识形态使命、事业体制身份和国家的政策支持，不仅使转型成为必须要完成的政治任务，而且在客观上为其拉长了转型的窗口期。在这种情况下，问题不再是"做与不做"的选择题，而变成了"如何做"的必答题。对于具有不同资源禀赋的电视媒体来说，具体做法可能会有不同，但是以"打造有影响力的自主可控的产品"为目标，大体路径却是明确的：

　　让自有平台成为新媒体业务的核心

　　所有需要借助别人平台发布内容的新媒体产品，都不是平台型产品。所以，那些微信公众号、微博账号、头条号等内嵌式新媒体产品，都不在平台型产品之列，当然与自有平台就更是没有任何关系了。所谓新媒体的自有平台，应该具有如下要素：一是平台由自己搭建；二是平台上的所有用户属于自己；三是平台上产生的所有数据属于自己；四是所有符合要求的产品都可以在平台上线。

目前电视媒体打造的新媒体自有平台，很少能够成为新媒体业务的核心，大多数以电视媒体的边缘化角色尴尬运转。电视媒体的业务人员常常认为这些平台只是电视媒体的下属公司，和自己并不是一体化运作的关系。这些平台运营公司在电视媒体内部调动不了资源，话语权很小；而面对市场的时候，又难以按照独立市场主体的身份运作，自主控制权很低。在这种情况下，我们苛责这些平台没有做好，确实是强人所难了。湖南广电的芒果 TV 之所以近几年上升势头迅猛，有几个做法极为瞩目：一是超强地位。湖南广电明确芒果 TV 与湖南卫视具有平等的地位，是湖南广电的"双核驱动力"之一，这就解决了芒果 TV 的战略定位问题。二是在管理层上给予高配。湖南卫视的台级领导兼任芒果 TV 的管理人员，尽可能解决电视媒体与芒果 TV 的管理关系与资源共享问题。三是强力配置内容资源。不仅获得湖南卫视内容资源的独播权利，还面向社会购买内容资源，推动芒果 TV 从湖南卫视的新媒体平台向完全市场化的新媒体平台转化。四是对接资本市场。芒果 TV 已经借壳上市，打通了投融资瓶颈，资金实力大为增强。

芒果 TV 的上述做法，非常值得电视媒体在开展新媒体业务时认真思考和借鉴。

第一，电视媒体必须解决新媒体业务的战略定位和管理人员的层级问题，前者涉及新媒体业务在电视媒体中的地位问题，而后者则涉及新媒体业务与电视媒体的管理关系和管控强度问题。

第二，电视媒体必须解决自有新媒体如何使用现有内容资源的问题。如果现有内容资源不能为自家新媒体平台独家使用，甚至去无意识地支撑自家新媒体平台的竞争对手，这无异于自毁长城！纵观国内外内容类平台，最终比拼的核心都是优质内容的拥有量，国外的 Netflix、Amazon Prime、Hulu，国内的腾讯视频、爱奇艺概莫能外。

第三，电视媒体要清醒地认识到，新媒体平台是独立的市场主体，而不是电视媒体在新媒体上的延伸。它不仅要独家拥有电视媒体所有适合自身使用的资源，还要有独立面向社会购买、聚集内容的权利和实力。即便是这样的内容资源与电视媒体发生竞争关系也在所不惜。因为，来自自家新媒体平台的竞争，总要好过来自别人家新媒体产品的竞争。换句话说，电视媒体面临着所有新媒体产品的竞争，电视媒体的首要任务，不是减少来自自家产品对自己固有利益的分割，而是要培养自己的新媒体平台在与包括自己在内的所有竞争对手（当然包括市场上的新媒体）的竞争中获取优势地位。

第四，资金。这是所有新媒体发展的基础支撑。电视媒体必须明白，自己的资金支撑不起新媒体业务的发展，新媒体的发展必须借助资本市场，必须借助社会资金。

电视媒体需要特别注意的是，让自有平台成为新媒体业务的核心，就必须清醒而节制地使用外部商业新媒体平台。微信、微博、今日头条等外部新媒体平台，将其作为引流工具、推介工具都可以，但不能将其作为主要的内容发布平台。不能为了一档节目的宣传效果或一点版权收入，就假手他人，追小利舍大利。这种时候，考验的是电视媒体的战略定力和胆识魄力。

以视频的思维方式和传播方式来建设新媒体

前文已经详细分析了，视频是对电视节目的全方位升维，因此，电视媒体在做生产转型时，要避免三个误区：

第一，不能简单将电视节目原地转化为视频节目，而应专门为自有平台制作和购买视频节目。

第二，不能将电视媒体现有的队伍简单转化为新媒体队伍。应该通过多种手段补足策划、运营、管理和营销人员。电视媒体现有的队伍，其业务理念、知识结构、运作方式与电视媒体紧密耦合，他们大部分过于依赖电视媒体的业务路径。因此，完全靠现有人员转型难以迅速补齐新媒体短板，时间成本太高。必须采用自有优秀人员与社会招聘新媒体人员组成新团队的方式来运营新媒体业务。

第三，不能将视频上线作为生产的终点，而要将其作为经营用户与业务运营的起点。上线视频不是目的，增加平台的用户规模、增强用户的活跃程度、提高平台的创收盈利能力、提升平台的市场竞争力，才是最终目的。

以组织转型推动产品转型

前文已经提到，有竞争力的产品，必须具备满足用户需求的服务能力。在当下的电视媒体，仅靠产品生产部门来塑造这种能力是不可能的，正确的路径是从电视媒体的组织转型入手。这个问题更为复杂，本章不做详细讨论。但总体上，组织转型需要解决如下三个核心问题：一是解决资源配置问题。本书第二篇的中心内容，是描述电视媒体错误的资源配置方式，把业务限定在了电视播出一隅，失去了构建电视产业的机会。这一错误，在新媒体业务发展的体现上，如出一辙。电视媒体如果不把核心资源的配置从电视本体业务向全媒体转变，则新媒体业务的发展永远没有成功之日。二是解决决策机制问题。不能由电视媒体本部为新媒体业务进行决策，必须把新媒体的决策权力还给新媒体自己。但是，当下电视媒体的决策机制无法做到这一点。因此，三是解决组织架构问题。要升级电视媒体的组织架构，让升级后的组织，一手托电视媒体业务，一手托新媒体业务。电视媒体业务和新媒体业务要从父子式的隶属关系走向兄弟式的平行关系，互不隶属，但相互支撑，实现综合效益最大化。这是本篇下一章的内容，我们接下来进行详细讨论。

误区五　错位的关系——父子还是兄弟

在我国电视媒体的组织架构中，新媒体的层级与各个频道大体相仿，由电视媒体总部领导，向电视媒体总部负责。这样的组织架构意味着，新媒体业务并没有与电视业务处于平等的地位，而是与电视媒体下属的各个频道的业务处于同一层级。我把这种组织架构上的关系，称之为父子关系。实际上，父子关系是我国电视媒体与其新媒体关系的准确写照。

只是，新媒体与电视媒体是有利益冲突的，这不仅因为两者会争抢电视媒体的有限资源，更由于在传播效果上，两者是此消彼长的关系！因此，在父子关系的大背景中，对于不断侵袭、压缩自己业务范围的新媒体，电视媒体从上到下很难自觉予以全力支持。

何况，新媒体是比电视媒体更高层级的媒体形态，电视媒体即便有心，恐怕也难以承担领导新媒体的重任！

所以，从父子关系向兄弟关系转变，应该是电视媒体开展新媒体业务的必选项。

电视媒体开办的新媒体，与电视媒体应该是什么样的关系？

用管理学上的术语来表达：电视媒体与其开办的新媒体，在组织架构上，二者应该呈现什么样的形态？

在第一篇中，我们谈到了彼得·德鲁克的观点：战略决定架构，组织架构应服从服务于组织的目标和战略。因此，正确确定电视媒体与其开办的新媒体的关系，是电视媒体融合之路上绕不过去的坎。不厘清这个问题，媒体融合的目标就难以实现。因为，合理的组织架构，是一个组织顺畅运转的基本前提。

父与子：电视媒体与其新媒体的关系定位

当下，几乎所有传统媒体开办的新媒体，与传统媒体都是父子关系——传统媒体是新媒体的母体；是新媒体的投资方，是股东；是新媒体的领导者，领导、督导、制衡新媒体的业务；是新媒体的重要利益相关者，向新媒体注入资源，双方协同一体发展。

有人会有疑问：既然新媒体是传统媒体开办的，双方当然应该是父子关系。难道还能形成其他关系吗？

当然会有其他关系！

两者之间由来已久的这种父子关系，严重偏离了新媒体的正确发展方向，阻碍了新媒体的发展速度。在本章的后面我们会详细论述这个观点。

但是，需要说明的是，包括电视媒体在内的传统媒体与其新媒体之间形成的这种父子关系，却有其历史和现实的原因。

第一，媒体融合是电视媒体的职责与使命，发展新媒体义不容辞。因此，电视媒体投资和开办新媒体，是媒体发展的必然，二者形成父子关系，具有极强的历史合理性。

第二，如本书第一篇所述，电视媒体一直采用的是单一层级决策主体的组织架构方式。电视媒体开办与投资的所有组织，包括内容生产公司与产业运营公司，都在电视媒体的管控与直接领导之下。新媒体当然也不例外。

第三，新媒体从无到有，电视媒体负有组建与管理职责。由此，两者形成隶属关系，也顺理成章。

第四，新媒体的主要负责人来自电视媒体。这些负责人基本上是从电视媒体现有业务人员之中选择而来，与电视媒体不仅有着领导与被领导的关系，其业务基因、主要人脉资源和专业构成，也与电视媒体密不可分，难以脱离电视媒体而独立运行。

第五，新媒体的主要资源来自电视媒体。新媒体的资金、资源、技术、业务支撑和收入支撑等诸多资源，主要来自电视媒体。按照目前的运作方式，新媒体离开电视媒体这个母体，将无法生存。

一路走来的父子关系

电视媒体自开办新媒体伊始，至今已经跨过了 20 年的门槛。回顾媒体融合 20 余年来三大阶段的发展历程，我们会发现，它与电视媒体的关系，一直沿袭着成立之初的父子关系，至今没有大的改变。

PC 时代：起大早赶晚集

1996 年 12 月，中央电视台网站开办，是为央视网前身，这是我国最早发布中文信息的网站之一，也是我国各级电视台中最早开办的网站。几乎在央视开办网站同时，《人民日报》网络版于 1997 年 1 月 1 日开办，这是人民网的序曲，标志着《人民日报》正式涉足互联网。此后不到一年，新华社于 1997 年 11 月 7 日与中国电信合作建立新华社网站，由此踏入互联网领域，新华网的雏形也开始形成。

那些曾经在门户时代占据统治地位的商业网站，虽然在此一时间都在酝酿登场，但是成立时间均略晚于上述三大主流媒体。新浪、搜狐、腾讯于 1998 年之后陆续成立，凤凰卫视的凤凰网也是在这一年开办。可以看出，传统媒体三巨头与各大商业门户网站进入互联网的起跑点，大体相同。

2000 年到 2009 年，各级电视台纷纷开始自办网站，网站数量一度高达 200 多家。但令人唏嘘的是，尽管包括央视网、人民网、新华网在内的传统媒体网站起了个大早，却让后起之秀的新浪、搜狐等网站赢得了 PC 门户时代，众多电视台开办的网站大多悄无声息，湮灭于互联网的信息洪流之中。在 PC 门户时代，唯一由电视台开办并能排在门户网站前位的，仅有凤凰网一家。如今来看，历史的分叉点可能就隐藏于不同电视台对电视媒体和新媒体彼此关系的认知以及相应的架构设置之中。

为发展新媒体，电视媒体曾经在组织机构上对新媒体进行了几次升级。步入 21 世纪以后，一些电视媒体开始在内部成立专业部门来专门负责互联网业务。设立伊始，这个部门在电视媒体内部属于三级部门，归口中心一级的机构管理，其管理层级比电视媒体各个频道的层级要低。可以说，此时电视媒体互联网业务的主要职能定位，就是电视媒体现有业务和各个频道播出节目的延伸传播渠道，并无独立地位可言。而 2000 年时，新浪、搜狐等门户网站已先后在纳斯达克上市，借助资本市场实现了跨越式发展。

经过了几年时间的体内运转，2006 年前后，一些电视媒体再次对新媒体的组织架构进行调整。这次调整的主要内容，是通过设立公司来开展互联网业务，希望以打造独立市场主体的方式做大做强电视媒体的新媒体业务。在此期间，电视媒体的新媒体一方面以汇集电视频道直播信号的方式，试图借助电视媒体的存量资源增强自身的影响力；另一方面则申请各类互联网业务牌照，开办包括微博和电子商务在内的各种互联网业务，力图与门户网站形成分庭抗礼的格局。

然而，我们看到，尽管台网关系不断变换，新媒体的运营主体也从电视媒体的内部部门发展为独立运转的公司，但是，二者控制与隶属的父子关系却并未发生根本性变化。这种状况带来了两个直接后果：一是新媒体隶属于电视媒体，决定了其业务的战略目标、发展定位始终处于分裂和多重的状态，常常在电视媒体官网、网络电视台、门户网站间游移摇摆；二是"对台服务"成了新媒体事实上的第一要务，这种业务定位与面向市场、按市场规律运作、谋求自我发展形成了一对互相掣肘的反向作用力。反观此一时期的凤凰卫视，因受制于落地限制，则将新媒体视为千载难逢的战略性机遇，果断在 2006 年 10 月将凤凰网改造为凤凰新媒体，将其作为凤凰卫视控股有限公司旗下与凤凰卫视平级的独立市场主体，由单纯的网站变为包含综合门户、手机网、移动客户端、视频网站在内的综合新媒体运营主体。这样的定位调整，不仅使凤凰新媒体在 PC 门户时代表现抢眼，大大提升了凤凰在内地的品牌认知度，也在移动互联网时代迅速转身，收效不菲。

移动时代：失控的延伸传播

2009 年，互联网发展进入一个新的历史节点——中国的手机网民数超过总人口的 20%，标志着中国互联网开始进入移动互联网时代。从这个时间点起，电视媒体的融合实践又出现了新的特点：一是移动互联网因其随时随地、方便快捷、使用成本低而迅速普及，其对用户收视行为、信息获取行为、媒介传播格局的影响远超 PC 互联网，给电视媒体人尤其是年轻和一线人员带来了直接而猛烈的压力，电视母体自下而上的新媒体转型冲动开始自基层强烈喷发；二是不同于 PC 时代，移动互联网的应用门槛极低，一线电视人在没钱没人没技术的情况下，也完全可以进行相关的尝试。在这双重因素的作用下，微博、微信等移动互联网应用迅速成为电视媒体人最早开始的、自发性的融合传播尝试。在此期间，几乎电视媒体的所有栏目、节目都开始自发开办自己的两微账号，有些甚至开始开发移动客户端（App）。我们在上一章"误区四 产品——一哄而起与品类缺失"已经给出数据：据 CTR 统计，截至 2018 年 5 月，我国仅省级（省、自治区、直辖市）和计划单列市电视媒体共开办的部分新媒体账号总计 2833 个，其中微博账号 1073 个、微信公众号 1349 个、头条号 186 个、客户端（App）225 个，数量之庞大，令人咋舌。

当时，这种尝试在缺乏顶层设计与配套支持的情况下，对于电视媒体人探索互联网的业务与技术应用、积累经验，推动形成对新媒体的系统性认知，具有毋庸置疑的积极意义。但是，随着这种以电视媒体各频道、各栏目和节目为主体的新媒体业务发展不断深入，问题也日益凸显出来：一是由节目部门主导的新媒体产品，依然不可避免的延续了电视媒体采编和经营分离的思路，所办新媒体只有内容再传播意识，而无经营意识，导致内容版权被无偿赠送，自有用户和数据却毫无积累，盈利模式更无从建立，舍本逐末，为他人作嫁裳。二是面对此类产品，电视媒体的管理体系出现了系统性失灵，电视的研发、立项、审核、播出、评估的全套管理流程和互联网产品快速启动、不断迭代的发展需要严重脱节，传统的管理手段基本失效，导致有办无管、管理真空的状态长期持续。电视媒体的这类新媒体业务常处于极度尴尬的地位：一边是胆大的先上车，办起来再说，主体资质缺乏（因不是独立法人主体，无法取得 ICP、App 开发者资质等）、内容把关不严、对外合作无序、透支母体品牌等各类问题不断出现；一边是胆小地乖乖走流程、层层报批，却常陷于无规可依、不知该谁管的局面，缓慢的决策流程和无法到位的配套支撑使项目流产、贻误时机的状况也时有发生。三是各自为战，散弱内耗成为必然。在电视媒体频道制、栏目制的组织架构下，其所开办的新媒体依托的都是本频道、本栏目的内容资源，不同产品分属不同的主体运营，频道主办的新媒体产品和栏目主办的新媒体产品、不同频道间同类型栏目节目开办的新媒体以及台母体自办新媒体和台里开办的新媒体公司都被卷入到混战之中。尤其是台网（所属公司）之间的关系，在父子关系的架构下，更是跌入冰点，频道、栏目相对于公司均处于强势地位，各频道、栏目为追求节目影响力，宁愿优先与互联网公司的新媒体合作，也不愿意将内容资源提供给自家的网络公司，电视母体和网络公司之间完全走向了协同一体的反面，陷入了内耗双输的恶性循环。

这种乱象在更大的格局上导致三个恶果：一是无偿滋养了商业新媒体。

电视媒体的内容资源无偿地、源源不断地输入到互联网公司的新媒体之中，使得微博、微信、今日头条等互联网新媒体产品不仅扩大了用户规模，更是迅速提升了品牌价值与社会影响力。二是让电视媒体开办的新媒体失去了整体发展战略，其新媒体发展受到极大干扰和阻碍。是面向互联网市场制定适宜、独立的发展战略，还是仅仅依附于电视媒体，以延伸传播作为自己的使命，成为这些电视媒体开办的新媒体化解不开的难题。而电视媒体的节目部门自行将资源向互联网行业的新媒体倾斜，则让电视媒体自己开办的新媒体基本失去了电视母体在内容资源与影响力上的滋养，不仅发展受到极大障碍，甚至连生存都成了问题。三是极大地消减了电视媒体的品牌价值与影响力——既然在新媒体上可以方便快捷地看到电视媒体的内容，为什么还要收看电视节目呢！可以说，这样的行为，让电视媒体和其新媒体，双双遭受重创。

我有时甚至这样认为，在某种程度上，是电视媒体人自己与互联网行业的新媒体一起，逐渐加速地共同削减了电视媒体的品牌价值和社会影响力。这是电视媒体人集体无意识的饮鸩止渴行为，是一种自杀式的悲壮举动。

当然，笔者这样说，并不是把电视媒体行业滑落到下行通道的原因，归结为互联网行业的新媒体。如本书第一篇、第二篇所述，电视媒体的衰落，有媒体大势变化的原因，有新媒体在维度上超越电视媒体的原因，也有电视媒体自身产生诸多问题的原因。但是，我国电视媒体与市场新媒体攻守转换的速度之快，电视媒体自身的新媒体发展如此蹒跚多舛，却一定与电视媒体将内容资源无偿地倾泻式地赋予外界的新媒体有极大关联。试想，我们看到过任何一家美欧日韩的电视媒体像我国的电视媒体这样如此大方地将内容资源赠与外界的新媒体吗！？

媒体融合时代：发展与瓶颈

2013年是包括电视媒体在内的传统媒体与新媒体融合发展的一个转折点。

媒体融合作为中央重大政策在 2013 年 8 月 19 日召开的全国宣传思想工作会议上正式提出，传统媒体自下而上的努力与自上而下的部署终于合流。2014 年 8 月 18 日，中央深改小组第四次会议审议通过了《关于推动传统媒体和新兴媒体融合发展的指导意见》，清晰规划了媒体融合的战略路径，指出要遵循新闻传播规律和新兴媒体发展规律，强化互联网思维，坚持传统媒体和新兴媒体优势互补、一体发展，明确要求要推动传统媒体和新兴媒体在内容、渠道、平台、经营、管理等方面的深度融合。

从 2013 年 8 月 19 日持续至今，电视媒体的融合步伐明显提速，主要表现在：一是将媒体融合提升为一把手工程，很多电视台成立了专门的决策统筹机构，如媒体融合领导小组、媒体融合指挥调度中心，强化台网资源的统筹。二是从资源配置上进行倾斜，给钱给人给建制。三是对无序发展的乱象开始进行自觉的整顿，关停下线僵尸产品，强调打造拳头产品，部分实力突出的电视媒体开始走向打造自有平台的道路。四是加大融媒体节目和短视频的创作生产，一些"爆款""现象级"产品次第推出。五是更为积极地采用最新的互联网技术，大数据、云计算、移动直播、VR、AR 等新技术开始应用于重点创新节目。六是从技术层面进行流程再造，开始尝试打造电视与新媒体一体化的采编播存用平台，力图提高生产和分发效率。

上述举措产生了极为重要的价值，在业务层面也取得了非常显著的成果。只是，不容忽视的是，经过几年的加速发展，这种发展的势能呈现出减弱的趋势，依靠采用新技术、新应用而进行的业务层面的融合创新，其潜力似乎已基本释放完毕，一些深层次、根本性问题开始逐步显露。比如，由电视母体的频道、栏目开办的新媒体产品，无论如何给人给钱给建制，都会遇到一道无形的"篱笆墙"和"天花板"：采用事业体制的电视母体，在人员引进、薪酬激励、经费使用等诸多方面，与市场属性强烈的新媒体常常难以对接；比如，由电视媒体直属公司开办的新媒体产品，无论电视母体如何进行资源倾斜（这种倾斜通常还会受到电视母体节目部门的阻碍），在对台服务的逻辑下，其新媒体产品难以按照市场需要与市场竞争状态进行自主运作。这种状况，使得电视媒体的两类新媒体产品，在面对商业互联网产品的竞争时，都难以建立持续的竞争力、吸引力和发展能力。

父子关系：媒体融合发展的首要障碍

电视媒体的新媒体，发展不可谓不早，投入不可谓不大，重视程度也已经形成加速态势，但是其发展成效却是差强人意。这其中，肯定存在着更为深层的原因。

总结20余年的成败得失，可以发现，电视媒体母体与新媒体之间所建构的父子关系，是媒体融合发展的首要障碍。

电视媒体和新媒体之间存在利益冲突

电视媒体和新媒体，都有鲜明的媒体属性。二者在用户、资金、广告、版权方面，都存在不同程度的竞争关系。尤其是移动互联网的迅速普及，让电视媒体整体陷入困顿与忧虑，由此催化了电视母体各个频道和栏目争相开办新媒体的热情。但是，电视媒体开办新媒体的各个主体，在资源、资质与发展方式上都有极大相似之处，在缺少统一规划的客观状态下，不仅相互之间存在极为明显的竞争关系，这些新媒体产品与电视媒体的固有产品之间也形成了明显的此消彼长态势。

如此情况下，两者必然会发生利益冲突。由于电视媒体不仅在组织架构上处于管理者和投资者的地位，更在资源占有和配置上处于优势地位，因此，当利益冲突时，必然会限制新媒体的发展。这是包括电视媒体在内的传统媒体，其新媒体发展缓慢的重要原因。

电视媒体与其新媒体发生利益冲突的现象，国内外均有。在美国，视频网站 Hulu 与其投资者在利益冲突上的表现最为明显。Hulu 成立于 2007 年，是由新闻集团（News Corp）、美国国家广播环球公司（NBC Universal）、迪士尼公司、美国私募基金 Providence Equity Partners 以及 Hulu 员工共同持股的合资公司。美国国家广播环球公司（NBC Universal）、新闻集团（News Corp）和迪士尼公司分别通过 NBC、Fox 和 ABC 持有 Hulu 的股份。这三家老牌的电视媒体虽然都是 Hulu 的内容提供者，但是，非常重要的一点是，他们的用户在很大程度上也与 Hulu 的用户重叠。

Hulu 成立后，发展势头非常迅猛，到 21 世纪初，已经成为美国地区用户黏性最高的视频网站。在内容呈现上，Hulu 跟进电视媒体热播内容的速度越来越快，已经缩短到不足 12 小时。这些热播内容不乏 ABC、NBC、Fox 投入巨资制作的热门电视剧和其他高成本节目。虽然没有数据表明 Hulu 的跟进速度对电视台的收视率变化有直接影响，但显然它已经削弱了电视台的用户黏度。而随着 Hulu 对正版内容的需求不断扩大，作为 Hulu 持股方、内容提供方和竞争对手的三家老牌传媒巨头，明显感受到这个复杂身份带来的压力。Hulu 的发展一方面证明着网络视频媒体的成功，另一方面也让作为股东的三大电视媒体陷入了左右互搏的境地。这一状况让持股的三家电视媒体和 Hulu 高管产生了分歧。正是这个分歧，导致 Hulu CEO Jason Kilar 于 2011 年 2 月发表一篇博文，他在博文中称，电视台高管们拒绝对自己的缺点做出改变。当然，Hulu 为了继续享有各家电视台的独家授权，并保持现有的跟进速度，也做了妥协，其中重要的妥协措施就是增加播放这些电视台节目的广告时长。

Hulu 与电视媒体股东发生利益冲突，与国内电视媒体开办的新媒体的状况，何其相似乃尔！可以说，不能正确认识这种冲突并从战略层面上制定相应方略，媒体融合的目标就难以实现。

电视媒体现行的资源配置方式，会阻碍新媒体的发展

如第二篇所言，电视媒体向播出配置资源的方式，导致了电视媒体的产业发展受到极大制约，这当然也包括新媒体的发展。可以说，电视媒体现行的播出效益最大化的资源配置方式，将使新媒体难有发展空间。生存都是问题，更不要说在市场竞争中占据优势地位了。

两者维度上的差异，让电视媒体无法领导新媒体的业务

无论是对于新媒体的认知，还是聚集新媒体人才，电视媒体都缺少必要的储备。我们在本篇"导言　维度——电视媒体与新媒体的本质区别"里，罗列了众多电视媒体与新媒体的本质区别。在当下，电视媒体中有太多人没有意识到新媒体与电视媒体存在着维度上的差异，也很少有人能够清晰认识到新媒体对电视媒体终将会形成一种覆盖式的超越。以电视媒体固有的思维方式来创办新媒体，难有成功的希望。

两者的方式驱动不同

我们一直谈论新媒体的不断创新和快速迭代，这背后的动力就是技术。新媒体是技术驱动型的创新业态，电视媒体是内容驱动型的成熟业态，两者属于完全不同的驱动方式。虽然内容对于新媒体同样重要，但是，对内容的驾驭方式，两者却大不相同。对于电视媒体而言，有了优质的内容，几乎就可以获得成功，这也是"内容为王"一说的由来。而对于新媒体而言，优秀内容仅仅是获取成功的前提之一，其背后还有技术驱动下的产品形态和快速迭代之下的用户体验。不理解这一点，就会陷入"内容为王"的空洞口号陷阱之中。

两者的人员配置要求不同

电视媒体是在成熟的传播方式和相对固定的产品上追求质量，新媒体是在快速迭代的产品上寻求更多的用户。这两种业态对于人员素质的构成有很大的不同。

市场竞争，归根结底拼的是人才。应该说，电视媒体聚集了当今社会上最顶尖的电视专业人才，因此，成就了电视媒体曾经的高速发展。

但是，在新媒体领域，电视媒体是后来者，是跟随者。新媒体的顶级平台并不在电视媒体手上。这让电视媒体在聚集顶级新媒体人才上处于非常不利的境地。同时，电视媒体开办的新媒体，具有极强的电视基因，管理方式、团队文化、绩效评估方式、人员结构等，均与顶尖的新媒体公司存在巨大差异。这样的状态，将难以吸纳专业的优秀的新媒体人才。也因此，按照现有方式，电视媒体的媒体融合之路，注定艰难异常。

资金使用方式不同

电视媒体已经形成了成熟的商业模式，以收定支是电视媒体的主要运营方式，同时，我国的电视媒体因其事业单位属性，无法利用资本市场进行融资发展。因此，电视媒体的首要目标是确保盈利，这是生存的根本。而新媒体的发展模式与电视媒体完全不同，其首要目标是抢占市场，扩大用户规模，并充分借助资本市场来发展业务。电视媒体必须重视投入产出比，而新媒体更加看重市场规模。因此，以电视媒体的通常方式来运营新媒体，注定是矛盾重重。试想一下，有哪一家电视媒体，会以烧钱的方式来发展业务、开拓市场呢？而这，却是新媒体的通行方式。当前，几乎所有的视频网站，都在借力资本市场，都在融资运营，虽然几乎都在亏损，但烧钱速度和规模并不见减少，个中原因可见一斑。

行文至此，我们可以发现，在父子架构下，媒体融合注定只能"＋互联网"，而无法实施"互联网＋"；在这种逻辑下，新媒体注定会被电视运作的惯性裹挟，既没有条件"遵循新兴媒体发展规律"，也没有办法"强化互联网思维"；在这种格局下，媒体融合几乎只能以传统的内容生产为唯一支点，无力推动"传统媒体和新兴媒体在内容、渠道、平台、经营、管理等方面的深度融合"。如果不尝试进行机制乃至体制方面的变革，不做组织架构层面的调整，不仅无法支撑后续的融合转型，随着矛盾的日益加剧，现有业务层面的融合成果恐怕也难以长久存续。

新型兄弟关系：媒体融合成功的前提

如上所述，电视媒体与新媒体在组织架构上的父子关系，是制约媒体融合发展的首要障碍。破解困局的切入点，就是在组织架构上破冰！将以往的父子关系变为兄弟关系。

通俗一些说，电视媒体与新媒体，应该互不隶属，各自独立面对市场和竞争。笔者认为，这是我国现阶段电视媒体转型发展、实现媒体融合最为可行的架构选择。

在前面我们已经论述，新媒体对于电视媒体的覆盖与替代，是必然的趋势，只是时间早晚的问题。对于不同电视媒体来说，区别仅在于到底是被自办的新媒体覆盖，还是被别人的新媒体覆盖。不得不说，可以做出主动性选择的将只是市场上尚拥有较强资源和实力的电视媒体，多数电视媒体将不得不被动地成为依附于互联网巨头的内容生产者。而对于那些尚有能力放手一搏的电视媒体来说，如果我们的新媒体不能借助电视媒体既有的优势来丰满自己的羽翼，不能尽快补足融合发展必需的要件，将来电视媒体将难有遗产和血脉留存于世！这即是媒体融合发展对于电视媒体的终极意义——新媒体脱胎于电视媒体，最后覆盖、替代电视媒体，从而实现媒体形态生生不息的延续。我们必须明晰，与电视媒体争夺市场的，是整个新媒体行业。电视媒体的新媒体，即便暂时对电视媒体的业务构成冲击，这种冲击，总比来自其他新媒体的冲击要有利的多！

然而，不谈时间点的改革都是空想和幻想，任何改革都需要掌握节奏。现阶段，当新媒体还没那么强，电视媒体行业尚有相当的资金、人力资源、影响力、公信力等诸多实力的时候，唯有先改变电视媒体与其新媒体在组织架构上的隶属关系，让二者从父子关系变为兄弟关系，才能让电视媒体开办的新媒体在解脱诸多束缚的同时，借助电视媒体的既有力量持续发展。

需要特别强调的是，我们所说的互不隶属，并不是切断电视媒体与新媒体的关联，而是实现更高层次上的一体化运作。其理想状态，我们在本书第二篇的最后一章中，已经给出部分答案：升级电视媒体层级，以集团化方式来管控电视媒体、新媒体、渠道公司、各个产业公司等。这样的设置，可以让电视媒体和新媒体都成为电视媒体集团的一个部分，从而实现电视媒体和新媒体在集团层面统一管理之下的一体化运作。两者当然是利益共同体，但是这种利益共同体，并不以牺牲其中一方的利益来发展另一方，而是在目标、资源上实现协同，最终目标是电视媒体集团的利益最大化，从而避免电视媒体的运作惯性和既有利益干扰甚至阻碍新媒体的发展。

具体来说，在战略目标上，一方面依靠事业体制在公信力、权威性、专业性方面的优势做强内容长板，做好公益服务；另一方面依靠市场体制在市场运营、产业拓展、渠道布局、平台运营、资本运作等方面的优势来补足短板，做好产业服务，共同构筑二者优势互补、协同发展、缺一不可的媒体融合发展版图。

要实现有效协同，可通过党的领导、行政管控、公司治理结构（三会一层：股东会、董事会、监事会、管理层）并举的方式，做好制度设计，妥善处理好电视媒体与新媒体的关系，协调两者和谐运作，共同发展。双方可通过窗口期设置、内部成本结算、集团层面重大资源统一调度等方式，进行准市场的方式运作。这才是电视媒体与新媒体融合发展的正确路径。只要把控住人员任免和绩效评估等关键事项，无论新媒体采用什么样的运作方式，都可以实现电视媒体与新媒体有序与有效的融合发展。而电视媒体亦可借此实现在管理架构和业务模式上的升级。

厘清父子关系还是兄弟关系之所以重要，不仅仅是因为它是电视媒体正确开办新媒体的前提和基础，更为重要的是，这种认知还与电视媒体应该从媒体业务向媒体产业和媒体生态发展、从单一层级决策主体向媒体集团升级的认知密切关联。换句话说，如果电视媒体在组织架构上不能实现向媒体集团的转变，在新媒体的运作上也就无法实现从父子关系到兄弟关系的转变。从这个意义上说，调整父子关系为兄弟关系，就不仅是如何开办新媒体的问题了，更是涉及电视媒体的发展战略和组织架构的总体性问题。如此重大的事项，电视媒体必须倾所有智慧求索，尽所有力量对待！

解决之道　跳出电视救电视——向 TMT 融合发展升级

　　无疑，在当下行业融合、产业交汇的大背景下，电视媒体处于防御者的角色。防御者至少应该做两件事：一是修建"护城河"，保护好自己的势力范围和核心利益。二是进攻！所谓进攻是最好的防御！

　　本书前两篇的内容，概括起来四个字：查体·疗伤，本质上就是加宽加深电视媒体的"护城河"。但是，仅仅守护是不够的，电视媒体必须要摆出另一种姿态：进攻！

　　如何进攻呢？

　　跳出电视救电视——向双 T：互联网行业（Technology）和通信行业（Telecom）拓展，构建 TMT 一体融合发展的产业集群！

本章内容，我们从世界媒体的一个排名开始。

一张榜单

世界媒体实验室（World Media Lab）从 2014 年始，每年都发布"世界媒体 500 强"排行榜，下表是四年来排名前十的媒体名单及其年度收入。

2014—2017 年度世界媒体 500 强前十位

单位：亿美元

排名	2017 年度		2016 年度		2015 年度		2014 年度	
	公司	收入	公司	收入	公司	收入	公司	收入
1	谷歌	894.60	谷歌	749.89	康卡斯特	687.75	康卡斯特	646.57
2	康卡斯特	804.03	康卡斯特	745.10	迪士尼	524.65	迪士尼	488.13
3	迪士尼	551.37	迪士尼	556.32	直播电视	332.60	21 世纪福克斯	318.67
4	直播电视	364.60	直播电视	332.60	21 世纪福克斯	289.87	直播电视	317.54
5	时代华纳	293.18	NBC 环球	284.62	时代华纳	273.59	维旺迪	304.56
6	21 世纪福克斯	285.00	时代华纳	281.18	NBC 环球	254.28	时代华纳	297.95
7	NBC 环球	284.60	21 世纪福克斯	273.26	时代华纳有线	228.12	NBC 环球	236.50
8	脸书公司	276.38	自由全球	252.71	贝塔斯曼	202.09	贝塔斯曼	230.16
9	腾讯	257.61	时代华纳有线	236.97	自由全球	182.48	时代华纳有线	221.20
10	考克斯	201.00	贝塔斯曼	186.84	WPP 集团	179.70	BCE 公司	192.05

数据来源：世界媒体实验室

在四年榜单的排名中，2014 年和 2015 年康卡斯特排在首位，而 2016 年和 2017 年谷歌力压康卡斯特，连续两年排名第一。谷歌为什么在 2016 年开始在榜单中出现，本章后面有详细描述。我们先从康卡斯特说起。

康卡斯特公司此前多次出现在我们的论述之中。它和谷歌一样，都不是传统意义上的媒体，为什么它能够在媒体榜单里名列前茅呢？

康卡斯特是美国最大的有线电视运营商和宽带服务提供商，主要由康卡斯特有线（Comcast Cable）和 NBC 环球（NBC Universal）构成。康卡斯特有线主要负责有线网络业务运营，NBC 环球主要负责媒体内容运营。截至 2017 年年底，康卡斯特拥有 2130 万有线电视用户，2390 万宽带网络用户，1030 万 IP 电话用户，全年收入 804.03 亿美元，其中 NBC 环球收入 284.60 亿美元。

以有线电视业务起家的康卡斯特，能够位列媒体十强榜单前列，首先得益于它对媒体的并购。2009 年，康卡斯特收购通用电气旗下 NBC 环球 51% 的股份，获得 NBC 环球旗下 NBC 电视台、西班牙语电视台等 24 个有线电视频道的播出权，一跃成为全美最大的媒体公司。2015 年，康卡斯特又从通用电气手中买断了 NBC 环球剩余的 49% 股份，NBC 环球由此成为康卡斯特的全资子公司。此外，康卡斯特还从迪士尼手上收购了高尔夫频道，控股"E！娱乐频道"，媒体实力进一步增强。除并购外，与电视媒体进行多方合作，也是康卡斯特影响力逐步攀升的重要原因。一些著名的电视媒体如 ABC、HBO 等都在康卡斯特的播出平台播出。康卡斯特还与流媒体公司合作，用户可以在康卡斯特的平台上观看 Netflix 的节目。

在媒体榜单前十名中，紧随康卡斯特和谷歌的是迪士尼。这家以米老鼠和迪士尼乐园闻名的公司，通过并购电视媒体 ABC（1996 年），完成了由内容集团向传媒集团的转型。

在迪士尼之后，接下来的依次是直播电视、时代华纳、21 世纪福克斯、NBC 环球、脸书（Facebook）、腾讯、考克斯。这七家公司中，四家是媒体集团公司，两家是互联网公司，一家是多系统运营商（MSO）。

需要特别说明的是，在 2017 年媒体十强中，第一次出现了我国公司的身影——腾讯，非常值得庆贺！当然，作为一个电视人，我又有一丝挥之不去的遗憾。因为这家入榜的公司，不是我国的电视媒体，也不是传统意义上的媒体，而是互联网公司！腾讯对我国传统媒体的超越，在一个外国机构的媒体榜单中，以另一种方式被清晰勾画了出来！

同样需要特别说明的是，这四年里，没有一家电视媒体进入榜单十强行列！

电视媒体难以生存，媒体集团渐成趋势

近些年来，在发达国家，电视作为一种媒体形态，已经难以独立生存了。

从这份榜单可以看出，媒体之争，早已经是综合性媒体集团之争了。电视媒体已经失去了与这些综合性媒体集团抗衡的资格与实力，转而成为这些媒体集团的并购对象。

1996 年，迪士尼以 190 亿美元收购 ABC（美国广播公司），由于 ABC 拥有全球最大的体育媒体 ESPN 80% 的股份，这意味着迪士尼同时控制了 ESPN；同一年，时代华纳公司以 91 亿美元收购了拥有 CNN 的特纳广播公司；1999 年维亚康姆以 370 亿美元的代价收购了哥伦比亚广播公司 CBS（2005 年 12 月，出于战略调整，两者分拆，2018 年 2 月，两者又重新启动合并计划）；2009 年，康卡斯特斥资 137.5 亿美元收购通用电气旗下 NBC 环球 51% 的股份，获得 NBC 环球旗下 NBC 电视台、西班牙语电视台等 24 个有线电视频道的播出权；而早在 1985 年，21 世纪福克斯公司（FOX）就被默多克的新闻集团纳入旗下，并在此基础上成立了福克斯广播公司。所以，美国五大电视媒体，目前分属五个媒体集团：ABC 归属迪士尼，NBC 归属康卡斯特，CBS 归属维亚康姆，FOX 归属新闻集团，CNN 归属时代华纳集团，无一单独存在。在欧洲，1984 年贝塔斯曼集团即收购了欧洲最大的商业电视媒体 RTL。

为什么发达国家的电视媒体几乎都被媒体集团并购了呢？

下表是世界媒体实验室发布的世界媒体 500 强榜单前 100 名中，以电视媒体身份入选的世界主要电视媒体的排名情况。

2014—2017 年在世界媒体 500 强前 100 名中主要电视媒体的收入及排名

单位：亿美元

	2017年度收入	排名	2016年度收入	排名	2015年度收入	排名	2014年度收入	排名
哥伦比亚广播公司	131.66	18	138.86	19	138.06	15	152.84	12
RTL 集团股份有限公司	65.19	36	65.88	39	70.28	37	81.03	31
德国公共广播电视集团	63.92	38	63.04	42	77.11	32	86.46	24
英国广播公司	59.15	42	71.16	36	71.20	36	84.40	26
富士媒体控股公司	56.02	45	53.77	50	—	—	62.16	39
中国中央电视台	50.72	53	46.98	54	49.00	53	49.02	49
墨西哥电视集团	46.53	57	50.78	51	54.36	50	56.45	43
独立电视有限公司	35.75	66	44.02	57	40.37	60	39.56	58
日本电视控股公司	35.69	67	34.42	70	33.20	78	33.08	75
法国电视集团	31.92	79	31.17	78	39.10	63	43.38	52
东京放送控股公司	30.44	84	28.92	88	28.97	88	34.30	71
意大利电视集团	29.33	89	未上榜	—	35.24	71	36.12	64
朝日电视公司	26.28	98	未上榜	—	未上榜	—	25.94	93

数据来源：世界媒体实验室

可以看出，从 2014 年到 2017 年这四年中，在收入上，只有中国中央电视台、日本电视控股公司、朝日电视公司略有上升，其余全部下滑，很多电视媒体的下滑幅度还非常大。而在排名中，除了日本电视控股公司有所上升之外，其余全部下滑。

由此可见，世界主要电视媒体的收入和排名，与综合性媒体集团相比已经明显不在一个层级上。那些综合性媒体集团以其多元化业务布局、相互支撑的产业集群和多支点的收入结构，逐渐在市场上构筑了竞争优势，它们在体量、产业链条、资本实力等方面，远超电视媒体。

电视媒体是信息与娱乐传播的主要渠道之一，受众多，影响力大，现金流稳定。在相当一段时间内，电视媒体无论从收入、体量、影响力上，都名列媒体前茅。但是，随着市场环境的逐步变化和竞争的日趋激烈，电视媒体存在的结构性问题也日益凸显。一是电视媒体的线性传播属性，限制了其在版权内容生产与聚集上的延展空间（本书第二篇版权一章已经详述）。二是电视媒体不拥有渠道资源，无法与用户进行直接连接，不仅电视节目的传播要仰人鼻息，其业务拓展功能也大打折扣。三是电视媒体的盈利模式，因其产业链条短和业务单一，呈现出低天花板效应。因此，电视媒体难以单独在市场上获取竞争优势。

电视媒体如欲摆脱如上困境，必须要拓展自身的产业链条，在向上的内容创作和制作领域和向下的渠道与用户层面实现全部或部分覆盖，构建从内容、平台、渠道、终端到用户的完整产业链，才能有效获取竞争优势。而康卡斯特、时代华纳、新闻集团、贝塔斯曼等传媒巨头，无一不是涵盖所有媒介形态的媒体集团。它们通过合并、并购等方式整合电视媒体资源来拓展自身实力，就成了市场上的常态动作。而电视媒体通过整合，也可以借助综合性媒体集团的资源、资本来扩张自己，完成全产业链构建，增强自身的竞争力。两相需要，在西方发达国家，媒体集团与电视媒体一拍即合，于是，并购大戏频频上演。

反观国内，电视媒体还基本被限定在原有的媒介形态和媒体业务区域之中，远远不能适应媒体融合大趋势的要求。我国的电视媒体越是在电视媒体内部着力，就越是把播出效益推向极致，很多根本性问题就越是难以解决。因此，我国电视媒体改变形态单一的电视播出业务结构，构建全产业链条，已成生存与发展的必须！

媒体化：互联网公司的选择

现在我们回过头来说说谷歌。

谷歌之所以能在 2016 年进入榜单，是因为世界媒体实验室在这一年才首次把互联网媒体纳入评选范围。而互联网媒体公司一进入，谷歌即于 2016 年拔得头筹，并于 2017 年蝉联第一。

对于谷歌，我们并不陌生，它是一家多业务的互联网公司，由谷歌搜索、谷歌地图、谷歌广告、Chrome 浏览器、YouTube、Android 等业务板块构成。2016 年谷歌的收入是 749.89 亿美元，比康卡斯特多出 4 亿多美元，因此名列第一。而 2017 年，谷歌的收入同比增加 140 多亿美元，达到 894.6 亿美元，超过康卡斯特 90 多亿美元，增长极为迅猛。谷歌旗下有很多业务都有一定的媒体属性，但是其媒体属性最强的业务，则是 YouTube——谷歌于 2006 年通过收购获得。拥有 YouTube，应该是谷歌能够以媒体身份进入世界媒体 500 强评选名单的最主要原因。

对于国人而言，肯定对前十名榜单中的另一家互联网公司更感兴趣，这就是腾讯。在我国网民中，很少有人不是腾讯产品的用户。腾讯从 2016 年排位第 15 名，上升到 2017 年的第 9 名，其收入在一年之中增加了 99 亿多美元，是增长势头最为迅猛的互联网公司之一。在腾讯的产品中，除了微信和 QQ 之外，大家使用最多的恐怕还是它的媒体产品：腾讯新闻、腾讯视频、特性体育、腾讯门户网站……这是腾讯作为互联网媒体公司的主要标志。

互联网公司进入媒体领域并不是个例，而是群体性趋势。下表是 2016—2017 年度主要互联网企业在世界媒体 500 强前 100 名的公司名单。

2016—2017 年度互联网企业在世界媒体 500 强前 100 名中的排名

单位：亿美元

公司名称	2017 年度	排名	2016 年度	排名
谷歌	894.60	1	749.89	1
脸书公司	276.38	8	179.28	13
腾讯	257.61	9	158.49	15
百度	101.61	26	102.48	26
奈飞公司	88.31	28	67.80	37
纳斯皮斯有限公司	60.89	41	59.30	45
雅虎	—	—	49.68	52
网易	54.99	47	33.16	72
Altaba 公司	51.69	51	—	—
艺电公司	43.96	60	—	—
领英公司	36.50	64	—	—
Naver	33.44	73	27.84	94
推特	25.30	100	—	—

数据来源：世界媒体实验室

　　与腾讯同样进入榜单前 100 名的我国互联网公司，还有百度和网易。百度连续两年的排名均位列第 26 位，而网易的排名则从 2016 年的第 72 位上升到 2017 年的第 47 位。令人不解的是，榜单中没有阿里，这或许是评选者没有把阿里确定为互联网媒体公司的缘故吧。其实，阿里收购优土之后，媒体属性已经非常强大。如果把阿里确认为互联网媒体，相信其排名也应该在前十名之内。

　　13 家进入前 100 名的互联网媒体公司，它们的两项指标几乎与进入前 100 名的电视媒体刚好相反：除了百度的位次相同、百度和纳斯皮斯有限公司的收入基本没有变化、雅虎掉出榜单之外，其余 10 家公司 6 家的排名和收入全部呈现上升趋势，4 家公司排位升入前 100 名。这种状况显示出互联网媒体公司极强的成长性。可以断定，这个趋势，在 2018 年将会继续延续，而且会有更多的互联网媒体公司进入榜单前 100 名。

其实，把谷歌、腾讯等这些开展综合性业务的互联网公司整体纳入媒体范畴多少有些勉强。因为，在谷歌和腾讯等这些互联网公司的总体收入中，具有媒体属性的业务收入占比并不高，其主体收入还是来自互联网业务。但是，近些年，互联网进入媒体行业，显现出明确的媒体属性，已经成为一个趋势。

互联网公司对于包括电视媒体在内的传统媒体的冲击，超过所有行业，也超过任何一个历史时期。它们进入媒体行业之后显现的最大特征，是重构了媒体竞争与运行的规则：

以强大的资本为依托；

以牺牲短期收益为武器；

以互联网业务形成的巨大用户规模和流量规模为牵引；

以多种未曾有过的产品和未曾有过的商业模式为竞争手段；

以互联网业务和媒体业务相互支撑、互为导流，形成新的业务形态……

这些互联网公司以如上方式在内容、平台、渠道、终端、用户等诸多方面，侵袭包括电视媒体在内的传统媒体的市场，涵盖视频、音频、纸媒、社交等诸多领域，覆盖 PC 屏、移动屏、电视屏等多种终端，让传统媒体难以应对。而且，新媒体可以通过各种 OTT 的方式，绕开电视媒体牌照，在更高层次上进行视频传播。比如，当腾讯可以在网上同时直播多场 NBA 比赛的时候，就已经跨越了电视媒体只能播出一场比赛的直播方式。实际上，这就是新媒体对电视媒体的降维打击，电视媒体难有还手之力。而且，让传统媒体更加不安的，是无从判断新媒体在什么时候会出现新的产品和模式。2016 年起始，花椒、映客等直播平台大行其道，抖音、西瓜视频等短视频平台异军突起，就远远超出了电视媒体对产品的理解。这些重新结构业务的方式使包括电视媒体在内的传统媒体的生存受到极大威胁。

互联网媒体公司被称为"新媒体"，原因或许正在于此！

互联网媒体公司的这种业务模式，也获得了资本市场的认可。2017 年，康卡斯特、迪士尼和 Netflix 的收入分别是 804.03 亿美元、551.37 亿美元和 88.31 亿美元，但是，三者市值的排位却刚好相反。美国时间 2018 年 5 月 23 日，Netflix 以 1490 多亿美元的市值，超过了康卡斯特的 1470 亿美元。两天后的 5 月 25 日，Netflix 的市值又达到了 1526.9 亿美元，超过了迪士尼的 1523.3 美元，登顶全球市值最高的媒体公司。

向媒体拓展：通信运营商的战略布局

讨论通信公司涉足媒体的情况，要从直播电视公司（DirecTV）开始。

直播电视公司在榜单中的排名位于迪士尼之后，2017 年是第 4 位。熟悉这家公司的人可能不多，但是它在美国媒体界的分量很重。它是美国第一大卫星电视运营商和最大的视频提供商，在全美拥有 2600 多万付费电视用户，有 2000 多个数字视频和音频频道，包括 200 个娱乐和音乐频道、50 多个区域覆盖和体育频道、185 个全国覆盖频道、31 个付费电影和运动频道、130 个高清频道，等等。2017 年的收入是 364.60 亿美元。

我们在这里介绍直播电视这家卫星电视运营商，是要引出另一家巨型公司 AT&T（美国电话电报公司）。AT&T 是美国最大的固定和移动电话服务供应商，也是美国重要的宽带业务提供商。正是这家美国通信行业巨头在 2015 年以 671 亿美元收购了直播电视公司，变身其母公司。这是一起震动美国媒体和通讯两大行业的重大收购事件。收购直播电视公司之后，AT&T 主营业务除了通讯业务、宽带网络业务，又增加了卫星电视业务，成为集通讯、宽带、电视媒体业务于一体的综合运营商。

然而，AT&T 进军媒体的步伐并未因此而止。它在 2016 年 10 月发起了另一项更为巨大的媒体收购行动：与时代华纳达成收购协议，兑价 854 亿美元。时代华纳集团是大型媒体集团，旗下拥有 CNN 有线新闻网、HBO、TNT、华纳兄弟影业等多家知名电视媒体和内容制作机构。与收购直播电视公司一样，AT&T 看中的是时代华纳的内容与媒体资源。这项收购案一旦获得批准，AT&T 将成为一个收入超过两千亿美元，横跨通信、媒体、互联网三种业态的巨无霸公司。如此，它在世界媒体 500 强前十名中，将占有两个席位：直播电视和时代华纳，与同样拥有两个席位的康卡斯特（康卡斯特和 NBC 环球）并驾齐驱。

但是，这项收购案遭到美国政府的反对。2017 年 11 月 20 日，美国司法部就 AT&T 收购案正式发起反垄断诉讼，要求法庭阻止收购交易。美国司法部认为，如果 AT&T 收购时代华纳集团，将会对其他提供电视频道服务的公司构成不公平竞争，甚至引发电视频道涨价，损害消费者的利益。为此，AT&T 和时代华纳将合并案的最后完成期限推迟到 2018 年 6 月 21 日。在最后期限到来的前 9 天，2018 年 6 月 12 日，美国哥伦比亚特区联邦法院法官 Richard Leon 否决了司法部的指控，宣布允许 AT&T 以 854 亿美元收购时代华纳。至此，AT&T 和时代华纳的合并正式生效，超巨型集团诞生！

这桩收购案已经掀起了美国新一轮行业融合的收购大潮。就在法院放行 AT&T 收购时代华纳交易案的第二天，康卡斯特宣布以 650 亿美元的现金方式收购 21 世纪福克斯，而在此前的 2017 年 12 月，迪士尼已经以 524 亿美元的股票报价方式与福克斯展开了收购谈判，康卡斯特的报价，高出了迪士尼 126 亿美元。其实，收购活动远不止于此。2018 年 2 月，据路透社报道，传媒集团维亚康姆（Viacom）和 CBS（哥伦比亚广播公司）重启于 2017 年 12 月终止的合并计划，拟对两家资产进行大规模整合，以应对新的竞争形势。2018 年 4 月 29 日，美国两大通信公司宣布合并，T-Mobile 将以 260 亿美元的换股方式收购 Sprint，新公司名为 "New T-Mobile"，两家公司计划在 2019 年上半年完成合并交易，以应对 AT&T 和 Verizon 越来越大的规模和实力，目前收购案正在等待美国政府的批准。在更早的 2015 年 6 月和 2016 年 7 月，美国另一家电信巨头 Verizon 总计斥资 90 多亿美元，先后收购了美国两大网络门户网站美国在线（AOL）和雅虎，并且对两家网站的业务进行了整合，媒体化的战略异常清晰。

其实，近些年，我国的通信公司也开始频频进军内容与媒体行业。

中国移动于 2014 年 11 月 18 日成立咪咕文化科技有限公司，下设咪咕音乐、咪咕视讯、咪咕动漫、咪咕数媒、咪咕互娱 5 个子公司，分别对应音乐、视频、动漫、数字媒体和互动娱乐等业务，以宽带网络为载体开展媒体业务运营。

在此前的 2014 年 7 月 24 日，中国电信推出 "悦 me" 产品，包括悦 me 盒子、悦 me 网关和悦 me 电视等。与中国移动一样，"悦 me" 产品也依托于中国电信的宽带接入业务，为家庭用户提供影音娱乐和智能网关应用等服务，电视直播和视频点播业务均在其中。

时隔四个月，中国通信业两大巨头公司先后推出网络视频产品，布局媒体业务的战略坚定而清晰。当然，两大通讯巨头的媒体业务不止如上这些。中国电信和中国移动还分别开展 IP TV 和 OTT TV 业务，不仅可以通过自己的机顶盒播放电视频道的直播节目，还能提供丰富的视频点播业务。截至 2017 年年底，两家公司的用户数量均已过亿。

TMT 产业集群：融合发展的必由之路

通过对如上榜单的简短分析，我们可以看出，行业之间、产业之间的融合发展，已是大势所趋。这个大势是什么？就是 TMT：Technology（科技）、

Media（媒体）、Telecom（通信）三者的一体融合发展。

康卡斯特是有线电视运营商，拥有网络通信资源，它通过收购媒体和宽带网络业务由有线电视行业向媒体和互联网行业拓展；谷歌是互联网科技企业，通过收购新媒体和互联网产品由互联网行业向媒体和通信行业拓展；AT&T 是通信运营商，通过收购媒体由通信行业向媒体和互联网行业拓展。这三家公司近些年一系列的收购和拓展，是 TMT 产业融合发展的鲜活标本。在美国，互联网公司和电信企业向电视行业挤压，已成主流发展趋势。

不止美国，国内的通讯企业和互联网公司也向电视媒体发起了不间歇的渗透和挤压。

我们在前文已经说过，2014 年，中国移动通过视频产品咪咕、中国电信通过集硬件盒子与软件视频内容为一体的产品悦 me 分别进入了媒体领域。而另一家通信运营商中国联通也加快了挺进媒体的步伐：2016 年 5 月 17 日，中国联通广东分公司（广东联通）发布了沃 TV 全视频平台，正式推出"沃 TV 手机 App"和"沃 TV4K 电视盒子"，标志着中国联通正式进入视频媒体领域。沃 TV 也称沃视频，是一款视频播放平台。沃 TV 自己介绍说，其产品涵盖电视、追剧、大片、纪实、动漫、VR、体育、热点等 9 个频道，有超过 100 路高清电视直播，拥有 3000 部大片、近 300 部剧集、各类型综艺节目近 10000 期、动漫超 300 部、纪实纪录片近 5000 部、VR 体验片超 500 小时。

三大运营商的动作清晰地表明，他们已经不甘于仅仅扮演渠道和传输者的角色。前几年中国电信明确提出"去管道化"的时候，实际上就吹响了改变这种状况的号角。因此，通信运营商无不投入巨大资源向上游的内容和媒体平台拓展，他们以互联网属性极强的视频产品为载体，延伸自己的产业链条，形成内容、平台、渠道、终端、用户一体化发展的业务布局。对于通信运营商而言，这绝对不仅仅是一项业务，而是通信公司向媒体拓展的战略选择。

在我国，互联网企业进入媒体领域的时间比通讯运营商要早得多。可以说，互联网公司的那些产品从诞生那天起，要么其本身就是媒体，要么就以其鲜明的互动特点而具有了极强的媒体属性。

以 BAT 为代表的互联网企业，旗下都拥有一系列媒体产品：阿里旗下有优土、阿里影业、阿里体育、虾米音乐、钉钉、UC、书旗小说等；百度旗下有爱奇艺、百度新闻、百度影音、百度视频、好看视频、百度书城、百度音乐等；腾讯，旗下有微信、QQ、腾讯视频、腾讯新闻、天天快报、腾讯网、QQ 音乐、腾讯影业、腾讯体育、腾讯动漫、腾讯文学等……这些互联网企业的媒体产品很多还具有非常强的通信属性，比如微信、钉钉基本上就可以等同于通信产品，而其他一些产品的讨论区、留言区、弹幕等，也具有了相当程度的通讯功能。

综上我们不难发现，三大运营商从通信行业向媒体和互联网行业拓展，BAT 等互联网公司从互联网行业向媒体和通信行业拓展。两大行业殊途同归地开始了 TMT 融合发展的战略布局进程！

2017 年 8 月 16 日，中国联通混改方案落地，BAT 和京东、苏宁全部参股。这种合作，中国联通要的是互联网公司的资金、网络用户与技术资源，而这些互联网公司要的是物理网络传输渠道、无线与家庭用户。两大系统开始呈现出合流趋势。这是 TMT 融合的又一鲜活例证。

向双 T 延展：电视媒体生存的前提与融合发展的基本形态

面对通信行业和互联网行业如此激烈的冲击与挤压，面对日益激烈的竞争环境，电视媒体该如何确定自己的身位？又该何去何从？！

其实，通过世界媒体 500 强榜单中的收入数据，我们就可以得出初步判断：电视媒体与综合媒体集团的实力，早已不可同日而语，与互联网公司和电信企业相比，差距更大。这个结论，我们可以通过 2016 年《世界财富 500 强》的榜单进行再一次认定：我们上面提到的这些国内外互联网公司和电信公司全部入围（见下表），但是，国内外所有的电视媒体，却无一家跻身其中！

2016 年世界财富 500 强

单位：亿美元

	收入	排名
AT&T	1637.86	19
中国移动	1071.16	47
谷歌	902.72	65
康卡斯特	804.03	79
中国电信	623.87	133
阿里巴巴	235.17	462
腾讯	228.70	478

在国内，电视媒体与互联网公司、电信企业的实力也有着巨大差距，而且呈逐步扩大趋势。这个差距，在如下四个方面尤为明显，我们逐一对比分析。

对比一：收入。

2017 年，收入最高的是中国移动，为 7405 亿元人民币，收入最低的是百度，为 848 亿元人民币，而我国电视媒体，国家工商总局的数据显示，全行业的广告收入总和为 1234 亿元人民币（见下表）。任何一家电视媒体的营收实力，与这些公司几乎是天壤之别，无法相比。

2017 年主要通信公司和互联网公司收入

单位：亿元（人民币）

	移动	电信	联通	阿里	腾讯	百度	电视媒体
收入	7405	3662	2748	2503	2378	848	1234

数据来源：2017 年各公司财报

对比二：用户。

截至 2017 年年底，中国移动、中国电信和中国联通移动用户分别为 8.87 亿、2.50 亿和 2.84 亿；阿里淘宝移动端月活跃用户 5.07 亿、腾讯微信月活跃用户 9.89 亿、百度移动搜索日活跃用户 1.37 亿（见下表）。需要说明的是，电信和互联网企业的用户全部为双向互动用户，价值高，变现能力强。而电视媒体因为是单向传播，只有观众没有用户，除了广告，其他变现方式有限。

2017 年主要通信公司和互联网公司用户数量

单位：亿户

	移动	电信	联通	阿里	腾讯	百度	电视媒体
用户	8.87	2.50	2.84	5.07	9.89	1.37	有观众无用户

数据来源：2017 年各公司财报

对比三：业态。

三大运营商和 BAT 均为 TMT 全业态发展，电视媒体仅仅拥有媒体业态。

对比四：投融资能力。

三大运营商和 BAT 全部都是上市公司，投融资能力非常强。截至 2017 年年底，总市值最高的是腾讯，为 32238 亿元人民币；总市值最低的是电信，为 2517 亿元人民币（见下表）。电视媒体因为事业单位属性，无法上市，所以融资能力比较弱。也就是说，电视媒体获取资金的能力比较低，在投资及收购并购的资金获取上，手段较少，因此，行业拓展能力相应也比较低。

2017 年主要通信公司和互联网公司总市值

单位：亿元（人民币）

	移动	电信	联通	阿里	腾讯	百度	电视媒体
市值	13564	2517	2701	28918	32238	5332	未上市

数据来源：2017 年各公司财报

所以，综合来说，电视媒体业态单一，体量太小，与互联网公司和电信企业相比，差距过大。

在当下这种行业融合、产业交汇的大趋势下，如果电视媒体仅仅固守电视本体业务，显然是不行的。电视媒体应该向通信行业和互联网行业看齐，以媒体行业为基础，同时开展互联网业务和通讯业务。这就是我们所说的向双 T 延展的含义。所谓双 T，第一个 T，是 Technology，互联网科技行业；第二个 T，是 Telecom，通信行业。有了双 T 业务，电视媒体才有可能与通信行业和互联网行业进行有效竞争，才能实现 TMT 产业融合一体化的发展目标。

电视媒体向第一个 T（Technology）——互联网科技行业拓展的前提，是要以适合新媒体运行与运营的组织架构方式，来生产新媒体产品。这些新媒体产品，不仅要通过客户端（App）、门户网站等产品覆盖移动屏和 PC 屏等终端，还要通过电视直播、有线电视、IP TV、OTT TV、直播卫星等涵盖所有品类的产品全面覆盖电视屏这个容易被电视媒体忽视的家庭域终端，形成线性直播＋非线性点播、移动端＋固定端、电视大屏＋移动小屏的统合发展的矩阵式传播格局。我们在本篇此前各章中已经做了详细探讨。

电视媒体向第二个 T（Telecom）——通信行业拓展，优先之处，就是要获取传输渠道，控制传输终端。如此，才能将观众资源转化为用户资源，实现从电视媒体向媒体集团升级！在我国，拥有传输渠道的行业只有通讯行业和有线电视行业，与有线电视系统合作，更容易让电视媒体获得成功。相关内容，我们在本书第二篇结尾一章"解决之道：从电视媒体向媒体集团升级"中已经做了详细论述。

电视媒体，曾经是我国最具号召力与影响力的媒体！它的成长与发展，与我国改革开放的发展进程高度一致。党的十九大已经为我们描画出了到 21 世纪中叶的发展蓝图，电视媒体必须与此相伴，实现新的跨越式发展，才能不辱使命。只是，这个跨越式发展，不能拘泥于电视本体业务，不能受限于既往的业务模式与运作方式，而是应该突破，应该创新，应该放长眼光，应该放宽心量，从电视之外着手，向通讯业和新媒体拓展，跳出电视救电视！如此，才能完成"打造一批形态多样、手段先进、具有竞争力的新型主流媒体，建成几家拥有强大实力和传播力、公信力、影响力的新型媒体集团，形成立体多样、融合发展的现代传播体系"的任务，才能讲好中国故事，传播好中国声音，才能实现网络强国、宽带中国、三网融合的战略目标。

如此，也才有可能重塑电视人的辉煌！

后　记　因为挚爱

1987 年，全国电视观众抽样调查活动启动。这是我国第一次在全国范围内开展电视观众调查活动，标志着我国规范、科学的受众调查活动正式开始。随后，"1987 年全国电视观众抽样调查报告"出炉，旋即被列为"哲学社会科学'七五'期间国家重点科研项目"。

这份调查报告的执笔者是我。那一年，我 24 岁，大学毕业分配到中央电视台总编室工作刚刚两年多。这份报告，是我职业生涯里可以拿出来晒的第一个成绩单！

1992 年下半年，作为传说中的"七君子"之一，我以总制片人之一和兼任《生活空间》制片人的身份，参与创办《东方时空》栏目。工作地点也由央视现址的方楼 14 层总编室，转往 2 楼的新闻中心。这是我到央视后，第一次在中心层级的部门之间变动工作。自此，拉开了我在央视内部先后七次工作变动的帷幕：总编室（两进两出）、新闻中心（两进两出）、文艺中心、青少节目中心、广告经济信息中心（负责财经频道和央视的广告经营）、中国国际电视总公司（负责央视绝大部分的产业经营）。直到 2014 年 2 月我离开央视，到中国广播电视网络有限公司任职。

期间超过 29 年！我，从弱冠到知天命！从满头青丝到两鬓霜白！

29 年的央视，于我，意味着什么？

在这里，我初入社会；

在这里，我领取了平生第一份薪酬；

在这里，我奠定了职业根基；

在这里，我实践了新闻理想；

在这里，我涵养了家国情怀；

在这里，我有幸与这个时代一起脉动；

在这里，我也成为家人心中的骄傲！

在我离开央视的四年多时间里，与昔日的央视同事闲聊，我经常戏称央视为"贵台"。然而，每当投入、认真地谈论央视的时候，我的称谓，永远是脱口而出的"台里"，永远是不假思索的"我台"！我知道，这份情感浓浓地流淌在我的血脉里，与我的过去、现在、未来，水乳交融！

无他，在我内心深处，依然自认是央视人！

我感恩央视！

因此，对于承载和成就了央视的电视行业，我同样是心存感念，不敢忘怀！

所以，对于近些年身处巨大变化、面对转型压力的电视行业，作了29年的电视人，我自认有责任有义务把自己的思考倾吐出来。

这是本书的缘起。

产生写作本书的想法，源于2015年的两次演讲。第一次，是2015年5月份的第十七届中国科协年会媒体融合分论坛，演讲题目是"电视媒体融合发展的路径选择与先决条件"。第二次，是同年8月份的CCBN，演讲题目是"电视媒体融合发展：需要警惕的五个误区"。这两次演讲，主要内容都是剖析电视媒体自身存在的诸多问题，探讨电视媒体应该如何开展新媒体业务。既然要演讲，就少不了思考一些问题，系统整理自己的思路。期间，央视的前同事吕正标先生帮我梳理演讲稿件，两人颇多讨论碰撞。他非常认同我的观点，觉得这些观点和想法对于廓清电视媒体的一些认识、找准未来方向，很有作用。建议把演讲中陈述的观点和没有在演讲里体现的其他想法，整理出来，出一本书。他戏称，我似乎又回到了此前曾经深入思考和探讨电视业务的状态里了。

这是写作本书的催化剂。

以书籍的方式来讨论电视业务的想法，最早萌生于 2009 年。其时，我刚刚从央视新闻中心调到总编室任职。此前，我在央视经济频道（现财经频道）和新闻频道共计工作八年多的时间，对于电视频道的运营、经营和发展，自然有很多想法，颇有些不吐不快的感觉。于是，就着手写作关于频道的书籍。不到一年的时间，已经有 11 万多字、十三章的规模，书稿定名为《频道之道》。后来因为诸多原因，书稿撰写停滞下来。再想拾起来的时候，时过境迁，频道的时代，已然成为过去！

所谓诸多原因，我家"领导"总结说，最主要的，就是拖延！

拖延症害死人啊！

不过，我在《频道之道》中的一些看法，现在看来，依然有些价值，本书的一些论述，对这些观点和思考做了承接和延展。因此，《频道之道》虽未付梓，作用还是有些的，也就常以失之东隅收之桑榆聊作安慰。比如，在《频道之道》最后一章"后频道时代的来临与预言"中，我做了三个设问式预言：内容为王？技术为王？终端为王？分别论述内容和渠道的关系、技术和机制的关系、观众和用户的关系。当然，这也是三问！这三问，有些已经成为现实，而有些依然还在争论。也是在这一章里，我还谈到了频道的生与死，现在读来，五味杂陈的感觉异常强烈："有一大批频道是必然和必须要死亡的，因为过度饱和的电视市场一定要让不少频道出局；而活下来的频道也并不轻松，要么光荣地活着，要么被新媒体给'光荣'了。"

世事沧桑！何曾料想，没几年的时间，频道的生与死，居然变成了电视媒体的生与死！

时耶？命耶？运耶？

这是本书的历史延承。

感谢胡智锋先生！在给了本书很多宝贵意见的同时，他还提示要从国家这二十几年的发展变化的视野，来看待电视媒体的现状与发展，否则就无法正确地认知电视媒体的过去和现在，也无法正确地感知电视媒体的未来。这已经是方法论层面的事情了，让我受益匪浅。感谢徐立军先生！这位以对电视业务的执着和思考见长的央视同事，他的贡献，不仅仅在于直抒胸臆地表达对本书的意见，提出中肯的建议，更在于，书中的一些观点和思考是我们在经济频道、新闻频道和总编室一同工作中，通过共同探讨和一同实践形成的。感谢吕正标先生！他是本书的倡议者和自始至终的伴随者！不仅书中的一些观点得益于他，本书的体例也是他的贡献。这本书能在这个时间以这种样式呈现在各位面前，正标先生贡献极大。

感谢我的妻子卜天月！我的这位"领导"，经常用第一本书未能如期完成的案例，时时以平和但却坚定的话语敲打我、激励我加快本书的写作进程。很多话听过之后，都让我眼睛侧斜，气血翻涌，小宇宙蠢蠢欲动……但是碍于自己很多事情确实是毁在拖延症病灶之上，也只好以谦恭而平静的表情，忿忿然投入书稿写作之中。这种压力，逐渐内化为动力，逐步转化为乐趣，让我受益其中，也让此书最终付梓而成。

最后，我要感谢我在央视的很多同事——我曾经的领导、曾经的同僚和同事们！一个人的高度和视野，通常不由自己决定，而决定于你和谁在一起。很庆幸，我曾经和一大批优秀的电视人一同共事。我和这些人一起，见证了央视的辉煌，也为中国电视行业的前行输出了应有的动力！

所以才会挚爱！

2018 年 6 月 19 日于北京家中